Unternehmensbewertung und ökonomische Analyse

Stefan Behringer · Florian Follert
Hrsg.

Unternehmensbewertung und ökonomische Analyse

Interdisziplinäre Aspekte zwischen Theorie und Praxis

Springer Gabler

Hrsg.
Stefan Behringer
Rotkreuz, Schweiz

Florian Follert
Seekirchen am Wallersee, Österreich

ISBN 978-3-658-40234-1 ISBN 978-3-658-40235-8 (eBook)
https://doi.org/10.1007/978-3-658-40235-8

Die Deutsche Nationalbibliothek verzeichnet diese Publikation in der Deutschen Nationalbibliografie; detaillierte bibliografische Daten sind im Internet über https://portal.dnb.de abrufbar.

Planung/Lektorat: Vivien Bender
Springer Gabler ist ein Imprint der eingetragenen Gesellschaft Springer Fachmedien Wiesbaden GmbH und ist ein Teil von Springer Nature.
Die Anschrift der Gesellschaft ist: Abraham-Lincoln-Str. 46, 65189 Wiesbaden, Germany

Vorwort

Die Unternehmensbewertung zeichnet sich wie kaum eine andere Disziplin durch eine immense Breite an Betrachtungsperspektiven aus. Sie wird vielfach als die „Königsdisziplin“ der betriebswirtschaftlichen Zunft bezeichnet, weil die Prognose und Bewertung künftiger und damit unsicherer Erfolge ein breites Verständnis des betrieblichen Geschehens erfordert.

Die Grenzen der Unternehmensbewertung sind dabei jedoch keineswegs durch die Betriebswirtschaftslehre im Allgemeinen oder das Unternehmen im Besonderen fixiert. Zum einen lässt sich die Bewertungstheorie als konzeptioneller Rahmen auf zahlreiche Individualentscheidungen jenseits der betrieblichen Sphäre übertragen. Zum anderen lässt sich das Themengebiet in seiner Komplexität nur durch das Zusammenspiel der Erkenntnisse unterschiedlicher Disziplinen ergründen. Die unterschiedlichen Zugänge und das Ringen um die beste Idee münden jedoch in Konflikten zwischen verschiedenen Strömungen innerhalb der Bewertungslehre.

Neben der wissenschaftlichen Interdisziplinarität und dem akademischen Ideenwettbewerb, ist auch der Austausch zwischen Bewertungstheorie und Bewertungspraxis ein Charakteristikum des Feldes. Die Wertfindung ist die Grundlage zahlreicher Entscheidungen in Wirtschaft und Gesellschaft, die die Wohlfahrt verschiedener Akteure beeinflusst. Dabei ist es selbstverständlich, dass auch die Interessen an eine Bewertungsmethode konfligieren können und ein Verfahren nur selten in gleichem Maße zweckadäquat und praktikabel sein kann. Die Erwartungen an die Methoden der Unternehmensbewertung sind in der Praxis teilweise weitergehend als sie von einem theoretischen Standpunkt überhaupt möglich sind.

Das vorliegende Buch verfolgt das Ziel, zumindest einen kleinen Ausschnitt aus der Breite der Unternehmensbewertung zu präsentieren. Dem Titel folgend, wird eine besonders große Schnittmenge zur Ökonomie identifiziert. Die Subjektivität des Werts und die Marginalanalyse sind von herausragender Bedeutung für die ökonomische Beurteilung von Transaktionen jeder Art, somit auch der Übertragung von Verfügungsrechten an Unternehmen. Offenkundig wird damit sowohl die theoretische Fundierung als auch die lange Historie der Disziplin, welche im ersten Abschnitt des Werkes im Vordergrund stehen. Matschke eröffnet das Buch mit einem Aufsatz zu den Grundsätzen ordnungsgemäßer

Unternehmensbewertung. Hierbei fokussiert der Autor die von ihm (mit)begründete funktionale Unternehmensbewertung als theoretische Basis, aus der Grundsätze für die Bewertung gewonnen werden. In jüngerer Zeit wird die Bewertungstheorie nicht nur auf materieller Ebene analysiert, sondern auch einer eingehenden prozessualen Untersuchung unterzogen. Quill blickt aus soziologischer Perspektive mit einem Netzwerkansatz auf die Verbreitung neoklassischer Ansätze in gängigen Lehrbüchern und verdeutlicht einmal mehr die Interdisziplinarität innerhalb der Sozialwissenschaften.

Die Bewertungstheorie ist insbesondere im deutschsprachigen Raum durch die Trennung in zwei konkurrierende Lager – die investitionstheoretische und die finanzierungstheoretische Schule – gekennzeichnet. Follert und Behringer tragen diesem Umstand Rechnung, indem sie die Entscheidung eines Wissenschaftlers, sich einer Bewertungsschule anzuschließen, auf Basis der Rational Choice-Theorie untersuchen. Buchheim widmet sich mit der Arisierung einem historischen Bewertungsanlass und zeigt auf, wie scheinbar rein technische Vorgänge zum Unrecht missbraucht werden können. Die Bewertungsmethodik wird dabei zum Schleier, hinter dem sich tiefes Unrecht verbirgt. Abgerundet wird der Abschnitt durch eine marktbezogene Sichtweise Brauns, der die Verbindungslinien zwischen Nationalökonomie und der Bewertung von Vermögensgegenständen nachzeichnet.

Der Markt für Unternehmen, Unternehmensteile sowie deren Anteile ist durch divergierende Interessen, oftmals mehrdimensionale Zielsetzungen und dynamische Rahmenbedingungen rechtlicher und ökonomischer Natur gekennzeichnet. Der zweite Abschnitt des Buchs bettet die Wertfindung als zentralen Aspekt im Rahmen von Unternehmenstransaktionen (M&A) in einen volkswirtschaftlichen und gesellschaftlichen Kontext ein. Schmidt beschreibt in seinem Beitrag die Auswirkungen von Umwelt-, Sozial- und Governancekriterien zum Unternehmenswert. Nach erfolgter Übernahme wird die Unternehmensbewertung zum Ansatz der Beteiligung im Rechnungswesen des Käufers benötigt. Tettenborn und Pasch gehen auf die Diskussion um die Fair Value Bewertung in der Rechnungslegung ein, die erhebliche Auswirkungen auf den Gewinnausweis von Konzernen hat und in der Folge die Wertentwicklungen an den Kapitalmärkten mitbestimmt. Gleißner et al. gehen in ihrem Aufsatz zu aktuellen Herausforderungen bei M&A insbesondere auf den oftmals vernachlässigten Risikoaspekt ein. Besonders aufschlussreich dürften vor allem die Ausführungen zu jenen Risiken sein, deren Treiber in der politischen Sphäre zu verorten sind. Makroökonomische und politische Rahmenbedingungen beeinflussen Unternehmen jeder Größe, von der großen Publikumsgesellschaft bis zum kleinen Handwerksbetrieb. Buchner et al. widmen sich in ihrem Beitrag der Bewertung im Mittelstand, in Klein- sowie Kleinstunternehmen und analysieren den AWH-Standard aus ökonomischer und bewertungstheoretischer Sicht.

Der dritte Teil des Buchs thematisiert mit der rechtsgeprägten Unternehmensbewertung ein praktisch wie wissenschaftlich kontrovers diskutiertes Sujet. Knoll widmet sich dem aktienrechtlichen Squeeze Out und geht insbesondere auf die vielschichtige Analyse des Eigentumsschutzes ein. Karami und Karami verknüpfen schließlich die Unternehmensbewertung mit Compliance-Verstößen, wobei sie den Blick nicht nur für das Zivil, sondern auch für das Strafrecht schärfen.

Gerne möchten wir uns bei allen bedanken, die zu diesem Buch beigetragen haben. An erster Stelle gilt dieser Dank allen Autoren dieses Bandes. Des Weiteren danken wir René Walser von der Hochschule Luzern, der die Aufbereitung des Manuskripts übernommen hat, sowie Vivien Bender für die verlagsseitige Betreuung dieses Buches. Im Übrigen gilt unser Dank allen, die die Opportunitätskosten dieses Buches zu tragen hatten.

Luzern und Seekirchen, Schweiz und Österreich
September 2022

Prof. Dr. Stefan Behringer
Prof. Dr. Florian Follert

Inhaltsverzeichnis

Autorenverzeichnis

Die Herausgeber

Prof. Dr. Stefan Behringer leitet seit 2020 das Kompetenzzentrum Controlling am Institut für Finanzdienstleistungen Zug IFZ der Hochschule Luzern - Wirtschaft. Er forscht auf den Gebieten Controlling, Unternehmensbewertung, Compliance- und Risikomanagement. Behringer ist Autor von zahlreichen Büchern und circa 150 Fachaufsätzen, die teilweise in internationalen Journals publiziert worden sind. Von 2013 bis 2019 war Behringer Präsident der NORDAKADEMIE, Hochschule der Wirtschaft, Elmshorn und Hamburg. Zuvor war er als Leiter Controlling und General Manager Corporate Governance für die Olympus Europa GmbH in Hamburg tätig. Sein Studium der Betriebswirtschaftslehre absolvierte er an der Universität zu Köln und der Copenhagen Business School. Zum Dr. rer. pol. wurde er an der heutigen Europa-Universität Flensburg promoviert. Stefan Behringer ist Beirat des Aalener Instituts für Unternehmensführung und Chefredakteur der Zeitschrift Risk, Fraud & Compliance.

Prof. Dr. Florian Follert ist seit Januar 2023 Inhaber der Professur für Betriebswirtschaftslehre, insbesondere betriebswirtschaftliche Entscheidungslehre, sowie akademischer Leiter der MBA-Programme an der Privatuniversität Schloss Seeburg in Seekirchen am Wallersee. Florian Follert war wissenschaftlicher Mitarbeiter am Institut für Wirtschaftsprüfung an der Universität des Saarlandes und wurde 2019 mit der mehrfach rezensierten und ausgezeichneten Arbeit „Zur Unternehmensbewertung im Spruchverfahren aus interessentheoretischer Sicht. Der aktienrechtliche Minderheitenausschluss im Lichte der Neuen Politischen Ökonomie“ promoviert. Follert verfügt über nationale und internationale Praxiserfahrung in der Finanzbranche und der Organisationsberatung. Zu seinen Arbeitsschwerpunkten zählen die Unternehmensrechnung, die Bewertungstheorie, Fragen der Corporate Governance sowie die Ökonomik des Sports. Insbesondere die rationale Entscheidungsvorbereitung unter Unsicherheit bildet einen Schwerpunkt seiner Arbeit. Er fungiert als Gutachter für nationale und internationale Zeitschriften, ist Academic Editor der Zeitschrift PlosOne und Mitglied der Editorial Boards der Zeitschriften Management

Review Quarterly sowie Managing Sport and Leisure. Florian Follert zählte 2022 im Ranking der WirtschaftsWoche zu den 100 forschungsstärksten Betriebswirten unter 40 Jahren im DACH-Raum.

Die Autoren

Manfred Jürgen Matschke, Greifswald, Deutschland

Tobias Quill, Düsseldorf, Deutschland

Florian Follert, Seekirchen am Wallersee, Österreich

Stefan Behringer, Rotkreuz, Schweiz

Regine Buchheim, Berlin, Deutschland

Eduard Braun, Clausthal, Deutschland

Robert C. Schmidt, München, Deutschland

Martin Tettenborn, Heilbronn, Deutschland

Lilia Pasch, Mühlheim an der Ruhr, Deutschland

Werner Gleißner, Leinfelden-Echterdingen, Deutschland

Susann Ihlau, Düsseldorf, Deutschland

Kai Lucks, München, Deutschland

Reinhard Meckl, Bayreuth, Deutschland

Markus Buchner, München, Deutschland

Gunther Friedl, München, Deutschland

Markus Glasl, München, Deutschland

Leonhard Knoll, Würzburg, Deutschland

Behzad Karami, Frankfurt, Deutschland

Pedram Karami, Frankfurt, Deutschland

Abkürzungsverzeichnis

a. F.	alte Fassung
Abs.	Absatz
ABWL	Allgemeine Betriebswirtschaftslehre
AG	Aktiengesellschaft
AHK	Anschaffungs- oder Herstellungskosten
AktG	Aktiengesetz
AKU	Arbeitskreis Unternehmensbewertung
ANT	Antizyklischer Einstieg in einen Trade
APV	Adjusted Present Value
Aufl.	Auflage
AWH	Arbeitskreis der Wert ermittelnden Berater im Handwerk
AWV	Außenwirtschaftsverordnung
BewG	Bewertungsgesetz
BGB	Bürgerliches Gesetzbuch
BVerfG	Bundesverfassungsgericht
BWL	Betriebswirtschaftslehre
bzgl.	bezüglich
bzw.	Beziehungsweise
c. p.	Ceteris paribus (Unter sonst gleichen Bedingungen)
ca.	circa
CAPM	Capital asset pricing model
CFO	Chief Financial Officer
CMS	Compliance-Management-System
CSRD	Corporate Sustainability Reporting Directive
CVC	Corporate-Venture-Capital
d. h.	das heißt
d. V.	der/die Verfasser
DCF	Discounted Cash Flow
DFG	Deutsche Forschungsgemeinschaft e. V.
DIIR	Deutsches Institut für Interne Revision e. V.

DSGVO	Datenschutzgrundverordnung
DVFA	Deutsche Vereinigung für Finanzanalyse und Asset Management
EACVA	European Association of Certified Valuators and Analysts
EBIT	Earnings before Interest and Taxes
EBITDA	Earnings before Interest, Taxes, Depreciation and Amortization
EGAktG	Einführungsgesetz zum Aktiengesetz
ErbStG	Erbschaftssteuergesetz
ESG	Environmental, Social, Governance
etc.	et cetera
EU	Europäische Union
EUR	Euro
f.	folgend
FAUB	Fachausschuss für Unternehmensbewertung und Betriebswirtschaft des IDW
ff.	fortfolgend
FSA	Freiwillige Selbstkontrolle für die Arzneimittelindustrie e.V.
ggf.	gegebenenfalls
GmbH	Gesellschaft mit beschränkter Haftung
GmbHG	Gesetz betreffend die Gesellschaften mit beschränkter Haftung
GoP	Grundsätze ordnungsgemäßer Planung
GuV	Gewinn- und Verlustrechnung
HFA	Hauptfachausschuss des IDW
HGB	Handelsgesetzbuch
Hrsg.	Herausgeber
i. e. S.	im engeren Sinne
i. S. d.	im Sinne des
i. V. m.	in Verbindung mit
IAS	International Accounting Standards
ICV	Internationaler Controller Verein
IDW	Institut der Wirtschaftsprüfer in Deutschland
IfM	Institut für Mittelstandsforschung
IFRS	International Financial Reporting Standards
IPO	Initial Public Offering
KGV	Kurs/Gewinn-Verhältnis
KMU	Kleine und mittlere Unternehmen
M&A	Mergers & Acquisitions
m. w. N.	mit weiteren Nachweisen
n. F.	neue Fassung
NS	Nationalsozialismus
NSDAP	Nationalsozialistische Deutsche Arbeiterpartei
NZG	Zeitschrift: „Neue Zeitschrift für Gesellschaftsrecht“
OCI	Other Comprehensive Income
OLG	Oberlandesgericht

OWiG	Ordnungswidrigkeitengesetz
PS	Prüfungsstandard
PV	Present Value (Barwert)
RBewG	Reichsbewertungsgesetz
RFH	Reichsfinanzhof
RM	Reichsmark
RMA	Risk Management Association
Rn.	Randnummer
S.	Seite
s. o.	siehe oben
SFAS	Statement of Financial Accounting Standards
SLL	sustainability linked loan
Sp.	Spalte
SPACs	Special Purpose Acquisition Companies
StaRUG	Gesetz über den Stabilisierungs- und Restrukturierungsrahmen für Unternehmen
StGB	Strafgesetzbuch
u. a.	unter anderem
U. E. C.	Union Européenne des Experts Comptables, Economiques et Financiers
UMAG	Gesetz zur Unternehmensintegrität und Modernisierung des Anfechtungsrechts
UmwG	Umwandlungsgesetz
v. H.	von Hundert
VC	Venture Capital
vgl.	Vergleiche
VHB	Verband der Hochschullehrer für Betriebswirtschaft e. V.
WACC	Weighted average cost of capital
WpPG	Wertpapierprospektgesetz
WpÜG	Wertpapiererwerbs- und Übernahmegesetz
z. B.	zum Beispiel
ZDH	Zentralverband des Deutschen Handwerks

Abbildungsverzeichnis

Tabellenverzeichnis

Teil I

Geschichte der Unternehmensbewertung

Grundsätze ordnungsmäßiger Unternehmensbewertung als Normensystem

1

Manfred Jürgen Matschke

Persönliche Vorbemerkungen
Der nachfolgende Beitrag ist ein Abdruck eines Vortrags von mir, den ich im Rahmen der EUROFORUM-Jahrestagung in Mainz am 12. März 2003 gehalten habe. Da dieser Vortrag die Basis für die Ausführungen im 5. Kapitel „Grundsätze der Unternehmensbewertung" des Buches Matschke/Brösel, Unternehmensbewertung. Funktionen, Methoden, Grundsätze, 1. Auflage bis 4. Auflage, Wiesbaden 2005, 2006, 2007 und 2013, bildet, bin ich den Herausgebern dankbar, dass sie diesen alten Vortragstext, der bislang öffentlich nicht verfügbar war, in ihr neues Werk aufgenommen haben. Lediglich die damaligen persönlichen Vorbemerkungen im Vortrag sind weggelassen worden. Sonstige inhaltliche Änderungen oder Aktualisierungen sind indes unterblieben, um den damaligen Erkenntnisstand widerzuspiegeln (Abb. 1.1).

Ich will dabei zunächst die Grundsätze ordnungsmäßiger Unternehmensbewertung als Normensystem charakterisieren.

Wie Grundsätze mit anderem Bezugsbereich auch, lassen sich „Grundsätze ordnungsmäßiger Unternehmensbewertung" definieren als ein in sich – so füge ich als Wunsch hinzu: möglichst – widerspruchsfreies Normensystem zur Steuerung des Prozesses der Unternehmensbewertung, das heißt der Vorgehensweise und der Herleitung von Resultaten. Sie dienen der Qualitätssicherung.

M. J. Matschke (✉)
Universität Greifswald, Greifswald, Deutschland

S. Behringer, F. Follert (Hrsg.), *Unternehmensbewertung und ökonomische Analyse*,
https://doi.org/10.1007/978-3-658-40235-8_1

Grundsätze ordnungsmäßiger Unternehmensbewertung I

Definition:
- (möglichst) widerspruchsfreies Normensystem zur Steuerung des Prozesses der Unternehmensbewertung

Zwecksetzung:
- doppelte Schutzfunktion durch Qualitätssicherung
  - Vermeidung von „Kunstfehlern" des Bewerters
  - Vermeidung von Schädigungen des Bewertungsadressaten
- Dämpfung von „übertriebenen" Erwartungen

Abb. 1.1 Grundsätze ordnungsmäßiger Unternehmensbewertung 1: Definition und Zwecksetzung

Bei einer häufig gegebenen Trennung zwischen Bewerter einerseits und Bewertungsadressat andererseits haben solche Grundsätze eine doppelte Schutzfunktion.[1] Durch ihre Beachtung sollen „Kunstfehler" des Bewerters, also vermeidbare Irrtümer, verhindert werden und damit mögliche Schädigungen des Adressaten, also dessen, für den die Bewertung vorgenommen wird, vermieden werden. Sie vermögen zugleich aber auch nicht einlösbare, also „übertriebene" Erwartungen an die Aussagekraft der Bewertungsresultate bei Interessenten zu dämpfen.

Nach der Systemtheorie ist jedes System, also auch ein Normensystem, durch seine Elemente und die Beziehungen zwischen diesen Elementen charakterisierbar.

Solche Beziehungen können thematisch abgrenzbare Sachbeziehungen sein, sie können formaler Art sein wie zum Beispiel hierarchische Unter-, Über- oder Gleichordnungsbeziehungen, ferner aber auch Beziehungen logischer Art oder solche zeitlicher Rangfolgen. Die Beziehungen zwischen den Elementen können in ein Bedingungsgeflecht eingebunden oder ganz unbedingt formuliert sein.

Die Normen als Systemelemente können Fachnormen oder Rechtsnormen, sie können allgemeiner oder sehr spezieller Art sein. Ein Normensystem kann Normen verschiedenster Art zusammenfassen. Sie können dabei in Teilsysteme zergliedert sein, wobei es dann von Bedeutung ist, in welcher Art Beziehung sie zueinanderstehen. Denn sie können einander ergänzen oder miteinander konkurrieren, etwa unter bestimmten Bedingungen sich ersetzen oder grundsätzlich als Alternativen zu verstehen sein.

Normensysteme können danach unterschieden werden, wer Normgeber oder Normadressat ist, also nach dem, der sie setzt, und nach dem, der sie anwenden soll oder muss.

[1] Vgl. Moxter, Todsünden, in: Goetzke/Sieben (Hrsg.), Unternehmungsbewertung, Köln 1977, S. 253–256.

Der Grad ihrer gewünschten Verbindlichkeit und ihrer tatsächlichen Durchsetzbarkeit kann höchst unterschiedlich sein, worauf etwa Begriffe wie Richtlinie, Leitfaden, Stellungnahme, Empfehlung hinweisen (Abb. 1.2).

Betrachtet man mögliche Quellen der Grundsätze ordnungsmäßiger Unternehmensbewertung, so kann auf die bei den Grundsätzen ordnungsmäßiger Buchführung und Bilanzierung übliche Unterscheidung durchaus zurückgegriffen werden. Dort unterscheidet man zwischen Gesetzgebung, Rechtsprechung und Standardisierungsausschüssen interessierter Wirtschaftskreise sowie Wissenschaft und Forschung.[2]

Gesetzgebung und Rechtsprechung schaffen verbindliche Normen dort, wo es um Interessengegensätze und ihre Wertung geht, und die Rechtsprechung verschafft ihnen die Durchsetzung. Aber solche Normen sind durchaus revisibel; denn nichts ist für die Ewigkeit. Auch der Wandel in der Rechtsprechung zu Unternehmensbewertungsproblemen belegt dies.

Standardisierungsausschüsse betroffener, insbesondere berufsständischer Wirtschaftskreise (auf dem Gebiet der Unternehmensbewertung vorrangig die Wirtschaftsprüfer), wollen ein einheitliches Vorgehen ihrer Berufsangehörigen erreichen. So werden dann aus anzuerkennenden, schließlich anerkannte Regeln berufsständischen Handelns.

Ich erinnere hier an den Versuch der Wirtschaftsprüfer von 1961, als eine Studienkommission der U.E.C. eine „Richtlinie"[3] veröffentlichte, um ein einheitliches Vorgehen zu

Grundsätze ordnungsmäßiger Unternehmensbewertung II

Quellen:

- Gesetzgebung und Rechtsprechung
- Standardisierungsausschüsse interessierter Wirtschaftskreise, insbesondere der Wirtschaftsprüfer
- Wissenschaft und Forschung

Abb. 1.2 Grundsätze ordnungsmäßiger Unternehmensbewertung 2: Quellen

[2] Vgl. Moxter, Rechnungslegung, Düsseldorf 2003, S. 9–13.

[3] Union Européenne des Experts Comptables, Economiques et Financiers (U.E.C.), Richtlinien, Düsseldorf 1961.

erreichen. 1983 gab es dann die „Stellungnahme HFA 2/1983“,[4] und in den Jahren 1990,[5] 1995[6] und 1997[7] folgten weitere, die im Jahr 2000 – sprachmodisch ganz auf der Höhe der Zeit – durch den „IDW Standard S 1“[8] (zum Teil) ersetzt worden sind.

Freilich, es gibt keine einheitlichen „Wirtschaftskreise“, und demgemäß gibt es oft auch konkurrierende Normensysteme. Besonders augenfällig ist dieser Normenwettbewerb im Bereich der Rechnungslegung. Solche konkurrierenden Normen wandten im Bereich der Unternehmensbewertung internationale Beratungsunternehmen an. Sie beinhalteten von der Stellungnahme HFA 2/1983 abweichende Vorgehensweisen. Die von diesen Beratungsunternehmen propagierten kapitalmarktorientierten Bewertungen der sogenannten DCF-Verfahren[9] sind als Folge dieses Normenwettbewerbs nun auch im IDW-Standard S 1 erlaubt.

Wissenschaft und Forschung, sofern unabhängig, können theoriegestützt aufgabenadäquate Normensysteme entwickeln.[10] Diese können Maßstab zur Beurteilung von anderen Normensystemen werden. So können Widersprüche oder Implikationen aufgedeckt sowie sinnvollere, das heißt, der Aufgabe angemessenere Lösungen erarbeitet werden. Die Wissenschaft kann für Gesetzgebung und Rechtsprechung dabei sowohl de lege lata als auch de lege ferenda nützlich sein. Sie kann auch ein kritisches Korrektiv zu Standardisierungsausschüssen werden. Ihre Stärke ist ihre Unabhängigkeit. Aber Wissenschaftler sind auch Menschen und als solche durchaus geneigt, lieber mit dem als gegen einen zeitgeistigen

---

[4] Stellungnahme HFA 2/1983, Grundsätze, 1983, S. 468–480.

[5] Stellungnahme HFA 2/1990, Bewertung in der DDR, 1990, S. 403–404.

[6] Stellungnahme HFA 2/1995, Familien- und Erbrecht, 1995, S. 522–526.

[7] Stellungnahme 6/1997, Kleine und mittlere Unternehmen, 1998, S. 26–29. Vgl. auch Fédération des Experts Comptables Européenns, Guide, Brüssel 2001.

[8] IDW Standard, Grundsätze, 2000, S. 825–842.

[9] Zu den DCF-Verfahren gehören das Verfahren des (steuer-)angepassten Barwerts (APV), das Verfahren der direkten Ermittlung des Werts des Eigenkapitals (Equity-Verfahren) und das Verfahren der gewogenen Kapitalkosten (WACC-Verfahren); vgl. IDW Standard, Grundsätze, 2000, S. 837–838. Zu den theoretischen Hintergründen und zur Kritik dieser Verfahren vgl. Hering, Unternehmensbewertung, Wiesbaden 1999, S. 93–179.

[10] Hervorzuheben ist hier Moxter, Grundsätze I, Wiesbaden 1976; Moxter, Grundsätze II, Wiesbaden 1983; Moxter, Bedeutung und Quellen, 1976, S. 989–991; Moxter, Todsünden, 1977, S. 253–256; Moxter, Bedeutung, 1980, S. 454–459.

Vgl. ferner Goetzke/Sieben, Unternehmungsbewertung, Köln 1977, hier insbesondere auch die Wiedergabe der Podiumsdiskussion zwischen Günter Sieben, Wolfgang Dörner, Wolfgang König, Manfred Jürgen Matschke, Adolf Moxter, Meinhard Sielaff und Bernhard Zapf zum Thema „Grundsätze ordnungsmäßiger Unternehmensbewertung“, S. 257–295. Bis auf König und Moxter waren die anderen Disputanten Mitglieder des Arbeitskreises „Unternehmensbewertung im Rahmen der unternehmerischen Zielsetzung“ der Schmalenbach-Gesellschaft – Deutsche Gesellschaft für Betriebswirtschaft e.V., der von Zapf und Sieben geleitet wurde. Dörner war zu dieser Zeit zugleich auch Vorsitzender des „Arbeitskreises Unternehmensbewertung (AKU)“ des Instituts der Wirtschaftsprüfer, so dass eine personelle Verknüpfung zwischen diesen beiden Arbeitskreisen bestand. Vgl. auch den Bericht des Schmalenbach-Arbeitskreises Sieben/Zapf (Hrsg.), Unternehmensbewertung, Stuttgart 1981.

Strom zu schwimmen. Vor Moden, die Erkenntnisrückschritt darstellen, sind sie daher – weiß Gott – nicht gefeit.[11] Aber – dies muss hinzugefügt werden – Versuch und Irrtum sind für die Wissenschaft neben Logik eine Erkenntnisquelle, ebenso das Spannungsverhältnis aus These, Antithese und Synthese. Im Bereich der Unternehmensbewertung war es etwa der diametrale Gegensatz zwischen objektiver und subjektiver Unternehmensbewertungslehre in den fünfziger und sechziger Jahren, aus dem als Synthese und Erkenntnisfortschritt in den siebziger Jahren die funktionale Unternehmensbewertung hervorging.

Diese drei Quellen – Gesetzgebung und Rechtsprechung, Standardisierungsausschüsse sowie Wissenschaft und Forschung – sind keineswegs isoliert zu sehen, sondern stellen – um ein Bild zu gebrauchen – ein Quellsystem mit sichtbaren und unsichtbaren Verbindungen untereinander dar, so dass sich ihre Wasser letztlich mischen. Dies kann manchmal dauern, und es kann zeitweise auch zu trüben Wassern führen.

1.1 Funktionale Unternehmungsbewertung als Basis theoriegestützter Grundsätze ordnungsmäßiger Unternehmensbewertung

Ich möchte Ihnen nun in Grundzügen die funktionale Unternehmungsbewertungstheorie vorstellen, die ich als Basis für meine, Ihnen später noch zu präsentierenden theoriegestützten Grundsätze ordnungsmäßiger Unternehmensbewertung wähle (Abb. 1.3).

[11] Die Schwemme an kapitalmarktorientierten Schriften eines Neo-Objektivismus seit den neunziger Jahren ist ein Beleg dafür. Zugleich treibt die Unkenntnis des Standes der Unternehmungsbewertungstheorie in Deutschland seltsame Blüten, wenn etwa das Ertragswertverfahren auf einen amerikanischen Professor zurückgeführt wird. So nachzulesen bei Spremann, Klaus: Finanzanalyse und Unternehmensbewertung, München-Wien 2002, S. 146–151. Auf Seite 147 ist der Erfinder der „Zauberformel" Benjamin Graham (1894–1976) sogar mit Bild dargestellt. Zur Abrundung der Qualität der dortigen Darlegungen einige Zitate: „Um 1940: Paradigma 2 (Ertragswert-Methode) […] Nach 1930 war allen Investoren klar, dass die Formel Unternehmenswert gleich Buchwert den Wert zu sehr an der Vergangenheit festgemacht hatte. Hier war eine neue Formel gesucht. Eine solche Zauberformel konnte finden, wem gelingen sollte, eine Unternehmung zwar durch ihre Zukunft zu bewerten, für die Vorwegnahme und Prognose der Zukunft aber keine spekulative Erwartung spielen lassen, sondern traditionelle und verlässliche Datenquellen heranzuziehen und diese sehr vorsichtig fortzuschreiben. Sie gelang dem amerikanischen Professor Benjamin Graham […] ist Graham die Zauberformel gelungen.[…] Graham hatte eine Faustformel postuliert, nach der das Multiple oder das KGV gleich 8,5 plus zweimal die Wachstumsrate sein sollte. […] Praktiker versuchen jedoch nie, die Vergleichsrendite zu bestimmen. […] Mit dem Blick auf die Marktbewertung vergleichbarer Unternehmen wird also die theoretische Erörterung umgangen, welches die richtige Höhe des Diskontsatzes ist." „An der Universität St. Gallen wird es (das Buch) auf der Bachelor-Stufe eingesetzt", heißt es im Prolog, S. 13. Dieser Voodoo-BWL soll die Zukunft gehören? Vgl. zum Ertragswertverfahren zum Beispiel bereits Schmalenbach, Schätzungstechnik, 1917/1918, S. 1–20. Tatsächlich lässt sich die Anwendung des Ertragswertverfahrens noch viel weiter zurückverfolgen, insbesondere in die Bereiche der Bewertung von land- und forstwirtschaftlichen Gütern sowie von Bergwerken, was hier aber nicht gemacht werden soll.

Theorie funktionaler Unternehmungsbewertung I

Ausgangspunkt:
- interpersonale Konfliktsituationen mit strittigen Auseinandersetzungen über die Bedingungen einer Änderung der Eigentumsverhältnisse der Unternehmung
- entscheidungsabhängiger und interpersonell konfliktärer Anlaß

Typen von Konfliktsituationen:
- Typ „Kauf/Verkauf" oder Typ „Fusion/Spaltung"
- Typ „eindimensional" oder Typ „mehrdimensional"
- Typ „disjungiert" oder Typ „jungiert"
- Typ „nicht dominiert" oder Typ „dominiert"

Abb. 1.3 Theorie funktionaler Unternehmensbewertung 1: Ausgangspunkt und Typen von Konfliktsituationen

Ausgangspunkt der Theorie funktionaler Unternehmungsbewertung sind interpersonale Konfliktsituationen, in denen es um eine strittige Auseinandersetzung über die Bedingungen geht, unter denen es zu einer Veränderung der Eigentumsverhältnisse einer Unternehmung kommen kann oder soll. Die funktionale Unternehmensbewertungstheorie ist also keine Gleichgewichtstheorie, sondern eine Theorie, die die reale Welt so nimmt, wie sie ist: Unvollkommen!

Die Unternehmensbewertung ist dabei im Vorfeld solcher oder im Zusammenhang mit solchen Auseinandersetzungen angesiedelt. Der betrachtete Unternehmungsbewertungsanlass ist folglich entscheidungsabhängig und interpersonell konfliktär. Beides liegt vor.

Um aber einer solch hochkomplexen Welt wenigstens in der Theorie nicht hilflos ausgesetzt zu sein, habe ich sie mit Hilfe von Typen geordnet.[12] Dieses Ordnungsraster soll gleichgelagerte von zu unterscheidenden Fällen trennen.

Solche Typen sind der Typ „Kauf/Verkauf" oder der Typ „Fusion/Spaltung". Im ersteren Falle geht es darum, dass eine Konfliktpartei Eigentum an der Unternehmung erwirbt und die andere es aufgibt. Im zweiten Fall sollen Unternehmen mit unterschiedlichen Eignern vereinigt werden, oder eine Unternehmung soll in mehrere zerlegt werden, wobei die Eigentumsverhältnisse neu zwischen den bisherigen Eignern geordnet werden. Kauf- und Verkaufssituationen werden zumeist den Überlegungen zugrunde gelegt, und im Mittelpunkt steht dabei das Geldäquivalent für die Änderung der Eigentumsrechte. Auch ich werde dieser Übung im Weiteren durchaus folgen.

[12] Vgl. Matschke, Entscheidungswert, Wiesbaden 1975, S. 30–55; Matschke, Funktionale Unternehmungsbewertung, Wiesbaden 1979, S. 30–42. Vgl. auch Olbrich, Unternehmungskultur, Wiesbaden 1999, S. 9–13, der die verschiedenen Ausprägungen der Konfliktsituation in einer einprägsamen Graphik (S. 13) darstellt, sowie Reicherter, Fusionsentscheidung, Wiesbaden 2000, S. 119–122, der einen „Konfliktwürfel" für den Typ „Fusion" präsentiert.

Das zweite Charakterisierungsmerkmal ist die Unterscheidung zwischen Typ „eindimensional“ und Typ „mehrdimensional“. Dieses Begriffspaar dient dazu, den realen Tatbestand zu erfassen, dass es in einer interpersonalen Konfliktsituation oftmals nicht bloß eine, sondern eine Vielzahl von Größen gibt, über die sich die Konfliktparteien verständigen müssen, um zur Einigung zu kommen. Solche Größen nenne ich – sicherlich sehr abstrakt – konfliktlösungsrelevante Sachverhalte.[13] Reale Konfliktsituationen lassen sich eher dem Typ „mehrdimensional“ als dem Typ „eindimensional“ zuordnen, obwohl letzterer meist völlig undiskutiert und wie selbstverständlich in der Literatur unterstellt wird. In mehrdimensionalen Konfliktsituationen kommt es für die Konfliktlösung stärker auf Fähigkeiten zur kreativen Kooperation, zur Findung eines vertretbaren Kompromisses an, als auf Fähigkeiten sich in einer Konfrontation durchzusetzen. Die Verhandlung als kooperativer Suchprozess kann so Einigungspotentiale erschließen und Konflikte mildern, die sich aus einer – in jeder Verhandlung auch angelegten – basarmäßigen Konfrontation des Feilschens ergeben.

Mit dem Typenpaar „jungiert“ und „disjungiert“ soll erfasst werden, ob sich eine Konfliktpartei gleichzeitig noch in anderen Konfliktsituationen vom Typ „Kauf/Verkauf“ oder Typ „Fusion/Spaltung“ befindet oder nicht. Eine disjungierte Konfliktsituation kann allein betrachtet werden; denn sie steht – wie es der Begriff ausdrückt – in keiner Verbindung zu einer anderen. In einer jungierten Konfliktsituation hingegen kann es entscheidungserhebliche Interdependenzen zwischen den verbundenen Konfliktsituation geben, die es zu beachten gilt.[14] Ich werde mich im Weiteren nur mit disjungierten Situationen befassen.

„Dominierte“ Konfliktsituationen unterscheiden sich von „nicht dominierten“ Konfliktsituationen dadurch, dass in ihnen eine Partei einseitig und auch gegen den erklärten

[13] Handelt es sich um Sachverhalte, über die für die Konfliktlösung eine Einigung herbeigeführt werden muss, dann spreche ich von originären konfliktlösungsrelevanten Sachverhalten. Sie ändern letztlich das Entscheidungsfeld der Beteiligten. Stehen Sachverhalte in einem instrumentellen Verhältnis zu einem originären Sachverhalt, dann nenne ich diese derivative Sachverhalte. Hierzu würden etwa die Bewertungsmethode und ihre Parameter gehören, wenn auf ihrer Basis letztlich die Höhe des Kaufpreises bestimmt werden soll. Über die „sachverständige“ Diskussion hinsichtlich Methode und Parameter kann selbst in einer Konfliktsituation mit nur einem einzigen originären Sachverhalt (Kaufpreis) Schärfe aus der zwangsläufigen Konfrontation herausgenommen werden. Vgl. Matschke, Entscheidungswert, Wiesbaden 1975, S. 55–69. Ferner zur Bewertung in mehrdimensionalen Konfliktsituationen Matschke, Entscheidungswert, Wiesbaden 1975, S. 356–386; Matschke, Mehrdimensionale Entscheidungswerte, 1993, S. 1–24; Tillmann, Unternehmensbewertung, Wiesbaden 1998; Hering, Unternehmensbewertung, Wiesbaden 1999, S. 74–76; Olbrich, Unternehmungskultur, Wiesbaden 1999, S. 177–182; Reicherter, Fusionsentscheidung, Wiesbaden 2000, S. 232–243; Brösel, Medienrechtsbewertung, Wiesbaden 2002, S. 143–147.

[14] Jungierte Konfliktsituationen werden bislang relativ selten näher untersucht. Vgl. Matschke, Entscheidungswert, Wiesbaden 1975, S. 336–355, für die Typen „Kauf-Kauf“ und „Verkauf-Verkauf“ bei uniformen und für beide Bewertungsobjekte übereinstimmenden Zahlungsströmen; Hering, Unternehmensbewertung, Wiesbaden 1999, S. 68–74, für den Typ „Verkauf-Kauf“; Brösel, Medienrechtsbewertung, Wiesbaden 2002, S. 98–106, für den Typ „Kauf-Kauf“ bei periodenindividuellen und für beide Objekte differierenden Zahlungsströmen.

Willen der anderen Konfliktbeteiligten die Änderung der Eigentumsverhältnisse der Unternehmung selbst oder mit Hilfe eines Gerichts herbeiführen kann. Dominierte Konfliktsituationen sind diejenigen, in denen vorrangig Normen aus Gesetzgebung und Rechtsprechung oder aus bestehenden Verträgen von großer Bedeutung und folglich zu beachten sind.[15] Standardfälle sind etwa der Ausschluss eines „lästigen" Gesellschafters oder von Minderheitsgesellschaftern. In nicht dominierten Konfliktsituationen hat hingegen keine Konfliktpartei die Macht, die Eigentumsänderung gegen den Willen der anderen zu erreichen. Der Konsens der Parteien ist dafür erforderlich. Der freiwillige Kauf und Verkauf ist hier der Standardfall. In den weiteren Überlegungen werde ich das Augenmerk auf den Typ „nicht dominiert" legen (Abb. 1.4).[16]

Die Theorie funktionaler Unternehmensbewertung geht also von einer unvollkommenen Welt mit interpersonalen Konflikten aus, die höchst komplex sein können. Sie will intellektuelle wie praktische Hilfen zur Bewältigung solcher Konfliktsituationen geben. Dafür ist die Frage nach dem Zweck, der Aufgabenstellung oder der Funktion, die eine Unternehmensbewertung in solchen Konfliktsituationen haben kann, ganz zentral.

Die starke Betonung der Funktion (daher auch ihr Name funktionale Unternehmensbewertung), ist ihr hervorstechendes Merkmal. „Im Anfang war der Zweck!", bin ich fast versucht zu formulieren.[17] „Der Zweck bestimmt die Rechnung!" sagte Schmalenbach. Er determiniert, wie vorzugehen ist. Er ist daher präzise vorzugeben!

---

[15] Vgl. Sieben, Abfindung, 1966, S. 6–13, 54–58, 83–89; Sieben, Ausgleich, Wiesbaden 1969, S. 401–418; Schmitz, Ausgleich, Diss. Hamburg 1973; Meilicke, Barabfindung, Berlin 1975; Matschke, Dominierte Konfliktsituationen, 1981, S. 115–129; Beyerle, Unternehmensbewertung, Düsseldorf 1981, S. 247–264; Olbrich, Zugewinnausgleich, 1982, S. 247–250; Seisler, Abfindung, Diss. Mannheim 1983; Busse von Colbe, Rechtsprechung, 1984, S. 508–517; Ränsch, Rechtswissenschaften, 1984, S. 202–212; Sieben/Lutz, Ertragsschwaches Unternehmen, 1984, S. 566–576; Hackmann, Rechtsprechung, Wiesbaden 1987; Neuhaus, Ausscheiden aus der Personengesellschaft, Heidelberg 1990; Busse von Colbe, Resonanz, Stuttgart 1992, S. 173–186; Großfeld, Gesellschaftsrecht, Köln 1994; Piltz, Rechtsprechung, Düsseldorf 1994; Schwetzler, Barabfindung, 1996, S. 1961–1966; Lausterer, Rechtsprechung, Baden-Baden 1997; Bundesverfassungsgericht – Nr. 13 – Beschluss des ersten Senats vom 27. April 1999 (1 BvR 1613/94), Ausgleich, 1999, S. 289–312; Rodloff, Börsenkurs, 1999, S. 1149–1152; Bungert, Börsenwert, 2000, S. 1845–1848; Olbrich, Börsenkurs, 2000, S. 454–465; Geng, Ausgleich, Frankfurt a.M. u. a. 2003.

[16] Hering und Olbrich unterscheiden hinsichtlich einer dominierten Konfliktsituation Typ „Kauf/Verkauf" dann noch weiter zwischen dem Typ „fragmentiert" und dem Typ „nicht fragmentiert". Von „fragmentiert" sprechen sie, wenn die dominierte oder die dominierende Partei nicht deckungsgleich mit entweder der Käufer- oder der Verkäuferpartei ist. In einer „nicht fragmentierten" Konfliktsituation ist hingegen die dominierte oder die dominierende Partei entweder mit der Käufer- oder der Verkäuferpartei identisch. Vgl. Hering/Olbrich, Mehrstimmrechte, 2001, S. 20–38, hier S. 21–25.

[17] In Anspielung an Johannes 1, Vers 1.

Theorie funktionaler Unternehmungsbewertung II

Aufgabenstellungen/Zwecke/(Haupt-)Funktionen:
- Beratungs- oder Entscheidungsfunktion
- Vermittlungs- oder Schiedsspruchfunktion
- Argumentations- oder Begründungsfunktion

Entscheidungswert als zentrale Größe in allen Funktionen:
- Subjektive Grenze der Konzessionsbereitschaft
- Komplex der gerade noch von der betrachteten Partei akzeptierbaren Einigungsbedingungen
- Preisunter-/Preisobergrenze des Verkäufers/Käufers

Abb. 1.4 Theorie funktionaler Unternehmensbewertung 2: Aufgabenstellungen/Zwecke/(Haupt-) Funktionen und Entscheidungswert als zentrale Größe in allen Funktionen

Weil von einem entscheidungsabhängigen und interpersonell konfliktären Bewertungsanlass ausgegangen wird, stehen drei Hauptfunktionen im Vordergrund der Betrachtung: die Beratungs-, die Vermittlungs- und die Argumentationsfunktion.[18]

In der Beratungs- oder Entscheidungsfunktion geht es um die Ermittlung des Entscheidungswertes. Dieser ist definiert als subjektive Grenze der Konzessionsbereitschaft einer Partei. Im allgemeinen Fall einer mehrdimensionalen Konfliktsituation stellt er einen Komplex von Einigungsbedingungen dar, welche die betrachtete Partei gerade noch akzeptieren kann. Eine Einigung darauf bringt freilich für die betreffende Partei gegenüber der Nicht-Einigung keinen zusätzlichen Vorteil. Eine Einigung hingegen, die den Entscheidungswert einer Partei verletzt, würde diese Partei sogar schlechter stellen. Man darf annehmen, dass rational handelnde Parteien dies zu vermeiden wissen. Anschaulicher

[18] Vgl. Matschke, Funktionale Unternehmungsbewertung, Wiesbaden 1979, S. 16–19; Sieben, Beratungsfunktion, Köln 1977, S. 57–71; König, Vermittlungsfunktion, Köln 1977, S. 73–89. Ferner Semann, Preisverhandlungen, Diss. Köln 1970; Sieben/Löcherbach/Matschke, Bewertungstheorie, Stuttgart 1974, Sp. 839–851; Krag, Unternehmungsbewertung, Meisenheim am Glan 1975; Bretzke, Funktionen und Folgen, 1975, S. 125–131; Bretzke, Objektivitätsanspruch, 1976, S. 543–553; Coenenberg/Sieben, Unternehmungsbewertung, Stuttgart 1976, Sp. 4062–4079; Sieben, Entscheidungswert, 1976, S. 491–504; Dörner, Unparteiischer Gutachter, 1976, S. 505–516; Goetzke, Funktionsspezifische Unternehmungsbewertung, 1976, S. 175–178; Ribbert, Unternehmungsbewertung durch einen neutralen Sachverständigen, 1977, S. 599–603; Ribbert, Schiedsgutachter, 1978, S. 2085–2087; Sieben/Schildbach, Entwicklung, 1979, S. 455–461; Börner, Unternehmensbewertung, Stuttgart 1980, S. 111–123; Coenenberg, Unternehmensbewertung, Düsseldorf 1981, S. 221–245; Lutz, Konsens und Dissens, 1981, S. 146–155; Schildbach, Wirtschaftsprüfer als Gutachter, 1981, S. 193–201; Sieben, Funktionen, 1983, S. 539–542; Wagenhofer, Bestimmung von Argumentationspreisen, 1988, S. 340–359; Wagenhofer, Argumentationspreis in der Unternehmungsbewertung, 1988, S. 532–552; Schildbach, Funktionenlehre, 1993, S. 25–38; Gorny, Argumentationsfunktion, Wiesbaden 2002.

lässt sich der Entscheidungswert für eine eindimensionale Kauf- oder Verkaufssituation beschreiben. Aus der Sicht des Verkäufers handelt es sich um die Preisuntergrenze, aus der Sicht des Käufers um die Preisobergrenze. Ist die Preisuntergrenze geringer als die Preisobergrenze, so besteht ein Einigungsbereich. Jede Verständigung auf einen Preis dazwischen ist für beide Parteien von Vorteil.

Bei der Vermittlungsfunktion steht das Problem eines gerechten Ausgleichs zwischen den Konfliktparteien im Vordergrund, und der entsprechende Wert ist der Arbitrium- oder Schiedsspruchwert. In einer nicht dominierten Situation ist zu verlangen, dass der Arbitriumwert die Entscheidungswerte nicht verletzt. Auf diese Funktion wird im Weiteren nicht näher eingegangen.

Im Fokus der Argumentationsfunktion stehen Begründungen für Gebote oder Forderungen in Verhandlungen. Will man sich als Partei nicht in eine ungünstige Verhandlungsposition bringen, muss man bei solchen Begründungen den eigenen Argumentationsraum genau kennen, also auch wissen, wo die eigene Konzessionsgrenze, der eigene Entscheidungswert liegt. Der Argumentationswert ist im engsten Sinne parteiisch, was nicht täuschend heißen muss. Man tut aber als Konfliktpartei gut daran, alle offengelegten Gutachten als solche in der Argumentationsfunktion anzusehen. Die Argumentationsfunktion ist ein praktisch äußerst bedeutsames, wenngleich ein kaum behandeltes Aufgabenfeld. Auch ich werde es im Weiteren nicht näher betrachten.

Von Bedeutung in allen (Haupt-)Funktionen ist daher der Entscheidungswert. Er wird zur zentralen Wertgröße in der funktionalen Unternehmensbewertung. Ihn möchte ich zunächst noch ein wenig veranschaulichen, bevor dann auf seine Ermittlung näher eingegangen werden soll.

In Abb. 1.5 ist die Verhandlungssituation wiedergegeben, die in der Literatur fast ausschließlich betrachtet wird. Es geht um den Kauf oder Verkauf einer Unternehmung. Strittig ist allein der Preis. Käufer und Verkäufer bestimmen ihren Entscheidungswert in dieser Situation als Preisgrenze. Der Käufer als Preisobergrenze, der Verkäufer als Preisuntergrenze. Jede Partei kennt freilich nur ihre eigene Preisgrenze, möglicherweise nicht als Punktgröße, sondern nur als Intervallgröße, was aber für die Veranschaulichung nicht von Bedeutung ist. Eine Einigung kann zustande kommen, wenn der Verkäufer weniger verlangen muss, als der Käufer bieten kann. Es ergibt sich dann ein potentieller Einigungsbereich, der zugleich den gesamten Vorteil kennzeichnet, den beide insgesamt erringen können. Der Vorteil des einen kann aber nur zu Lasten des Vorteils des anderen erhöht werden. Aus der Verhandlungssituation ergibt sich eine basarmäßige Konfrontation der Parteien.

In Abb. 1.6 wird eine mehrdimensionale Konfliktsituation graphisch erläutert, die die Realität weitaus besser beschreiben dürfte als Abb. 1.5 zuvor. Um die Situation graphisch noch zu bewältigen, habe ich alle nichtpreislichen konfliktlösungsrelevanten Sachverhalte zu verschiedenen Kombinationen auf der Abszisse nominal zusammengefasst. Die Preisgrenzen der Parteien sind dann als bedingte Größen zu interpretieren. Je nachdem, wie die nichtpreislichen Komponenten aussehen, könnte der Käufer maximal mehr oder weniger bieten, und der Verkäufer müsste minimal mehr oder weniger fordern. Im Beispiel gäbe es zwei potentielle Einigungsbereiche, nämlich einerseits bei den Kombinationen K3, K4 und K5 sowie andererseits bei der Kombinationen K7 und K8 der nichtpreislichen Sachverhalte, denn in diesen Fällen ist die

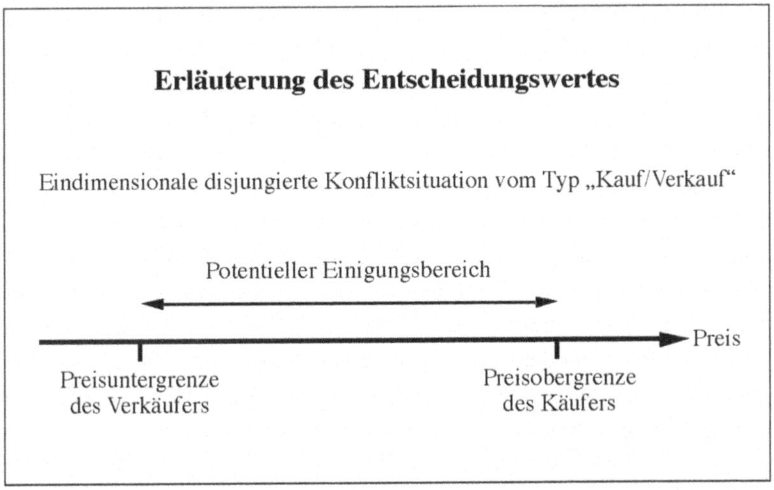

Abb. 1.5 Erläuterung des Entscheidungswertes: Eindimensionale disjungierte Konfliktsituation von Typ „Kauf/Verkauf"

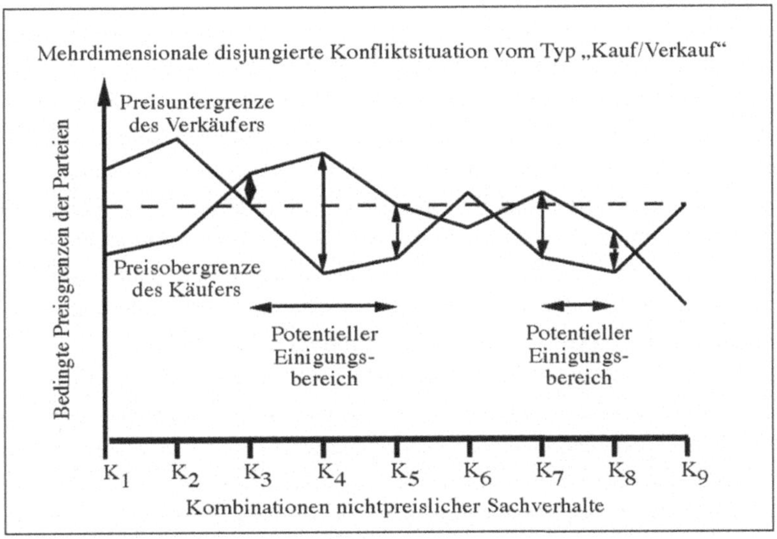

Abb. 1.6 Mehrdimensionale disjungierte Konfliktsituation von Typ „Kauf/Verkauf"

Preisobergrenze des Käufers größer als die Preisuntergrenze des Verkäufers. Eine solche mehrdimensionale Situation ist alles andere als eine Basarsituation. Denn hier ist Kreativität von beiden Seiten gefordert, um die potentiellen Einigungsbereiche überhaupt zu entdecken, und dass dies gelingt, ist keineswegs sicher. Denn nur in der Theorie ergibt sich ein solch klares Bild der Verhandlungssituation. Die Parteien wissen kaum etwas davon. Wir hingegen sind da viel besser dran. Wir können sogar erkennen, wenn wir die eingezeichnete gestrichelte Linie als vorgesehenen Einigungspreis interpretieren, dass dieser Preis zwar mit K3, K4, K5 und K7, nicht aber mit K8 vereinbar ist und dass der erreichbare Vorteil als Differenz der Preisgrenzen sehr unterschiedlich verteilt würde. Bei K3 nur zugunsten des Käufers, bei K5 nur zugunsten des Verkäufers. Bei K7 erhält der Verkäufer so viel wie bei K5, der Käufer hingegen mehr. Wir können den beiden Parteien nur wünschen, dass sie in der betrachteten Situation die Kombination K4 der nichtpreislichen konfliktlösungsrelevanten Sachverhalte finden und sich darauf verständigen; denn diese Lösung wäre im Vergleich zu den anderen paretooptimal.

Nach dieser Veranschaulichung des Entscheidungswertes als subjektiver Konzessionsgrenze will ich mich jetzt dem Problem seiner Ermittlung zuwenden.

Ich werde dabei zunächst ein Modell der Entscheidungswertermittlung präsentieren, aus dem alle anderen hergeleitet werden können. Es bedingt weder Festlegungen hinsichtlich der Ziele und Entscheidungsfelder der Konfliktparteien noch im Hinblick auf Anzahl und Art der konfliktlösungsrelevanten Sachverhalte. Sein Anwendungsbereich ist auch keineswegs auf Unternehmensbewertungsprobleme beschränkt, vielmehr ist es auf beliebige entscheidungsabhängige und interpersonell konfliktäre Situationen ohne Zwangscharakter anwendbar.[19]

Im nächsten Schritt will ich ein viel spezielleres Modell vorstellen, das ausschließlich ein finanzwirtschaftliches Zahlungsziel und außerdem nur den Preis als konfliktlösungsrelevanten Sachverhalt kennt, ansonsten aber hinsichtlich des Entscheidungsfeldes keine Einschränkungen macht.

Aus diesem Modell werde ich dann etwas herleiten, was Ihnen im Prinzip bekannt und hoffentlich doch zugleich so fremd sein dürfte, dass es einen Erkenntnisgewinn bringt.

Wer in einer interpersonalen Konfliktsituation steht, sollte sich Gedanken machen, was er ohne Einigung machen und hinsichtlich seiner Ziele erreichen könnte. Bei rationalem Handeln würde er das tun wollen, was seinen Nutzen maximiert. Ich nenne das, was er ohne Einigung machen würde, das Basisprogramm und die dabei erreichbare Zielerfüllung den Basisprogrammnutzen. In der Folie (Abb. 1.7) ist dies in Symbolen festgehalten. Die Konfliktpartei wählt aus der Menge A aller Handlungsmöglichkeiten ohne Einigung die beste Alternative. Es handelt sich dabei um die nutzenmaximale Alternative. Sie ist das Basisprogramm und ihr Nutzen der Basisprogrammnutzen (Abb. 1.8).

Der Basisprogrammnutzen ist eine Messlatte. Wer sich in keiner Zwangssituation befindet (die ich nicht betrachte), wird einer Einigung nur zustimmen, wenn er sich davon einen Vorteil verspricht, zumindest aber sich nicht verschlechtert. Das bedeutet, nach einer Einigung sollte wenigstens wieder der Basisprogrammnutzen erreicht werden. Geht man davon aus, dass die Einigungsbedingungen, die als Kombination $(s_1, \ldots, s_n)$ der konfliktlösungsrelevanten Sachverhalte allgemein ausgedrückt werden können, das Entscheidungsfeld ändern, dann steht je nachdem, welche Kombination $(s_1, \ldots, s_n)$ vereinbart wird, eine andere Alternativmenge B mit den Elementen $b_j\ (s_1, \ldots, s_n)$ zur Auswahl mit einem in der Regel unterschiedlichen Nutzen N $(b_j(s_1, \ldots, s_n))$. Das Bewertungsprogramm ist dann diejenige Alternative, deren Nutzen genau so groß ist wie der des Basisprogramms. Alle Kombinationen $(s_1, \ldots, s_n)$ der konfliktlösungsrelevanten Sachverhalte, für die dies gilt, bilden den Entscheidungswert dieser Partei. Ihnen steht die Konfliktpartei indifferent gegenüber, weil die Partei sie als Lösung des Konflikts gerade noch

[19] Vgl. Matschke, Entscheidungswert, Wiesbaden 1975, S. 387–390.

Allgemeines Modell der Entscheidungswertermittlung

1. Schritt: Bestimmung des Basisprogramms und des Basisprogrammnutzens

Alternativenmenge ohne Einigung: $A = \{a_i\}$

Basisprogramm: $Ba = a_{opt} = \{a_i | \max N(a_i)\}$

Basisprogrammnutzen: $N_{Ba} = N(a_{opt}) = N(Ba)$

Abb. 1.7 Allgemeines Modell der Entscheidungswertermittlung: 1. Schritt

Allgemeines Modell der Entscheidungswertermittlung

2. Schritt: Bestimmung des Bewertungsprogramms und des Entscheidungswertes

Alternativenmenge bei Einigung auf $(s_1, \ldots, s_n)$: $B = \{b_j(s_1, \ldots, s_n)\}$

Bewertungsprogramm: $Be = \{b_j(s_1, \ldots, s_n) | \max N(b_j(s_1, \ldots, s_n)) = N_{Ba}\}$

Entscheidungswert: $W = \{(s_1, \ldots, s_n) | N(Be) = N_{Ba}\}$

Zulässige Konfliktlösungen: $S_{zul} = \{(s_1, \ldots, s_n) | N(b_j(s_1, \ldots, s_n)) \geq N_{Ba}\}$

Abb. 1.8 Allgemeines Modell der Entscheidungswertermittlung: 2. Schritt

akzeptieren könnte. Die Partei würde nach einer Einigung darauf genau wieder den Basisprogrammnutzen erreichen. Natürlich strebt sie nicht nach einer solchen Lösung. Zulässig sind aus der Sicht der Konfliktpartei solche Konfliktlösungen, die ihren Entscheidungswert bilden, und selbstverständlich alle, die für sie zu einem Nutzenzuwachs führen. Letztere strebt sie in der Verhandlung an.

Auch in diesem allgemeinen Modell ist die Unterscheidung zwischen Wert und Preis gegeben, wenngleich beide Begriffe weit verstanden werden. Den „Wert" bilden alle potentiellen Einigungsbedingungen aus der Sicht einer Konfliktpartei, die zum erreichbaren Nutzen ohne Einigung führen. Der Wert ist eine subjektive und kritische und zumeist nicht aufgedeckte

Größe. Der „Preis“ ist in diesem allgemeinen Kontext die tatsächliche konfliktlösende Einigungsbedingung, auf die sich die Parteien verständigen. Er ist objektiv, weil er für alle beteiligten Konfliktparteien gilt.

Auf einem Konkurrenzmarkt – dies weiß die Ökonomie seit alters her - determinieren die subjektiven Werte des Grenzanbieters und Grenznachfragers den Preis und stimmen mit ihm überein. Alle anderen zum Zuge kommenden Marktteilnehmer haben eine Produzenten- oder Konsumentenrente, das heißt, sie erhalten als Anbieter mehr, als sie mindestens fordern, oder zahlen weniger, als ihre Zahlungsbereitschaft ausmacht.

Dass diese alte Erkenntnis gerade bei den sogenannten kapitalmarktorientierten Bewertungsverfahren verloren ging, ist schon Ironie, weil jede Börsenkursbildung im Auktionsverfahren nach diesem alten ökonomischen Gesetz vonstattengeht. Die Vertreter der kapitalmarktorientierten Bewertungsverfahren aber suchen wieder den „wahren“, den „intrinsischen“ oder „inneren“ Wert, der freilich nicht dem beobachtbaren „Marktpreis“, sondern einer Mystifikation, dem „Marktwert“, entsprechen soll.

Das gerade vorgestellte allgemeine Modell gehört sicherlich dem Bereich der Grundlagenforschung an, aber es lassen sich auf seiner Basis andere Modelle bilden, die weniger komplex und daher als anwendungsnäher anzusehen sind. Ein solches Modell ist das sogenannte Zustands-Grenzpreismodell meines Schülers Thomas Hering, der an der Fernuniversität Hagen einen Lehrstuhl innehat. Er hat das zweistufige Konzept der Wertermittlung aufgegriffen, verknüpft es aber mit effizienten Verfahren der mathematischen Optimierung zur Findung von Basis- und Bewertungsprogramm.[20] Dies setzt freilich eine Reduktion der Komplexität in den zugelassenen Zielen voraus.[21] Es werden von ihm – wie

[20] Vgl. Hering, Unternehmensbewertung, Wiesbaden 1999. Dieses von Hering als lineares Zustands-Grenzpreismodell auf der Basis der Zielsetzung der Einkommens-/Entnahmemaximierung und der Vermögensmaximierung entwickelte Modell haben Pfaff/Pfeiffer/Gathge, Zustands-Grenzpreismodell, 2002, S. 198–210, zu einem nicht linearen Zustands-Grenzpreismodell fortentwickelt. Hering, Produktionsfaktoren, S. 57–81, und Brösel, Medienrechtsbewertung, Wiesbaden 2002, haben das lineare Modell um Gesichtspunkte der Produktionsprogrammplanung erweitert. Eine Integration von Produktionsprogrammüberlegungen in ein Modell zur Bestimmung eines mehrdimensionalen Entscheidungswertes findet sich bei Matschke, Entscheidungswert, S. 357–384. Im Weiteren wird jedoch nur das ursprüngliche Heringsche Modell betrachtet. Ansätze zur Verwendung von mathematischen Optimierungsmethoden oder von vergleichbaren Methoden bei der Unternehmensbewertung finden sich bereits ab Mitte der sechziger Jahre; vgl. z. B. Jaensch, Wert und Preis, Köln und Opladen 1966, S. 128–145; Jaensch, Einfaches Modell, 1966, S. 666–679; Sieben, Bewertungs- und Investitionsmodelle, 1967, S. 126–147; Sieben, Erfolgseinheiten, Köln 1968; Matschke, Kompromiss, 1969, S. 57–77. Laux/Franke, Bewertung, 1969, S. 205–223; Busse von Colbe, Gesamtwert, Stuttgart 1970, S. 576–578; Laux/Franke, Kapitalwertmethode, 1970, S. 517–527.

[21] Zu Modellen bei mehrfacher Zielsetzung und nicht monetären Zielen vgl. Sieben, Erfolgseinheiten, Köln 1968; Sieben, Erfolgspläne bei heterogenen Zielen, Bielefeld 1969, S. 71–100; Matschke, Entscheidungswert, Wiesbaden 1975, S. 75–113; Hafner, Unternehmensbewertung, 1988, S. 485–504.

im Rahmen der Unternehmensbewertung zumeist üblich – nur finanzielle, auf Zahlungsgrößen abstellende Ziele zugelassen, wobei aber der gewünschte Zahlungsstrom beliebig strukturiert sein kann. Das Entscheidungsfeld der Konfliktpartei wird nicht durch explizite Alternativen, sondern implizit durch ein System von Restriktionen abgebildet, so dass die Anwendung mathematischer Optimierungsmethoden möglich wird. Der Vorteil dieses Modells ist, dass die Zahlungen nicht bloß – wie üblich – zeitpunktbezogen, sondern auch risiko- oder unsicherheitsbezogen interpretiert werden können, so dass eine einheitliche Bewertungstheorie für den Sicherheits- und Ungewissheitsfall hergeleitet werden kann und daraus wiederum Hilfen für praktisches Handeln ableitbar sind. Das Zustands-Grenzpreismodell gestattet auch eine Überleitung zu finanzierungstheoretischen Überlegungen. Es zeigt aber ebenso deutlich, dass es keine Brücke zu den kapitalmarkttheoretischen DCF-Verfahren gibt, die auf inkompatiblen Theorieversatzstücken beruhen.

Ich will Ihnen nun das Zustands-Grenzpreismodell in Form des linearen Ansatzes und bei zeitpunktbezogener Interpretation der Zahlungsgrößen kurz vorstellen. Zugrunde gelegt wird im Weiteren eine eindimensionale disjungierte Konfliktsituation vom Typ „Kauf/Verkauf", wobei ich nur die Sicht des Käufers betrachte (Abb. 1.9).[22]

Die Konfliktpartei strebt nach einem maximalen Nutzen in Form eines möglichst breiten Entnahmestroms EN zu Konsumzwecken, weshalb EN zu maximieren ist. Am Ende einer Periode t sind Entnahmen in Höhe von $w_t \cdot EN$ vorgesehen. Über die periodenspezifischen

Zustands-Grenzpreismodell aus Käufersicht

1. Schritt: Bestimmung des Basisprogramms

Zielsetzung: max. Nutz; Nutz:= EN

unter den Nebenbedingungen:

$$-\sum_{j=1}^{m} g_{j0} \cdot x_j \le b_0 \quad \text{Finanzierungsrestriktion in } t = 0$$

$$-\sum_{j=1}^{m} g_{jt} \cdot x_j + w_t \cdot EN \le b_t \quad \text{Liquiditätsrestriktionen in } t = 1,\ldots,n$$

$$x_j \le x_j^{max} \quad \text{Kapazitätsrestriktionen für } j = 1,\ldots,m$$

$$EN,\ x_j \ge 0 \quad \text{Nichtnegativitätsbedingungen}$$

Abb. 1.9 Zustands-Grenzpreismodell aus Käufersicht: Bestimmung des Basisprogramms

[22] Vgl. Hering, Unternehmensbewertung, Wiesbaden 1999. Die Übertragung auf den disjungierten und den mehrdimensionalen Fall zeigt Hering ebenfalls.

Gewichtungen w_t können beliebige gewünschte Entnahmestrukturen abgebildet werden. Die Variablen x_j stellen Investitions- oder Finanzierungsobjekte dar, für die es obere Begrenzungen geben kann, aber nicht muss. Der Zahlungsüberschuss pro Einheit eines Investitions- oder Finanzierungsobjektes zu den verschiedenen Zeitpunkten t wird mit dem Symbol g_{jt} ausgedrückt. Die Größen b_t sind fest vorgegebene Zahlungssalden zu den verschiedenen Zeitpunkten. Sie können wie die Größen g_{jt} positiv, null oder auch negativ sein.

Die erste Nebenbedingung stellt sicher, dass das Basisprogramm im Zeitpunkt t=0 durchgeführt werden kann. Die weiteren Nebenbedingungen gewährleisten von Zeitpunkt t=1 an die jederzeitige Zahlungsfähigkeit unter Berücksichtigung der vorgegebenen Zahlungssalden b_t. Schließlich sind noch Kapazitätsrestriktionen für die Investitions- und Finanzierungsobjekte sowie Nichtnegativitätsbedingungen im Modell enthalten. Für ein x_j ohne Begrenzung entfällt die Kapazitätsrestriktion. Der maximale Zielfunktionswert soll im Weiteren mit dem Symbol EN* belegt werden. Er entspricht dem Basisprogrammnutzen. Die Zusammenstellung der Investitions- und Finanzierungsobjekte, die zu EN* führt, ist entsprechend das Basisprogramm.

In der Folie (Abb. 1.10) wird der Ansatz zur Ermittlung von Entscheidungswert und Bewertungsprogramm dargestellt. Es geht um die Bestimmung des maximal zahlbaren Preises für die zu bewertende Unternehmung. Deren erwartete künftige Zahlungen sind g_{Ut}. Als neue Restriktion ist eingeführt, dass der Entnahmestrom EN des Bewertungsprogramms mindestens wieder so groß ist wie der Basisprogrammnutzen EN*. Die weiteren Restriktionen entsprechen denen des vorherigen Modells. Die Lösung des Modells ist der

2. Schritt: Bestimmung des Bewertungsprogramms und Entscheidungswertes (Grenzpreises des Käufers)

Zielsetzung: max. W; W:= p *

unter den Nebenbedingungen:

$-\sum_{j=1}^{m} g_{j0} \cdot x_j + p^* \leq b_0$	Finanzierungsrestriktion in t = 0
$-\sum_{j=1}^{m} g_{jt} \cdot x_j + w_t \cdot EN \leq b_t + g_{Ut}$	Liquiditätsrestriktionen in t = 1,...,n
$-EN \leq -EN^*$	Sicherstellung, daß Basisprogrammnutzen wieder erreicht wird
$x_j \leq x_j^{max}$	Kapazitätsrestriktionen für j = 1,...,m
x_j, EN, $p^* \geq 0$	Nichtnegativitätsbedingungen

Abb. 1.10 Zustands-Grenzpreismodell aus Käufersicht: Bestimmung des Bewertungsprogramms und Entscheidungswertes. (Grenzpreis des Käufers)

maximal zahlbare Preis p*, der in einer eindimensionalen Konfliktsituation dem Entscheidungswert des Käufers entspricht.

Es ist nun möglich, was hier jedoch nicht im Einzelnen hergeleitet wird, zu dem in der aufliegenden Folie (Abb. 1.11) dargestellten Primalproblem der Bestimmung des Bewertungsprogramms ein duales Problem zu formulieren. Da das Maximum des Primalproblems nach der Dualitätstheorie dem Minimum des dualen Problems entspricht, kann auf diese Weise eine Formel für den maximal zahlbaren Preis p* entwickelt werden, auf die ich jetzt eingehen werde.

Ich habe versucht, diese komplexe Formel so zu ordnen, dass Ihnen der Zugang zur Struktur und den einzelnen Bestandteilen erleichtert wird.

Die Formel besteht aus drei Teilen. Der erste Teil betrifft den Zukunftserfolgswert der Unternehmung. Ich benutze bewusst diesen Begriff und nicht den Begriff „Ertragswert“, weil der Ertragswertbegriff auch mit einem Inhalt belegt wird, der hier nicht relevant ist. Der Begriff des Zukunftserfolgswertes entstammt hingegen der subjektiven Unternehmungsbewertungslehre.

Er gibt den Barwert der Zahlungen der Unternehmung wieder, die von der Konfliktpartei aufgrund ihrer Planungen erwartet werden. Die Zustandspreise ρ_t drücken den heutigen Wert einer für den Zeitpunkt t erwarteten Geldeinheit aus. Sie lassen sich daher auch als Abzinsungsfaktoren interpretieren und können aus den endogenen Grenzzinsfüßen i^{Be} des Bewertungsprogramms hergeleitet werden.

Beziehung zwischen Entscheidungswert (Grenzpreis des Käufers) und Zukunftserfolgswert der Unternehmung

$$p^* = \underbrace{\sum_{t=1}^{n} \overbrace{g_{Ut}}^{\text{Zahlung des Bewertungsobjekts}} \cdot \overbrace{\rho_t}^{\text{Abzinsungsfaktor}}}_{\text{Zukunftserfolgswert des Bewertungsobjekts}} + \underbrace{\underbrace{\sum_{t=0}^{n} b_t \cdot \rho_t + \overbrace{\sum_{C_j>0} x_j^{max} \cdot C_j}^{\text{Summe der positiven Kapitalwerte}}}_{\text{Kapitalwert des Bewertungsprogramms (ohne Bewertungsobjekt)}} - \underbrace{\sum_{t=1}^{n} w_t \cdot EN^* \rho_t}_{\text{Kapitalwert des Basisprogramms}}}_{\text{Kapitalwertänderung durch Umstrukturierung vom Basis- zum Bewertungsprogramm}}$$

$$\text{mit } \rho_t = \frac{1}{\prod_{\tau=1}^{t}\left(1+i_\tau^{Be}\right)}$$

Abb. 1.11 Beziehung zwischen Entscheidungswert (Grenzpreis des Käufers) und Zukunftserfolgswert der Unternehmung

Die beiden anderen Bestandteile dieser Formel können zusammengefasst werden und stellen eine Kapitalwertänderung dar, die sich dann ergibt, wenn Bewertungsprogramm und Basisprogramm sich nicht bloß hinsichtlich der zu bewertenden Unternehmung unterscheiden, sondern wenn es durch die Hereinnahme des Bewertungsobjekts zu Umstrukturierungen vom Basis- zum Bewertungsprogramm kommt.

Die Formel belegt: Der Entscheidungswert als Grenzpreis und der Zukunftserfolgswert sind nicht identisch. Um zum Entscheidungswert als Grenzpreis zu kommen, ist der Zukunftserfolgswert, um die Kapitalwertänderung durch Umstrukturierungen zu ergänzen. Mit den umstrukturierungsbedingten Kapitalwertänderungen wird also eine zusätzliche Größe relevant, die – vergleichbar den Synergieeffekten – einzubeziehen ist und die keine dem Bewertungsobjekt unmittelbar zuzurechnende Größe darstellt. Ermitteln lässt sie sich erst, wenn der Entscheidungswert bereits bekannt ist. Dennoch ist diese Erkenntnis bedeutsam, auch wenn sie das Dilemma der Lenkpreistheorie widerspiegelt.

Gibt es keine solche Umstrukturierungen, dann entspricht der Zukunftserfolgswert dem Entscheidungswert. Diese Bedingung ist in der idealen Welt des vollkommenen Kapitalmarktes stets erfüllt (Abb. 1.12).

Auf einem unvollkommenen Markt ist von Bedeutung, dass der Zukunftserfolgswert als untere und obere Schranke für den Entscheidungswert (Grenzpreis des Käufers) interpretiert werden kann, wobei die untere Schranke auf Basis der endogenen Grenzzinsfüße des Bewertungsprogramms und die obere Schranke auf Basis der endogenen Grenzzinsfüße des Basisprogramms zu ermitteln sind.

Stimmen die endogenen Grenzzinsfüße beider Programme in allen Zeitpunkten überein, weil es beim Übergang vom Basis- zum Bewertungsprogramm zu keinen Umstruktu-

Zukunftserfolgswert als untere und obere Schranke für den Entscheidungswert (Grenzpreis des Käufers)

$$\underbrace{\sum_{t=1}^{n} g_{Ut}\cdot \overbrace{\frac{1}{\prod_{\tau=1}^{t}\left(1+i_{\tau}^{Be}\right)}}^{\text{Abzinsungs-faktor}}}_{\substack{\text{Zukunftserfolgswert}\\ \text{des Bewertungsobjekts}\\ \text{auf Basis der endogenen}\\ \text{Grenzzinsfüße des}\\ \text{Bewertungsprogramms}}} \le p^* \le \underbrace{\sum_{t=1}^{n} g_{Ut}\cdot \overbrace{\frac{1}{\prod_{\tau=1}^{t}\left(1+i_{\tau}^{Ba}\right)}}^{\text{Abzinsungs-faktor}}}_{\substack{\text{Zukunftserfolgswert}\\ \text{des Bewertungsobjekts}\\ \text{auf Basis der endogenen}\\ \text{Grenzzinsfüße des}\\ \text{Basisprogramms}}}$$

Abb. 1.12 Zukunftserfolgswert als untere und obere Schranke für den Entscheidungswert (Grenzpreis des Käufers) rierungen mit positivem Kapitalwert kommt, dann ist die Ermittlung des Entscheidungswertes als Grenzpreisgröße mit dem Zukunftserfolgswertverfahren ohne Einschränkungen möglich, also auch in der realen Welt des unvollkommenen Kapitalmarkts.[23]

Als Hilfe für praktisches Handeln lässt sich daraus ableiten, dass neben den künftigen Zahlungen des Bewertungsobjekts die Abschätzung der endogenen Grenzzinsfüße von Basis- und Bewertungsprogramm in den Fokus der Überlegungen zu rücken ist. Je besser die Grenzzinsfüße geschätzt werden können, desto enger ist der Bereich, in dem der Entscheidungswert als Grenzpreis des Käufers liegt.

Das, was hier am Beispiel der Entscheidungswertermittlung des Käufers hergeleitet worden ist, lässt sich spiegelbildlich auf die Ermittlung des Grenzpreises des Verkäufers als Entscheidungswert in einer eindimensionalen disjungierten Konfliktsituation übertragen. Auch eine Übertragung der Überlegungen auf jungierte und mehrdimensionale Konfliktsituationen ist möglich.

1.2 Basis-Grundsätze ordnungsmäßiger (funktionaler) Unternehmensbewertung

Welche Schlussfolgerungen sind aus den theoretischen Überlegungen für die Grundsätze ordnungsmäßiger Unternehmensbewertung zu ziehen? (Abb. 1.13)

Bereits in einer Podiumsdiskussion zum gleichen Thema „Grundsätze ordnungsmäßiger Unternehmensbewertung" am 18. November 1976 in Köln, also vor mehr als einem Vierteljahrhundert, habe ich den nach meiner damaligen wie heutigen Meinung „obersten Grundsatz" benannt, „nämlich den Grundsatz der Beachtung der jeweiligen Funktion der Unternehmungsbewertung".[24] Moxter nannte ihn zunächst den „Grundsatz sorgfältiger Aufgabenanalyse"[25] und später knapp und treffend „Zweckadäquanzprinzip".[26]

Aus diesem Zweckadäquanzprinzip folgt, dass die weiteren Prinzipien je nach Aufgabenstellung oder Funktion zu formulieren sind.

Im Hinblick auf die Vermittlungsfunktion und bezogen auf den Arbitriumwert habe ich zwei Basis-Grundsätze postuliert,[27] nämlich den Grundsatz der parteienbezogenen Angemessenheit, weil der Arbitriumwert eine Interessen ausgleichende „faire" Größe ist, und den Grundsatz der Rationalität des Handelns, der die Beachtung der Entscheidungswerte verlangt, um sicherzustellen, dass im Falle einer nicht dominierten Konfliktsituation der Arbitriumwert eine aus der Sicht aller Konfliktparteien zulässige Konfliktlösung dar-

---

[23] Vgl. Hering, Unternehmensbewertung, Wiesbaden 1999, S. 34–41.

[24] Vgl. Goetzke/Sieben (Hrsg.), Unternehmungsbewertung, Köln 1977, S. 292.

[25] Vgl. Moxter, Grundsätze I, Wiesbaden 1976, S. 26–27.

[26] Vgl. Moxter, Grundsätze II, Wiesbaden 1983, S. 5–8. Im IDW Standard S 1 wird vom Grundsatz der Maßgeblichkeit des Bewertungszwecks gesprochen; vgl. IDW Standard, Grundsätze, 2000, S. 828.

[27] Vgl. Matschke, Funktionale Unternehmungsbewertung, Wiesbaden 1979, S. 43–49; 92–109.

Basis-Grundsätze ordnungsmäßiger (funktionaler) Unternehmensbewertung I

Zweckadäquanzprinzip: Aufgabenadäquater Wert

- Grundsatz der Beachtung der maßgebenden Aufgabenstellung

- **Vermittlungsfunktion: Arbitriumwert**
  - Grundsatz der Rationalität des Handelns der Konfliktparteien
  - Grundsatz der parteienbezogenen Angemessenheit
- **Entscheidungsfunktion: Entscheidungswert**
  - Grundsatz der Beachtung der realen Konfliktsituation
  - Grundsatz der Beachtung der Ziele der Konfliktpartei
  - Grundsatz der Beachtung ihrer Handlungsmöglichkeiten

Abb. 1.13 Basis-Grundsätze ordnungsmäßiger (funktionaler) Unternehmensbewertung I

stellt und im Falle einer dominierten Konfliktsituation die Interessen der dominierten Konfliktpartei gewahrt bleiben. Moxter spricht vom Schiedsgutachtenprinzip und konkretisiert den Interessenausgleich durch das Mittelungsprinzip der Grenzpreise,[28] was jedoch nur eine von vielen Konkretisierungen des Angemessenheitsgrundsatzes darstellt,[29] aber auf jeden Fall gewährleistet, dass der Schiedspreis mit rationalem Handeln der Parteien vereinbar ist.

Der Grundsatz der Rationalität des Handelns stellt die Klammer zu den Grundsätzen ordnungsmäßiger Unternehmensbewertung in der Entscheidungsfunktion dar. Der Blick ist jedoch verschieden. Geht es in der Vermittlungsfunktion um die Ermittlung der potentiellen Einigungsmenge, so geht es in der Entscheidungsfunktion um die Menge der zulässigen Konfliktlösungen für eine Partei und hierbei insbesondere um den Entscheidungswert als Konzessionsgrenze dieser Partei. Die Bewertung in der Entscheidungsfunktion muss damit als eine subjektive Unternehmensbewertung konzipiert werden.[30]

Zur Ermittlung eines aufgabenadäquaten Wertes in der Entscheidungsfunktion ist es erforderlich, die reale Konfliktsituation als Ausgangspunkt zu wählen und bei der Ent-

---

[28] Vgl. Moxter, Grundsätze II, Wiesbaden 1983, S. 16–22.

[29] Zu anderen vgl. Matschke, Funktionale Unternehmungsbewertung, Wiesbaden 1979, S. 126–345.

[30] Grundlegend für die subjektive Unternehmensbewertung sind Busse von Colbe, Zukunftserfolg, Wiesbaden 1957; Sieben, Substanzwert, Wiesbaden 1963; Münstermann, Wert, Wiesbaden 1970; Sieben, Erfolgseinheiten, Köln 1968. Vgl. ferner zum Zukunftserfolgswert speziell Münstermann, Gesamtwert, 1952, S. 214–219; Münstermann, Bewertung, Stuttgart 1956, S. 1062–1063; Münstermann, Bewertung von Unternehmungen, Stuttgart 1976, Sp. 170–179, Münstermann, Zukunftsentnahmewert, 1980, S. 114–124.

scheidungswertermittlung die wirklichen Ziele und tatsächlichen Handlungsmöglichkeiten der Konfliktpartei zu beachten. Dass es dabei zu Typisierungen, also zu Vereinfachungen und somit zur Komplexitätsreduktion[31] kommen muss, ist zwangsläufig, und zwar nicht bloß bezogen auf die Konfliktsituation, wie zuvor erläutert, sondern auch hinsichtlich der Ziele und Handlungsmöglichkeiten der Konfliktpartei, für die der Entscheidungswert ermittelt wird.[32] Dabei muss sich eine solche Typisierung daran orientieren, dass – trotz Vereinfachungen – diejenigen Informationen über Ziele und Handlungsmöglichkeiten in die Wertermittlung einfließen, von denen vermutet werden darf, dass sie den eigentlich erforderlichen, aber nicht beschaffbaren am nächsten kommen (Abb. 1.14).[33]

Für die praktische Bewertung bleibt der Zukunftserfolgswert die entscheidende Ausgangsgröße für die Ermittlung des Entscheidungswertes als Grenzpreis. Ich habe gezeigt, dass das Zukunftserfolgswertverfahren konsistent aus dem allgemeinen Modell der Entscheidungswertermittlung und aus dessen Konkretisierung, dem Zustands-Grenzpreismodell, hergeleitet werden kann. Die DCF-Verfahren lassen sich hingegen nicht auf diese Weise theoretisch fundieren, so dass sie auch keine geeigneten Verfahren zur Grenz-

Basis-Grundsätze ordnungsmäßiger (funktionaler) Unternehmensbewertung II

Prinzipien der Entscheidungswertermittlung: Zukunftserfolgswert

- **Prinzipien der Erfolgsabgrenzung**
  - Gesamtbewertung, Subjektivität, Zukunftsbezogenheit
  - Synergieberücksichtigungsprinzip
  - Zufluß- oder Ausschüttungsprinzip
- **Prinzip der Kapitalisierung**
  - Prinzip der Grenzzinsfüße
- **Prinzipien der Risikooffenlegung**
  - Prinzip der Eingrenzung des Entscheidungswertes
  - Prinzip der Risikoprofilbildung

Abb. 1.14 Basis-Grundsätze ordnungsmäßiger (funktionaler) Unternehmensbewertung 2

[31] Vgl. Ballwieser, Komplexitätsreduktion, Wiesbaden 1990.

[32] Vgl. Matschke, Funktionale Unternehmungsbewertung, Wiesbaden 1979, S. 113–125.

[33] So auch Moxter, Grundsätze II, Wiesbaden 1983, S. 26.

preisbestimmung darstellen. Momentan dürften sie freilich wegen ihrer „Anerkennung" in der Praxis noch als Argumentationswerte brauchbar sein.[34]

Ich möchte mich nun abschließend den Prinzipien der Entscheidungswertermittlung zuwenden, die sich aus der Anwendung des Zukunftserfolgswertverfahrens ergeben. Ich habe dabei zwischen Prinzipien der Erfolgsabgrenzung, der Kapitalisierung und der Risikooffenlegung unterschieden. Sie stehen in enger Beziehung zu den allgemeinen Prinzipien der Beachtung der Ziele der Konfliktpartei und ihrer Handlungsmöglichkeiten. Die Prinzipien der Erfolgsabgrenzung beziehen sich auf die Größen g_t in der Formel des Zukunftserfolgswertes. Das wichtigste Prinzip ist nach meiner Auffassung das Gesamtbewertungsprinzip.[35] Die Unternehmung ist als Ganzes zu bewerten, so dass der resultierende Zahlungsstrom als Zukunftserfolg g_t der ganzen Unternehmung zuzurechnen ist. Dabei determinieren die subjektiven Planungen der Partei, für die die Bewertung vorgenommen wird, den Zukunftserfolg. Gesamtbewertung, Subjektivität und Zukunftsbezogenheit bilden daher eine Dreieinigkeit in der Unternehmungsbewertung.

Nicht im Widerspruch mit dem Gesamtbewertungsprinzip steht eine praktische Vorgehensweise bei der Prognose, wenn der Zahlungsstrom etwa in Einzelkomponenten zerlegt wird.

Hierzu gehört zum Beispiel die Übung, zwischen betriebsnotwendigem und nicht betriebsnotwendigem Vermögen zu unterscheiden, sofern die Abgrenzung entsprechend den vorgesehenen subjektiven Planungen geschieht. Dem betriebsnotwendigen Vermögen wird ein dauerhafter Zahlungsstrom gemäß den subjektiven Fortführungsplanungen zugeordnet und dem nicht betriebsnotwendigem Vermögen – soweit zu übernehmen – ein zeitweiliger unter Berücksichtigung von Zerschlagungsdauer und Zerschlagungsintensität. Auch eine weitere Übung im Zusammenhang mit der Prognose, nämlich zwischen zeitlichen Phasen unterschiedlicher Detailliertheit der Prognose des Zahlungsstroms zu trennen, steht nicht im Widerspruch zum Gesamtbewertungsprinzip.

Das Zukunftserfolgswertverfahren ist ein Partialmodell. Ergeben sich aufgrund des Kaufs oder Verkaufs der Unternehmung Erfolgswirkungen außerhalb des Bewertungsobjekts, so schlagen sich diese nicht in dessen Zahlungsstrom nieder. In einem Totalmodell

---

[34] Wegen der gegebenen formalen Ähnlichkeiten zwischen DCF-Verfahren und Zukunftserfolgswertverfahren – aufgrund der Abzinsung künftiger Größen – wird manchmal eine inhaltliche Nähe oder gar Übereinstimmung gesehen. Dies ist aber eine Fehleinschätzung. Aus formalen Ähnlichkeiten folgen keine inhaltlichen Übereinstimmungen. Die Bemühungen, DCF-Verfahren und Zukunftserfolgswertverfahren als „gleichwertig" anzusehen, erfolgen zum Teil aus einer erkennbar defensiven Einstellung gegenüber den vermeintlich „fortschrittlicheren" DCF-Verfahren. Es wird dabei verkannt, dass die DCF-Verfahren und die gesamte „Shareholder Value"-Philosophie ein Produkt von Beratungsunternehmen sind, die aus Konkurrenzgründen ständig „neue" Produkte auf dem Markt platzieren. Schlicht anrührend sind daher die Bemühungen des „Nachweises" der Übereinstimmung der Bewertungsergebnisse nach den verschiedenen DCF-Verfahren, die zuhauf in der Literatur zu finden sind. Dabei wird freilich übersehen, dass die Zahl der Varianten unter Berücksichtigung unterschiedlicher methodischer Konkretisierungen des freien Cashflows oder des Kapitalisierungszinsfußes Legion sind.

[35] Vgl. hierzu bereits Schmalenbach, Vergütung, 1912/1913, S. 36–37.

hingegen würden solche Erfolgsabhängigkeiten unmittelbar die Größe des Entscheidungswertes als Grenzpreis beeinflussen.[36] Daher ist es bei Verwendung eines Partialmodells erforderlich, falls solche Effekte zu erwarten sind, den Zahlungsstrom des Bewertungsobjekts um solche positiven oder negativen Synergien zu erweitern. Dies ist der Inhalt des Synergieberücksichtigungsprinzips.[37]

Die Entscheidungswertermittlung fußt auf der subjektiven Werttheorie, die in der Ökonomie eine lange Tradition hat. Wertbestimmend ist danach letztlich nur das, was zur Bedürfnisbefriedigung beiträgt, also Nutzen stiftet. Das kann vieles sein, in den Worten von Moxter die „Summe aller Vorteile, die dem Unternehmenseigner infolge der Verfügung über das Unternehmen zufließen. Diese Vorteile können im Einzelfall sehr heterogen sein".[38] Im Zusammenhang mit der Anwendung des Zukunftserfolgswertverfahrens findet eine Verengung auf finanzielle Vorteile statt. Denn Geld ist das allgemeinste Mittel, um Bedürfnisse zu befriedigen. Geld als Nominalgut steht dabei als Repräsentant für die mit ihm zu erwerbenden Realgüter, mit denen sich Bedürfnisse befriedigen lassen. Zur Bedürfnisbefriedigung ihrer Eigner trägt eine Unternehmung nur dann bei, wenn es zu finanziellen Zuflüssen bei den Eignern kommt. Daher stellt die subjektive Unternehmensbewertung auf die Zuflüsse an die Eigner ab, auf deren Entnahmen oder auf die Ausschüttungen an sie.[39] Dies ist mit dem Zufluss- oder Ausschüttungsprinzip gemeint. Theoretisch könnte man auch auf Gewinne als potentielle Ausschüttungen abstellen, sofern man auf das Problem der Doppelzählung achtet, eine solche also vermeidet.[40] Bei Personenunternehmen müsste das Äquivalent für die Unternehmerleistung als Unternehmerlohn aus den Entnahmen herausgerechnet werden.[41]

Nach dem Zukunftserfolgswertverfahren wird der Grenzpreis durch Diskontierung der Zukunftserfolge auf den Bewertungsstichtag abgeschätzt. Das bedeutet zugleich, dass die

---

[36] Dies gilt nicht bloß für ein nicht lineares Totalmodell. Im linearen Totalmodell müsste die Veränderung durch Synergien bei der Bestimmung des Bewertungsprogramms durch zusätzliche Nebenbedingungen erfasst werden. Im Idealfall lassen sich die Synergiezahlungswirkungen direkt im Zahlungsstrom des Bewertungsobjekts abbilden.

[37] Moxter spricht vom Verbundberücksichtigungsprinzip; vgl. Moxter, Grundsätze II, Wiesbaden 1983, S. 91–96.

[38] Moxter, Grundsätze II, Wiesbaden 1983, S. 75. Moxter spricht in diesem Zusammenhang vom Gesamtertragsprinzip.

[39] Vgl. Münstermann, Wert, Wiesbaden 1970, S. 46–48. Ferner Käfer, Bewertung, Zürich 1946, S. 71–98, hier S. 74–79.

[40] Vgl. Moxter, Grundsätze II, Wiesbaden 1983, S. 79–84, spricht vom Zuflussprinzip. Es ist dann das sogenannte Lücke-Theorem zu beachten, um Doppelzählungen zu vermeiden; vgl. hierzu Hering, Investition, Bielefeld 2002, S. 68.

[41] In meiner Diplomarbeit habe ich unter anderem die dort entwickelte Konzeption der Entscheidungswertermittlung mit Basis- und Bewertungsprogramm auf das Problem der Bemessung des Unternehmerlohns angewandt; vgl. Matschke, Bewertung, Köln, Wintersemester 1967/1968, S. 74–86.

Bewertung auf den Verhältnissen und Zukunftsaussichten dieses Stichtages beruht.[42] Die Diskontierungszinsfüße sind dabei als Grenzzinsfüße zu schätzen, das heißt, aus den letzten vorgesehenen Verwendungen oder Beschaffungen von Geld in den Betrachtungsperioden. Häufig spricht man vom Haben- und Sollzinssatz. Dies könnte jedoch zu Missverständnissen führen, weil diese Begriffe im theoretischen Kontext nicht bankmäßig zu verstehen sind, sondern als Grenzverwendung oder Grenzbeschaffung von Zahlungsmitteln im Bewertungsprogramm. Sofern es zu keinen kapitalwertpositiven Umstrukturierungen beim Übergang vom Basis- zum Bewertungsprogramm kommt, entspricht der kapitalisierte Zukunftserfolg – wie gezeigt – dem Grenzpreis.

Die letzte Gruppe von Prinzipien, die ich ansprechen möchte, ist diejenige der Risikooffenlegung. Darunter fasse ich zwei Prinzipien.

Das Prinzip der Eingrenzung des Entscheidungswertes bezieht sich auf das aus der Methode herrührende Risiko. Ich hatte gezeigt, dass bei nicht übereinstimmenden Grenzzinsfüßen in Basis- und Bewertungsprogramm mit dem Zukunftserfolgswert nur eine untere und obere Schranke für den Entscheidungswert bestimmt werden kann.

Das Prinzip der Risikoprofilbildung soll nicht solch methodenbedingtes Risiko, sondern das prognosebedingte Risiko aufdecken, weil die grundlegenden Daten jeder Unternehmensbewertung in der Praxis mit Risiko und Ungewissheit verbunden sind. Es wird hier also dezidiert gegen eine Verdichtung in Form von Risikoabschlägen vom Zukunftserfolg oder von Risikozuschlägen zum Kapitalisierungszinsfuß plädiert. Denn beides lässt sich nicht aus der allgemeinen Theorie des Entscheidungswertes ableiten.

Beide Prinzipien zusammen bedeuten zugleich den Abschied von der Vorstellung, der Zukunftserfolgswert als Entscheidungswert im Sinne eines Grenzpreises für eine eindimensionale disjungierte Konfliktsituation vom Typ „Kauf/Verkauf" sei eine Punktgröße.

1.3 Schlussbemerkungen

Ich habe versucht, mich dem gestellten Thema „Grundsätze ordnungsmäßiger Unternehmensbewertung" auf andere als übliche Weise zu nähern.

Ausgangspunkt waren allgemeine systemtheoretische Überlegungen zu den Grundsätzen ordnungsmäßiger Unternehmensbewertung als Normensystem. Im Zwischenteil meines Vortrags wollte ich Ihnen die funktionale Unternehmensbewertung in den Grundzügen und als Grundlage für theoriegestützte Grundsätze nahebringen. Einige mir wichtig erscheinende Basis-Grundsätze ordnungsmäßiger (funktionaler) Unternehmensbewertung habe ich Ihnen abschließend vorgestellt. Ich danke für Ihre Aufmerksamkeit.

[42] In der Literatur wird dies als Stichtagsprinzip herausgestellt, worauf hier verzichtet wird, weil die Stichtagsbezogenheit methodenimmanent ist.

Literatur

Ballwieser, W. (1990). *(Komplexitätsreduktion) Unternehmensbewertung und Komplexitätsreduktion* (3. Aufl.).

Beyerle, K. (1981). *(Unternehmensbewertung) Die Unternehmensbewertung im gerichtlichen Verfahren. 50 Jahre Wirtschaftsprüferberuf. Bericht über die Jubiläumsfachtagung 1981 in Berlin* (S. 247–264).

Börner, D. (1980). (Unternehmensbewertung) Unternehmensbewertung. *Handwörterbuch der Wirtschaftswissenschaften* (Bd. 8., S. 111–123).

Bretzke, W. (1975). *(Funktionen und Folgen) Funktionen und Folgen der Verwendung objektivistischer Wertkonventionen* (S. 125–131). Die Wirtschaftsprüfung.

Bretzke, W. (1976). (Objektivitätsanspruch) Zur Problematik des Objektivitätsanspruchs in der Unternehmungsbewertungslehre – Ein Nachtrag zu einem Methodenstreit. *Betriebswirtschaftliche Forschung und Praxis, 1976*, 543–553.

Brösel, G. (2002). *(Medienrechtsbewertung) Medienrechtsbewertung. Der Wert audiovisueller Medienrechte im dualen Rundfunksystem.*

Bundesverfassungsgericht. (1999). Nr. 13 - Beschluß des ersten Senats vom 27. April 1999 (1 BvR 1613/94) (1999). (Ausgleich) Ermittlung des angemessenen Ausgleichs und der angemessenen Abfindung für außenstehende oder ausgeschiedene Aktionäre beim Abschluß von Unternehmensverträgen und bei der Eingliederung einer Aktiengesellschaft. *Entscheidungen des Bundesverfassungsgerichts* (Bd. 100, S. 289–312).

Bungert, H. (2000). (Börsenwert) Unternehmensbewertung nach Börsenwert: Zivilgerichtliche Umsetzung der BVerfG-Rechtsprechung. *Betriebs-Berater, 2000*, 1845–1848.

Busse von Colbe, W. (1970). *Gesamtwert der Unternehmung. Handwörterbuch des Rechnungswesens* (S. 576–578).

Busse von Colbe, W. (1981). *(Zukunftserfolg) Der Zukunftserfolg*. Wiesbaden 1957. Coenenberg, A. G. *(Unternehmensbewertung) Unternehmensbewertung aus der Sicht der Hochschulen. 50 Jahre Wirtschaftsprüferberuf.* Bericht über die Jubiläumsfachtagung 1981 in Berlin (S. 221–245).

Busse von Colbe, W. (1984). (Rechtsprechung) Die Rechtsprechung zur Bewertung ertragsschwacher Unternehmen. *Betriebswirtschaftliche Forschung und Praxis, 1984*, 508–517.

Busse von Colbe, W. (1992). (Resonanz) Die Resonanz betriebswirtschaftlicher Erkenntnisse zur Unternehmensbewertung in der zivilrechtlichen und steuerlichen Rechtsprechung. In W. Busse von Colbe & G. Coenenberg Adolf (Hrsg.), *Unternehmensakquisition und Unternehmensbewertung* (S. 173–186).

Coenenberg, A. G., & Sieben, G. (1976). (Unternehmungsbewertung) Unternehmungsbewertung. *Handwörterbuch der Betriebswirtschaft* (4. Aufl., S. 4062–4079).

Dörner, W. (1972). (Unparteiischer Gutachter) Der Wirtschaftsprüfer als unparteiischer Gutachter bei der Bewertung von Unternehmungen. *Betriebswirtschaftliche Forschung und Praxis, 1976*, 505–516.

Fédération des Experts Comptables Européenns: (Guide) Business Valuation. (2001). *A guide for small and medium sized enterprises. Guide for carrying out business valuation.*

Geng, N. (2003). *(Ausgleich) Ausgleich und Abfindung der Minderheitsaktionäre der beherrschten Aktiengesellschaft bei Verschmelzung und Spaltung.*

Goetzke, W. (1976). (Funktionsspezifische Unternehmungsbewertung) Funktionsspezifische Unternehmungsbewertung. Einigung im Streit um objektive oder subjektive Wertansätze in Sicht – Ergebnisse einer Diskussionsveranstaltung des Seminars für Wirtschaftsprüfung der Universität zu Köln. *Die Wirtschaftsprüfung, 1976*, 175–178.

Goetzke, W., & Sieben, G. (Hrsg.) (1977). (Unternehmungsbewertung) Moderne Unternehmungsbewertung und Grundsätze ihrer ordnungsmäßigen Durchführung. *Bericht von der 1. Kölner BFuP-Tagung am 18. und 19. November 1976 in Köln.*

Gorny, C. (2002). *(Argumentationsfunktion) Unternehmensbewertung in Verhandlungsprozessen. Ansätze zur Lösung der Argumentationsfunktion.*

Großfeld, B. (1994). *(Gesellschaftsrecht) Unternehmens- und Anteilsbewertung im Gesellschaftsrecht. Zur Barabfindung ausscheidender Gesellschafter* (3. Aufl.).

Hackmann, A. (1987). *(Rechtsprechung) Unternehmensbewertung und Rechtsprechung.*

Hafner, R. (1988). (Unternehmensbewertung) Unternehmensbewertung bei mehrfacher Zielsetzung. *Betriebswirtschaftliche Forschung und Praxis, 1988*, 485–504.

Hering, T. (1999). (Unternehmensbewertung) *Finanzwirtschaftliche Unternehmensbewertung* (S. 93–179).

Hering, T. (2001). Olbrich, Michael: (Mehrstimmrechte) Zur Bewertung von Mehrstimmrechten. *Zeitschrift für betriebswirtschaftliche Forschung, 2001*, 20–38.

Hering, T. (2002). (Investition) Investition und Unternehmensbewertung. In J. Krag (Hrsg.), *Betriebswirtschaft* (S. 68).

Hering, T. (2002). (Produktionsfaktoren) Bewertung von Produktionsfaktoren. In F. Keuper (Hrsg.), *Produktion und Controlling. Festschrift für Manfred Layer zum 65. Geburtstag* (S. 57–81).

IDW Standard. (2000). (Grundsätze) Grundsätze zur Durchführung von Unternehmensbewertungen (IDW S 1). *Die Wirtschaftsprüfung, 2000*, 825–842.

Jaensch, G. (1966). (Einfaches Modell) Ein einfaches Modell der Unternehmensbewertung ohne Kalkulationszinsfuß. *Zeitschrift für betriebswirtschaftliche Forschung, 1966*, 666–679.

Jaensch, G. (1966). *(Wert und Preis) Wert und Preis der ganzen Unternehmung.* Westdeutscher Verlag.

Jaensch, G. (1976). (Unternehmensbewertung) Entscheidungsorientierte Unternehmensbewertung als Mittel der Verhandlungsvorbereitung – zugleich Besprechung von M. J. Matschke „Der Entscheidungswert der Unternehmung". *Betriebswirtschaftliche Forschung und Praxis, 1976*, 371–376.

Käfer, K. (1946). (Bewertung) Zur Bewertung der Unternehmung als Ganzes. Rechnungsführung in Unternehmung und Staatsverwaltung. *Festgabe für Otto Juzi.* 71–98, hier 74–79.

König, W. (1977). (Vermittlungsfunktion) Die Vermittlungsfunktion der Unternehmungsbewertung. In W. Goetzke & G. Sieben (Hrsg.), *Unternehmungsbewertung* (S. 73–89).

Krag, J. (1975). *(Unternehmungsbewertung) Konfliktbezogene Unternehmungsbewertung. Die Bestimmung eines Unternehmungswertes zur Lösung von Konfliktfällen durch einen neutralen Gutachter.*

Lausterer, M. (1997). *(Rechtsprechung) Unternehmensbewertung zwischen Betriebswirtschaftslehre und Rechtsprechung.*

Laux, H., & Franke, G. (1969). *(Bewertung) Zum Problem der Bewertung von Unternehmungen und anderen Investitionsgütern. Unternehmensforschung, 13*, 205–223.

Laux, H., & Franke, G. (1970). (Kapitalwertmethode) Das Versagen der Kapitalwertmethode bei Ganzzahligkeitsbedingungen. *Zeitschrift für betriebswirtschaftliche Forschung, 13*, 517–527.

Lutz, H. (1981). (Konsens und Dissens) Zum Konsens und Dissens in der Unternehmensbewertung. *Betriebswirtschaftliche Forschung und Praxis, 32*, 146–155.

Matschke, M. J. (1967). (Bewertung) *Die Bewertung der Unternehmung aus entscheidungstheoretischer Sicht, unveröffentlichte Diplomarbeit,* Wintersemester 1967/68.

Matschke, M. J. (1969). (Kompromiß) Der Kompromiß als betriebswirtschaftliches Problem bei der Preisfestsetzung eines Gutachters im Rahmen der Unternehmungsbewertung. *Zeitschrift für betriebswirtschaftliche Forschung, 1969*, 57–77.

Matschke, M. J. (1971). (Arbitrium- oder Schiedsspruchwert) Der Arbitrium- oder Schiedsspruchwert der Unternehmung – Zur Vermittlerfunktion eines unparteiischen Gutachters bei der Unternehmungsbewertung. *Betriebswirtschaftliche Forschung und Praxis, 1971*, 508–520.

Matschke, M. J. (1972). (Gesamtwert) Der Gesamtwert der Unternehmung als Entscheidungswert. *Betriebswirtschaftliche Forschung und Praxis, 1972*, 146–161.

Matschke, M. J. (1975). *(Entscheidungswert) Der Entscheidungswert der Unternehmung.*

Matschke, M. J. (1976a). (Argumentationsfunktion) Die Argumentationsfunktion der Unternehmungsbewertung. In W. Goetzke & G. Sieben (Hrsg.), *Moderne Unternehmungsbewertung und Grundsätze ihrer ordnungsmäßigen Durchführung. Bericht von der 1. Kölner BFuP-Tagung am 18. und 19. November 1976 in Köln* (S. 91–103).

Matschke, M. J. (1976b). (Argumentationswert) Der Argumentationswert der Unternehmung – Unternehmungsbewertung als Instrument der Beeinflussung in der Verhandlung. *Betriebswirtschaftliche Forschung und Praxis, 1976*, 517–524.

Matschke, M. J. (1977a). (Argumentationsbasis) Traditionelle Unternehmungsbewertungs- verfahren als Argumentationsbasis für Verhandlungen über den Preis einer Unternehmung. In W. Goetzke & G. Sieben (Hrsg.), *Unternehmungsbewertung* (S. 158–174).

Matschke, M. J. (1977b). Mucheyer, Heinz: (Argumentation) Die Nutzung der traditionellen Unternehmungsbewertungsverfahren zur Argumentation in der Preisverhandlung. Zusammenfassende Darstellung der Diskussion in der Arbeitsgruppe. In W. Goetzke & G. Sieben (Hrsg.), *Unternehmungsbewertung* (S. 179–183).

Matschke, M. J. (1979a). (Arbitriumwert) Der Arbitriumwert der Unternehmung. Unternehmungsbewertung zur Vermittlung zwischen konfligierenden Parteien, Habil. Köln 1976, Buchveröffentlichung unter dem Titel: Funktionale Unternehmungsbewertung, Band II: *Der Arbitriumwert der Unternehmung.*

Matschke, M. J. (1979b). *(Funktionale Unternehmungsbewertung) Funktionale Unternehmungsbewertung, Band II: Der Arbitriumwert der Unternehmung* (S. 30–42).

Matschke, M. J. (1981). (Dominierte Konfliktsituationen) Unternehmungsbewertung in dominierten Konfliktsituationen am Beispiel der Bestimmung der angemessenen Barabfindung für den ausgeschlossenen oder ausscheidungsberechtigten Minderheits- Kapitalgesellschafter. *Betriebswirtschaftliche Forschung und Praxis, 1981*, 115–129.

Matschke, M. J. (1993). (Mehrdimensionale Entscheidungswerte) Einige grundsätzliche Bemerkungen zur Ermittlung mehrdimensionaler Entscheidungswerte der Unternehmung. *Betriebswirtschaftliche Forschung und Praxis, 1993*, 1–24.

Meilicke, W. (1975). *(Barabfindung) Die Barabfindung für den ausgeschlossenen oder ausscheidungsberechtigten Minderheits-Kapitalgesellschafter.*

Moxter, A. (1976a). (Bedeutung und Quellen) Grundsätze ordnungsmäßiger Unternehmensbewertung – Bedeutung und Quellen. *Betriebs-Berater, 1976*, 989–991.

Moxter, A. (1976b). *(Grundsätze I) Grundsätze ordnungsmäßiger Unternehmensbewertung.*

Moxter, A. (1977). (Todsünden) Die sieben Todsünden des Unternehmensbewerters. In W. Goetzke & G. Sieben (Hrsg.), *Unternehmungsbewertung* (S. 253–256).

Moxter, A. (1980). (Bedeutung) Die Bedeutung der Grundsätze ordnungsmäßiger Unternehmensbewertung. *Zeitschrift für betriebswirtschaftliche Forschung, 1980*, 545–459.

Moxter, A. (1983). *(Grundsätze II) Grundsätze ordnungsmäßiger Unternehmensbewertung* (2. Aufl.).

Moxter, A. (2003). *(Rechnungslegung) Grundsätze ordnungsgemäßer Rechnungslegung.*

Münstermann, H. (1952). (Gesamtwert) Der Gesamtwert des Betriebes. *Schweizerische Zeitschrift für kaufmännisches Bildungswesen, 181–193*, 209–219.

Münstermann, H. (1956). *(Bewertung) Bewertung ganzer Unternehmen. Handwörterbuch der Betriebswirtschaft* (3. Aufl., S. 1059–1068).

Münstermann, H. (1970). *(Wert) Wert und Bewertung der Unternehmung* (3. Aufl.).
Münstermann, H. (1976). *(Bewertung von Unternehmungen) Bewertung von Unternehmungen (und Unternehmungsteilen). Handwörterbuch der Finanzwirtschaft* (S. 168–184).
Münstermann, H. (1980). (Zukunftsentnahmewert) Der Zukunftsentnahmewert der Unternehmung und seine Beurteilung durch den Bundesgerichtshof. *Betriebswirtschaftliche Forschung und Praxis, 1980*, 114–124.
Neuhaus, C. (1990) *(Ausscheiden aus der Personengesellschaft) Unternehmensbewertung und Abfindung bei freiwilligem Ausscheiden aus der Personengesellschaft.*
Olbrich, C. (1982). (Zugewinnausgleich) Unternehmensbewertung beim Zugewinnausgleich. *Die Wirtschaftsprüfung, 1982*, 247–250.
Olbrich, M. (1999). *(Unternehmungskultur) Unternehmungskultur und Unternehmungswert.*
Olbrich, M. (2000). (Börsenkurs) Zur Bedeutung des Börsenkurses für die Bewertung von Unternehmungen und Unternehmungsanteilen. *Betriebswirtschaftliche Forschung und Praxis, 2000*, 454–465.
Pfaff, D., Pfeiffer, T., & Gathge, D. (2002). (Zustands-Grenzpreismodell) Unternehmensbewertung und Zustands-Grenzpreismodell. *Betriebswirtschaftliche Forschung und Praxis, 2002*, 198–210.
Piltz, D. J. (1994). *(Rechtsprechung) Die Unternehmensbewertung in der Rechtsprechung* (3. Aufl.).
Ränsch, U. (1984). (Rechtswissenschaften) Die Bewertung von Unternehmen als Problem der Rechtswissenschaften: Zur Bestimmung der angemessenen Abfindung für ausscheidende Kapitalgesellschafter. *Die Aktiengesellschaft, 1984*, 202–212.
Reicherter, M. (2000). (Fusionsentscheidung) Fusionsentscheidung und Wert der Kreditgenossenschaft.
Ribbert, B. (1977). (Unternehmungsbewertung durch einen neutralen Sachverständigen) Entscheidungsorientierte Bewertungsmodelle und Unternehmungsbewertung durch einen neutralen Sachverständigen. *Zeitschrift für Betriebswirtschaft, 1977*, 599–603.
Ribbert, B. (1987). (Schiedsgutachter) Unternehmungsbewertung durch einen Schiedsgutachter. *Der Betrieb, 1978*, 2085–2087.
Rodloff, F. (1999). (Börsenkurs) Börsenkurs statt Unternehmensbewertung – Zur Ermittlung der Abfindung in Spruchstellenverfahren. *Der Betrieb, 1999*, 1149–1152.
Schildbach, T. (1981). (Wirtschaftsprüfer als Gutachter) Der Wirtschaftsprüfer als Gutachter in Fragen der Unternehmensbewertung. Möglichkeiten und Grenzen aus der Sicht der Berufspflichten des Wirtschaftsprüfers. *Die Wirtschaftsprüfung, 1981*, 193–201.
Schildbach, T. (1993). (Funktionenlehre) Kölner versus phasenorientierte Funktionenlehre der Unternehmensbewertung. *Betriebswirtschaftliche Forschung und Praxis, 1993*, 25–38.
Schmalenbach, E. (1912/13). (Vergütung) Vergütung für den Wert des Geschäfts bei dessen Übergang in andere Hände *Zeitschrift für handelswissenschaftliche Forschung, 1912/13*, 36–37.
Schmalenbach, E. (1917). (Schätzungstechnik) Die Werte von Anlagen und Unternehmungen in der Schätzungstechnik. *Zeitschrift für handelswissenschaftliche Forschung, 1917*(18), 1–20.
Schmitz, B. (1973). *(Ausgleich) Der Anspruch auf angemessenen Ausgleich und angemessene Abfindung nach den §§ 304, 305 AktG, Diss.*
Schwetzler, B. (1996). (Barabfindung) Zinsänderungen und Unternehmensbewertung. Zum Problem der angemessenen Barabfindung nach § 305 AktG. *Der Betrieb, 1996*, 1961–1966.
Seisler, H. (1983). *(Abfindung) Der Anspruch des Minderheitsaktionärs auf angemessene Abfindung im Verfahren nach §§ 306 AktG, 30 ff.* UmwG, Diss.
Semann, N. (1970). *(Preisverhandlungen) Preisverhandlungen beim Wechsel des Unternehmungseigners. Die gegenseitige Beeinflussung der Parteien im Verhandlungsprozeß*, Diss.
Sieben, G. (1963). *(Substanzwert) Der Substanzwert der Unternehmung.*
Sieben, G. (1966). (Abfindung) Der Anspruch auf angemessene Abfindung nach § 12 UmwG. Höchstrichterliche Entscheidungen in betriebswirtschaftlicher Sicht. *Die Aktiengesellschaft, 1966*, 6–13, 54–58, 83–89.

Sieben, G. (1967). (Bewertungs- und Investitionsmodelle) Bewertungs- und Investitionsmodelle mit und ohne Kapitalisierungszinsfuß. Ein Beitrag zur Theorie der Bewertung von Erfolgseinheiten. *Zeitschrift für Betriebswirtschaft, 1967*, 126–147.

Sieben, G. (1968). *(Erfolgseinheiten) Bewertung von Erfolgseinheiten, unveröffentlichte Habilitationsschrift.*

Sieben, G. (1969a). (Ausgleich) Angemessener Ausgleich und angemessene Abfindung beim Abschluß von Beherrschungs- und Gewinnabführungsverträgen. In W. Busse von Colbe & G. Sieben (Hrsg.), *Betriebswirtschaftliche Information, Entscheidung und Kontrolle. Festschrift für Hans Münstermann* (S. 401–418).

Sieben, G. (1969b). (Erfolgspläne bei heterogenen Zielen) Die Bewertung von Unternehmen auf Grund von Erfolgsplänen bei heterogenen Zielen. In W. Busse von Colbe & P. Meyer-Dohm (Hrsg.), *Unternehmerische Planung und Entscheidung* (S. 71–100).

Sieben, G. (1976). (Entscheidungswert) Der Entscheidungswert in der Funktionenlehre der Unternehmensbewertung. *Betriebswirtschaftliche Forschung und Praxis, 1976*, 491–504.

Sieben, G. (1977). (Beratungsfunktion) Die Beratungsfunktion der Unternehmungsbewertung. In W. Goetzke & G. Sieben (Hrsg.), *Unternehmungsbewertung* (S. 57–71).

Sieben, G. (1983). (Funktionen) Funktionen der Bewertung ganzer Unternehmen und von Unternehmensanteilen. *Das Wirtschaftsstudium, 1983*, 539–542.

Sieben, G., & Lutz, H. (1984). (Ertragsschwaches Unternehmen) Die Bewertung eines ertragsschwachen Unternehmens im Rahmen der Bestimmung der angemessenen Barabfindung beim Abschluss eines Gewinnabführungs- und Beherrschungsvertrages. *Betriebswirtschaftliche Forschung und Praxis, 1984*, 566–576.

Sieben, G., & Schildbach, T. (1979). (Entwicklung) Zum Stand der Entwicklung der Lehre von der Bewertung ganzer Unternehmen. *Deutsches Steuerrecht, 1979*, 455–461.

Sieben, G., & Zapf, B. (Hrsg.) (1981). *(Unternehmensbewertung) Unternehmensbewertung als Grundlage unternehmerischer Entscheidungen*

Sieben, G., Löcherbach, G., & Matschke, M. J. (1974). (Bewertungstheorie) Bewertungstheorie. In *Handwörterbuch der Betriebswirtschaft* (4. Aufl., S. 839–851).

Stellungnahme. (1997). (Kleine und mittlere Unternehmen) Besonderheiten der Bewertung kleiner und mittlerer Unternehmen. *Die Wirtschaftsprüfung, 1998*, 26–29.

Stellungnahme HFA. (1983). (Grundsätze) Grundsätze zur Durchführung von Unternehmensbewertungen. *Die Wirtschaftsprüfung, 1983*, 468–480.

Stellungnahme HFA. (1990). (Bewertung in der DDR) Anwendung der Grundsätze zur Durchführung von Unternehmensbewertungen bei der Bewertung in der DDR. *Die Wirtschaftsprüfung, 1990*, 403–404.

Stellungnahme HFA. (1995). (Familien- und Erbrecht) Zur Unternehmensbewertung im Familien- und Erbrecht. *Die Wirtschaftsprüfung, 1995*, 522–526.

Tillmann, A. (1998). *(Unternehmensbewertung) Unternehmensbewertung und Grundstückskontamination.*

Union Européenne des Experts Comptables, Economiques et Financiers (U.E.C.). (1961). (Richtlinien) Die Bewertung von Unternehmungen und Unternehmungsanteilen. Richtlinien, *ausgearbeitet von einer Studienkommission der U.E.C.*

Wagenhofer, A. (1988a). (Argumentationspreis in der Unternehmungsbewertung) Der Einfluss von Erwartungen auf den Argumentationspreis in der Unternehmungsbewertung. *Betriebswirtschaftliche Forschung und Praxis, 1988*, 532–552.

Wagenhofer, A. (1988b). (Bestimmung von Argumentationspreisen) Die Bestimmung von Argumentationspreisen in der Unternehmensbewertung. *Zeitschrift für betriebswirtschaftliche Forschung, 1988*, 340–359.

2 Wirtschaftswissenschaffende Bewerter und das CAPM

Zur Konstruktion von Unternehmensbewertungs-Wissen am Beispiel deutschsprachiger Lehrbücher

Tobias Quill

2.1 Unternehmensbewertung als Gegenstand soziologischer Analyse

In der betriebswirtschaftlichen Literatur zur Unternehmensbewertung finden sich verschiedene Hinweise auf Einflussfaktoren des Wissensfeldes, die *ad hoc* weniger „akademischer" Couleur sind und insofern eher im „Soziologischen" als im „Logischen" zu verorten sind (grundlegend für diese Differenzierung Latour, 1987, S. 201–202, 2005, S. 2). Beispiele hierfür bieten Brösel und Toll (2016), die „Unternehmensbewertungsmythen" einen Beitrag widmen, Hering (2004), der Entwicklungsströmungen kritisch hinterfragt („Quo vadis Bewertungstheorie?") und Einflussfaktoren u. a. in der Hochschulpolitik und der Beratungspraxis verortet sowie schließlich auch Ballwieser (2008, S. S105), der die Bedeutung des CAPM nicht in realistischen Annahmen finden kann und als mögliche Gründe die handliche und leicht interpretierbare Formel, und die Adelung seiner Erfinder durch den Preis der Schwedischen Nationalbank in Wirtschaftswissenschaften in Erinnerung an Alfred Nobel (im Folgenden vereinfachend auch Nobelpreis) aufführt. Weitere Indikatoren „nicht-wissenschaftlicher" Wesenszüge können in der einschlägigen Diskussionskultur ausgemacht werden, in der Dispute mit Moxters (1983, S. 1) Worten „gelegentlich nicht nur mit dem Florett ausgetragen wurden" und verschiedene rhetorische Spitzen hervorgebracht haben (z. B. „Beta-Kokolores", Schneider, 1995, S. 54; „Pegasus mit Klumpfuß", Schneider, 1998; „nacheilende Begleitforschung", Matschke & Brösel, 2013, S. 776; „Geßlerhut der herrschenden angelsächsischen Meinung", Hering, 2004,

T. Quill (✉)
Köln, Deutschland
E-Mail: tobiasquill@web.de

S. Behringer, F. Follert (Hrsg.), *Unternehmensbewertung und ökonomische Analyse*,
https://doi.org/10.1007/978-3-658-40235-8_2

S. 117; „Position ähnelt […] derjenigen der katholischen Kirche zur Empfängnisverhütung“, Aders & Schwetzler, 2018, Editorial).

Arbeiten, die sich dem Themenkomplex soziologischer Untersuchungen zur Unternehmensbewertung im deutschsprachigen Raum widmen, und insofern Aufschluss über „nicht-wissenschaftliche“ Einflussfaktoren auf die Weiterentwicklung von Wissen bieten, liefern Quill und Follert: Einerseits über den Zugang der Neuen Politischen Ökonomie (Quill, 2016, 2017; Follert, 2020, 2021) und andererseits über die Akteur-Netzwerk-Theorie (ANT) (Quill, 2020, 2021). Mittels letzterer setzt sich Quill mit der generischen Fragestellung auseinander, wie bewertungsbezogenes Wissen weiterentwickelt wird.[1] Dabei lässt sich die „(Weiter-)Entwicklung der Unternehmensbewertung als ein fortlaufender Prozess skizzieren, bei dem verschiedene Teilsysteme (mehr oder weniger) ineinandergreifen und aufeinander einwirken“ (Quill, 2021, S. 23). Als konkrete Teilsysteme lassen sich sodann „die Theorie“ und „die Praxis“ ausmachen, wobei sich für letztere eine weitere Zergliederung in etwa Beratungspraxis und Rechtsprechung anbietet (grundlegend Ballwieser, 2001, S. 3–4; Obermaier, 2019, S. 337–339; Quill, 2021, S. 22–23). Vor diesem Hintergrund setzt Quill in vorangehenden Analysen bei der gerichtlichen Unternehmensbewertung an (auch im Folgenden Quill, 2020, 2021). Einschlägige Gerichtsentscheidungen beschreibt er als das Ergebnis von Akteur-Netzwerken („rechtschaffende Bewerter“), die Unternehmensbewertung mitgestalten und insofern die (Weiter-)Entwicklung einschlägigen Wissens mittragen. Als Elemente solcher Netzwerke identifiziert er konkrete (z. B. CAPM, IDW/FAUB) und abstrakte Akteure (z. B. „die Betriebswirtschaftslehre“), die spezielle Funktionen erfüllen („[Ko-]Autoritäten“, „Terminals“, „(De-)Fokussierung“).

Der vorliegende Beitrag knüpft an diese Arbeiten an, wobei der Analysefokus nun auf „die Theorie“ gerichtet wird. Die Zielsetzung des vorliegenden Beitrags ist es somit, die (Weiter-)Entwicklung *wissenschaftlichen Wissens zur Unternehmensbewertung* zu beleuchten (im Folgenden vereinfachend Unternehmensbewertungsforschung). Zu diesem Zweck wird ein besonderer Zankapfel des Sujets herangezogen: der in der Unternehmensbewertungsforschung zu beobachtende Umgang mit dem „capital asset pricing model“ (CAPM).

Zur Anwendung des CAPM in der Unternehmensbewertung lassen sich akademische Auffassungen finden, die sich in einer Bandbreite zwischen entschiedener Ablehnung und Akzeptanz einordnen lassen. Nur beispielhaft seien hier D. Schneider und Stehle herausgegriffen: Während ersterer „Beta-Kokolores“ (Schneider, 1995, S. 54) konstatiert befindet letzterer, dass die „Eignung des CAPM für die Projekt- und die Unternehmensbewertung in der Wissenschaft […] generell nicht angezweifelt“ (Stehle, 2004, S. 913) würde (mit Verweis auf weitere Quellen siehe Quill, 2016, S. 188–191). Die entsprechende Meinungsvielfalt deutet auf einen vielversprechenden Untersuchungsgegenstand hin: Meinungsverschiedenheiten lassen einen intensiven akademischen Diskurs erwarten, der insbesondere

[1] Als Einstieg in die ANT siehe allgemein etwa Belliger und Krieger (2006) sowie mit Bezug zur Unternehmensbewertung Quill (2020, 2021, jeweils mit weiteren Nennungen).

Argumentationswege, Konsensbereitschaft und Konfliktlinien zutage fördert und somit beobachtbare Zeugnisse der Wissensbildung liefert.

In Abschn. 2.2 wird zunächst der Analyseansatz vorgestellt. Hierfür werden einerseits der Untersuchungsgegenstand, deutschsprachige Lehrbücher zur Unternehmensbewertung, und andererseits das Analysewerkzeug, die ANT, kurz diskutiert. In Abschn. 2.3 folgt die Durchführung und Vorstellung der Analyse. Zunächst werden zentrale Entwicklungslinien von Akteur-Netzwerken skizziert und differenziert, die sich aus dem Einfluss des CAPM ergeben haben (Abschn. 2.3.1). Daraufhin wird nachgezeichnet, welche Aussagen die Analyseobjekte hinsichtlich der Verbreitung des CAPM in der Unternehmensbewertungsforschung zulassen (Abschn. 2.3.2). Der Beitrag schließt mit einer Zusammenfassung und einem Ausblick in Abschn. 2.4.

2.2 Die Weiterentwicklung akademischen Wissens als Untersuchungsgegenstand

2.2.1 Die Konstruktion von Wissen am Beispiel von Lehrbüchern

Grundsätzlich erfolgt die Weiterentwicklung akademischen Wissens im Rahmen der Tätigkeit akademischer Akteure. Hierzu gehören die Lehr- und Forschungstätigkeiten von Professoren, Doktoren und Doktoranden („Wissenschaftler"), die als Vorträge, Vorlesungen, Debatten, Diskussionen und Verschriftlichungen überwiegend in Hörsälen, auf Konferenzen und an Schreibtischen stattfinden (grundlegend etwa Coenenberg, 1981, S. 221 sowie Weber, 1917/1919 [1994]). Hervorzuheben sind dabei verschriftlichte Texte (v. a. Bücher, Aufsätze), in denen Wissenschaftler ihre Forschung und Meinung in einer speziellen Weise abfassen und mittels Publikation der akademischen Gemeinschaft (und der Öffentlichkeit) zur Verfügung stellen.

Mögliche Ansatzpunkte, um die Weiterentwicklung von Wissen zu beobachten, sieht Latour etwa darin, „die Entstehungsorte von Innovationen selbst zu studieren (z. B. Labore, Werkstätten, Gerichte, Parlamente) oder aber *Berichte* („accounts") zugrunde zu legen (z. B. schriftliche Dokumente, Erzählungen von Zeitzeugen), die Innovationen dokumentieren und insofern erlauben, Akteur-Netzwerke und Interaktionen zu rekonstruieren" (Quill, 2021, S. 25). Die unmittelbare Beobachtung betriebswirtschaftlicher Wissensbildung am Entstehungsort,[2] was stereotyp ein Schreibtisch sein wird, prinzipiell aber auch ein anderer Ort sein kann (mit Weber, 1917/1919 [1994], S. 7 etwa „beim Spaziergang auf langsam steigender Straße"), erscheint weniger aufschlussreich und greifbar, als dies etwa bei der Beob-

[2] Die Frage nach dem Entstehungsort wirtschaftswissenschaftlicher Innovationen lässt sich weiter differenzieren. Neben anderen physischen Orten und Umgebungen (z. B. Konferenzort in der Diskussion mit anderen Wissenschaftlern, „Geistesblitz" beim Spaziergang im Wald) könnten etwa auch kognitive, bio-chemische Prozesse betrachtet werden, die sich im Kopf des Wissenschaftlers abspielen.

achtung naturwissenschaftlicher Wissensbildung in Laboren möglich ist.[3] Folglich wird statt dem Entstehungsort das Arbeitsergebnis von Wirtschaftswissenschaftlern herangezogen, um die Weiterentwicklung von Wissen zu beobachten; dieses wird im einschlägigen Schrifttum festgehalten und konserviert und der Beobachtung zugänglich gemacht.

Mit Blick auf den Umfang des akademischen Schrifttums zur Unternehmensbewertungsforschung beschränkt sich die nachfolgende Analyse auf einschlägige deutschsprachige Lehrbücher. Chronologisch wird hiermit ein Zeitrahmen betrachtet, der von 1996 bis 2021 reicht (für einen Überblick zum Analysegegenstand siehe Abb. 2.1). Auch über die Begrenzung des Umfangs hinaus verspricht diese Einschränkung eine aussichtsreiche und qualitativ hochwertige Untersuchungsbasis: (1) Lehrbücher werden in der Regel von (Universitäts-)

Publikation	Buchtitel		Seiten (letzte Auflage)*	
			Inhalt	Literatur
(Auflagen)	Autor	Lehrstuhl (Universität)		
1996–2021	Unternehmensbewertung		575	30
(8)	Drukarczyk, Jochen	Finanzierung (Regensburg)		
	Schüler, Andreas	Finanzwirtschaft und Finanzdienstleistungen (München [Bundeswehr])		
1997	Unternehmensbewertung		429	21
(1)	Mandl, Gerwald	Revisions-, Treuhand- und Rechnungswesen (Graz)		
	Rabel, Klaus	Unternehmensrechnung und Steuerlehre (Graz)		
1999–2021	Unternehmensbewertung		347	32
(4)	Hering, Thomas	Investitionstheorie und Unternehmensbewertung (Hagen [Fernuni])		
2000	Grundzüge der Unternehmensbewertung		136	12
(1)	Krag, Joachim	Wirtschaftsprüfung (Marburg)		
	Kasperzak, Rainer	Internationale Rechnungslegung (Duisburg-Essen)		
2004–2021	Unternehmensbewertung		346	36
(6)	Ballwieser, Wolfgang	Rechnungswesen und Prüfung (München)		
	Hachmeister, Dirk	Rechnungswesen und Finanzierung (Hohenheim)		
2004–2010	Valuation; Unternehmensbewertung		299	6
(2)	Spremann, Klaus	Finanz- und Rechnungswesen (St. Gallen)		
	Ernst, Dietmar	„International Finance" (Hochschule Nürtingen-Geislingen)		
2005–2013	Unternehmensbewertung		826	46
(4)	Matschke, Manfred Jürgen	Betriebliche Finanzwirtschaft, Unternehmensbewertung (Greifswald)		
	Brösel, Gerrit	Wirtschaftsprüfung (Hagen [Fernuni])		
2006–2017	Unternehmensbewertung		315	21
(2)	Kuhner, Christoph	Wirtschaftsprüfung/Treuhandseminar (Köln)		
	Maltry, Helmut	Wirtschaftsprüfung/Treuhandseminar, Akademischer Direktor (Köln)		

* bei Spremann & Ernst wird die erste Auflage herangezogen (kein Literaturverzeichnis in der zweiten Auflage)

Abb. 2.1 Übersicht: Deutschsprachige Lehrbücher zur Unternehmensbewertung

[3] Siehe zu letzterem etwa die Studie von Latour und Woolgar (1986).

Professoren verfasst, die über eine entsprechende Spezialisierung verfügen, sodass zu erwarten ist, Aussagen zentraler Autoritäten des Sujets zu analysieren; (2) Lehrbücher werden üblicherweise regelmäßig aktualisiert, sodass potenziell mehrere Auflagen vorliegen, die es ermöglichen, chronologisch die Veränderung von Darstellungen bzw. Meinungen der Autoren zu identifizieren;[4] (3) Lehrbücher richten sich nicht zuletzt an den akademischen Nachwuchs, für den – erwartungsgemäß – der aktuelle Wissensstand aufbereitet wird.

Die Weiterentwicklung akademischen Wissens zur Unternehmensbewertung lässt sich als eine Phase auffassen, in der das Wissensfeld *Unternehmensbewertungsforschung* mit potenziell relevantem, neuem Wissen – wie etwa dem CAPM – konfrontiert wird. Dabei wird geprüft, ob und in welcher Form das neue Wissen Teil des bisherigen Wissensstands wird (z. B. durch Ergänzung, Um-/Neugestaltung, Substitution).[5] Für die vorliegende Untersuchung bilden die initialen Veröffentlichungen zum CAPM in den 1960er-Jahren somit den potenziellen chronologischen Beginn dieser Phase (Sharpe, 1964; Lintner, 1965; Mossin, 1966 und ferner die Überblicke bei Behringer, 2020, S. 90–93 und Quill, 2016, S. 69–70). Frühere Auseinandersetzungen aus Sicht der Unternehmensbewertung finden sich ab den 1970er-Jahren.[6]

Im deutschsprachigen Schrifttum wurden acht Lehrbücher zur Unternehmensbewertung identifiziert, bei denen zumindest ein Autor Universitätsprofessor ist, die ausdrücklich an Studenten des Sujets gerichtet sind und dabei als Einführungswerk konzipiert wurden. Von der Analyse ausgeschlossen werden vor diesem Hintergrund einschlägige Praktiker-/Praxishandbücher (z. B. Peemöller, 2019), Managementleitfäden (z. B. Koller et al., 2020) und akademische Grundlagenarbeit (z. B. Münstermann, 1966; Matschke, 1975, 1979; Moxter, 1983; Ballwieser, 1990). Identifiziert wurden die Lehrbücher mittels einer Literaturrecherche; eine Auflistung von Hering (2006, S. V) wurde dabei als Ausgangsbasis herangezogen. Abb. 2.1 gibt einen Überblick zu dieser Analysebasis.

2.2.2 Referenzierungen: Verbindungen knüpfen

Ein charakteristisches und zentrales technisches Element wissenschaftlicher Schriften ist das Zitat (allgemein etwa Verband der Hochschullehrer für Betriebswirtschaft e. V. [VHB], 2014). Mit Zitaten werden ergänzend zum Fließtext Informationen in eine akademische Schrift eingebunden. Übliches Zitiergebaren verlangt vom Autor grundsätzlich, die Quel-

[4] Dies harmoniert mit dem Analyseansatz Millers (1998), auf die sich verschiebenden Grenzen eines Analyseobjekts zu schauen („looking at the margins of accounting").

[5] Weiterführend ließe sich aus wissenschaftsphilosophischer Warte die Frage aufwerfen, ob in der Unternehmensbewertungsforschung bereits Paradigmen im Sinne Kuhns (1978) herausgebildet wurden. Mit Blick auf die untersuchten Lehrbücher lässt sich potenzieller Konsens, der in diese Richtung geht, etwa in der Zweckabhängigkeit und der Zukunftserfolgsbezogenheit von Wert vermuten.

[6] Siehe etwa im englischsprachigen Schrifttum Fruhan (1979) und Rappaport (1979, 1981) und im deutschsprachigen Schrifttum Göppl (1980), Coenenberg (1981), Ballwieser (1983) und Ossadnik (1984).

len von Aussagen, die dieser nicht selbst entwickelt hat, mittels Zitat anzugeben (auch weiterführend VHB, 2014, S. 3–5; Deutsche Forschungsgemeinschaft e. V. [DFG], 2019, S. 14 [„die Originalquellen werden zitiert"]; Emrich & Follert, 2019). Auf diesem Wege kann insbesondere auch mitgeteilt werden, dass ein anderer Autor dieselbe Meinung vertritt oder aber, dass ein anderer Autor diese Meinung vertritt (auch im Folgenden Quill, 2020, S. 318). Mit ersterem kann die eigene Argumentation gestärkt werden („X ist dergleichen Meinung") und mit letzterem kann die Verantwortung für eine Aussage an die Quelle delegiert werden („X ist dieser Meinung") (Quill, 2020, S. 318 und weiterführend 2021, S. 36–37). Darüber hinaus bietet das Zitat dem Autor die Möglichkeit, weitere Informationen in den Text einzuweben. Dies können etwa ähnliche Aussagen, weiterführende Informationen (z. B. „vgl. weiterführend") oder auch abweichende Aussagen sein (z. B. „anderer Meinung ist"). Die Absenz von Zitaten spiegelt hingegen *prinzipiell* wider, dass eine Aussage erstmalig getätigt wird oder, dass sie nicht zitierbedürftiges Wissen enthält (v. a. kontextuelles Allgemeinwissen [VHB. 2014, S. 5]). Praktisch denkbar ist jedoch auch, dass fehlende Zitate in der Unkenntnis des mangelnden Novums der Aussage oder des bewussten Verzichts auf die Quellenangabe gründen (zu letzterem etwa auch Emrich & Follert, 2019, S. 245).

Den Adressaten akademischer Schriften erlauben Zitate, den Argumentations- und Begründungswegen zitatbewehrter Aussagen nachzugehen. Mit dem Zitat wird dem Leser unmittelbar die Information gegeben, welche Quellen (z. B. Seite in Aufsatz eines Autors) das Fundament einer zitatbewehrten Aussage bilden; wird eine Quelle vom Leser herangezogen und eingesehen, kann die zitierte Aussage selbst, bspw. hinsichtlich ihrer Konsistenz zur zitatbewehrten Aussage, geprüft werden (grundlegend VHB, 2014, S. 3–4).

Mit der Perspektive, Unternehmensbewertungsforschung als Akteur-Netzwerke zu skizzieren, ist im Zitieren eine spezielle akademische Technik auszumachen, mit der Verbindungen zwischen Akteuren geknüpft werden. Mittels Zitat und ähnlicher Verweise können Quellen, Meinungen und Autoren referenziert werden, die eine vom Autor selbst getätigte Aussagen stützen; beispielsweise, weil Referenzierungen – also Zitate und ähnliche Verweise – die gleichen Aussagen enthalten und/oder mit ergänzenden, grundlegenden oder weiterführenden Informationen aufwarten (grundlegend Quill, 2020, S. 318). Dabei führen Referenzierungen zu einer Verlängerung von Aussagen und Argumentationswegen: Mit einem Zitat wird eine Aussage um die referenzierte Quelle (in der Regel eine Seite einer wissenschaftlichen Schrift) insofern erweitert, als der Leser auf die Referenz als ergänzenden Träger von Argumenten (z. B. Belege, Quellen, weitere Referenzierungen) *weiterverwiesen* wird. Der Leser kann den Weg entsprechender Referenzierungen (und etwaiger Weiter-Referenzierungen) nachverfolgen und diese auf ihre Belastbarkeit prüfen. Allerdings verursacht das Beschreiten und Rückverfolgen dieser Argumentationswege Kosten (v. a. Arbeitszeit zur Beschaffung und Sichtung der Quellen).

Schließlich können Referenzierungen auch dazu dienen, aufzuzeigen, dass jemand anderes eine Aussage getätigt hat, die lediglich wiedergegeben wird (grundlegend, auch im Folgenden, Quill, 2020, S. 318, 327, 2021, S. 36–37). Beim Nachverfolgen von Argumentations- und Referenzierungsketten wird der Leser durch Referenzierungen sodann an die Quelle der referenzierten Aussage (z. B. ein renommierter Autor) *delegiert*. Die Referenzierung bindet in diesem Sinne eine *Ko-Autorität* ein, die eine Aussage repräsentiert und verantwortet (Quill, 2020, S. 318 mit weiteren Nennungen). Mit entsprechenden Referenzierungen delegiert der Autor (zumindest einen Teil) der Verantwortung für den Inhalt der Aussage an die Referenz. Mit der Verlängerung der (Argumentations-)Wege und der Einbindung von Ko-Autoritäten wird folglich *Verantwortung auf Distanz* gehalten: Um eine Meinung zu hinterfragen, kann die Referenzierung einer Ko-Autorität bedingen, zunächst diesen Weg nachzugehen und die referenzierte Quelle sowie die Begründung der zugrunde liegenden Meinung (und etwaiger weitere Referenzierungen) einzusehen.

2.2.3 Wissensweiterbildung als Veränderung von Akteur-Netzwerken

Unter Schlagworten wie „wertorientierte Unternehmensführung" und „shareholder value" werden etwa ab den 1990er-Jahren, zunächst in der Management-Literatur, Barwertkalküle zunehmend diskutiert, in denen kapitalmarkttheoretische Modelle wie das CAPM implementiert sind (so auch Behringer, 2020, S. 95–97). Obwohl die Verbindung aus Barwertkalkül und CAPM in der deutschsprachigen Bewertungstheorie bereits zuvor diskutiert wurde (so auch Ballwieser & Hachmeister, 2021, S. 240 mit entsprechenden Quellen), beeinflusst diese erneute Diskussion nun auch die Unternehmensbewertungsforschung: So ist in den untersuchten Lehrbücher im Aufkommen der „Discounted Cash Flow" (DCF) -Verfahren zumindest ein Einflussfaktor auszumachen, sich mit dem Sujet (erneut) auseinanderzusetzen (Ballwieser, 2004, S. V–VI; Drukarczyk, 1996, S. 1–2; Hering, 2006, S. V; Krag & Kasperzak, 2000, S. 1; Mandl & Rabel, 1997, S. 1; Matschke in: Hering, 1999, S. V–VI; Matschke & Brösel, 2005, S. V). Trotz und entgegen des zu dieser Zeit wahrgenommenen hohen Entwicklungsstands der deutschsprachigen Forschungslandschaft (Hering, 2006, S. V; Krag & Kasperzak, 2000, S. 3–4; Matschke in: Hering, 1999, S. V–VI), vermag die in den DCF-Verfahren umgesetzte Kombination aus Barwertkalkül und CAPM (CAPM-Barwertkalkül), Unternehmensbewertungsforschung in Deutschland maßgeblich zu beeinflussen.

Mit Blick auf die untersuchten Lehrbücher ist die Forschungslandschaft dabei keineswegs von einer homogenen Lehrmeinung geprägt. Vor diesem Hintergrund bietet es sich an, Unternehmensbewertungsforschung als das Zusammenwirken verschiedener *Akteur-Netzwerke* („Lehrmeinungen", „akademische Schulen", vgl. Follert & Behringer in diesem Band)[7] zu skizzieren, die sich fortlaufend weiterentwickeln und dabei mehr oder weniger ineinandergreifen – und insofern miteinander übereinstimmende oder kollidierende Meinungen beinhalten. Indem die jeweiligen Akteur-Netzwerke Meinungen zur Unternehmensbewertungsforschung einschließen (z. B. in Form von Publikationen), reflektieren sie, was als (wirtschaftswissenschaftliches) Wissen zur

[7] Weiterführend zu akademischen Schulen in der Unternehmensbewertung siehe Follert und Daumann (2021).

Unternehmensbewertung aufgefasst werden kann. Da dieses Wissen im Akteur-Netzwerk fortlaufend weiterentwickelt wird, beschreiben wir diese Netzwerke auch als *wirtschaftswissenschaffende Bewerter*.

Im Aufkommen des CAPM-Barwertkalküls ist sodann ein beispielhafter Impetus, ein neu auftretender Akteur auszumachen, der die wirtschaftswissenschaffenden Bewerter dazu anstößt, sich umzugestalten. Während die Lehrbücher selbst, als *Berichte* dessen, was deren Verfasser als Unternehmensbewertung darstellen, Akteure dieser Netzwerke sind, zählen hierzu auch weitere – abstrakte und konkrete – nicht-menschliche (z. B. Theorien, Modelle, Bewertungs-/Rechen-/Informationswerkzeuge, Standards, Rechtsprechung) und menschliche Akteure (z. B. Professoren, Praktiker). Lehrbücher bieten insofern einen möglichen Zugang, um die so skizzierten Akteur-Netzwerke zu analysieren, d. h., um Verbindungen und Wirkungszusammenhänge zwischen den einzelnen Akteuren eines Netzwerks einerseits und verschiedenen Akteur-Netzwerken andererseits zu betrachten.

2.2.4 Wissensentwicklung als Transformation von Handlungsketten

Im Rahmen der Konfrontation wirtschaftswissenschaffender Bewerter mit dem CAPM(-Barwertkalkül) sind unterschiedliche Wege zu beobachten, wie sich die Akteur-Netzwerke unter diesem Einfluss weiterentwickeln. Diese unterschiedlichen Entwicklungswege führen zu – mehr oder weniger – neuausgerichteten Akteur-Netzwerken, die mitunter abweichende Meinungen zum Forschungsgebiet miteinschließen und transportieren. In konkreten Einbindungen des CAPM lassen sich „Wirkungsweisen" des CAPM(-Barwertkalküls) erkennen, die bei der Neuausrichtung der Netzwerke unter Einschluss des CAPM besonders hervortreten. Als *Übersetzungen* („translations") sind dabei Schnittpunkte zwischen Akteuren zu verstehen, die Netzwerke stabilisieren und/oder die Wirkungsweisen der Handlungsketten von Netzwerken transformieren (auch mit weiteren Nennungen, Quill, 2021, S. 26).

Markante Transformationsweisen werden in Abschn. 2.3.1 als Adaptation (Metamorphose und Ergänzung), Imitation und Provokation skizziert. Sie zeigen auf, wie, unter Einbindung des CAPM, Darstellungen von Unternehmensbewertungsforschung verändert werden. Ausgangspunkte dieser Veränderungen wurden in speziellen Akteuren, den Ko-Autoritäten, ausgemacht. In Abschn. 2.3.2 gilt der Fokus den Übersetzungen, also den Schnittpunkten zwischen den Ko-Autoritäten (Abschn. 2.3.2.1) und den Netzwerken, in die sie neueingebunden werden. Von besonderem Interesse ist dabei, inwiefern hierdurch Netzwerke stabilisiert werden und/oder die Wirkungsweisen der Handlungsketten dieser Netzwerke verändert werden. Solche Übersetzungen haben wir in der Ausdehnung (Abschn. 2.3.2.2), der (De-)Fokussierung (Abschn. 2.3.2.3), der Homogenisierung (Abschn. 2.3.2.4), der Delegation von Verantwortung (Abschn. 2.3.2.5), der konditionalen Akzeptanz (Abschn. 2.3.2.6) und der Zirkel-Begründung (Abschn. 2.3.2.7) ausgemacht.

2.3 Wirtschaftswissenschaffende Bewerter und das CAPM

2.3.1 Zentrale Entwicklungslinien: die Veränderung von Akteur-Netzwerken

2.3.1.1 Adaptation: Metamorphose eines Akteur-Netzwerks

Das erste deutschsprachige und auflagenstärkste Lehrbuch zur Unternehmensbewertung ist dem Moxter-Schüler Drukarczyk zuzuschreiben (siehe Abb. 2.1). Das Lehrbuch weist funktionale Züge[8] auf: Im Rahmen der Grundlagendiskussion zur Unternehmensbewertung werden verschiedene Bewertungsanlässe und Wertkonzeptionen differenziert (Drukarczyk, 1996, S. 87–96; Drukarczyk & Schüler, 2021, S. 3–12); mit Referenz auf Moxter wird konstatiert: „Der Wert eines Unternehmens kann nicht losgelöst vom Zweck der Wertermittlung bestimmt werden“ (Drukarczyk, 1996, S. 93; Drukarczyk & Schüler, 2021, S. 8). Als konzeptioneller Ausgangspunkt ist dabei die Investitionstheorie auszumachen, die die einleitenden Kapitel prägt (Drukarczyk, 1996, S. 5–85; Drukarczyk & Schüler, 2021, S. 15–88). Entsprechend erfolgt auch die Wertdiskussion zunächst mit einem Fokus auf dem investitionstheoretischen Wertkonzept des subjektiven Werts (auch Entscheidungswert und Grenzpreis) (Drukarczyk, 1996, S. 87–96; Drukarczyk & Schüler, 2021, S. 1–12).

Verfasst wurde die erste Auflage vor dem Hintergrund, dass „Fragen der Unternehmensbewertung durch besondere Umstände belebt“ (Drukarczyk, 1996, S. 1) wurden. Stilisieren lassen sich diese Umstände als das Aufeinandertreffen zweier Bewertungsmethoden, der in Deutschland „noch“ vorherrschenden Ertragswertmethode und der „im angelsächsischen Raum entwickelten und dort vorherrschenden […] Discounted-Cashflow-Methoden“ (Drukarczyk, 1996, S. 2). Die Diskussion der beiden Verfahren erfolgt vor dem Bewertungszweck „der Herleitung von Grenzpreisen“, wobei erstere eine individualistische und letztere eine marktmäßig objektivierte Variante darstellten (Drukarczyk, 1996, S. 2–3 sowie ausführlich Kap. 5).

Von diesem Ausgangspunkt eines Bewertungs-Netzwerks, das noch Verbindungen zur deutschen Schule (etwa Hering, 2021, S. 330–332) aufwies, erfolgt sodann eine Transformation zu einem Bewertungs-Netzwerk, das sich sukzessive von dieser löst. Zentrale Wegmarken dieser Metamorphose sind mit der zunehmenden Einbindung des CAPM in das neue Netzwerk verbunden. Sie umfassen (1) die Loslösung vom Wertkonzept des Grenzpreises, (2) die Loslösung vom investitionstheoretischen Ertragswert-Verfahren und (3) die Loslösung von Kritik am CAPM.

---

[8] Als Konsolidierung miteinander im Konflikt stehender Bewertungsschulen hat sich seit den 1970er-Jahren aus dem deutschsprachigen Raum heraus die funktionale Unternehmensbewertungslehre (auch [Kölner] Funktionenlehre) gebildet (Behringer, 2020, S. 14–17; Quill, 2016, S. 154–168). Mit dem Aufkommen marktwertorientierter Bewertungskonzepte etwa ab den 1990er-Jahren sind jedoch Ansätze im Aufschwung, die mit Grundpfeilern der Funktionenlehre (z. B. strikte Zweckorientierung, investitions- und entscheidungstheoretisches Fundament) im Konflikt stehen (etwa Quill, 2016, S. 188–196, 2017).

Zu (1): Die Differenzierung der beiden Ansätze zur Herleitung von Grenzpreisen, die individualistische und die marktmäßig objektivierte, wird bis in die vierte Auflage (also bis 2003) beibehalten; seit der fünften Auflage (2007) findet sich diese Darstellung nicht mehr (Drukarczyk, 1996, S. 3, 1998, S. 3, 2001, S. 3, 2003, S. 3; Drukarczyk & Schüler, 2007, S. 1–5). Zwar wird der Begriff des Grenzpreises im Buch weiterhin prominent verwendet, doch wird dessen Bedeutung verlagert (siehe Abb. 2.2). Galt die Ermittlung des Grenzpreises bis in die vierte Auflage noch als der wichtigste Bewertungszweck, wird ihm seit der fünften Auflage der Marktwert als Wertkonzept beigestellt. Als Versuch, am Grenzpreiskonzept festzuhalten, kann sodann die Beschreibung dieses Werts aufgefasst werden, der als Preisbereitschaft eines durchschnittlichen Investors verstanden werden kann („Betrag […], den ein durchschnittlicher Investor […] bezahlen bzw. fordern würde"; Drukarczyk & Schüler, 2007, S. 102, 2009, S. 87, 2016, S. 10, 2021, S. 10).

Eine bereits frühere Subordination des Grenzpreises zeigt die historische Darstellung von Konzeptionen des Unternehmenswerts, die seit der dritten Auflage (2001) enthalten ist (auch im Folgenden, Drukarczyk, 2001, S. 126, 2003, S. 130; Drukarczyk & Schüler, 2007, S. 101, 2009, S. 88, 2016, S. 9, 2021, S. 9). Demnach wird die Phase des subjektiven Grenzpreises (Phase 3, „ca. 1971–1985", Ertragswert) von der Phase des (potenziellen) Marktpreises (Phase 4, „ab 1985", DCF-Verfahren) abgelöst. Die Anbindung an den investitionstheoretischen Grenzpreis wird somit zunehmend gelockert; dessen Rolle als zentraler Wertmaßstab wird durch den potenziellen Marktpreis ersetzt. Auf die Diskussion des Grenzpreiskonzepts wird jedoch nicht verzichtet.

Zu (2): Im Rahmen der Diskussion von Bewertungsverfahren bietet das Lehrbuch der Gegenüberstellung und Kontrastierung des Ertragswertverfahrens und der DCF-Verfahren einigen Raum. Der Diskussionspunkt, ob die Ertragswertmethode überhaupt ein eigenständiges Verfahren darstelle, wird dahingehend gelöst, dass es als „deutsche Variante des Equity-Ansatzes" (Drukarczyk, 2001, S. 302, 2003, S. 304; Drukarczyk & Schüler, 2007, S. 234, 2009, S. 198, 2016, S. 230, 2021, S. 237 mit Benennung als „Flow-to-Equity-Ansatz") betrachtet wird. Die Eingliederung des Ertragswertverfahrens setzt hierbei am Diskontierungszins an (siehe beispielhaft Abb. 2.3).

Auflage	Jahr	Seite	Aussage
1	1996	94	„Der wichtigste Zweck einer Unternehmensbewertung ist die Ermittlung von *Grenzpreisen* für potentielle Käufer bzw. Verkäufer von Unternehmen."
2	1998	114	
3	2001	128	
4	2003	132	
5	2007	102	„~~Der wichtigste~~Ein wichtiger Zweck einer Unternehmensbewertung ist die Ermittlung von *Grenzpreisen* bzw. Marktwerten für potentielle Käufer bzw. Verkäufer von Unternehmen."
6	2009	87	
7	2016	8	
8	2021	8	

Abb. 2.2 Drukarczyk & Schüler: Entwicklung von Grenzpreis und Bewertungszweck

Auflage	Jahr	Seite	Aussage
1	1996	263 ff.	n.a.
2	1998	356 ff.	
3	2001	303 f.	„Letztere [risikoäquivalente Diskontierungssätze, d.Verf.] müssen dem operativen Risiko und dem Finanzierungsrisiko entsprechen. Eine Notwendigkeit der Abgrenzung zum Equity-Ansatz besteht insoweit nicht mehr."
4	2003	305	„Letztere müssen [...] entsprechen. Eine Notwendigkeit der Abgrenzung zum Equity-Ansatz besteht ~~insoweit~~ dann nicht mehr, wenn auf marktdeterminierte Risikoprämien [...] zurückgegriffen wird. Abschnitt 4 diskutiert die Ertragswert-Methode als subjektives Grenzpreiskalkül."
5	2007	234 f.	„Letztere müssen [...] ~~entsprechen~~ reflektieren. Eine Notwendigkeit der Abgrenzung zum Equity-Ansatz besteht dann nicht mehr, wenn auf marktdeterminierte Risikoprämien zurückgegriffen wird. ~~Abschnitt 4 diskutiert die Ertragswert-Methode als subjektives Grenzpreiskalkül.~~ Wird der Kalkül als subjektives Grenzpreiskalkül aufgezogen, [...] schwindet die Nähe zum Equity-Ansatz".
6	2009	199	
7	2016	230 f.	„Letztere müssen [...] reflektieren. Eine Notwendigkeit der Abgrenzung [...] zurückgegriffen wird. ~~Wird der Kalkül als subjektives Grenzpreiskalkül aufgezogen, [...] schwindet die Nähe zum Equity-Ansatz [...].~~ Eine Abgrenzung zu den in Kapiteln 6 bis 8 präsentierten Verfahren ist auch deswegen nicht (mehr) nötig, da WACC-Ansatz [...] und APV-Ansatz [...] auch vom IDW als gleichwertig anwendbare Bewertungsverfahren eingestuft werden."
8	2021	237 f.	„Letztere müssen [...] reflektieren. Eine Notwendigkeit der Abgrenzung ~~zum Equity-Ansatz~~ vom Flow-to-Equity-Ansatz besteht also ~~dann~~ nicht ~~mehr~~, zumal dann, wenn nun auch das IDW auf marktdeterminierte Risikoprämien ~~zurückgegriffen wird~~ zurückgreift. Eine Abgrenzung zu den in Kapiteln 6 bis 8 präsentierten Verfahren ist auch deswegen nicht (mehr) nötig, da WACC-Ansatz [...] und APV-Ansatz [...] ~~auch~~ vom IDW als gleichwertig anwendbare Bewertungsverfahren eingestuft werden."

Abb. 2.3 Drukarczyk & Schüler: Entwicklung des Ertragswertverfahrens

Für die Interpretation des Ertragswertverfahrens als Variante der DCF-Verfahren wird seit der dritten Auflage auf die Diskontierungszinsermittlung mittels CAPM rekurriert. Der Argumentation nach kann ein Ertragswertverfahren als DCF-Verfahren verstanden werden, wenn „risikoäquivalente Diskontierungssätze" bzw. „marktdeterminierte Risikoprämien" verwendet werden. Die Interpretation des Ertragswertverfahrens als eigenständiges Bewertungsverfahren sei dann nicht mehr nötig. Seit der siebten Auflage wird zusätzlich die Meinung des IDW als Unterstützung für diesen Argumentationsweg eingebunden (siehe Abb. 2.3). Das Ertragswertverfahren könne also auch deshalb als DCF-Verfahren verstanden werden, weil das IDW sie als gleichwertige Verfahren einstufe und auf marktdeterminierte Risikoprämien zurückgreife.

Mit der Einbindung der Akteure CAPM und IDW erfolgt die Integration des Ertragswertverfahrens in das DCF-Konzept. Weitere Verbündete (siehe weiterführend Abschn. 2.3.2.1) werden etwa auch in „Investmentbankern, Unternehmensberatern, Spezialisten für Mergers and Acquisitions“ gefunden, die die DCF-Verfahren „auf den Kontinent“ übertragen (Drukarczyk, 1996, S. 2, 1998, S. 2, 2001, S. 2, 2003, S. 2; Drukarczyk & Schüler, 2007, S. 2, 2009, S. 1). Die zuvor im deutschsprachigen akademischen Schrifttum entwickelte Interpretation – die historisch den Fachbegriff insbesondere auch als Zukunftserfolgswertverfahren geprägt hat – wird mit dieser Darstellung ignoriert bzw. verworfen.[9]

Zu (3): Im Rahmen der Diskussion der Kapitalkostenermittlung beim marktwertorientierten Ansatz liefert das Lehrbuch eine Einführung zum CAPM (siehe Abb. 2.4). Noch in der ersten Auflage wird an dieser Stelle auf empirische Ergebnisse hingewiesen, die die Überzeugungskraft des Modells einschränkten (Drukarczyk, 1996, S. 179). In den Folgeauflagen wird diese offene Flanke des Modells um theoretische Einwände ergänzt (Drukarczyk, 1998, S. 246, 2001, S. 350, 2003, S. 363). Diese kritischen Darstellungen zum CAPM halten sich bis in die vierte Auflage; in den darauffolgenden Auflagen werden sie an dieser Stelle ersatzlos gestrichen.[10]

Die Metamorphose des Akteur-Netzwerks zeichnet sich durch die Einbindung von Ko-Autoritäten und (De-)Fokussierung aus: Mittels Referenzierungen von *Ko-Autoritäten* wie etwa dem IDW wird die eigene Argumentation zur Integration des Ertragswertverfahrens in die DCF-Verfahren um einen weiteren, in der Praxis renommierten Akteur gestützt. Mittels *(De-)Fokussierung* werden Verbindungen zu den DCF-Verfahren (z. B. marktdeterminierte Risikoprämie) hervorgehoben und zu Elementen der Funktionenlehre (z. B. Grenzpreis, Ertragswertverfahren i. S. d. Zukunftserfolgswertverfahrens, Risikoanalyse) ausgelassen oder verworfen (siehe weiterführend auch Abschn. 2.3.2.3).

<table>
<tr><th>Auflage</th><th>Jahr</th><th>Seite</th><th>Aussage</th></tr>
<tr><td>1</td><td>1996</td><td>179</td><td>„Obwohl die Botschaften des CAPM einfach und plausibel sind, haben sie insbesondere aufgrund empirischer Testergebnisse an Überzeugungskraft eingebüßt.“</td></tr>
<tr><td>2</td><td>1998</td><td>246</td><td rowspan="3">„Obwohl [...] aufgrund empirischer Testergebnisse und theoretischer Einwände an Überzeugungskraft eingebüßt.“</td></tr>
<tr><td>3</td><td>2001</td><td>350</td></tr>
<tr><td>4</td><td>2003</td><td>363</td></tr>
<tr><td>5</td><td>2007</td><td>68</td><td rowspan="4">~~„Obwohl [...] aufgrund empirischer Testergebnisse und theoretischer Einwände an Überzeugungskraft eingebüßt.“~~</td></tr>
<tr><td>6</td><td>2009</td><td>56</td></tr>
<tr><td>7</td><td>2016</td><td>54–55</td></tr>
<tr><td>8</td><td>2021</td><td>54–55</td></tr>
</table>

Abb. 2.4 Drukarczyk & Schüler: Entwicklung von Kritik am CAPM

[9] Siehe hierzu umfassend die Darstellung bei Matschke & Brösel (2013), S. 244–252 und grundlegend, nur beispielhaft, Mirre (1913), Liebermann (1923), Busse von Colbe (1957), Münstermann (1966) und Moxter (1983).

[10] An anderer Stelle halten sich ähnliche Einschränkungen bis in die sechste Auflage (Drukarczyk, 1998, S. 361, 2003, S. 314; Drukarczyk & Schüler, 2007, S. 242, 2009, S. 205).

2.3.1.2 Imitation: Nachbau eines Akteur-Netzwerks

Sein Lehrbuch „Valuation" präsentiert Spremann (2004, auch im Folgenden) (zumindest implizit) als Gegenkonzept zur zeitgenössischen Bewertungslehre: Mit dem Untertitel wird beansprucht, „Grundlagen moderner Unternehmensbewertung" zu thematisieren; der fachliche Inhalt sowie die Zitationsweise, das Literaturverzeichnis und das Sachwortverzeichnis zeigen sodann, dass der Autor zur Darstellung moderner Unternehmensbewertung weitgehend darauf verzichtet, Autoren, Literatur und Fachtermini der zeitgenössischen deutschsprachigen Bewertungslehre in sein Werk einzubinden (Spremann, 2004, v. a. S. 299–307).[11] Als Schlaglicht dient bereits die Titelgebung: „Die Valuation" wird als „ein Begriff der deutschen Fachsprache" präsentiert (Spremann, 2004, S. 1). Zahlreiche weitere Anglizismen säumen das Buch (z. B. „Ist Finance alles?"; „Course-Outline"; „Asset Pricing"; „Wissenschaftler und Consultant") (Spremann, 2004, S. 4, 6, 123, 170). Trotz der „werbend" hervorgehobenen „knappe[n] Art", die „Inhalte zur Valuation" darzustellen, gibt Spremann der portraitgestützten Vorstellung und Ehrung vor allem US-amerikanischer Vertreter der Kapitalmarkttheorie (z. B. Black, Merton, Sharpe, Modigliani, Miller) sowie des „shareholder value"- und „economic value added"-Ansatzes (Rappaport, Stern, Stewart) einigen Raum – offenkundig, um die konzeptionellen Grundlagen „moderner Unternehmensbewertung" vorzustellen (etwa Spremann, 2004, S. 124–125, 135, 170, 215, 227–228; Spremann & Ernst, 2011, S. 47, 67, 113, 122–123, 162).

Mit ihrem deutschsprachigen Lehrbuch konstruieren Spremann und Ernst Unternehmensbewertung gewissermaßen „auf grüner Wiese": deutschsprachige Quellen und Fachtermini des zeitgenössisch ausdifferenzierten Lehrgebiets werden allenfalls rudimentär berücksichtigt. Die „Blaupause" ihrer „modernen" Unternehmensbewertung finden die Autoren weit überwiegend im englischsprachigen Schrifttum. Mit dem Lehrbuch wird somit ein Akteur-Netzwerk für den deutschen Sprachraum *nachgebaut*, wie es ähnlich im angelsächsischen Schrifttum zu finden ist. Diese Konstruktionsweise ist folglich bereits auf hoher Aggregationsebene von *(De-)Fokussierung* geprägt: Mit dem Fokus auf das englischsprachige Schrifttum wird das deutschsprachige Schrifttum überwiegend ignoriert.[12] Mit dieser Defokussierung wird darauf verzichtet, kontroverse oder heterogene Positionierungen im Forschungsgebiet einzubinden – dass diese bestehen, suggerieren die Ausführungen in Abschn. 2.3.1.3 und 2.3.1.4. Gegenüber den Lesern wird hingegen ein (weitgehend) alternativloses und kritikfreies Wissensgebiet präsentiert und somit ein Akteur-Netzwerk, das über *eindeutige Verbindungen* verfügt (siehe hierzu auch Abschn. 2.3.2.4).

---

[11] Die zweite, mit Ernst verfasste Auflage trägt den deutschsprachigen Titel „Unternehmensbewertung"; der Anspruch, „moderne Unternehmensbewertung" zu lehren besteht auch bei diesem Werk (Spremann & Ernst, 2011, S. V); ebenso wird auch in der Nachauflage weitgehend auf die Darstellung und Einbindung einschlägiger deutschsprachiger Literatur verzichtet (Spremann & Ernst, 2011). In der zweiten Auflage wird eine kurze „historische Notiz" zur Entwicklung von Unternehmensbewertung(-sverfahren) präsentiert, in der ausschließlich angelsächsische Autoren aufgeführt werden (Spremann & Ernst, 2011, S. 39–41).

[12] Siehe unter dem Sichtwort „Literaturenthaltsamkeit" hierzu weiterführend und kritisch Quill (2016), S. 80, 184, 352–353, 366.

2.3.1.3 Provokation: Infragestellen von Akteur-Netzwerken

In den Lehrbüchern von Hering (2021, S. 234–240, 264–290, 330–347) und Matschke und Brösel (2013, S. V, 26–51, 631, 697–727) wird an der marktwertorientierten Bewertung im Allgemeinen und der Implementierung neoklassischer Finanzierungstheorie wie dem CAPM im Speziellen umfangreiche Kritik geübt. Weitere kritische Äußerungen zur Implementierung des CAPM in die Unternehmensbewertung finden sich auch in den Lehrbüchern von Mandl und Rabel (1997, S. 308–310), Krag und Kasperzak (2000, S. 90–95), Kuhner und Maltry (2017, S. 193–201, 305) und Ballwieser und Hachmeister (2021, S. 114–123, 152–157, 240). Mit den entsprechenden Äußerungen werden Argumente aufgeboten, die die Einbindung des CAPM in die Unternehmensbewertung infrage stellen. Die Gegen-Positionierungen (Quill, 2020, S. 304, 307, 2021, S. 33–34) *strapazieren* somit die Verbindungen, mit denen der Akteur CAPM in ein Bewertungs-Netzwerk eingebunden wird.

Entsprechende Gegen-Positionierungen betreffen insbesondere (1) die Konstruktions- und (2) die Funktionsweise von Bewertungs-Werkzeugen (v. a. Barwertkalkül-CAPM) und (3) die empirischen Befunde zum CAPM. Darüber hinaus lassen sich Gegen-Positionierungen ausmachen, die (4) die vermeintliche Objektivität von Bewertungsergebnissen betreffen und (5) die – mit Anlehnung an Hering – nicht-„fachwissenschaftliche" Ansatzpunkte betreffen.

Zu (1): Gegen-Positionierungen hinsichtlich der Konstruktionsweise von Bewertungs-Werkezeugen zielen auf die Verbindungen, die zwischen den einzelnen „technischen" Komponenten des Werkezugs (z. B. Barwertkalkül, CAPM, CAPM-Komponenten) bestehen (etwa Ballwieser & Hachmeister, 2021, S. 152–157; Hering, 2021, S. 264–272, 299, 340; Matschke & Brösel, 2013, S. 33; ferner auch Mandl & Rabel, 1997, S. 289–310). Mit dem Argument inkonsistenter, schlecht ineinandergreifender Komponenten wird hervorgehoben, dass bspw. zwischen dem CAPM und dem finanzmathematischen, mehrperiodigen Barwertkalkül insofern *schwache Verbindungen* bestehen, als Annahmen im Barwertkalkül und im CAPM nicht zusammenpassen (z. B. Ein- vs. Mehrperiodigkeit).

Zu (2): Gegen-Positionierungen hinsichtlich der Funktionsweise von Bewertungs-Werkzeugen betreffen die Verbindung zwischen dem Werkezeug und dessen Anwendung für einen konkreten Zweck (etwa Ballwieser & Hachmeister, 2021, S. 116–123; Hering, 2021, S. 236–238; Krag & Kasperzak, 2000, S. 94, 113–115). Infrage gestellt wird somit die Nützlichkeit des Werkzeugs, um als Hilfsmittel eingesetzt zu werden und ein Problem bzw. eine Aufgabe (besser) zu bewältigen. Der Kritikpunkt hängt mit der zentralen Errungenschaft der Unternehmensbewertungsforschung zusammen, Bewertungsanlässe und -zwecke zu differenzieren und dies als Ausgangspunkt für die Reflexion zweckbezogener Bewertungsverfahren zu machen. Folglich wird die entsprechende Kritik kanalisiert und auf die Ermittlung von Entscheidungswerten bezogen (etwa Hering, 2021, S. 236–238). Konkret kritisiert wird etwa, dass der grundlegende Modellansatz des CAPM mit einer realen Entscheidungssituation kollidiere (etwa Ballwieser &

Hachmeister, 2021, S. 116; Matschke & Brösel, 2013, S. 34; ferner auch Mandl & Rabel, 1997, S. 19–21 und Kuhner & Maltry, 2017, S. 305). Zwischen dem CAPM-Bewertungswerkzeug und einer realen Entscheidungssituation wird insofern eine schwache Verbindung ausgemacht, als Annahmen im CAPM-Bewertungswerkzeug (v. a. dabei beim CAPM selbst) und in der realen Entscheidungssituation nicht zusammenpassen (z. B. homogene vs. heterogene Erwartungen, vollkommener vs. unvollkommener Kapitalmarkt).

Zu (3): Gegen-Positionierungen hinsichtlich empirischer Befunde zum CAPM betreffen die Verbindung zwischen dem CAPM und der Ko-Autorität Empirie. Aufgeführt wird einerseits, dass das Modell selbst gar nicht falsifizierbar sei und andererseits, dass empirische Untersuchungen Aussagen des Modells eher widerlegten (etwa Hering, 2021, S. 239–240; Krag & Kasperzak, 2000, S. 93). Auf diesem Wege werden *schwache Verbindungen* zwischen dem CAPM und der Ko-Autorität Empirie ausgemacht.

Zu (4): Gegen-Positionierungen hinsichtlich der vermeintlichen Objektivität von Bewertungsergebnissen betreffen Verbindungen zwischen CAPM-Bewertungs-Netzwerken und Etiketten[13] wie etwa „objektiv" und „objektiviert". Erschlossen bzw. erleichtert wird die Möglichkeit dieser Verbindung durch das CAPM, für dessen Implementierung regelmäßig auf historische Marktdaten zurückgegriffen wird. Als Vorteil wurde dabei gesehen, das CAPM-Bewertungskalkül mit dem Marktbezug zu „objektivieren", also vom Bedarf subjektiver Einschätzungen der Bewerter bzw. Bewertungssubjekte zu lösen. Zu diesem Anspruch führen Matschke und Brösel (2013, S. 176) aus, dass der (Kapital-)Marktbezug durch das CAPM lediglich oberflächlich objektive Diskontierungszinssätze liefere („pseudo-objektive[.] Risikozuschlagsmethode (CAPM)"). Ähnlich befinden auch Krag und Kasperzak (2000, S. 113): „Tatsächlich eröffnet die Verwendung anscheinend marktmäßig objektivierter Risikoprämien aber eine Vielzahl von Ermessensspielräumen." Auch Hering (1999, S. 124, 2006, S. 184, 2014, S. 238, 2021, S. 239) hebt hervor, dass das CAPM in der praktischen Umsetzung große subjektive Ermessenspielräume einräume, was die Objektivierung durch den Markt konterkariere.

Zu (5): Gegen-Positionierungen hinsichtlich nicht-fachwissenschaftlicher Ansatzpunkte betreffen Verbindungen zwischen CAPM-Bewertungs-Netzwerken und Akteuren, die „außerhalb" des Forschungsbereichs verortet werden (Hering, 2021, S. 334–343; Matschke & Brösel, 2013, S. V, 608, 774–776). Diese konkrete Differenzierung vollzieht Hering (2021, S. 343), der – nach ausgiebigen Gegen-Positionierungen im Sinne der Punkte (1) bis (3) – befindet: die „Überschätzung der angelsächsischen Bewertungsschule ist *fachwissenschaftlich* [Hervorhebung hinzugefügt] rätselhaft". Alternative Begründungsansätze zur Durchsetzungsstärke der angelsächsischen Bewertungs-

[13] Zum Konzept des Etikettierens („labelling") siehe Quill (2020, S. 307–308, 323–324, 332–335, 2021, S. 33). Bereits die Benennung als „capital asset pricing model" (CAPM) lässt sich als ein Etikett auffassen, das mit dem Modell erst im Nachhinein verknüpft wurde: Während dieses Etikett in den Ursprungsquellen noch nicht vorzufinden ist, findet es sich etwa im Einführungsartikel von Modigliani und Pogue (1974).

schule, die Hering aufführt, sind sodann als nicht-fachwissenschaftlich zu verstehen. So verbindet Hering (2021, S. 343–347) die Durchsetzungsstärke marktwertorientierter Bewertungskonzepte mit einem globalen Wissenschaftssystem, in dem die „herrschende angelsächsische Meinung" bevorzugt und ins Zentrum gestellt wird. Pointiert wird dieses Bild durch die ausführliche Zitation Brinkmanns (2003), der eine Wissenskolonisierung beschreibt und auf dieser Basis die „Selbstamerikanisierung prophezeit" (Hering, 2021, S. 344). Mit dieser Argumentationsweise wird versucht, die vom wissenschaftlichen Verständnis abweichende Realität nachzuvollziehen (Durchsetzungsstärke trotzt fachwissenschaftlicher Schwächen). Außerdem legt sie die nicht-fachwissenschaftlichen Verbindungen offen und übt Kritik an ihnen: Die mitunter bissigen Gegen-Positionierungen dieser Manier zeigen, dass Hering in ihnen einen Missstand sieht (2021, S. 343–347).

In diesem Sinne sind auch Argumentationsweisen von Matschke und Brösel einzuordnen. Der Ursprung der DCF-Verfahren wird in der Beratungs-Praxis verortet, sodass der Wissenschaft eine nachgelagerte Rolle zugeschrieben wird („nacheilende[.] betriebswirtschaftliche[.] Begleitforschung") (Matschke & Brösel, 2005, S. V, 502, 540, 2013, S. V, 519, 608). In dieser Rolle würden Wissenschaftler dazu beitragen, die Verfahren zu verbreiten und alternative Ansätze zu verdrängen („eine ‚einheitliche' Meinung zu etablieren", Matschke & Brösel, 2005, S. V; „Begleitforschung [...], welche entsprechende Bewertungsverfahren [...] ‚hoffähig' macht", Matschke & Brösel, 2005, S. 502, 2013, S. 608). Gegenüber diesen Wissenschaftlern positionieren sich Matschke und Brösel kritisch („Wissenschaftler [spielen] eine unrühmliche Rolle dabei", 2005, S. V; „nacheilende ‚praxisorientierte' Begleitforschung für Beratungsprodukte", 2005, S. 502, 2013, S. 608; „kotauähnliche[.] Übernahmen von amerikanischen Beratungsprodukten auch durch die Wissenschaft", 2005, S. 630, 2013, S. 775). Hinsichtlich der Motive dieser „unkritischen" und „wahrnehmungsschwachen" Wissenschaftler wird u. a. darauf verwiesen, mit der Praxis eine einhellige Meinung vertreten zu wollen, um „im Chor" zu bleiben (Matschke & Brösel, 2005, S. 630, ähnlich auch S. V, 2013, S. 776). Konkret kritisiert werden somit Verbindungen zwischen „Wissenschaft" und „Praxis", bei denen Wissenschaftler auf ihr epistemologisches Primat verzichten.

2.3.1.4 Adaptation: Ergänzung eines Akteur-Netzwerks

Die Vorworte der Lehrbücher von Hering (2006, S. V; ferner auch Matschke in: Hering, 1999, S. V–VI) und Matschke und Brösel (2005, S. V) legen nahe, dass der zeitgenössische Einfluss des CAPM auf die Unternehmensbewertungsforschung für das Verfassen der Lehrbücher eine markante Rolle gespielt hat. Dabei sind die Autoren gegenüber dem Modell und dessen theoretischer Fundierung in der neoklassischen Kapitalmarkttheorie kritisch eingestellt; für die theoretisch zentrale Entscheidungsfunktion der Unternehmensbewertung wird dem Modell keine Bedeutung eingeräumt (Hering, 2021, S. 298–301; Matschke & Brösel, 2013, S. 49–50). Über die verschiedenen Auflagen hinweg verändert sich diese Positionierung nicht. Nichtsdestotrotz wird das CAPM (als Komponente der

DCF-Verfahren) in das bestehende Bewertungskonzept integriert: Aufgrund seiner Akzeptanz in der Praxis wird ihm eine temporäre Rolle in der Argumentationsfunktion zugeschrieben (Hering, 2021, S. 300–301; ferner Matschke & Brösel, 2013, S. 49–50, 703–705).

Obwohl Akteur-Netzwerke, die der Funktionenlehre zuzuschreiben sind, dem CAPM kritisch gegenüberstehen, führt das Modell zu einer Adaptation dieser Netzwerke: *Zunächst* werden die Netzwerke um die entsprechenden Lehrbücher ergänzt; folglich beschert diese Frontstellung zur zeitgenössischen Verbreitung marktwertorientierter Bewertung der Unternehmensbewertungsforschung erstmalig Lehrbücher funktionaler Provenienz. *Außerdem* wird das CAPM in das Bewertungskonzept übernommen, wobei ihm insbesondere eine Rolle in der Argumentationsfunktion, bei entsprechender Abstimmung der Parteien prinzipiell auch in der Vermittlungsfunktion, zugewiesen wird. *Schließlich* vollzieht Hering auch die formale Assimilation des CAPM in die Funktionenlehre: Er nutzt das Zustands-Grenzpreismodell, um die marktwertorientierte Bewertung als Spezialfall darzustellen (Hering, 2021, S. 305–313). Auf dieser Grundlage stellt er die finanzwirtschaftliche Unternehmensbewertung als Integration von investitions- und finanzierungstheoretischer Unternehmensbewertung vor.

2.3.2 Die Verbreitung des CAPM in der Unternehmensbewertungsforschung

2.3.2.1 Aufwarten von Ko-Autoritäten: das CAPM und seine Verbündeten

Offenkundig verläuft die erneute Konfrontation der Unternehmensbewertungsforschung mit dem CAPM ab den 1990er-Jahren erfolgreicher für dieses als diejenige zuvor.[14] Fraglich ist somit, was sich in der Zwischenzeit getan hat. Dass sich „technisch" nichts verändert hat, lässt sich beispielsweise aus einer Einordnung Ballwiesers entnehmen, der sich vom „Umfang der Diskussion" über die „Übernahme der DCF-Modelle aus den USA" überrascht zeigt (Ballwieser, 2004, S. 177; Ballwieser & Hachmeister, 2021, S. 238; ähnlich und kritisch auch Hering, 2021, S. 340–341 und Matschke & Brösel, 2013, S. VIII–IX). Dabei zeichnet Ballwieser (2004, S. 177; sowie in der aktuellen Auflage Ballwieser und Hachmeister, 2021, S. 238) nach, dass weder die (zur Zeit der Erstauflage) umfangreich diskutierten DCF-Verfahren ungewöhnliche Neuerungen aufweisen (stellen „Kapitalwertkalküle [dar] […] und [weisen] damit eine investitionstheoretische Wurzel [auf] […], die

[14] Siehe hierzu etwa Coenenberg (1981, S. 240–241): „Anwendung […] für die Bewertung ganzer Unternehmen erscheint […] nicht möglich"; „allenfalls als grundsätzliche Leitidee verwertbar"; Ballwieser (1983, S. 177–180): „mehrere Einwände […], die die Brauchbarkeit […] generell und besonders mit Bezug auf die Unternehmensbewertung in Frage stellen"; Ossadnik (1984, S. 222–226): „kann deshalb auch kein entscheidungstheoretisch richtiger Kalkulationszinsfuß sein".

seit den 60er-Jahren […] gut bekannt ist“), noch das CAPM bis dato vonseiten der deutschsprachigen Bewertungslehre unerkannt blieb:

> „Daraus ist aber nicht zu schließen, dass das CAPM der Ertragswertmethode fremd gewesen wäre. Hierzu fanden sich schon früh Auseinandersetzungen in der Literatur, unabhängig von den DCF-Verfahren“ (Ballwieser & Hachmeister, 2021, S. 240; fast wortgleich bereits Ballwieser, 2004, S. 179).[15]

Allerdings kann das CAPM zunehmend mit „neuen Alliierten“ aufwarten (Quill, 2020, S. 304, 2021, S. 33; grundlegend Latour, 1987, S. 124–128). Solche Verbündete wurden bereits als konkrete und abstrakte Ko-Autoritäten beschrieben (bspw. IDW, Mathematik, Empirie, Nobelpreis, Investmentbanken, M&A-Berater), die mittels Referenzierung in Argumentationswege eingebunden werden. Weitere Beispiele sind in allen Lehrbüchern zu finden. So sehen sich Drukarczyk und Schüler bei der Projizierung des CAPM auf „die Bewertung von Investitionsprojekten bzw. Unternehmen […] *in guter Gesellschaft* [Hervorhebung hinzugefügt]“ (2021, S. 54; und bereits Drukarczyk, 1996, S. 179), für die sie im Wesentlichen US-amerikanische Quellen referenzieren; außerdem argumentieren Drukarczyk und Schüler (2021, S. 54), dass „*[d]ie Literatur* [Hervorhebung hinzugefügt] […] regelmäßig auf das Capital Asset Pricing Model (CAPM)“ zurückgreife; Spremann (2004, S. 1) befindet, es „gilt heute als *Best-Practice* [Hervorhebung hinzugefügt], Unternehmen mit der DCF-Methode zu bewerten“; Kuhner und Maltry (2006, S. 262, 2017, S. 305) betonen, dass den DCF-Verfahren „in der *modernen, internationalen Unternehmensbewertungspraxis* [Hervorhebungen hinzugefügt] eine überragende Bedeutung“ zukommt; ferner stellen sie das Unternehmensbewertungskonzept des *IDW* vor, wobei auch hervorgehoben wird, dass im *IDW S 1* das CAPM zur Anwendung kommt (Kuhner & Maltry, 2006, S. 90; 171–173, 2017, S. 61, 113, 195, 201–205; mit Referenzierung von *Copeland, Koller und Murrin* betonen Krag und Kasperzak (2000, S. 86 mit Verweis auf Copeland et al., 1998, S. 276 ff.), dass das CAPM „auch *im praxisorientierten Schrifttum* [Hervorhebungen hinzugefügt] eine hohe Popularität“ genieße; das Vorsatzpapier bei Spremann und Ernst (2011) ist mit einer Auflistung der „*Nobelpreisträger* [Hervorhebung hinzugefügt] der Wirtschaftswissenschaften: 1969–2009“ bedruckt, wo u. a. auch Sharpe aufgeführt wird, der mit dem Alfred-Nobel-Gedächtnispreis für Wirtschaftswissenschaften 1990 für seinen Beitrag zum CAPM gewürdigt wurde (The Royal Swedish Academy of Sciences, 1990).

Bei der erneuten Konfrontation der Unternehmensbewertungsforschung mit dem CAPM führt letzteres eine Entourage an Ko-Autoritäten mit sich, über die es zuvor (überwiegend) nicht verfügte. Die Ko-Autoritäten (z. B. IDW; Nobelpreis für Sharpe) transportieren wiederum Aussagen (z. B. CAPM-Barwertkalkül ist sachgerecht; CAPM ist nobel-

[15] In der entsprechenden Fußnote werden beispielhafte Quellen referenziert, bei denen Ballwieser selbst eine ablehnende Haltung vertritt: „Göppl 1980 (vorsichtig positiv eingestellt); Coenenberg, 1981, S. 240 („grundsätzliche Leitidee“); Ossadnik, 1984, S. 219 (skeptisch); Ballwieser, 1990, S. 173–176 (ablehnend)“ (1. Aufl. 1983, S. 177–180).

preisträchtig), die mittels Referenzierung der Ko-Autoritäten in Argumentationswege eingebunden werden. Mit entsprechenden Referenzierungen kann einerseits gezeigt werden, dass eine Aussage (auch) von dieser Ko-Autorität getätigt wird (z. B. CAPM-Barwertkalkül ist sachgerecht). Andererseits kann eine Verbindung zu einer Eigenschaft geknüpft werden, die mit der Ko-Autorität verbunden ist (z. B. nobelpreisträchtig).

2.3.2.2 Ausdehnung: Verlängerung von Argumentationswegen und Erhöhung von Verständniskosten

Die konkreten Ausführungen in den Lehrbüchern zum CAPM zeigen, dass das Modell eine wichtige Komponente zur Stärkung des Netzwerks ist. Zunächst wird mit dem CAPM ein Akteur eingebunden, der verschiedene *Ko-Autoritäten* für das Netzwerk erschließt. Hierzu gehören sowohl abstrakte als auch konkrete Ko-Autoritäten: Beispielsweise weisen Spremann und Ernst (2011, S. 177) auf die „breite Akzeptanz" hin, die das Modell trotz Alternativen weiterhin genieße. Dabei werden weder ergänzende Hinweise gegeben, wer diese breite Akzeptanz repräsentiert, noch werden entsprechende Quellen genannt.[16] Die Ko-Autorität „breite Akzeptanz" bleibt anonym; sie ist somit nicht nur abstrakt, sondern auch *terminal*: ihr kann unmittelbar nicht weiter nachgegangen werden. Der abstrakte Argumentationsweg wird mit dieser Aussage folglich unmittelbar wieder geschlossen, wodurch die Kosten zum Nachvollziehen der Aussage erhöht werden: Adressaten der Aussage können diese als Fakt hinnehmen; andernfalls müssten sie zunächst selbst bestätigende Positionierungen (z. B. mehrere andere Quellen, in denen das Modell „akzeptiert" wird) oder kollidierende Gegen-Positionierungen (z. B. mehrere andere Quellen, in denen das Modell nicht „akzeptiert" wird) aufbringen.

Ergänzt wird der Argumentationsweg um weitere, konkretere Ko-Autoritäten, die Spremann und Ernst als erwartete Gründe für die breite Akzeptanz aufführen (Spremann & Ernst, 2011, S. 177 und bereits Spremann, 2004, S. 148). So werden an dieser Stelle die empirische Forschung, die Portfoliotheorie, die Nobelpreisträger Markowitz, Sharpe und Tobin als Vertreter/Repräsentanten der Portfoliotheorie und die Mathematik in die Argumentation und das Netzwerk eingebunden (Spremann & Ernst, 2011, S. 177 und bereits Spremann, 2004, S. 148). Zwar werden auch hier keine konkreten Quellen genannt, doch ist es dem Leser nun möglich, entsprechende Positionierungen der genannten Akteure aufzubringen. Beispielsweise können die einschlägige Empirie sowie die Primär- und Sekundärliteratur zur Portfoliotheorie im Allgemeinen und zum CAPM im Besonderen eingesehen und geprüft werden; mathematisch versierte Leser könnten auch nachrechnen, inwiefern das CAPM eine „mathematisch beweisbare Aussage" ist (Spremann, 2004, S. 148; in der 2. Auflage nicht mehr enthalten, Spremann & Ernst, 2011, S. 177). Insoweit scheinen die aufgeführten Ko-Autoritäten prüfbare und *belastbare Verbindungen* zwischen dem CAPM und der Unternehmensbewertung zu bilden.

---

[16] Ähnlich ist auch die Aussage einzuordnen, wonach das CAPM der „übliche Weg" zur Berechnung der Kapitalkosten sei (Spremann & Ernst, 2011, S. 159; ähnlich bereits Spremann, 2004, S. 9, 129).

Werden diese Verbindungen hinsichtlich dieses Zusammenhangs tatsächlich strapaziert, zeigt sich jedoch, dass es sich um *vage Begründungen* (Quill, 2020, S. 318–322) handelt: (1) Empirische Forschung: es wird lediglich aufgeführt, dass die empirische Forschung die Gültigkeit des Modells untersucht habe. Die Aussage ist offenkundig wahr, stützt aber kaum den Argumentationsweg, die weite Akzeptanz des CAPM zu begründen. Immerhin räumen die Autoren an anderer Stelle selbst ein, dass gemischte Ergebnisse vorlägen (Spremann & Ernst, 2011, S. 176–177). (2) Portfoliotheorie und ihre Galionsfiguren: dass die Portfoliotheorie und ihre Galionsfiguren in der globalen Forschungswelt über hohes Renommee verfügen ist unbestritten. Hieraus ergibt sich jedoch nicht zwingend eine Begründung dafür, diese Theorien- und Annahmenwelt pauschal und allgemein auf die Unternehmensbewertung zu übertragen. (3) Mathematische Beweisbarkeit: Mit seiner Konzipierung als mathematisches Modell ist das CAPM formalwissenschaftlich überprüfbar. Dies gilt jedoch für das geschlossene Modell „CAPM" und ist – im formalwissenschaftlichen Rahmen – nicht auf die Kombination Barwertkalkül-CAPM projizierbar.

Dass die genannten Begründungen in diesem Sinne vage sind, heißt jedoch nicht, dass sie nicht starke, *strapazierfähige Verbindungen* zwischen den Akteuren (z. B. Barwertkalkül-CAPM-Empirie) bilden können. Ganz im Gegenteil: Vage Begründungen binden Schnittstellen ein, die das Netzwerk einerseits um zusätzliche Argumente (Pro-Positionierungen, Ko-Autoritäten) ergänzt und dabei andererseits lange (und mitunter beschwerliche) Wege schafft (grundlegend auch Quill, 2020, S. 315, 327, 335, 2021, S. 36–37, der diese Akteure als „Terminals" beschreibt). Die Argumentationswege vollständig nachzugehen (um sie so bspw. als vage zu identifizieren und infolgedessen etwa als schwache Verbindung zu sehen) verlangt dem Betrachter wiederum ergänzenden Aufwand ab (z. B. nachdenken, -lesen, -rechnen). Bereits längere Argumentationswege, die sich durch zusätzliche Argumente bzw. Ko-Autoritäten ergeben, verlangen den Adressaten einen höheren Aufwand ab, den Argumentationsweg nachzugehen und zu prüfen. Wenn Argumentationen zusätzlich vage sind, wird dieser Aufwand weiter erhöht: Um einen Argumentationsweg prüfen zu können, muss dieser zunächst genau beleuchtet werden, wozu mitunter ergänzende Informationen eingeholt werden müssen (z. B. was zeigen empirische Ergebnisse?; was „sagt" die Portfoliotheorie und welche Bedeutung hat dies für die Unternehmensbewertung?; ist das CAPM eine mathematisch beweisbare Aussage und welche Bedeutung hat dies für die Unternehmensbewertung?).

Insgesamt zeigt das Beispiel bei Spremann und Ernst, dass mit dem CAPM Ko-Autoritäten in Argumentationswege eingebunden werden, wodurch diese verlängert werden. Mit dieser Verlängerung wird der Aufwand vergrößert, Argumentationswege nachzugehen; die Kosten zur Prüfung von Argumenten werden hierdurch erhöht.

2.3.2.3 (De-)Fokussierung: Eingrenzung der relevanten Forschungslandschaft

Bereits die verschiedenen inhaltlichen Umfänge der Lehrbücher sowie der jeweilige Umgang mit Quellen indizieren, dass die Autoren die Forschungslandschaft mit unterschiedlichen Nuancen und unterschiedlichen Grenzen darstellen. So liegt der inhaltliche Seitenumfang zwischen 136 Seiten (Krag & Kasperzak, 2000) und 826 Seiten (Matschke & Brösel, 2013); der Umfang der Literaturverzeichnisse liegt zwischen 6 Seiten (Spremann, 2004) und 46 Seiten (Matschke & Brösel, 2013) (siehe auch der Überblick in Abb. 2.1). Unterschiedliche Darstellungsweisen der Forschungslandschaft lassen sich als das Ergebnis spezifischer *Fokussierungen* sowie entsprechender *De-Fokussierungen* der jeweiligen Autoren auffassen (umfassend zur De-Fokussierung Quill, 2020, S. 313, 330, 2021, S. 34, 40–42). Dabei beschreibt (De-)Fokussierung im vorliegenden Kontext, welcher Ausschnitt eines Wissensfeldes als einschlägig relevantes Wissen dargestellt wird; aus einem größeren Wissensfeld werden hierbei Teile miteingeschlossen und somit hervorgehoben („Fokussierung") und andere ausgeschlossen und somit beiseitegestellt („De-Fokussierung").

Die vorliegende Analyse zeigt, dass das CAPM, zumindest als wichtige Komponente der DCF-Verfahren, verwendet wird, um den Fokus bei der Darstellung von Unternehmensbewertung von der traditionellen, investitionstheoretisch geprägten Unternehmensbewertung hin zur marktwertorientierten Unternehmensbewertung zu verlagern. In diesem Sinne ermöglicht das CAPM (De-)Fokussierung, wodurch die Forschungslandschaft mitunter transformiert wird (siehe insbesondere Abschn. 2.3.1.1). Einige zentrale, stilisierte Stellhebel und Differenzierungsmerkmale dieser Binärität aus Fokussierung und De-Fokussierung sind etwa im verwendeten Schrifttum (englisch- vs. deutschsprachig), im Forschungsansatz (finanzierungs-/kapitalmarkttheoretisch vs. investitionstheoretisch), im zentralen Wertkonzept (hypothetischer Marktpreis vs. Entscheidungswert/Grenzpreis) und im Wissenschaftsverständnis/in der Forschungsmethodik (empirisch/induktiv vs. normativ/deduktiv) auszumachen.

Ein konkretes und markantes Beispiel für (De-)Fokussierung bietet das Lehrbuch von Spremann und Ernst. Die Autoren bedienen sich weit überwiegend englischsprachiger Quellen und ignorieren das deutschsprachige Schrifttum weitestgehend (siehe ausführlich Abschn. 2.3.1.2).

Ein weiteres Beispiel für (De-)Fokussierung findet sich bei Kuhner und Maltry. Grundsätzlich stellen Kuhner und Maltry die „Gleichgewichtsrendite nach dem CAPM [...] für Zwecke der Unternehmensbewertung" als alternativen Kapitalisierungszinssatz vor (2006, S. 165, 2017, S. 193). Die Autoren führen sodann einige Kritikpunkte auf, die gegen das Modell vorgebracht würden (z. B. unrealistische Annahmen, Einperiodenmodell, Vergangenheitsbezug) (Kuhner & Maltry, 2006, S. 166, 2017, S. 193–198). In der zweiten Auflage werden die Punkte zu einem eigenen Unterkapitel („Die Eignung des CAPM für die Unternehmensbewertung in der Diskussion") ausgearbeitet und ergänzend „Alternativen zum CAPM" vorgestellt (Kuhner & Maltry, 2017, S. 193–198, 199–201). Im Schlussfazit wird im Kern (bei teilweise verändertem Wortlaut) jedoch am CAPM festgehalten (siehe Abb. 2.5) (Kuhner & Maltry, 2006, S. 167, 2017, S. 201; jeweils mit Verweis auf Drukarczyk, 2003, S. 363; in der Nachauflage ergänzend auch Drukarczyk und Schüler, 2009, S. 56).

Dabei zeigt das Schlussfazit eine zunehmende Fokussierung auf das CAPM und dessen Einbettung in die Unternehmensbewertung. Bereits mit dem Fokus auf die Risikozuschlagsmethode (und dabei insbesondere dem CAPM) wird eine Eingrenzung der Forschungslandschaft vorgenommen (ähnlich, auch im Folgenden, Quill, 2021, S. 40–42).

Auflage	Jahr	Seite	Aussage
1	2006	167	„Theoretische Einwände gegen den Grad der Komplexitätsreduktion sowie empirische Befunde setzen die Bedeutung des CAPM zwar herab, mangels einer überzeugenderen Alternative führt aber (noch?) kein Weg an ihm vorbei.“
2	2017	201	„Theoretische Einwände gegen den Grad der Komplexitätsreduktion sowie empirische Befunde setzen die Bedeutung des CAPM zwar herab~~, mangels einer überzeugenderen Alternative führt aber (noch?) kein Weg an ihm vorbei.~~; alternative Ansätze haben aber bis heute seine Rolle als weitaus dominierender Ansatz zur kapitalmarktorientierten Messung von Kapitalkosten nicht wirklich in Frage stellen können.“

Abb. 2.5 Kuhner & Maltry: Fokussierte Argumentation zugunsten des CAPM

Immerhin bietet (insbesondere) die deutschsprachige Literatur weitere Ansätze, die dem Bereich der Risikoberücksichtigung subsumiert werden können. Entsprechende Ansätze (z. B. Totalmodelle, unsicherheitsaufdeckende Partialmodelle) sprechen beispielsweise Kuhner und Maltry (2017, S. 100–101, 116) allerdings nur am Rande an, sie werden de-fokussiert.[17]

In der zweiten Auflage ist eine weitere Fokussierung zu beobachten, mit der die Argumentation zugunsten des CAPM weiter auf das Modell zugeschnitten wird (siehe Abb. 2.5). Während in der Vorlauflage noch allgemein von der Absenz „einer überzeugenderen Alternative“ (Kuhner & Maltry, 2006, S. 166) gesprochen wird, erfolgt in der Nachauflage eine Konkretisierung der Funktion der Bewertungskomponente „zur kapitalmarktorientierten Messung von Kapitalkosten“ (Kuhner & Maltry, 2017, S. 201). Mit dieser Fokussierung wird die Argumentation zugunsten des CAPM gegenüber der Vorauflage gestärkt. Der allgemeine Verweis auf fehlende Alternativen zum CAPM in der Erstauflage bot etwaigen Kritikern noch mehr Angriffsfläche; die Argumentation könnte etwa mit Verweis auf Totalmodelle oder den internen Zinsfuß kritisiert werden. In der Nachauflage besteht diese Möglichkeit unmittelbar nicht mehr, da sich die Positionierung zugunsten des CAPM auf die Verwendung zur kapitalmarktorientierten Messung von Kapitalkosten bezieht. Ein Verweis auf Totalmodelle oder den internen Zinsfuß würde hier nicht mehr greifen, da, mit der vorgenommenen Fokussierung, diese Techniken außerhalb des betrachteten, relevanten Kontexts liegen. Mit diesen Argumenten würden Kritiker in diesem spezifischen Kontext am Thema vorbeireden; damit die Argumente wieder greifen, müsste „weiter ausgeholt“ werden, der Kontext müsste wieder erweitert werden. In diesem Sinne führt Fokussierung zur Immunisierung von Argumentationswegen vor Kritik (ähnlich auch Quill, 2021, S. 40–41).

Sodann ist bei Drukarczyk und Schüler eine De-Fokussierung zu beobachten, mit der Kritikpunkte zum CAPM zunehmend ausgeblendet werden. So wird seit der zweiten Auflage auf „empirische[.] Testergebnisse und theoretische[.] Einwände“ hingewiesen, auf-

[17] Kuhner und Maltry (2017, S. 100–101, 116) beziehen sich dabei auf Totalmodelle, die „in der Praxis i. d. R. an hoher Bewertungskomplexität“ scheiterten; ähnlich auch Ballwieser und Hachmeister (2021, S. 17).

grund derer „die Botschaften des CAPM [...] an Überzeugungskraft eingebüßt" hätten (Drukarczyk, 1998, S. 246, 2003, S. 363). Seit der fünften Auflage wird auf die Hinweise an dieser Stelle jedoch verzichtet (Drukarczyk & Schüler, 2007, S. 69, 2021, S. 55). An anderer Stelle halten sich ähnliche theoretische Einschränkungen bis in die sechste Auflage:

> „Außerdem ist diese Lösung mit den dem CAPM anhaftenden Problemen belastet. Seine empirische Geltung ist nicht unbestritten. Die im Mehrperiodenkontext auftauchenden Probleme sind z. T. ungelöst" (Drukarczyk, 1998, S. 361; beinahe wortgleich 2003, S. 314; Drukarczyk & Schüler, 2007, S. 242, 2009, S. 205).

Seit der siebten Auflage wird an beiden genannten Stellen darauf verzichtet, auf theoretische Einwände und konträre empirische Ergebnisse hinzuweisen (Drukarczyk & Schüler, 2016, S. 55, 231–233, 2021, S. 55, 239–241).

2.3.2.4 Homogenisierung: Vermeidung einer diversen, ambigen Forschungslandschaft

Werden erneut Seitenzahlen des fachlichen Inhalts und des Literaturverzeichnisses als entsprechende Indikatoren bemüht, ist das Lehrbuch von Matschke und Brösel tendenziell als am wenigsten (de-)fokussiert einzuordnen (siehe Abb. 2.1). Tatsächlich finden sich in diesem Lehrbuch Ausführungen und Quellen zu verschiedenen Ansätzen und Techniken in der Unternehmensbewertung (z. B. Total- und Partialmodelle, investitions- und kapitalmarkttheoretischer Ansatz), die in diesem Umfang und in dieser Detailtiefe (z. B. historische Entwicklung, Streitpunkte, ausführliche Fußnoten, auch zu Ur-Quellen) in keinem der anderen Lehrbücher vorzufinden ist. Dieser Konzipierungsansatz der Darstellung einer tendenziell breiten Forschungslandschaft zeigt sich auch in Abschn. 2.3.1.4, wo skizziert wird, dass Matschke und Brösel das Aufkommen des CAPM dazu nutzen, das Akteur-Netzwerk zu vergrößern. Entsprechende Hinweise zu Konzipierungsansätzen in anderen Lehrbüchern zeigen, dass überwiegend hiervon abweichende Ansätze gewählt wurden. Wichtige Konzipierungskomponente der Lehrbücher ist dabei der Bezug zur Praxis.

Beispielsweise führen Ballwieser und Hachmeister (2021, S. 17) zu der von ihnen nicht behandelten Alternative zum Kapitalwertkalkül (wie dem DCF- oder dem Ertragswertverfahren), die Programmplanung, aus, dass diese „kaum zu gewinnende Informationen" bedürfe, „rechentechnisch unhandlich" sei und „sich in der Praxis so gut wie nicht beobachten" lasse. Kuhner und Maltry (2006, S. V) heben in ihrem Vorwort zur ersten Auflage den Anspruch hervor, „die verschiedenen [...] Problembereiche einer Unternehmensbewertung in der Praxis gleichgewichtig zu berücksichtigen und insbesondere im aktuellen Stand der deutschsprachigen und internationalen betriebswirtschaftlichen Theorie zu fundieren." Bei Drukarczyk und Schüler (2021) kann schließlich eine Transformation des Ertragswertverfahrens nachgezeichnet werden, das die Autoren, in Anlehnung an die Verfahrensweise des IDW, in seiner marktwertorientierten Ausprägung (also unter Verwendung des CAPM) und damit als Variante der DCF-Verfahren beschreiben (ausführlich Abschn. 2.3.1.1). Die bis dato etablierten akademischen, investitionstheoretischen Varianten des Ertragswertverfahrens (v. a. auch Zukunftserfolgswertverfahren)[18] werden von den Autoren hingegen de-fokussiert.

Insofern kann der Praxisbezug als Leitgedanke zur Umsetzung von (De-)Fokussierung verstanden werden. Stilisiert heißt dies, dass neben dem akademischen Blickwinkel tendenziell das fokussiert (de-fokussiert) wird, was in der Praxis (nicht) im Fokus ist.

Eine Konsequenz von (De-)Fokussierung ist, einen kleineren Ausschnitt der Forschungslandschaft aufzuzeigen. De-fokussiert werden etwa Quellen, Konfliktlinien, andere Meinungen und Terminologien sowie bestimmte Bewertungsansätze (v. a. Totalmodelle, [investitionstheoretisches] Zukunftserfolgswertverfahren). Dabei erfolgt, etwa mit dem Verzicht, auf alternative und kritische Meinungen hinzuweisen (kritisch hierzu etwa VHB, 2014, S. 8), mitunter eine *Diskurs-Hemmung*. Werden abweichende Positionierungen und deren Repräsentanten nicht offen aufgeführt (bspw. „anderer Meinung ist […]"), verzichten Autoren darauf, Meinungsverschiedenheiten aufzuzeigen oder auch selbst einen Diskurs anzustoßen. Ferner wird gegenüber Novizen des Forschungsgebiets, denen kritische und alternative Positionierungen nicht bereits aus anderen Quellen bekannt sind, suggeriert, dass Diskurse nicht bestünden.

Ein Beispiel für den Verzicht, eine kritische Referenz einzubetten, bietet die Schlussbemerkung zu den DCF-Verfahren von Kuhner und Maltry (2006, S. 263, 2017, S. 305):

> „Es hat allerdings den Anschein, dass die umfangreiche und wachsende Literatur zu spezifischen Ansätzen der DCF-Verfahren sich durch diese grundlegenden Einwände kaum an der Konstruktion immer komplexerer Kalküle hindern lässt."

Während in der Erstauflage noch eine Referenzierung von Hering enthalten war („Vgl. hierzu auch die Kritik in Hering"), fehlt diese in der Nachauflage (Kuhner & Maltry, 2006, S. 263, Fußnote 397, 2017, S. 305). Es wird also bewusst darauf verzichtet – immerhin wurde der Hinweis gelöscht –, dem Leser einen unmittelbaren Zugang zu einschlägiger Kritik zu geben und entsprechend auf einen bestehenden Diskurs hinzuweisen. Insofern wird die Forschungslandschaft weniger umstritten und somit eindeutiger dargestellt; es erfolgt eine *Diskurs-Hemmung*.

Ein Beispiel für den Verzicht, eine abweichende Interpretation etablierter Fachtermini als solche darzustellen bieten Spremann und Ernst. Mit der Konstruktionsweise ihres Lehrbuchs, die zeitgenössische deutschsprachige Literatur nicht einzubinden, ergeben sich zahlreiche konkrete Gegen-Positionierungen, die jedoch nicht als solche ausgewiesen werden. So wird etwa der Fachterminus Entscheidungswert (siehe exemplarisch etwa Matschke, 1972; Sieben et al., 1974; Moxter, 1983) dahingehend umgedeutet, als er an „die" Bewertung (durch den Markt) anlehne und dieser entsprechend nachgelagert sei:

[18] Siehe etwa die Darstellungen bei Matschke und Brösel (2013, S. 244–252) und Olbrich (2014, S. 152–157) sowie die dort jeweils angegebene Literatur – nur beispielhaft etwa Münstermann (1966) und Moxter (1983).

> „Die Berechnung der Entscheidungswerte für konkrete Situationen folgt indes einer Methodik, die sich *an die der Bewertung anlehnt* [Hervorhebung hinzugefügt] – nur werden eben statt der allgemeinen konkrete Informationen verwendet und statt der allgemeinen Verhältnisse ‚im Markt' die konkreten Umstände der zu beratenden Person" (Spremann & Ernst, 2011, S. 15).

Spremann und Ernst (2011) folgen damit der Darstellung im IDW S 1, der (im Kontext von Synergien) auch tatsächlich zitiert wird. Die ältere, im ausgeblendeten akademischen Schrifttum verbreitete Verwendung des Ausdrucks wird hingegen hinsichtlich kausaler Zusammenhänge umgekehrt, ohne hierauf ausdrücklich hinzuweisen. Mit dieser latenten Umdeutung erfolgt eine *Diskurs-Hemmung*: Einerseits wird darauf verzichtet, offen Kritik an der bisherigen Verwendung zu üben; deren Vertreter könnten dies wiederum als Anlass zur Replik nehmen. Andererseits wird fachlichen Novizen nur die Umdeutung vorgelegt; deren Ambiguität (und chronologische Nachrangigkeit) wird ihnen nicht offen kundig gemacht.[19]

Die Beispiele zeigen, dass die zu beobachtende (De-)Fokussierung tendenziell mit der Darstellung einer homogenen und eindeutigen Forschungslandschaft einhergeht. Das Aufzeigen von Konfliktlinien und unterschiedlichen Meinungen, allgemein, von Ambiguität und Diversität, wird vermieden. Mitunter erfolgt dabei auch eine Diskurs-Hemmung. Es wird somit tendenziell vermieden, die Verbindungen des entsprechenden Akteur-Netzwerks (z. B. Einbettung des CAPM) als kontrovers darzustellen.

2.3.2.5 Delegation: Verantwortung auf Distanz halten

Mit der Referenzierung von Ko-Autoritäten können Argumentationswege konstruiert werden, bei denen die Ko-Autoritäten als Vertreter einer Aussage fungieren. Die Verantwortung für die entsprechende Aussage kann somit (zumindest teilweise) an die Ko-Autorität delegiert werden; Verantwortung wird dann auf Distanz gehalten.[20]

Ein Beispiel hierfür bieten Spremann und Ernst. Indem die Autoren etwa argumentieren, die Anwendung des CAPM sei „[d]er übliche Weg", betonen sie, den eingeschlagenen Weg nicht selbst vorzugeben, sondern einem bereits eingeschlagenen Weg zu folgen (Spremann & Ernst, 2011, S. 159; ähnlich Spremann, 2004, S. 9, 129).[21] Indem ein bereits beschrittener Weg nachgegangen, imitiert wird, erschließt sich die Möglichkeit, etwaige Kritik an diese Ko-Autorität (z. B. „die" Praxis/„best practice") weiterzureichen. Entsprechend delegiert wird auch der Kritiker/Zweifler, der sich an die Repräsentanten dieses „üblichen Weges" zu wenden hat.

Ein weiteres Beispiel liefern Kuhner und Maltry (2006, S. 263, 2017, S. 305) in ihrer Schlussbemerkung zur kapitalmarktorientierten Unternehmensbewertung, in der sie auf

[19] Mit Blick auf die Leitlinien der DFG (2019) kann dies kritisch gesehen werden, insbesondere vor dem Hintergrund der Hinweise, Originalquellen zu zitieren (S. 14) und den aktuellen Forschungsstand anzuerkennen und zu berücksichtigen (S. 15).

[20] Zu Verantwortung/Antwort-Fähigkeit auf Distanz siehe Abschn. 2.2.2 sowie grundlegend bereits Quill (2020, S. 318, 327, 2021, S. 36–37).

[21] Ähnlich ist auch das Argument einzuordnen, das CAPM stoße „auf breite Akzeptanz" (Spremann, 2004, S. 148; Spremann & Ernst, 2011, S. 177).

konzeptionelle, theoretische Probleme hinweisen. So sei der Modellrahmen der DCF-Verfahren, „der auf den idealtypischen Bedingungen der Marktvollkommenheit beruht“, unter Lockerung der restriktiven Annahmen „zunehmend problematisch“ (Kuhner & Maltry, 2006, S. 263, 2017, S. 305). Im sodann folgenden Schlusssatz des Kapitels heben die Autoren jedoch hervor, dass in der Literatur trotzdem eine rege Weiterentwicklung der Kalküle erfolgt:

> „Es hat allerdings den Anschein, dass *die* umfangreiche und wachsende *Literatur* [Hervorhebungen hinzugefügt] zu spezifischen Ansätzen der DCF-Verfahren sich durch diese grundlegenden Einwände kaum an der Konstruktion immer komplexerer Kalküle hindern lässt“ (Kuhner & Maltry, 2006, S. 263, 2017, S. 305).

Auf diesem Wege können sich Kuhner und Maltry eine neutrale Position bewahren: Einerseits weisen sie auf Probleme und Schwächen kapitalmarkttheoretischer Modelle wie dem CAPM in der Unternehmensbewertung hin; andererseits führen sie auch aus, dass in der Literatur immer komplexere Kalküle konstruiert würden, die kapitalmarktorientierte Unternehmensbewertung also rege weiterentwickelt wird. Aus den Ausführungen kann hingegen nicht entnommen werden, ob die Autoren die Verwendung des CAPM in der Unternehmensbewertung selbst propagieren oder ablehnen. Die Verantwortung zur Verbreitung kapitalmarkttheoretischer Modelle, die die Autoren darlegen, wird folglich an die Ko-Autorität „die Literatur“ delegiert, die sich von den grundlegenden Einwänden nicht hindern lasse.

In ihrer Einleitung zum marktorientierten Bewertungsansatz rekurrieren auch Drukarczyk und Schüler auf die Ko-Autorität *die Literatur*, um die Verwendung des CAPM zu substanziieren:

> „*Die Literatur* [Hervorhebung hinzugefügt] greift zur Unterfütterung des marktorientierten Ansatzes regelmäßig auf das Capital Asset Pricing Model (CAPM) zurück. Dieser Vorgehensweise folgen wir mit einigen Einschränkungen“ (Drukarczyk & Schüler, 2021, S. 54; ähnlich Drukarczyk, 1996, S. 179).

Dabei werden keine konkreten Quellen referenziert, sodass die Ko-Autorität abstrakt bleibt (lediglich zum CAPM werden die zentralen Basis-Quellen/-Autoren aufgeführt).[22] Mit ihrem Argumentationsstrang delegieren Drukarczyk und Schüler zumindest einen Teil der Verantwortung ihrer Vorgehensweise an „die Literatur“, deren Vorgehensweise schlichtweg gefolgt wird. Verantwortung wird somit auf Distanz gehalten: Etwaige Kritiker werden mit dem aufgezeigten Weg entsprechend an „die Literatur“ delegiert.

[22] Die Aussage spiegelt auch (De-)Fokussierung wider: Ausgeblendet wird entsprechende kritische Literatur; schließt man die referenzierten Quellen zu einer inhaltlich verwandten Aussage ein, die drei Sätze später getätigt wird („Man befindet sich hier in guter Gesellschaft“, Drukarczyk & Schüler, 2021, S. 54; ähnlich bereits Drukarczyk, 1996, S. 179), zeigt sich ein Fokus auf englischsprachige Literatur. Einschlägige Kritik, die etwa in anderen deutschsprachigen Lehrbüchern vorzufinden ist, wird auch hier de-fokussiert.

2.3.2.6 Konditionale Akzeptanz: Ermöglichung bedingter Verwendung

Stilisiert lässt sich in einigen Lehrbüchern folgendes Dilemma vorfinden: Während *einerseits* erkannt wird, dass das CAPM in der Unternehmensbewertungspraxis verbreitet ist, zeigt die theoretische Modellreflexion *andererseits*, dass die Einbettung des CAPM in die Unternehmensbewertung substanzielle Schwächen aufweist (etwa Ballwieser & Hachmeister, 2021, S. 116–123). Wird nun der Anspruch der Praxisorientierung eines Lehrbuchautors dahingehend verstanden, das tatsächlich genutzte Modell auch in der Unternehmensbewertungsforschung positionieren zu wollen, entsteht das Problem, konzeptionelle, theoretische Schwächen eingehen zu müssen und diese in den Forschungskanon zu integrieren.

Ein Ansatz, um mit diesem Dilemma umzugehen, ist im Ausblenden entsprechender Kritik auszumachen (siehe Abschn. 2.3.2.3). Eine alternative Möglichkeit, die zu beobachten ist, ist die *konditionale Akzeptanz* des Modells. So bietet das finanzmathematische Barwertkalkül prinzipiell genug Flexibilität (z. B. Einschränkung des Zeithorizonts auf eine Periode), um es mit dem CAPM mitsamt seinem restriktiven Annahmengerüst zu kombinieren. Dass die Erfüllung dieser Annahmen praktisch unmöglich ist, ist für ein theoretisches Modell zunächst unproblematisch. So kann dieser Umstand an den Anwender in der Praxis delegiert werden: Dieser hat zu entscheiden, ob die praktischen Rahmenbedingungen den Einsatz des CAPM in der Unternehmensbewertung zulassen. Auf diesem Wege kann das skizzierte Dilemma umgangen werden: Das CAPM-Barwertkalkül kann so einerseits mitunter scharf kritisiert und andererseits bedingt akzeptiert werden.

Ein Beispiel für konditionale Akzeptanz findet sich bei Ballwieser und Hachmeister. Das CAPM stellen die Autoren als Alternative zur Bestimmung des Risikozuschlags in der Unternehmensbewertung vor (Ballwieser & Hachmeister, 2021, S. 116 und bereits Ballwieser, 2004, S. 89). Unter den Annahmen bzw. Spezifika des Modells (Ex-Ante-Modell, Einperiodigkeit, Homogenität der Erwartungen, Abstraktion von Transaktionskosten, normierte Ertragsverteilungen oder Risikonutzenfunktionen) zeige die CAPM-Gleichung eine „Gleichgewichtsbeziehung in einem idealisierten Markt für Aktien“ (Ballwieser & Hachmeister, 2021, S. 116; beinahe wortgleich bereits Ballwieser, 2004, S. 93). Diese Bedingungen kollidieren jedoch mit der Bewertungssituation:

> „Neue Projekte, deren Beurteilung eine Unternehmensbewertung vorbereiten soll, sind dem CAPM fremd, weil im Marktportfolio bereits alle relevanten Projekte verarbeitet sind. Das Modell geht mit anderen Worten von Bedingungen aus, die dem betrachteten Bewertungskalkül zuwider laufen“ (Ballwieser & Hachmeister, 2021, S. 116 und bereits Ballwieser, 2004, S. 93).

Vor diesem Hintergrund wird an potenzielle Anwender des Modells appelliert:

> „Wer das Modell trotz dieser Voraussetzungen auf neue Projekte anwendet, begeht einen Fehler, der als so gering eingeschätzt werden muss, dass er in Kauf genommen werden kann“ (Ballwieser & Hachmeister, 2021, S. 116; beinahe wortgleich bereits Ballwieser, 2004, S. 93).

Auch im nachfolgenden Abschnitt zur Verwendbarkeit des Modells delegieren Ballwieser und Hachmeister die Einschätzung zur Anwendbarkeit des Modells an den konkreten Anwender. Den Abschnitt leiten sie mit Verweis auf die „engen Bedingungen" des Modells ein (Ballwieser & Hachmeister, 2021, S. 116 und bereits Ballwieser, 2004, S. 94). Vor diesem Hintergrund werden „denkbare Vorteile" des CAPM (z. B. marktorientierte Gewinnung des Risikozuschlags, Verwendung historischer Daten) diskutiert, immerhin liege der Reiz seiner Verwendung „nicht auf konzeptionellen Vorteilen" (Ballwieser & Hachmeister, 2021, S. 116; beinahe wortgleich bereits Ballwieser, 2004, S. 94). Nachdem auch diese Vorteile relativiert wurden („[s]ämtliche Vorteile sind relativierbar", so Ballwieser & Hachmeister, 2021, S. 117 und bereits Ballwieser, 2011, S. 99), schließt das Unterkapitel mit einem Appell an potenzielle Anwender des Modells:

> „Mit der Güte der Übertragbarkeit historischer Daten auf die Zukunft ist auch der letzte vermeintliche Vorteil verbunden. Je mehr Zweifel an der Übertragbarkeit von β_j und $r_{M\text{-}i}$ bestehen, desto weniger hilft die Zerlegung des Risikozuschlags in seine Komponenten" (Ballwieser & Hachmeister, 2021, S. 123; beinahe wortgleich bereits Ballwieser, 2004, S. 97).

Ein weiteres Beispiel konditionaler Akzeptanz findet sich bei Krag und Kasperzak. In einer abschließenden Würdigung des DCF-Kalküls, die sich konzeptionell insbesondere auch auf das CAPM bezieht, befassen sich die Autoren u. a. mit der Frage, ob „das DCF-Kalkül überhaupt ein Verfahren zur Ermittlung von Grenzpreisen" ist (Krag & Kasperzak, 2000, S. 112). Die Frage wird mit einer (starken) Einschränkung bejaht:

> „Im *theoretischen Kontext der DCF-Methode* ist dieser Grenzpreis jedoch eindeutig determiniert, da das Theoriegebäude impliziert, dass der bewertungsrelevante Zahlungsstrom unter direkter Berücksichtigung seines Risikos auf dem vollkommenen Kapitalmarkt *dupliziert werden kann.* […] Gelingt diese Duplizierung allerdings nicht, ist *der Einsatz eines DCF-Verfahrens* fragwürdig. Die Feststellung trifft letztlich auf sämtliche marktorientierten Bewertungsansätze zu, denen *dann allenfalls* in einem etwaigen Verhandlungsprozess argumentativer Charakter zukommt [Hervorhebungen hinzugefügt]" (Krag & Kasperzak, 2000, S. 113).

Folglich knüpfen Krag und Kasperzak die konsistente Verwendung des CAPM-Barwertkalküls im Sinne eines Grenzpreises an die Bedingung der gelingenden Duplizierung. Gelingt diese nicht, wird allerdings auf eine weitere Verwendbarkeit hingewiesen, nämlich die im Rahmen der Argumentationsfunktion. In diesem Sinne ist auch bei Hering (2021, S. 238–239) und Matschke und Brösel (2013, S. 48–50, 703–706) eine konditionale Akzeptanz des CAPM auszumachen.

2.3.2.7 Zirkel-Begründung: Rückkopplung nicht-wirtschaftswissenschaftlicher Akteure

Im realen Wirtschafts- bzw. Rechtsgeschehen ergeben sich Situationen, in denen Akteure auf wissenschaftlich anerkanntes Unternehmensbewertungswissen („herrschende Meinung/Lehre/Forschung") rekurrieren wollen oder müssen (z. B. Richter oder Gutachter im Rahmen gerichtlicher Auseinandersetzungen) (grundlegend, auch im Folgenden, Quill, 2020, S. 320–322, 335, 2021, S. 38–40). In dieser Situation besteht eine Arbeitsteilung zwischen der Generierung von Wissen („Wissenschaft") und der Anwendung von Wissen (z. B. bewertungsbezogene Rechtsprechung), wobei das epistemologische Primat offenkundig bei der Wissenschaft liegt (Quill, 2020, S. 322). Vor diesem Hintergrund verstehen wir *Zirkel-Begründungen* als Argumentationsweisen, bei denen nicht-wissenschaftliche Berichte (z. B. Gerichtsentscheidungen), die zu einem bestimmten Thema (z. B. Unternehmensbewertung) selbst wissenschaftlicher Berichte bedürfen (z. B. Anwendung wissenschaftlich anerkannter Methoden), in wissenschaftliche Berichte (z. B. Unternehmensbewertungslehrbücher) eingebunden werden, um wissenschaftliche Aussagen zu diesem Thema zu stützen.

Ein Beispiel für eine Zirkel-Begründung findet sich bei Drukarczyk und Schüler. Seit der siebten Auflage wird im Kapitel „Unternehmensbewertung und Rechtsprechung" einschlägige gerichtliche Praxis diskutiert (Drukarczyk & Schüler, 2016, S. 449–471, 2021, S. 465–498). Zum Unterkapitel „Diskontierungszinssätze" wird dort hervorgehoben, dass sich das CAPM mittlerweile gegen die wirtschaftswissenschaftlich nicht anerkannte Alternative durchgesetzt habe:

> „Der Diskontierungssatz wird in den Gutachten mittlerweile nahezu ausschließlich, trotz anfänglicher und z. T. noch nachhallender richterlicher Skepsis, mithilfe des CAPM bestimmt. Eine Ad-hoc-Festlegung des Risikozuschlags ist weder wirtschaftswissenschaftlich anerkannt noch gebräuchlich" (Drukarczyk & Schüler, 2021, S. 488; ähnlich 2016, S. 461).

Mit dem letzten Satz wird argumentiert, dass die in der Gerichtspraxis vorliegende Alternative zur Herleitung des Risikozuschlag mittels CAPM, die sogenannte „traditionelle Methode", wissenschaftlich nicht anerkannt sei. Als unterstützende Quelle dieser Aussage über eine wissenschaftliche Einschätzung geben Drukarczyk und Schüler eine Entscheidung des OLG Düsseldorf an („So z. B. auch OLG Düsseldorf") (Drukarczyk & Schüler, 2021, S. 488; ähnlich 2016, S. 461; jeweils mit Verweis auf Oberlandesgericht (OLG) Düsseldorf vom 04.07.2012, 26-W 8/10, Tz. 46, Juris). Folglich wird mit dem Gericht ein nicht-wirtschaftswissenschaftlicher Akteur in einen Argumentationsstrang eingebunden, um eine wirtschaftswissenschaftliche Aussage zu stützen.[23]

2.4 Zusammenfassung und Ausblick

Mit Lehrbüchern bereiten Wissenschaftler ein Wissens- und Forschungsgebiet nicht zuletzt auf, um fachlichen Novizen den Zugang zu diesem zu erleichtern. Als komprimierte Spiegelbilder von Lehrmeinungen stellen Lehrbücher zur Unternehmensbewertung Be-

[23] Darüber hinaus enthalten die zitierte Quelle und Stelle die genannte Aussage gar nicht. Es wird lediglich ausgeführt, dass das CAPM methodisch transparenter sei als die traditionelle Risikozuschlagsmethode. Siehe zum Thema ungenaue Referenzierungen („vague referencing") auch Quill (2020, S. 318–320).

richte dar, die Auskunft über den Stand und die Weiterbildung der Forschungslandschaft geben. Über diesen Zugang lässt sich ein Lehrbuch als Akteur eines Akteur-Netzwerks (*wirtschaftswissenschaffender Bewerter*) deuten, das herangezogen werden kann, um dieses Netzwerk zu beleuchten. Am Beispiel des CAPM bieten die entsprechende Identifikation weiterer Akteure sowie die Betrachtung von Verbindungen zwischen diesen Akteuren sodann Einblicke in die Weiterentwicklung von Unternehmensbewertungsforschung.

Die Lehrbücher stellen unterschiedliche, teilweise miteinander kollidierende Konzepte darüber vor, welche Rolle dem CAPM in der deutschsprachigen akademischen Unternehmensbewertung zukommt. Als überwiegend einschlägig spezialisierte Universitäts-Professoren stellen die Autoren die Meinungen höchster akademischer Repräsentanten des Sujets dar. Die entsprechenden Meinungen lassen sich insoweit als *Lehrmeinungen* auffassen. Aufgrund unterschiedlicher und differenzierter Meinungen zur Rolle des CAPM in der Unternehmensbewertung kann weder konstatiert werden, dass eine einheitliche, *herrschende Lehrmeinung/Lehre* vorliegt, noch, dass das CAPM in der Betriebswirtschaftslehre allgemein anerkannt sei.[24] Vor dem Hintergrund des offenkundig bestehenden Bedarfs in der Praxis, auf den einschlägigen herrschenden Wissensstand bzw. die herrschende Lehrmeinung zu rekurrieren (siehe etwa Paulsen, 2008, S. 109 und ferner Quill, 2020, S. 320–322), kann der gemeinsame Nenner der Lehrbücher im Sinne der konditionalen Akzeptanz beschrieben werden. Konditionalität bezieht sich hierbei insbesondere auf die Einschränkung auf spezielle Funktionen und die bewusste Akzeptanz restriktiver Prämissen (und entsprechender Fehlerpotenziale) durch den Anwender. Darüber hinaus indiziert das Spannungsverhältnis aus gesellschaftlichem Bedarf an möglichst eindeutiger betriebswirtschaftlicher Meinung und die in der akademischen Gemeinschaft bestehenden Meinungsunterschiede, dass Bemühungen hinsichtlich der Konzipierung akademischer Grundsätze ordnungsmäßiger Unternehmensbewertung, die in diesem Sinne als konsolidierte Lehrmeinung verstanden werden können, erstrebenswert sind (ähnlich bereits Quill, 2020, S. 43).

Das CAPM bzw. die CAPM-Barwertkalküle haben die deutschsprachige Unternehmensbewertungsforschung maßgeblich beeinflusst. Neben dem Bereiten einer „produktiven Unruhe", die sich nicht zuletzt im Verfassen von Lehrbüchern niedergeschlagen hat, lässt sich dieser Einfluss in zentralen Entwicklungslinien skizzieren: (1) Zunächst konzipieren Drukarczyk und Schüler eine marktwertorientierte Unternehmensbewertung, die sie als der Funktionenlehre nachgelagerten Evolutionsschritt präsentieren. Mit einem konzeptionellen Aufsatzpunkt, der noch funktionale Züge hat, ist über die verschiedenen Auflagen hinweg eine *Transformation* zu beobachten, bei der zunehmend eine Loslösung vom Wertkonzept des Grenzpreises, vom investitionstheoretischen Ertragswertverfahren und von Kritik am CAPM erfolgt. (2) Ebenfalls eine marktorientierte Unternehmensbewertung wird von Spremann und Ernst vertreten. Dabei vollziehen die Autoren im Wesentlichen eine *Imitation* im englischsprachigen Raum vorzufindender Konzipierung von Unternehmensbewertung; deutschsprachige Quellen, Konzepte und Fundamente werden im We-

[24] Zur Problematik der Aussage, eine Methode sei in der Betriebswirtschaftslehre (allgemein) anerkannt, siehe auch Quill, Gottmann und Pauli (2021, S. 1548–1549).

sentlichen ignoriert. (3) Konzepte einer funktionalen Unternehmensbewertung werden mit den Lehrbüchern von Hering sowie Matschke und Brösel vorgelegt. Die marktwertorientierten Elemente, die mit dem CAPM-Barwertkalkül aufgekommen sind, nutzen sie zur *Ergänzung* dieses Konzepts: Sie werden im Rahmen spezieller Funktionen in die Unternehmensbewertung integriert. Dabei nutzt Hering die aufstrebende finanzierungstheoretische Unternehmensbewertung, um den geschlossenen theoretischen Unterbau der Funktionenlehre zu pointieren. Dieser bilde die finanzwirtschaftliche und nicht lediglich die investitionstheoretische Unternehmensbewertung. (4) Mit der zunehmenden Verbreitung marktwertorientierter Konzepte nehmen auch kritische Äußerungen zum CAPM als zentraler Komponente des Konzepts zu. Die Einbettung des CAPM in die Unternehmensbewertung wird von den entsprechenden Lehrbuchautoren *in Frage gestellt.*

Außer Frage steht allerdings, dass das CAPM Einzug in die deutschsprachige Unternehmensbewertung genommen hat. Im Fokus dieses Beitrags steht die Frage, wie diese Einbindung neuen Wissens erfolgt ist, mit anderen Worten, *unter welchen Umständen* Wissen weiterentwickelt wurde. Bei der Einbindung des CAPM konnten folgende, maßgebliche Umstände beobachtet werden: (1) Das CAPM kann mit zahlreichen *Verbündeten* aufwarten. (2) Mit Verbindung zum CAPM können diese Ko-Autoritäten genutzt werden, um *Argumentationswege zu gestalten* (Verlängerung von Argumentationswegen, Erhöhung von Verständniskosten, De-Fokussierung). (3) Mittels *De-Fokussierung* erfolgt eine Eingrenzung der „relevanten" Forschungslandschaft. Hierbei werden für das CAPM förderliche (hinderliche) Bereiche wie z. B. englischsprachige Quellen, Kapitalmarkttheorie, Risikozuschlagsmethode (deutschsprachige Quellen, Investitionstheorie, Alternativen zur Risikozuschlagsmethode, Kritik am CAPM, Methodenpluralität) fokussiert (defokussiert). (4) Mit der Eingrenzung der relevanten Forschungslandschaft im Rahmen von De-Fokussierung erfolgt dessen *Homogenisierung*: Diversität und Ambiguität wird vermieden, wodurch Unternehmensbewertungsforschung dieser Couleur tendenziell als eindeutig und unstrittig dargestellt wird. (5) Ko-Autoritäten werden dazu genutzt, um die Verantwortung für bestimmte Aussagen an diese zu delegieren und Verantwortung insofern auf Distanz zu halten (*Delegation*). Auf diesem Wege kann es etwa leichter fallen, im Einklang mit anderen Ko-Autoritäten (z. B. „die" Literatur, „die" internationale Praxis) zugunsten des CAPM zu argumentieren. (6) Mit der in der Flexibilität des finanzmathematischen Barwertkalküls wurzelnden Möglichkeit *konditionaler Akzeptanz* kann das Dilemma aus empirischer Evidenz und theoretischer Beschränktheit des CAPM-Barwertkalküls gelöst werden. (7) Als *Zirkel-Begründung* werden Argumente nicht-wissenschaftlicher Akteure genutzt, um „wissenschaftliche" Aussagen in Argumentationswege einzubinden.

Die vorliegende Untersuchung indiziert, dass das CAPM(-Barwertkalkül) eine Transformation der Forschungslandschaft begünstigt. Diese erfolgt insbesondere auf drei Ebenen, die mit Einbindung des Modells in die Unternehmensbewertung in den Vordergrund treten: (a) finanzierungs-/kapitalmarkttheoretische Konzepte; (b) Akademiker, die diese Konzepte in der Unternehmensbewertung vertreten; (c) sogenannte „internationale" Literatur; (d) mit der Kapitalmarkttheorie verbundene Empirie.

Vor dem Hintergrund dieser Untersuchung lässt sich die Kontroverse um die Anwendung des CAPM-Barwertkalküls als Kuriosität des Methodenstreits in der Betriebswirtschaftslehre einordnen (grundlegend und weiterführend Schneider, 1981, S. 165–194 sowie Follert & Daumann, 2021). Die zentrale Konfliktlinie dieses Streits verläuft bei der epistemologischen Grundausrichtung, ob betriebswirtschaftliche Erkenntnisse aus dem Wirtschaftsleben heraus gewonnen (empirisch-induktiv) oder theoretisch erdacht ([mathematisch-]deduktiv) werden sollen. Hierbei spielt der (unmittelbare) Anwendungs-/Praxisbezug offenkundig eine zentrale Rolle. In der Unternehmensbewertungsforschung schreiben sich sowohl die Proponenten als auch die Opponenten des CAPM-Barwertkalküls die Anwendungsorientierung auf die Fahne: Proponenten des CAPM-Barwertkalküls heben die praktische Anwendung durch Beratungsunternehmen im angelsächsischen Raum markant hervor. Die Ablehnung dieses Kalküls durch die entscheidungsorientierte Unternehmensbewertung wird wiederum mit der Realitätsferne der Modellannahmen und ihrer Inkompatibilität mit einer realen Entscheidungssituation begründet. Eine weitere Ausdifferenzierung erfährt das duale Klassifizierungsmuster empirisch-induktiv vs. mathematisch-deduktiv durch die mathematisch-deduktive Herkunft des CAPM selbst und der empirischen Anwendung seiner ex-Post-Versionen im Rahmen der Unternehmensbewertung. In diesem Sinne ist das CAPM-Barwertkalkül mit beiden Welten verknüpft. Seine Proponenten könne sich folglich sowohl auf ein formal-wissenschaftliches Modell („mathematisch beweisbar") als auch auf ein praktisch angewendetes Kalkül berufen.

Die mit dem CAPM(-Barwertkalkül) einhergehende Neuordnung der Forschungslandschaft fördert den Übergang von einer normativen und entscheidungsorientierten zu einer empirischen Unternehmensbewertungsforschung. In diesem Kontext lässt sich der Vorwurf „nacheilender Begleitforschung" als Unmut darüber einordnen, dass mit der Praxisorientierung, mit der die Hinwendung zum CAPM-Barwertkalkül begründet wird, das epistemologische Primat der Wissenschaft in den Hintergrund tritt. Mit Blick auf die zu beobachtende (De-)Fokussierung ist dieser Unmut nachvollziehbar: Begründet sich die Forschungslandschaft mit der Spiegelung geübter Praxis, verzichtet sie auf Grundlagenforschung und damit auf die Möglichkeit, der Praxis originäre Innovationen zu liefern. Ein konkretes Beispiel der Unternehmensbewertungsforschung sind Totalmodelle, die seit Dekaden weiterentwickelt werden und für die sich zunehmend die technische und informative Grundlage verbessert (ein aktuelles Umsetzungsbeispiel bietet die Dissertation von Walochnik 2021). In den Lehrbüchern spielen diese Modelle aufgrund ihrer (noch) fehlenden Praxisrelevanz – die offenkundig als wichtige Ko-Autorität fungiert – nur vereinzelt eine Rolle. Akademischen Novizen, die als Hauptadressaten von Lehrbüchern verstanden werden können, wird somit ein Ausschnitt der Forschungslandschaft vorenthalten, der zumindest dazu taugt, den interessierten Blick angehender Akademiker zu weiten.

Literatur

Aders, C., & Schwetzler, B. (2018). Editorial. *Corporate Finance, 9*(03–04), M1.

Ballwieser. (2008). Betriebswirtschaftliche (kapitalmarkttheoretische) Anforderungen an die Unternehmensbewertung. *Die Wirtschaftsprüfung, 61*(Sonderheft), S102–S108.

Ballwieser, W. (1983). *Unternehmensbewertung und Komplexitätsreduktion* (1. Aufl.). Gabler.
Ballwieser, W. (1990). *Unternehmensbewertung und Komplexitätsreduktion* (3. Aufl.). Gabler.
Ballwieser, W. (2001). Unternehmensbewertung aus Sicht der Betriebswirtschaftslehre. In J. Baetge (Hrsg.), *Unternehmensbewertung im Wandel* (S. 1–24). IDW.
Ballwieser, W. (2004). *Unternehmensbewertung* (1. Aufl.). Schäffer-Poeschel.
Ballwieser, W. (2011). *Unternehmensbewertung* (3. Aufl.). Schäffer-Poeschel.
Ballwieser, W., & Hachmeister, D. (2021). *Unternehmensbewertung* (6. Aufl.). Schäffer-Poeschel.
Behringer, S. (2020). *Eine kurze Geschichte der Unternehmensbewertung*. Springer Gabler.
Belliger, A., & Krieger, D. J. (2006). *ANThology*. transcript.
Brinkmann, G. (2003). Englisch: Die Hoffnung der deutschsprachigen Nationalökonomen. In U. Backes-Gellner & C. Schmidtke (Hrsg.), *Hochschulökonomie* (S. 51–61). Duncker und Humblot.
Brösel, G., & Toll, C. (2016). Unternehmensbewertungsmythen. In A. Brauneis et al. (Hrsg.), *Bewertung von Unternehmen. Festschrift für W. Nadvornik* (S. 19–58). Linde.
Busse von Colbe, W. (1957). *Der Zukunftserfolg*. Springer.
Coenenberg, A. G. (1981). Unternehmensbewertung aus der Sicht der Hochschule. In IDW (Hrsg.), *50 Jahre Wirtschaftsprüferberuf* (S. 221–245). IDW.
Copeland, T. E., Koller, T., & Murrin, J. (1998). *Unternehmenswert* (2. Aufl.). Campus.
Deutsche Forschungsgemeinschaft (DFG). (2019). *Leitlinien zur Sicherung guter wissenschaftlicher Praxis* (Stand: September 2019). https://www.dfg.de/download/pdf/foerderung/rechtliche_rahmenbedingungen/gute_wissenschaftliche_praxis/kodex_gwp.pdf. Zugegriffen am 26.12.2021.
Drukarczyk, J. (1996). *Unternehmensbewertung* (1. Aufl.). Vahlen.
Drukarczyk, J. (1998). *Unternehmensbewertung* (2. Aufl.). Vahlen.
Drukarczyk, J. (2001). *Unternehmensbewertung* (3. Aufl.). Vahlen.
Drukarczyk, J. (2003). *Unternehmensbewertung* (4. Aufl.). Vahlen.
Drukarczyk, J., & Schüler, A. (2007). *Unternehmensbewertung* (5. Aufl.). Vahlen.
Drukarczyk, J., & Schüler, A. (2009). *Unternehmensbewertung* (6. Aufl.). Vahlen.
Drukarczyk, J., & Schüler, A. (2016). *Unternehmensbewertung* (7. Aufl.). Vahlen.
Drukarczyk, J., & Schüler, A. (2021). *Unternehmensbewertung* (8. Aufl.). Vahlen.
Emrich, E., & Follert, F. (2019). Eigenplagiate aus ökonomischer Sicht. *ORDO, 70*(1), 239–255.
Follert, F. (2020). *Zur Unternehmensbewertung im Spruchverfahren aus interessentheoretischer Sicht*. Springer Gabler.
Follert, F. (2021). Ein politisch-ökonomisches Modell der Unternehmensbewertung im Spruchverfahren. *Betriebswirtschaftliche Forschung und Praxis, 73*, 48–70.
Follert, F., & Daumann, F. (2021). Faith struggles in science: Academic schools as religious sects. *Rationality and Society, 33*(4), 424–447.
Fruhan, W. E. (1979). *Financial strategy*. Irwin.
Göppl, H. (1980). Unternehmensbewertung und Capital-Asset-Pricing-Theory. *Die Wirtschaftsprüfung, 33*, 237–245.
Hering, T. (1999). *Finanzwirtschaftliche Unternehmensbewertung*. Deutsche Universitätsverlag/Gabler.
Hering, T. (2004). *Quo vadis* Bewertungstheorie? In T. Burkhardt et al. (Hrsg.), *Banken, Finanzierung und Unternehmensführung* (S. 105–122). Duncker & Humblot.
Hering, T. (2006). *Unternehmensbewertung* (2. Aufl.). Oldenbourg.
Hering, T. (2014). *Unternehmensbewertung* (3. Aufl.). De Gruyter Oldenbourg.
Hering, T. (2021). *Unternehmensbewertung* (4. Aufl.). De Gruyter Oldenbourg.
Koller, T., Goedhart, M., & Wessels, D. (2020). *Valuation* (7. Aufl.). Wiley.
Krag, J., & Kasperzak, R. (2000). *Grundzüge der Unternehmensbewertung*. Vahlen.
Kuhn, T. S. (1978). *Die Entstehung des Neuen* (7. Aufl.). Suhrkamp.
Kuhner, C., & Maltry, H. (2006). *Unternehmensbewertung* (1. Aufl.). Springer.

Kuhner, C., & Maltry, H. (2017). *Unternehmensbewertung* (2. Aufl.). Springer Gabler.
Latour, B. (1987). *Science in action*. Harvard University Press.
Latour, B. (2005). *Reassembling the social*. Oxford University Press.
Latour, B., & Woolgar, S. (1986). *Laboratory life*. Princeton University Press.
Liebermann, B. (1923). *Der Ertragswert der Unternehmung*. Dissertation.
Lintner, J. (1965). The valuation of risk assets and the selection of risky investments in stock portfolios and capital budgets. *The Review of Economics and Statistics, 47*(1), 13–37.
Mandl, G., & Rabel, K. (1997). *Unternehmensbewertung*. Carl Ueberreuter.
Matschke, M. J. (1972). Der Gesamtwert der Unternehmung als Entscheidungswert. *Betriebswirtschaftliche Forschung und Praxis, 24*, 508–520.
Matschke, M. J. (1975). *Der Entscheidungswert der Unternehmung*. Gabler.
Matschke, M. J. (1979). *Funktionale Unternehmensbewertung, Band II, Der Arbitriumwert der Unternehmung*. Gabler.
Matschke, M. J., & Brösel, G. (2005). *Unternehmensbewertung* (1. Aufl.). Gabler.
Matschke, M. J., & Brösel, G. (2013). *Unternehmensbewertung* (4. Aufl.). Springer Gabler.
Miller, P. (1998). The margins of accounting. In M. Callon (Hrsg.), *The laws of the markets* (S. 174–193). Blackwell.
Mirre, L. (1913). Gemeiner Wert und Ertragswert. *Zeitschrift des Deutschen Notarvereins, 13*, 155–176.
Modigliani, F., & Pogue, G. A. (1974). An introduction to risk and return. *Financial Analysts Journal, 30*(3), 69–86.
Mossin, J. (1966). Equilibrium in a capital asset market. *Econometrica, 34*(4), 768–783.
Moxter, A. (1983). *Grundsätze ordnungsmäßiger Unternehmensbewertung* (2. Aufl.). Gabler.
Münstermann, H. (1966). *Wert und Bewertung der Unternehmung*. Gabler.
Obermaier, R. (2019). Unternehmensbewertung zwischen Wert und Preis. In W. A. Tönnes (Hrsg.), *Unternehmensbewertung. Festschrift für Bernhard Großfeld zum 85. Geburtstag* (S. 325–340). Müller.
Olbrich, M. (2014). *Unternehmungsnachfolge durch Unternehmungsverkauf* (2. Aufl.). Springer Gabler.
OLG Düsseldorf. (2012). Beschluss vom 04.07.2012 – 26 W 8/10, juris.
Ossadnik, W. (1984). *Rationalisierung der Unternehmungsbewertung durch Risikoklassen*. Deutsch.
Paulsen, A.-J. (2008). Unternehmensbewertung und Rechtsprechung. *Die Wirtschaftsprüfung, 61*(Sonderheft), S109–S113.
Peemöller, V. H. (2019). *Praxishandbuch der Unternehmensbewertung* (7. Aufl.). NWB.
Quill, T. (2016). *Interessengeleitete Unternehmensbewertung*. Springer Gabler.
Quill, T. (2017). Der moderne Objektivismusstreit in der Unternehmensbewertung: Der Weg in die selbstverschuldete Unmündigkeit. *Betriebswirtschaftliche Forschung und Praxis, 69*, 275–299.
Quill, T. (2020). Valuation techniques under construction – About the dissemination of the CAPM in German judicial valuation. *Schmalenbach Business Review, 72*, 299–341.
Quill, T. (2021). Rechtschaffende Bewerter und das CAPM – Ein Zugang zur Wissenssoziologie der Unternehmensbewertung über die Akteur-Netzwerk-Theorie und gerichtliche Bewertungspraxis in Deutschland. *Betriebswirtschaftliche Forschung und Praxis, 73*, 22–47.
Quill, T., Gottmann, M., & Pauli, B. (2021). Net Asset Value und gerichtliche Abfindungsbemessung im Spruchverfahren. *Die Wirtschaftsprüfung, 75*, 1545–1552.
Rappaport, A. (1979). Strategic analysis for more profitable acquisitions. *Harvard Business Review, 57*, 99–110.
Rappaport, A. (1981). Selecting strategies that create shareholder value. *Harvard Business Review, 59*(5), 139–149.
Schneider, D. (1981). *Geschichte betriebswirtschaftlicher Theorie*. Oldenbourg.

Schneider, D. (1995). Unternehmensdimensionierung und Unsicherheitsverringerung. In R. Bühner et al. (Hrsg.), *Dimensionierung des Unternehmens* (S. 45–59). Schäffer-Poeschel.

Schneider, D. (1998). Marktwertorientierte Unternehmensrechnung: Pegasus mit Klumpfuß. *Der Betrieb, 51*(30), 1473–1478.

Sharpe, W. F. (1964). Capital asset prices: A theory of market equilibrium under conditions of risk. *The Journal of Finance, 19*(3), 425–442.

Sieben, G., Löcherbach, G., & Matschke, M. J. (1974). Bewertungstheorie. In E. Grochla & W. Wittmann (Hrsg.), *Handwörterbuch der Betriebswirtschaft* (4. Aufl., Bd. 1, S. 839–851). Poeschel.

Spremann, K. (2004). *Valuation* (1. Aufl.). Oldenbourg.

Spremann, K., & Ernst, D. (2011). *Unternehmensbewertung* (2. Aufl.). Oldenbourg.

Stehle, R. (2004). Die Festlegung der Risikoprämie von Aktien im Rahmen der Schätzung des Wertes von börsennotierten Kapitalgesellschaften. *Die Wirtschaftsprüfung, 57*, 906–927.

The Royal Swedish Academy of Sciences. (1990). *The Sveriges riksbank prize in economic sciences in memory of Alfred Nobel 1990.* https://www.nobelprize.org/prizes/economic-sciences/1990/summary/. Zugegriffen am 30.04.2022.

Verband der Hochschullehrer für Betriebswirtschaft e.V. (VHB). (2014). *Hinweise zur ethischen und berufspraktischen Orientierung der Mitglieder des Verbandes der Hochschullehrer für Betriebswirtschaft e.V.* (Stand: 2014). https://vhbonline.org/fileadmin/user_upload/GfP_Gesamtdokument_2014.pdf. Zugegriffen am 30.04.2022.

Walochnik, S. (2021). *Bewertung von Eigentumswohnungen*. Springer Gabler.

Weber, M. (1917/1919 [1994]). Wissenschaft als Beruf. In W. J. Mommsen & W. Schluchter (Hrsg.), *Studienausgabe der Max Weber-Gesamtausgabe. Band I/17* (S. 1–23). Mohr (Siebeck).

Zur ökonomischen Analyse akademischer Schulen – Eine Betrachtung am Beispiel der Unternehmensbewertung

3

Florian Follert und Stefan Behringer

Die ursprüngliche Idee einer (religions-)ökonomischen Analyse akademischer Schulen stammt von Prof. Dr. Eike Emrich(†). Hierfür und für vieles mehr schuldet ihm Florian Follert großen Dank.

3.1 Ausgangssituation

Wissenschaft lebt von der Auseinandersetzung. Das Mittel dazu ist der Diskurs, etymologisch ein hin und her gehendes Gespräch. Wissenschaftlicher Diskurs regt zum Nachdenken an und soll helfen, Erkenntnisse zu gewinnen. Für (Habermas, 1973) ist der Diskurs verstanden als der Austausch von Argumenten und die Suche nach einem Konsens, zentrales Element der wissenschaftlichen Erkenntnis.

Konstruktive Kritik führt zum Fortschritt innerhalb einer Disziplin und ist explizit gewollt (bereits Kant, 1781; Dilger, 2017; Follert & Daumann, 2021). Bisweilen wird der wissenschaftliche Diskurs mit harten Bandagen ausgefochten, nicht selten duellieren sich Wissenschaftler mit scharfen Worten im Schrifttum. Ein prägender streitiger Diskurs für die Nationalökonomie im deutschen Sprachraum war sicherlich der Methodenstreit

F. Follert
Seekirchen am Wallersee, Österreich
E-Mail: florian.follert@uni-seeburg.at

S. Behringer (✉)
Rotkreuz, Schweiz
E-Mail: stefan.behringer@hslu.ch

S. Behringer, F. Follert (Hrsg.), *Unternehmensbewertung und ökonomische Analyse*,
https://doi.org/10.1007/978-3-658-40235-8_3

zwischen Carl Menger und Gustav von Schmoller (hierzu etwa (Backhaus & Hansen, 2000; Louzek, 2011; Erlei et al., 2016)). Konstituierend für die deutsche Betriebswirtschaftslehre war der Methodenstreit zwischen Eugen Schmalenbach, der für eine praxisorientierte Kunstlehre plädierte und Wilhelm Rieger, der eine wissenschaftlich orientierte Privatwirtschaftslehre (Rieger, 1964) im Sinne einer erklärenden Wissenschaft präferierte (Moxter, 1957; Schanz, 2014). In diesem Streit konstatierte Rieger seinem Kontrahenten u. a. Unwissenschaftlichkeit, da die von Schmalenbach gewollte Wissenschaft „auf Präzision und Logik keinen Wert mehr legt!" (Rieger, 1968, S. 122). Für die spätere immer noch vergleichsweise junge Disziplin der Betriebswirtschaftslehre (Brockhoff, 2021), war die Auseinandersetzung zwischen Erich Gutenberg und Konrad Mellerowicz, welcher von Dieter Schneider als „Vorgeplänkel des heutigen Streits um mikroökonomische gegen verhaltensorientierte Betriebswirtschaftslehre" Schneider (1981, S. 162) bezeichnet wird, prägend.

Die unterschiedlichen Denkschulen entstehen vielfach durch akademische Lehrer-Schüler-Beziehungen. Der wissenschaftliche Nachwuchs verbringt eine prägende Zeit mit der Erstellung ihrer akademischen Qualifikationsarbeiten (Dissertation, Tenure-Verfahren, Habilitation). In vielen dieser akademischen Beziehungen herrscht eine steile Hierarchie, die gerade zu Beginn einer Promotion mit einer asymmetrischen Verteilung von Wissen und Macht einhergeht. Der wissenschaftliche Nachwuchs arbeitet sich dabei oft zunächst durch die Schriften des akademischen Lehrers, versucht Denkweise und Schwerpunkte kennenzulernen. Im ökonomischen Sinne kann die für dieses Literaturstudium, was nicht selten auch die akademischen Lehrer des Doktorvaters respektive der Doktormutter umfasst, als spezifische Investition in die Transaktion (Williamson, 1971, 1979, 1981) mit dem Betreuer verstanden werden. Durch diese festigt sich – wie aus der Literatur bekannt – die Beziehung zwischen Lehrer und Schüler, da die transaktionsspezifischen Investitionen durch Aufhebung des Verhältnisses ihren Wert zumindest teilweise verlören.

Eine wichtige Rolle bei der Etablierung von Denkschulen ist zudem, dass die Berufungspraxis an Hochschulen tendenziell die Berufung von Wissenschaftlern bevorzugt, die den bisherigen Lehrstuhlinhabern ähnlich sind (gemäß dem sogenannten *Similarity Attraction Paradigm*, (Byrnes, 1971)). Die Relevanz dieses Vorgehens zeigen sowohl die Studien zur Publikationspraxis und damit verbundenen Berufungserfolgen von wissenschaftlichen Instituten (Wolf et al., 2005) als auch akademische Ahnentafeln, bei denen Lehrer-Schüler-Beziehungen systematisch dargestellt werden (Brockhoff, 2021; Klein-Blenkers, 1992).

Die Unternehmensbewertung wird im Schrifttum oftmals als „Königsdisziplin" der Betriebswirtschaftslehre bezeichnet (Ballwieser, 2008; Brösel & Toll, 2011; Follert, 2020a, b). Seit jeher ist diese Disziplin wie kein anderes Fachgebiet von wissenschaftlichen Streitigkeiten betroffen (vgl., auch im Folgenden, (Behringer, 2020; Hering, 2004; Matschke & Brösel, 2013, 2021; Quill, 2016)). Insbesondere treten in dieser Auseinandersetzung wissenschaftliche Schulen bzw. Denkschulen zum Vorschein. Während der alte Streit zwischen den Subjektivisten und den Anhängern der deutschen objektiven Schule durch die *Kölner Funktionenlehre*, welche beide Sichtweisen in einem Konzept integriert, überwunden schien (Matschke, 1975, 1979; Matschke et al., 2010; Matschke & Brösel, 2013, 2021), entflammt seit dem Aufkommen der angelsächsisch geprägten, finanzierungstheoretischen und damit marktwertorientierten Bewertungskonzeption (auch „angelsächsische Schule" Hering

(2004)) ein „neuer Objektivismusstreit“ Quill (2016). Die Fronten zwischen den beiden Denkschulen sind verhärtet, bisweilen wird emotional argumentiert. So vergleichen die Finanzierungstheoretiker (Aders & Schwetzler, 2018) die Haltung der Funktionalen Schule zu den Multiplikatorverfahren mit der Position der katholischen Kirche zur Empfängnisverhütung. (Schildbach, 2017) bezeichnet den objektiven Wert hingegen als „moderne Hydra“.

Die Denkschulen in der deutschsprachigen Theorie der Unternehmensbewertung lassen sich nach zwei gegensätzliche Theoriekonstruktionen gliedern. Beide haben ihre historischen Wurzeln in der Nationalökonomie. Auf Seiten der marktwertorientierten Bewertungskonzeption sehen sich die betriebswirtschaftlichen Vertreter in der Tradition der neoklassischen Arrow/Debreu-Welt (Hering, 2004; Quill, 2016). Hier dominiert ein Gleichgewichtsdenken, auf dessen Basis ein hypothetischer Marktwert ermittelt werden soll (Hering, 2021; Matschke & Brösel, 2013). Die Investitionstheorie, welche sich heute in der Funktionalen Schule manifestiert (auch „deutsche Schule“ Hering (2004)), fußt hingegen auf der Österreichischen Schule der Nationalökonomie und fundiert ihre Entscheidungsmodelle insbesondere durch die Wiener Grenznutzenschule (Hering, 2004; Olbrich et al., 2015, 2022; Quill, 2016). Obwohl sich ein wissenschaftlicher Erkenntnisprozess in den seltensten Fällen nach Mehrheiten richtet, kann die auf der Neoklassik basierende marktwertorientierte Bewertung derzeit als sogenannter „mainstream“ und die auf der Marginalanalyse fußende investitionstheoretische Bewertung als Mindermeinung eingestuft werden., was sich für das Schrifttum im deutschen Sprachraum auch empirisch zeigt (Follert, 2020b). Dies war allerdings bis zum Anfang der neunziger Jahre in Deutschland anders: Das investitionstheoretisch fundierte Kalkül dominierte sowohl in Theorie und Praxis. Erst in den Neunzigern setzte sich die kapitalmarkttheoretisch fundierte Bewertung nach und nach durch (Behringer, 2020). Zur Erklärung dieses Wandels wurden im Schrifttum Modelle entwickelt, die die zunehmende Verbreitung der marktwertorientierten Unternehmensbewertung in der Praxis und der Wissenschaft (Quill, 2016) sowie in der Rechtsprechung (Follert, 2020a, b) zu erklären versuchen. Diese Modelle basieren auf der Neuen Politischen Ökonomie im Allgemeinen und der Interessentheorie im Besonderen. Den Ansätzen ist gemein, dass sie insbesondere analysieren, welche Akteure ein Interesse an bestimmten Bewertungsmodellen hegen. Somit leisten sie einen Beitrag zu der Frage, wie es im historischen Verlauf zur Verbreitung der finanzierungstheoretischen Schule kommen konnte und die Funktionale Lehre als bewertungstheoretische Hauptströmung abgelöst wurde (Quill, 2016; Follert, 2020b).

Im Rahmen des vorliegenden Beitrags soll nun insbesondere der Frage nachgegangen werden, warum die derzeitige Konstellation hohe Stabilität aufweist, obwohl die Funktionale Schule in der Literatur zahlreiche Überzeugungsversuche vorgelegt hat, dass das investitionstheoretische Konzept für die Bewertung auf unvollkommenen (Kapital-)Märkten als zweckadäquat angesehen werden kann (stellvertretend für das jüngere Schrifttum seit Aufkommen der finanzierungstheoretischen Schule, siehe (Behringer, 2012; Brösel, 2002; Matschke et al., 2010; Hering, 2000a, b; Karami, 2014; Kintzel & Toll, 2021; Klingelhöfer, 2003, 2009; Matschke, 2013; Olbrich, 2005, 2014; Rapp et al., 2018; Schildbach, 2017, 2019; Toll, 2018; Toll & Kintzel, 2019)).

Der vorliegende Aufsatz thematisiert die individuellen Entscheidungskalküle der Anhänger der jeweiligen Denkschule und versucht einerseits zu erklären, warum sich

Wissenschaftler einer der Schulen anschließen und insbesondere, warum es nahezu keine „Aussteiger" gibt. Hierzu wird das allgemeine Modell von Follert und Daumann (Follert & Daumann, 2021) auf den Anwendungsfall der bewertungstheoretischen Forschung im deutschen Sprachraum übertragen. Damit wird ein weiterer Beitrag zum Verständnis des „neuen Objektivismusstreits" geleistet.

Der Beitrag folgt nachstehender Struktur: In Kapitel zwei wird der Eintritt in eine akademische Schule als Rationalwahl betrachtet und das Follert/Daumann-Modell in gebotener Kürze skizziert. Darauf aufbauend wird im dritten Kapitel untersucht, inwiefern Kosten und Nutzenerwägungen sowie verschiedene Präferenzen den Einstieg in eine bewertungstheoretische Schule motivieren können. Wie jede modelltheoretische Erklärung geht auch der hier vorgestellte Ansatz mit verschiedenen Limitationen einher, welche in Abschn. 3.4 thematisiert werden.

3.2 Der Eintritt in eine Denkschule als rationale Entscheidung

Wer die Ökonomik weniger anhand ihres Erfahrungsobjekts definiert, sondern sie als allgemeine, sozialwissenschaftliche Methode zur Analyse menschlichen Verhaltens, das auf einer – zumindest intuitiven – Abwägung der erwarteten Kosten sowie des prognostizierten Nutzens einer Entscheidung basiert (vgl. beispielsweise von Mises, 1998, S. 16, der von „expense and sucess" spricht), versteht, der kann auch Phänomene außerhalb des wirtschaftlichen Bereichs untersuchen (Becker, 1976; McKenzie & Tullock, 1981; Frey, 1990; Kirchgässner, 2013). Auch Wissenschaftler agieren auf einem Markt, in dem Wissen von Haushalten, Unternehmen und dem Staat nachgefragt wird, als Anbieter und positionieren sich gemäß ihren individuellen Nutzenfunktionen als „Unternehmer im Wissensmarkt" (Emrich & Thieme, 2017).

So ist es nur nachvollziehbar, auch die Zugehörigkeit zu einer akademischen Schule im Allgemeinen (Follert & Daumann, 2021) und einer bewertungstheoretischen Lehre im Besonderen anhand eines ökonomischen Kalküls zu untersuchen. Eine akademische Schule verstehen wir im Sinne Ludwik Flecks (Fleck, 1980 [1935], S. 54, im Original kursiv) als „Gemeinschaft der Menschen, die im Gedankenaustausch oder in gedanklicher Wechselwirkung stehen." Wenngleich die Schule als „Denkkollektiv" (Fleck, 1980 [1935], S. 53) auftritt, wird sie doch durch Handlungen von Individuen mit grundsätzlich subjektiven Präferenzen bestimmt. Selbstverständlich werden sich Wissenschaftler mit zumindest partiell ähnlichen Präferenzen einer selben Schule anschließen. Die hier vorgenommene Untersuchung fußt jedoch auf einem einzelwirtschaftlichen Kalkül, im Fokus steht der einzelne Wissenschaftler mit seinen Präferenzen, die wir als gegeben ansehen.

Um die Entscheidung für oder gegen eine akademische Schule zu analysieren, gehen wir wie in der ökonomischen Analyse von einem – zumindest intuitiven – Kosten-Nutzen-Vergleich aus (so auch (Iannaccone et al., 1997)). Aufbauend auf der Analyse von (Emrich & Pitsch, 2014) kann eine wissenschaftliche Gemeinschaft mit einer Glaubensgemeinschaft verglichen werden (hierzu ferner (Follert & Daumann, 2021)), weshalb der theoretische Rahmen der Religionsökonomik helfen kann, die Allokation von Wissenschaftlern zu den verschiedenen Schulen zu erörtern.

Die religionsökonomische Analyse von (Azzi & Ehrenberg, 1975) geht von drei zentralen Motiven aus, die die Handlung bestimmen, sich in einer solchen Gemeinschaft zu engagieren:

1. **Heilsmotiv** („salvation motive")
2. **Konsummotiv** („consumption motive")
3. **Soziales Druckmotiv** („social pressure motive")

Je nach Präferenzstruktur wird das eine oder andere Motiv stärker gewichtet. Wir gehen hier aus Gründen der Reduzierung von Komplexität von stilisierten Nutzenfunktionen aus. Das Heilsmotiv spiegelt übertragen auf den Wissenschaftsbetrieb ein intrinsisches Erkenntnisinteresse wider (Emrich & Pitsch, 2014; Follert & Daumann, 2021). Das Konsummotiv ist für Wissenschaftler von Belang, die primär einen Nutzen aus der Verwendung ihrer inhaltlichen Position anstreben, beispielsweise in Form lukrativer Beratungsaufträge (*monetärer Konsum*) oder in Form von Einladungen zu Podiumsdiskussionen, Herausgeberschaften etc. (*ideeller Konsum*). Von beidem wird abstrahiert, wenn das soziale Druckmotiv dominiert. Dies wäre bspw. der Fall, wenn sich ein Wissenschaftler aus Gründen des sozialen Drucks anschließt, bspw. weil sein Doktorvater einer Schule angehört und das persönliche Fortkommen des Wissenschaftlers durch einen Dissens mit seinem Lehrer gefährdet wäre. Wenngleich sich die Präferenzen insbesondere im wissenschaftlichen Lebenszyklus verändern werden (Follert et al., 2020), gehen wir hier gemäß der Einfachheit des ökonomischen Ansatzes im Folgenden von stabilen Präferenzen im Zeitablauf aus, um die Analyse auf die wichtigsten Punkte zu fokussieren. Während der Zugehörigkeit zu einer Denkschule kann sich dann Sozialkapital bilden, dass sich in gemeinsamen Normen der Denkschule, in Vertrauen und gemeinsamen Netzwerken zeigen kann. Damit wird auch der Abschluss von Verträgen begünstigt (Fukuyama, 2000). Insbesondere die Berufungspraxis im akademischen Betrieb führt dazu, dass diese positiven Wirkungen der Zugehörigkeit zu einer Denkschule besonders hoch zu gewichten sind.

Es kann von den folgenden stereotypen Nutzen- und Kostenbestandteilen ausgegangen wer-den, die die Entscheidung einer akademischen Schule beizutreten, determinieren:

- **Nutzen der Mitgliedschaft**: Dieser bestimmt sich danach, wie leicht man im Rahmen der Mitgliedschaft Sozialkapital aufbauen kann (Erkenntnis, Konsum, Reputation, Gemeinschaftsgefühl). Dabei sind auch die für Gruppenmitglieder verfügbaren Ressourcen bedeutsam, beispielsweise die Karrieremöglichkeiten, die bei einer Mitgliedschaft offenstehen.
- **Eintrittskosten**: Die Eintrittskosten werden durch die Barrieren zur Aufnahme in den Kreis der akademischen Schule determiniert. Diese hängen z. B. an dem Aufwand, der betrieben werden muss, um als Mitglied anerkannt zu werden. Bei akademischen

Schulen ist dies der zu bewältigende Corpus an einschlägiger Literatur, der Zugang zu Konferenzen oder die Lehre an Hochschulen.

- **Austrittskosten:** Bei einem Austritt ergeben sich bspw. durch Verlust sozialer Bindungen und Beziehungen, geringere Karrieremöglichkeiten oder auch durch aktive Konflikte, da verbliebene Mitglieder der akademischen Schule den Seitenwechsel nachtragen. Das durch den Nutzen der Mitgliedschaft aufgebaute Sozialkapital wird durch den Austritt vernichtet und kann durch Revanche sogar negativ werden.

Es ist ökonomisch leicht ersichtlich, dass bei der Entscheidung des Ein- und Austritts die Opportunitätskosten berücksichtigt werden müssen, da angenommen wird, dass kein Wissenschaftler Anhänger zweier Denkrichtungen sein kann. Die Opportunitätskosten ergeben sich aus dem entgangenen Nutzen, der durch die Beteiligung an einer anderen Denkrichtung generiert würde. Grundsätzlich ist hinsichtlich des Entscheidungszeitpunkts zu differenzieren. Bei Eintritt in eine Schule fallen die Eintrittskosten sofort an, während der Nutzen über die Dauer der Mitgliedschaft konsumiert und somit diskontiert wird. Hingegen sollten die Eintrittskosten, etwa die aufgewendete Zeit in das Literaturstudium, bei der Überlegung eines Austritts keine Rolle mehr spielen, da sie irreversibel sind und somit versunkene Kosten darstellen. Dies gilt insbesondere dann, wenn Qualifikationsarbeiten abgeschlossen sind, da die Machtasymmetrie dann tendenziell abnimmt. Wir gehen daher modellmäßig davon aus, dass die Entscheidung eines Austritts somit in hohem Masse durch die Austrittskosten und die Opportunitätskosten bestimmt.

3.3 Analyse am Beispiel des Neuen Objektivismusstreits in der Bewertungstheorie

In den vergangenen Abschnitten wurde das ökonomische Modell akademischer Schulen zunächst in seiner allgemeinen Form erläutert. Ein exemplarischer Streit zwischen zwei Denkschulen wird im deutschsprachigen Raum in der Unternehmensbewertung geführt (eingehend auch im Folgenden Quill (2016)). Der Konflikt ist dadurch gekennzeichnet, dass sich die finanzierungstheoretisch geprägte, angelsächsische Bewertungsschule, und die Funktionale Schule gegenüberstehen. In der Literatur wurde seitens letzterer oftmals darauf hingewiesen, dass sich finanzierungstheoretische Modelle mangels Berücksichtigung des individuellen Zielsystems und Entscheidungsfelds nicht zur Ermittlung von Grenzpreisen auf unvollkommenen Märkten eignen (etwa (Brösel et al., 2012a, b; Hering, 2000b; Hering et al., 2010; Klingelhöfer, 2006, 2009; Olbrich et al., 2015; Rapp et al., 2018; Toll, 2018)). Die funktionale Unternehmensbewertung hat ein Konzept entwickelt, dass beide Theorierichtungen vereint (stellvertretend (Matschke & Brösel, 2013, 2021)). Dennoch bleiben die Fronten zwischen den Lagern verhärtet. Hering (2004) weist darauf hin, dass der Wissenstransfer „eine[r] Einbahnstraße" gleicht. Eine Besonderheit des Schulenstreits ist, dass die finanzierungstheoretische Denkschule das Schrifttum (Follert, 2020b), die Bewertungspraxis Quill (2016) und auch die Rechtsprechung (Follert, 2020a, b) zahlenmäßig dominieret. Im Folgenden soll diese Schule daher als

„große Schule“ verstanden werden. Die Funktionale Schule hat weniger Anhänger und wird nur noch an wenigen Universitäten im deutschen Sprachraum vertreten Follert (2020b). Sie ist dem gegenüber als „kleine Schule“ zu verstehen. Die Zahl der Anhänger und die institutionelle Verankerung haben Einfluss auf das Entscheidungskalkül eines Wissenschaftlers, sich der einen und der anderen Schule anzuschließen. Im Folgenden sollen die Parameter des Entscheidungskalküls, die Eintrittskosten (a), der Nutzen aus der Mitgliedschaft (b) sowie die Austrittskosten (c) für die beiden konkurrierenden Schulen der Unternehmensbewertung analysiert werden. Die Kosten und Nutzenbestandteile werden hierzu mit den Präferenzen Heilsmotiv (1), Konsummotiv (2) sowie soziales Druckmotiv (3) kombiniert.

a. Hinsichtlich der Eintrittskosten ist zunächst festzustellen, dass die finanzierungstheoretische Unternehmensbewertung deutlich jünger ist als ihr Pendant (Quill, 2016; Behringer, 2020). Dies könnte bedeuten, dass es tendenziell weniger Literatur aufzuarbeiten gibt, um Zugang zum Kreis der Finanzierungstheoretiker zu erhalten. Zudem wird an der großen Mehrzahl der Universitäten in Deutschland die finanzierungstheoretische Bewertungsart an Studierende vermittelt, sodass die meisten angehenden Wissenschaftler bereits während ihres Studiums Kenntnisse über die wesentlichen Inhalte der Denkschule erlangen. Dies bedeutet im Umkehrschluss, dass die Einarbeitungskosten eines stereotypen Absolventen in die funktionale und damit investitions-theoretische geprägte Schule tendenziell höher sind. Da die Mehrzahl der Hochschul-lehrer für Betriebswirtschaftslehre im deutschen Sprachraum wohl der finanzierungs-theoretischen Schule angehören, bzw. dieser eher zugehörig fühlen, schmälert der Wissenschaftler, der der konkurrierenden Schule und damit der zahlenmäßigen Mindermeinung beitritt, seine Karriereperspektiven, sei es im Rahmen von Berufungs-verfahren oder im Kontext von Zeitschrifteneinreichungen. Diese Opportunitätskosten werden ebenso im Entscheidungskalkül eines Wissenschaftlers berücksichtigt. Dies erhöht tendenziell die Eintrittskosten für die Funktionale Schule. Die hohen Einarbeitungskosten werden eher solche Wissenschaftler auf sich nehmen, die ein inhaltliches Interesse und eine Überzeugung hinsichtlich der Zweckadäquanz eines Modells haben und somit das Heilsmotiv stark gewichten. Zudem werden solche Forscher die Kosten aufwenden, die aufgrund sozialen Drucks einer Schule angehören, etwa, weil sie eine akademische Tradition aufrechterhalten wollen oder in einer Schule bereits durch ihre akademische Ausbildung sozialisiert sind. Aufgrund der hohen Opportunitätskosten werden Akademiker mit einer Präferenz für Konsum davon absehen, diese Einarbeitungskosten zu erbringen. Hinzu kommt, dass die finanzierungstheoretisch geprägte Unternehmensbewertung, vielfach zu eindeutigeren Ergebnissen gelangt. Dies ist beispielsweise bei empirischen Arbeiten der Fall. Hier lässt sich mit Hilfe von Daten aus dem Kapitalmarkt überprüfen, ob Bewertungen den Marktwerten nahekommen oder nicht. Diese Möglichkeit ist bei der investitionstheoretischen Unternehmensbewertung per definitionem nicht gegeben. Es ist gerade die originäre Aufgabe der Investitionstheorie (hierzu ausführlich Hering (2017)) die ökonomische Vorteilhaftigkeit unsicherer Zahlungsströme auf Basis der individuellen Rahmenbedingungen und der subjektiven Zielvorstellungen des Bewertungssubjekts, zu beurteilen. Insofern ist das der Bewertung zugrundeliegende Kalkül für den Entscheidungsträger maßgeschneidert (vgl. u. a. Busse von Colbe, 1957; Matschke, 1972, 1975; Münstermann, 1966). Ziel ist somit nicht die Ermittlung eines hypothetischen Marktwertes, sondern eines individuellen Grenzpreises, der die Entscheidung des Bewertungsadressaten unterstützt, eine Transaktion mit dem Unternehmen durchzuführen oder zu unterlassen. Dies entzieht sich einer einfachen empirischen Untersuchung bereits daher, dass der Entscheidungswert Matschke (1972, 1975) nicht kommuniziert wird (etwa Sieben, 1983), und externe Betrachter lediglich den Einigungswert (stellvertretend Matschke, 1979), welcher sich jedoch regelmäßig zwischen den Entscheidungswerten der Parteien ergibt, erkennen können. Mit der Veränderung der Wirtschaftswissenschaften hin zu einer mehr und mehr empirischen Wissenschaft (vgl. z. B. Hamermesh, 2013) bringt die finanzierungstheoretische Denkschule erhebliche Vorteile insbesondere bei akademischen Qualifizierungsarbeiten. Hier eröffnen sich gerade für methodisch gut ausgebildete Wissenschaftler die Möglichkeit, einen pluralistischen Forschungsansatz zu verfolgen, der theoretische wie empirische Arbeiten gleichermaßen zulässt, wenngleich eine ex-post Untersuchung getätigter Transaktionen selbstverständlich aus Sicht der praktisch-normativen Entscheidungstheorie nur einen geringen Mehrwert genieren kann (siehe hierzu stellvertretend (Kußmaul et al., 2017; Küting et al., 2013)).

b. Hinsichtlich des zu erwartenden Nutzens einer Mitgliedschaft muss ein differenziertes Bild gezeichnet werden. Aufgrund der geringen Gruppengröße dürfte das Gemeinschafts- und Zugehörigkeitsgefühl in der Funktionalen Schule höher sein. Innerhalb des Kreises erfährt der Wissenschaftler Anerkennung und kann damit immateriellen Nutzen generieren. Der Nutzen der Zugehörigkeit zur finanzierungstheoretischen Bewertungsschule eröffnet hingegen bessere Karriereoptionen. Zum einen finden sich mehr Gleichgesinnte, die als Kooperationspartner im Rahmen der Forschung in Betracht kommen, was insbesondere bei empirischen Projekten von Vorteil ist (etwa Lohmann, 2012; Rapp et al., 2019). Zum anderen erwachsen hierdurch tendenziell bessere Chancen bei Zeitschriftenpublikationen, insbesondere im englischsprachigen Schrifttum (vgl. hierzu Rapp et al., 2019), bei der Vergabe von Fördermitteln und in Berufungsverfahren. Hier zahlt es sich mitunter aus, wenn Wissenschaftler die Position der wichtigsten Fachvertreter bestätigt und nur einzelne neue Aspekte einbringt (Straumann, 2021). Damit leistet man den notwendigen eigenen Forschungsbeitrag, bestätigt aber im Wesentlichen die Ansichten der Koryphäen, die auch die Entscheidungshoheit bei den einschlägigen Bewerbungsverfahren haben. Nicht zuletzt ergeben sich Erwerbspotentiale, aufgrund der weiten Verbreitung in der Unternehmenspraxis, was beispielsweise mit der hohen Standardisierung der Modelle begründet werden kann (Quill, 2016; Follert, 2020b). Emrich (2015) sowie Emrich und Pitsch (2014) bemerken, dass sich Forscher zunehmend an der Marktgängigkeit ihrer Ergebnisse orientieren, was mit der Analyse Quills Quill (2016) kompatibel ist, dass insbesondere im finanzierungstheoretischen Lager der enge Kontakt zur Bewertungspraxis gesucht wird. Diese Argumente sprechen bei konsumorientierten Wissenschaftlern für einen Eintritt in die Hauptströmungsschule der Finanzierungstheorie. Andererseits ist zu bemerken, dass das Gemeinschaftsgefühl in der zahlenmäßig kleineren investitionstheoretischen bzw. funktionalen Schule tendenziell stärker ausgeprägt sein dürfte, da sich die Mitglieder besser kennen und engere akademische Bande bestehen. Wissenschaftler, die also eine Präferenz für derartige Nutzenbestandteile hegen, werden sich eher in der kleineren Schule wiederfinden. Plausibel ist auch, dass bei Entscheidungen z. B. über Berufungen die kleinere Gruppe enger zusammenhält als die größere und methodisch heterogene Gruppe. Diesen Zusammenhang mit Bezug auf unkonventionelle und strenge religiöse Gemeinschaften postulierte auch (Iannaccone, 1992), der die positiven Externalitäten in diesen Gruppen durch das Engagement von anderen Sektenmitgliedern hervorhebt.

c. Die Austrittskosten können nicht losgelöst vom erwarteten Nutzen bei einem Wechsel in die andere Schule betrachtet werden. Zudem ist der Verzicht auf den Nutzen der „alten" Schule in Form von Opportunitätskosten zu berücksichtigen, je länger und erfolgreicher ein Forscher in seiner bisherigen Denkschule war, desto höher ist das bis dahin aufgebaute Sozialkapital, was mit einem Wechsel verloren geht. Daneben entstehen bei jedem Wechsel gewisse Reputations- und Glaubwürdigkeitsverluste. Allerdings dürften diese bei einem Wechsel von der Funktionalen Lehre in die finanzierungstheoretische Denkschule für einen Forscher mit starker Präferenz für (externen) Konsum durch den Nutzeneffekt überkompensiert werden, sodass die Gesamtnettobilanz positiv ausfällt. Dies ist für denselben Wissenschaftler bei einem Wechsel von der Hauptströmung zu einer zahlenmäßigen Mindermeinung jedoch nicht ohne weiteres gegeben, sodass die Austrittskosten für einen Finanzierungstheoretiker tendenziell höher sind als für einen Investitionstheoretiker. Die tendenziell höheren Austrittskosten für Wissenschaftler mit hoher Präferenz für aus der wissenschaftlichen Arbeit resultierenden Konsummöglichkeiten auf Seiten der finanzierungstheoretischen Schule können als Erklärungsansatz dafür zu Rate gezogen wer-den, dass es bislang keinen erkennbaren Wechsel eines ausgewiesenen Finanzierungstheoretikers in das Lager der Funktionalen Schule gab.

3.4 Einige Limitationen und abschließende Bemerkungen

Nimmt man die Präferenzfreiheit eines jeden Wissenschaftlers als gegeben an, käme es auf einem Markt für wissenschaftliche Schulen unter vollkommenen Bedingungen und Sicherheit zu einer effizienten Allokation der Wissenschaftler als Nachfrager zur für sie nutzenmaximierenden Schule als Anbieter. Es ist jedoch zweierlei zu berücksichtigen: Wie jede menschliche Entscheidung steht auch die Wahl einer akademischen Schule vor dem Problem der Unvollkommenheit. Diese bezieht sich einerseits auf die relevanten Informationen, die einem Wissenschaftler für seine Entscheidung zur Verfügung stehen und natürlich im Hinblick auf die Erwartung künftiger Umweltzustände. Insofern besteht

Unsicherheit über die Bewertung der Alternativen sowie die Wirkung der Entscheidungsvariablen, sodass ein schlechtstrukturiertes Entscheidungsproblem vorliegt (hierzu etwa Adam, 1983, 1996; Adam & Witte, 1979).

Bei der Interpretation der hier vorgelegten Analyse ist zudem zu beachten, dass die Entscheidung für oder gegen eines der beiden Lager zuvorderst ein individuelles Kalkül dar-stellt, welches durch die subjektive Präferenzordnung des jeweiligen Wissenschaftlers de-terminiert ist. Insbesondere sind die Motive abhängig vom Alter, der Sozialisation und dem Stand der beruflichen Karriere (hierzu Emrich & Pitsch, 2014). Zudem ist zu beachten, dass es in der Unternehmensbewertungsforschung nicht ausschließlich theoretische Extremposition existieren. Hering (2021, S. IX) ordnet die „aktuell verfügbaren [im Jahr 2014, d.V] Lehrbücher zur Unternehmensbewertung auf einer Skala von ‚strikt angelsächsische Schule‘ bis ‚deutsche Schule‘“ wie folgt: „Spremann, Drukarczyk, Ballwieser, Krag/Kasperzak, Mandl/Rabel, Matschke/Brösel“. Folglich gibt es durchaus Zwischenpositionen, die sich nicht eindeutig einem Paradigma subsumieren lassen. Derartige Grenzfälle betrachtet die vorliegende Analyse jedoch nicht. Im Fokus steht der (neue) Objektivismusstreit, welcher die wiss1enschaftliche Beschäftigung mit dem Sujet der Unternehmensbewertung prägt. Zudem wurde hier das ökonomische Rationalwahlmodell verwendet. Soziologische Aspekte innerhalb einer Schule, wie die asymmetrische Machtverteilung zwischen Lehrer und Schüler und daraus möglicherweise erwachsende Abhängigkeits- und Bindungswirkungen, wurden nur am Rande betrachtet (hierzu bereits Stichweh, 1999).

Die aufgezeigten Erkenntnisse zeigen jedoch deutlich, dass Wissenschaft nicht nur von der reinen Erkenntnisgewinnung abhängig ist. Nutzenüberlegungen fließen in das Kalkül jeden Wissenschaftlers ein und beeinflussen den wissenschaftlichen Fortschritt. Neben rein fachlichen Aspekten spielen individuelle und auch opportunistische Aspekte eine gewichtige Rolle spielen (so schon Fleck, 1980 [1935]).

Literatur

Adam, D. (1983). Planung in schlechtstrukturierten Entscheidungssituationen mit Hilfe heuristischer Vorgehensweisen. *Betriebswirtschaftliche Forschung und Praxis, 35*(6), 484–492.

Adam, D. (1996). *Planung und Entscheidung* (4. Aufl.). Gabler.

Adam, D., & Witte, T. (1979). Merkmale der Planung in gut- und schlechtstrukturierten Planungssituationen. *Das Wirtschaftsstudium, 8*(8), 380–386.

Aders, C., & Schwetzler, B. (2018). Liebe Leserinnen und Leser (Editorial). *Corporate Finance, 9*(3–4), M1.

Azzi, C., & Ehrenberg, R. (1975). Household allocation of time and Church attendance. *Journal of Political Economy, 83*(1), 27–56.

Backhaus, J., & Hansen, R. (2000). Methodenstreit in der Nationalökonomie. *Journal for General Philosophy of Science, 31*(2), 307–336.

Ballwieser, W. (2008). Der neue IDW S 1 (Editorial). *Die Wirtschaftsprüfung, 61*, 1.

Becker, G. S. (1976). *The economic approach to human behavior*. Chicago University Press.

Behringer, S. (2012). *Unternehmensbewertung der Mittel- und Kleinbetriebe* (5. Aufl.). Erich Schmidt.

Behringer, S. (2020). *Eine kurze Geschichte der Unternehmensbewertung: Die Entwicklung der Methoden und Implikationen für die Zukunft*. Springer Gabler.

Brockhoff, K. (2021). *Betriebswirtschaftslehre in Wissenschaft und Geschichte: Eine Skizze* (6. Aufl.). Springer Gabler.

Brösel, G. (2002). *Medienrechtsbewertung: Der Wert audiovisueller Medienrechte im dualen Rundfunksystem*. Gabler.

Brösel, G., & Toll, M. (2011). Die Finanzmarktkrise im Lichte der Unternehmensbewertung – Diagnose und Befundbericht im Hinblick auf die krankende „Königsdisziplin". *M&A Review, 22*, 257–263.

Brösel, G., Matschke, M. J., & Olbrich, M. (2012a). Valuation of entrepreneurial businesses. *International Journal of Entrepreneurial Venturing, 4*(3), 239–256.

Brösel, G., Toll, M., & Zimmermann, M. (2012b). Lessons learned from the financial crisis – Unveiling alternative approaches within valuation and accounting theory. *Financial Reporting, 4*(4), 87–107.

Busse von Colbe, W. (1957). *Der Zukunftserfolg*. Gabler.

Byrnes, D. (1971). *The attraction paradigm*. Academic Press.

Dilger, A. (2017). *Zur Stärkung wissenschaftlicher Kritik* [Diskussionspapier des Instituts für Organisationsökonomik 8/2017].

Emrich, E. (2015). Evaluation zwischen Angebot und Nachfrage. Vom Ethos der Forschung und dessen Wirkung auf Wissensmärkten. In V. Hennefeld (Hrsg.), *Nachhaltige Evaluation? Auftragsforschung zwischen Praxis und Wissenschaft. Festschrift zum 60. Geburtstag von Reinhard Stockmann* (S. 73–98). Waxmann.

Emrich, E., & Pitsch, W. (2014). Sportwissenschaft als Kirche der Vernunft und ihre Gläubigen – Die normativen Grundlagen wissenschaftlicher Rationalität. *Discussion Paper Nr. 10 of the European Institute for Socioeconomics*.

Emrich, E., & Thieme, L. (2017). Der Sportwissenschaftler als Unternehmer im Wissensmarkt. *German Journal of Exercise and Sport Research, 47*(1), 25–41.

Erlei, M., Leschke, M., & Sauerland, D. (2016). *Institutionenökonomik* (Bd. 3). Schäffer-Poeschel.

Fleck, L. (1980). *Entstehung und Entwicklung einer wissenschaftlichen Tatsache. Einführung in die Lehre vom Denkstil und Denkkollektiv*. Suhrkamp.

Follert, F. (2020a). Squeeze-out and business valuation in Germany – A law and economics analysis of judicial decision-making. *Accounting, Economics, and Law: A Convivium, 20200118*. https://doi.org/10.1515/ael-2020-0118

Follert, F. (2020b). *Zur Unternehmensbewertung im Spruchverfahren aus interessentheoretischer Sicht. Der aktienrechtliche Minderheitenausschluss im Lichte der Neuen Politischen Ökonomie*. Springer Gabler.

Follert, F., & Daumann, F. (2021). Faith struggles in science: Academic schools as religious sects. *Rationality and Society, 33*(4), 424–447.

Follert, F., Naumann, C., & Thieme, L. (2020). Between scientific publication and public perception: Some economic remarks on the allocation of time in science. *International Journal of Economics and Management Sciences, 9*(5), 1–7.

Frey, B. S. (1990). *Ökonomie ist Sozialwissenschaft. Die Anwendung der Ökonomie auf neue Gebiete*. Vahlen.

Fukuyama, F. (2000). Social capital and civil society. *IMF Working Paper (00/74)*.

Habermas, J. (1973). Wahrheitstheorien. In H. Fahrenbach (Hrsg.), *Wirklichkeit und Reflexion. Walter Schulz zum 60. Geburtstag* (S. 211–265). Neske.

Hamermesh, D. S. (2013). Six decades of top economics publishing: Who and how? *Journal of Economic Literature, 51*(1), 162–172.

Hering, T. (2000a). Das allgemeine Zustands-Grenzpreismodell zur Bewertung von Unternehmen und anderen unsicheren Zahlungsströmen. In *Die Betriebswirtschaft: DBW, 60*(3), 362–278.

Hering, T. (2000b). Konzeptionen der Unternehmensbewertung und ihre Eignung für mittelständische Unternehmen. *Betriebswirtschaftliche Forschung und Praxis, 52*(5), 433–453.

Hering, T. (2004). Quo vadis Bewertungstheorie? In T. Burkhardt, J. Körnert, & U. Walther (Hrsg.), *Banken, Finanzierung und Unternehmensführung. Festschrift für Karl Lohmann* (S. 105–122). Duncker & Humblot.

Hering, T. (2017). *Investitionstheorie*. De Gruyter Oldenbourg.

Hering, T. (2021). *Unternehmensbewertung*. De Gruyter Oldenbourg.

Hering, T., Olbrich, M., & Rollberg, R. (2010). Zur angelsächsischen Bewertungstheorie als Mitursache der Finanzkrise. In F. Keuper & F. Neumann (Hrsg.), *Corporate Governance, Risk Management und Compliance: Innovative Konzepte und Strategien* (S. 29–43).

Iannaccone, L. R. (1992). Sacrifice and stigma: Reducing free-riding in cults, communes, and other collectives. *Journal of Political Economy, 100*(2), 271–291.

Iannaccone, L. R., Finke, R., & Stark, R. (1997). Deregulating religion: The economics of church and state. *Economic Inquiry, 35*(2), 350–364.

Kant, I. (1781). *Kritik der reinen Vernunft*. Hartknoch.

Karami, B. (2014). *Unternehmensbewertung in Spruchverfahren beim „Squeeze out". Der Zeitaspekt in Gesetz, Rechtsprechung und Gutachterpraxis aus funktionaler Sicht*. Springer Gabler.

Kintzel, O., & Toll, C. (2021). Company valuation and the nonlinear state marginal price vector model under agency conflicts. *Central European Journal of Operations Research*.

Kirchgässner, G. (2013). *Homo oeconomicus* (4. Aufl.). Mohr Siebeck.

Klein-Blenkers, F. (1992). *Gesamtübersicht über die Hochschullehrer der Betriebswirtschaft in der Zeit von 1889–1955* (2. Aufl.). Bachem.

Klingelhöfer, H. E. (2003). Investitionsbewertung auf unvollkommenen Kapitalmärkten unter Unsicherheit. *Betriebswirtschaftliche Forschung und Praxis, 55*(3), 279–305.

Klingelhöfer, H. E. (2006). Wertorientertes Controlling auf der Grundlage von Werten nach IAS 36? : Das Konzept zahlungsmittelgenerierender Einheiten und ihrer Nutzungswerte nach IAS 36 aus Sicht des wertorientierten Controllings, zugleich Stellungnahme zu den Beiträgen von Andreas Haaker, KoR 2005, 351, KoR 2006, 44 und Michael Olbrich, KoR 2006, 43. In A. Haaker & M. Olbrich (Hrsg.), *KoR: internationale und kapitalmarktorientierte Rechnungslegung; IFRS, 6*(10), 590–597.

Klingelhöfer, H. E. (2009). Investments in EOP-technologies and emissions trading – Results from a linear programming approach and sensitivity analysis. In *European Journal of Operational Research, 196*(1), 370–383.

Kußmaul, H., Bieg, H., Weber, C.-P., Waschbusch, G., Baumeister, A., Wegener, W., Olbrich, M., Knobloch, A. P., Schäfer, R., & Tcherveniachki, V. (2017). Normative theorie- und praxisbezogene Betriebswirtschaftslehre – Methoden-pluralismus am Beispiel der Betriebswirtschaftlichen Steuerlehre und der Rechnungslegung. *Der Betrieb, 70*, 1337–1343.

Küting, K., Kußmaul, H., Bieg, H., Weber, C.-P., Waschbusch, G., Baumeister, A., Wegener, W., Olbrich, M., & Knobloch, A. P. (2013). Saarbrücker Plädoyer für eine normative theorie- und praxisbezogene Betriebswirtschaftslehre. *Der Betrieb, 66*, 2097–2099.

Lohmann, C. (2012). Die Entwicklung der Publikationstätigkeit in der ZfB. *Zeitschrift für Betriebswirtschaft, 82*(3), 305–325.

Louzek, M. (2011). The battle of methods in economics: The classical methodenstreit – Menger vs. Schmoller. *American Journal of Economics and Sociology, 70*(2), 439–463.

Matschke, M. J. (1972). Der Gesamtwert der Unternehmung als Entscheidungswert. *Betriebswirtschaftliche Forschung und Praxis, 28*(3), 517–524.

Matschke, M. J. (1975). *Der Entscheidungswert der Unternehmung*. Gabler.

Matschke, M. J. (1979). *Funktionale Unternehmungsbewertung. Band II: Der Arbitriumwert der Unternehmung*. Gabler.

Matschke, M. J. (2013). Referenzmodelle zur Bestimmung der angemessenen Abfindung von Minderheitskapitalgesellschaftern – Günter Sieben zum 80. Geburtstag. *Betriebswirtschaftliche Forschung und Praxis, 65*(1), 14–54.

Matschke, M. J., & Brösel, G. (2013). *Unternehmensbewertung* (4. Aufl.). Springer Gabler.

Matschke, M. J., & Brösel, G. (2021). *Business valuation*. UKV.

Matschke, M. J., Brösel, G., & Matschke, X. (2010). Fundamentals of functional business valuation. *Journal of Business Valuation and Economic Loss Analysis, 5*(1).

McKenzie, R. B., & Tullock, G. (1981). *The new world of economics. Explorations into the human experience* (3. Aufl.). Irwin.

von Mises, L. (1998). *Human action. A treatise on economics* (The scholar's edition). Ludwig von Mises Institute.

Moxter, A. (1957). *Methodologische Grundlagen der Betriebswirtschaftslehre*. Gabler.

Münstermann, H. (1966). *Wert und Bewertung der Unternehmung*. Gabler.

Olbrich, M. (2005). Zur Unternehmensbewertung bei Scheidung des Unternehmers. *Die Betriebswirtschaft, 65*(4), 411–426.

Olbrich, M. (2014). *Unternehmungsnachfolge durch Unternehmungsverkauf* (2. Aufl.). Springer Gabler.

Olbrich, M., Quill, T., & Rapp, J., D. (2015). Business valuation inspired by the Austrian School. *Journal of Business Valuation and Economic Loss Analysis, 10*(1), 1–43.

Olbrich, M., Rapp, D. J., & Follert, F. (2022). Eugen Schmalenbach, Austrian economics, and German business economics. *The Review of Austrian Economics, 35*, 205–233.

Quill, T. (2016). *Interessengeleitete Unternehmensbewertung. Ein ökonomisch-soziologischer Zugang zu einem neuen Objektivismusstreit*. Springer Gabler.

Rapp, D. J., Haßlinger, M., & Olbrich, M. (2018). Investments as key entrepreneurial action: The case of financially distressed target companies. *International Journal of Entrepreneurial Venturing, 10*(5), 558–580.

Rapp, D. J., Olbrich, M., & Follert, F. (2019). Zur Internationalisierung der Rechnungswesenforschung im deutschen Sprachraum – eine Analyse von AAA- und EAA-Jahreskonferenzen 1998–2015. *Schmalenbachs Zeitschrift für betriebswirtschaftliche Forschung, 71*(1), 79–105.

Rieger, W. (1964). *Einführung in die Privatwirtschaftslehre* (3. Aufl.). Palm & Enke.

Rieger, W. (1968). Rieger in seinen Briefen. In J. Fettel (Hrsg.), *Wilhelm Rieger: Erinnerungen und Dokumente aus 50 Jahren seines Wirkens. Zur Vollen-dung seines 90. Lebensjahres überreicht von der Wilhelm-Rieger-Gesellschaft e.V* (S. 115–146). Wilhelm-Rieger-Gesellschaft.

Schanz, G. (2014). *Eine kurze Geschichte der Betriebswirtschaftslehre*. UKV.

Schildbach, T. (2017). Der objektive Unternehmenswert: Ein Phantom als moderne Hydra. *Betriebswirtschaftliche Forschung und Praxis, 69*(3), 257–274.

Schildbach, T. (2019). Wirtschaftswissenschaften im Bann von Wahn-Frieden und drohender Götterdämmerung. *Betriebswirtschaftliche Forschung und Praxis, 71*(3), 263–274.

Schneider, D. (1981). *Geschichte betriebswirtschaftlicher Theorie*. Oldenbourg.

Sieben, G. (1983). Funktionen der Bewertung ganzer Unternehmen und von Unternehmensanteilen. *Das Wirtschaftsstudium, 12*(12), 539–542.

Stichweh, R. (1999). Zur Soziologie wissenschaftlicher Schulen. In W. Bleek & H. H. Lietzmann (Hrsg.), *Schulen der deutschen Politikwissenschaft* (S. 19–32). Leske+Budrich.

Straumann, T. (2021). Wie wissenschaftlich können die Wirtschaftswissenschaften sein? *Die Unternehmung – Swiss Journal of Business Research and Practice, 75*(2), 167–174.

Toll, C. (2018). Zur Bewertung einer Unternehmensspaltung aus Sicht der Anteilseigner des zu spaltenden Unternehmens. *Schmalenbachs Zeitschrift für betriebswirtschaftliche Forschung, 70*(1), 155–204.

Toll, C., & Kintzel, O. (2019). A nonlinear state marginal price vector model for the task of business valuation. A case study: The dimensioning of IT-service companies under nonlinear synergy effects. *Central European Journal of Operations Research, 27*(4), 1079–1105.

Williamson, O. E. (1971). The vertical integration of production: Market failure considerations. *The American Economic Review, 61*(2), 112–123. JSTOR.

Williamson, O. E. (1979). Transaction-cost economics: The governance of contractual relations. *The Journal of Law and Economics, 22*(2), 233–261.

Williamson, O. E. (1981). The economics of organization: The transaction cost approach. *American Journal of Sociology, 87*(3), 548–577. JSTOR.

Wolf, J., Rohn, A., & Macharzina, K. (2005). Institution und Forschungsproduktivität – Befunde und Interpretationen aus der deutschsprachigen Betriebswirtschaftslehre. *Die Betriebswirtschaft, 65*(1), 62–77.

4 Unternehmensbewertung im Nationalsozialismus – unter besonderer Berücksichtigung der sogenannten „Arisierung" der deutschen Wirtschaft

Regine Buchheim

Es gibt kein Einkommen, keinen Gewinn, kein Vermögen, keinen Umsatz im nationalsozialistischen oder sonst im ideologischen Sinne. (Klaus Tipke)

4.1 Entstehung der Betriebswirtschaftslehre als Wissenschaft

4.1.1 Gründung erster Handelshochschulen um die Jahrhundertwende

Im Allgemeinen wird die Entstehung der Betriebswirtschaftslehre in Deutschland auf die Gründung der ersten Handelshochschulen im Jahr 1898 datiert (Nicklisch, 1938, Sp. 934; Wöhe et al., 2020, S. 13). Auf Initiative bspw. der Handelskammer Leipzig etablierte sich gegen den massiven Widerstand der Universitäten eine akademische Lehre, die den seit der Gründerzeit erheblich gestiegenen Bedarf nach kaufmännisch ausgebildeten Führungskräften decken sollte. Im Zentrum standen kaufmännische Techniken der Buchhaltung, Bilanzierung und Kalkulation sowie Rechtskenntnisse des 1900 in Kraft getretenen HGB und BGB.

1903 wird mit J. F. Schär der erste Professor für Betriebswirtschaftslehre im deutschsprachigen Raum an die Universität (Zürich) berufen, es folgen rasch Umwandlungen von Handelshochschulen in Universitäten oder die Verleihung des Promotionsrechts an

R. Buchheim (✉)
Internationale Rechnungslegung, Hochschule für Technik und Wirtschaft, Berlin, Deutschland
E-Mail: Regine.Buchheim@HTW-Berlin.de

S. Behringer, F. Follert (Hrsg.), *Unternehmensbewertung und ökonomische Analyse*,
https://doi.org/10.1007/978-3-658-40235-8_4

Handelshochschulen wie jene in Berlin. 1906 begründet der Kölner Professor Eugen Schmalenbach, der das Fachgebiet maßgebend prägen wird und dessen Namen heute der bedeutendste betriebswirtschaftliche Verein in Deutschland trägt, die erste wissenschaftliche Fachzeitschrift. 1912 erscheint von Heinrich Nicklisch, zu dieser Zeit Professor an der Handelshochschule Mannheim, das erste systematische Werk zur BWL, zunächst unter dem Titel „Allgemeine kaufmännische Betriebslehre als Privatwirtschaftslehre des Handels und der Industrie", ab der 7. Auflage 1928 mit dem Titel „Die Betriebswirtschaft".

4.1.2 Weimarer Republik: die Wissenschaft BWL entsteht

Der Betriebswirtschaftslehre gelingt die Etablierung und Anerkennung als Wissenschaft dennoch erst in der ersten Hälfte der 1920er-Jahren, also nach dem Ersten Weltkrieg (Schneider, 2001, S. 201). Dabei fand die theoretische Fundierung zunächst fast ausschließlich auf dem Gebiet des Rechnungswesens statt (Franz, 1998, S. 93). Fritz Schmidt entwirft mit seiner organischen Bilanz eine Messtheorie für den quellenmäßigen Reinertrag bei starken Preis- und Geldwertänderungen, während Schmalenbach eine inflationsbereinigte Rechnungslegung, die Selbstkostenrechnung und Preispolitik entwickelt (Schneider, 2001, S. 201).

Den Titel seiner „Privatwirtschaftslehre" wählt Nicklisch keineswegs zufällig, sondern will sich damit von Vorwürfen gegen den jungen Wissenschaftszweig abgrenzen, sie vertrete eine reine „Profitlehre". Betriebe sind in seiner Theorie „Sozialgebilde", die in einen „betrieblichen Wertkreislauf" eingebunden sind, er unterscheidet vier Kreisläufe und differenziert den Ertragserzielungs- vom Ertragsverteilungsprozess. Die Ertragserzielung entspricht dem Produktionsprozess aus den Elementen Arbeit, Vermögen und Kapital, die er tiefgreifend untersucht (Bardmann, 2019, S. 50–52). Der anschließende Ertragsverteilungsprozess verteilt diesen auf die Leistungsträger Leitende Arbeit, Ausführende Arbeit und Kapitalgeber; der Lohn ist demnach kein Kostenfaktor, sondern Gewinnvorab und soll entsprechend auch nicht so gering wie möglich gehalten werden.

Nicklisch lehrt ab 1921 an der Handelshochschule Berlin und gibt 1926 erstmals das zweibändige Handwörterbuch der Betriebswirtschaftslehre heraus. Nicklisch war nachdrücklicher Vertreter einer ethisch-normativen Betriebswirtschaftslehre. Unter Berufung auf Schmalenbach sieht er das Ziel der BWL nicht darin zu zeigen, wie der Kaufmann am meisten Geld verdient, sondern dass er „nach Grundsatze des wirtschaftlichen Optimums im Sinne der Gesamtheit" seine Aufgabe erfüllt (Nicklisch, 1938, Sp. 952 f.).

Schmalenbachs Lebenswerk wird jedoch heute der praktisch-normativen BWL zugeordnet (Wöhe et al., 2020, S. 11; anderer Ansicht Schneider, 2001, S. 211), die kein absolutes (ethisches) Werturteil formuliert, sondern lediglich unter Annahme der langfristigen Gewinnmaximierung die Instrumente zur Erreichung dieses Ziels bewertet. Das unterstellte unternehmerische Ziel wird dabei nicht bewertet oder beurteilt.

Obwohl die ethisch-normative Schule in Nicklisch einen starken Vertreter hatte, blieb sie in einer Minderheitenposition und verlor in den 1920er-Jahren an Einfluss.

Schmalenbach spottete 1924 über den idealistischen Überschwang seines Kollegen: „Nicklisch liebt ein wenig die Pose und schwankt, ob nun Faust, Mephisto oder Jesus Christus der richtige ist." (zitiert nach Krug bei (Franz, 1998, S. 92)). Nicklisch kommt jedoch unter seinen rund zwei Dutzend Kollegen „für die Organisation des Wissenschaftsbetriebs das größte Verdienst" jener Zeit zu (Schneider, 2001, S. 210).

Auch Schmalenbach bekannte sich zum Ideal der Gemeinwirtschaftlichkeit: Ihm gehe es nicht um die Ermittlung der Unternehmerprofite, sondern um die Messung der gemeinwirtschaftlichen Leistung der Unternehmen; unter Gemeinwirtschaft verstand Schmalenbach dabei eine am Ziel der Bedarfsdeckung orientierte Wirtschaft (Franz, 1998, S. 87). Das Streben nach Verbesserung der innerbetrieblichen Wirtschaftlichkeit und die Organisation des Rechnungswesens prägen die Betriebswirtschaftslehre bis heute (Schneider, 2001, S. 213, 215). Nach Schmalenbach soll betriebswirtschaftliche Forschung so betrieben werden, dass ihre Ergebnisse in der Unternehmenspraxis angewandt werden können (Bardmann, 2019, S. 53).

Die Unterschiede beider Strömungen, die auf das in vielen Wissenschaften seit Jahrzehnten diskutierte und ungelöste Werturteilsproblem zurückgehen (dazu ausführlich Schneider (2001, S. 196 ff.)), lassen sich für die BWL wie folgt grob in Abb. 4.1 kontrastieren:

Noch deutlicher als Schmalenbach fokussiert Wilhelm Rieger mit seiner Einführung in die Privatwirtschaftslehre 1928 auf die Schaffung einer reinen Wissenschaft: Er sieht die Aufgabe der BWL ausschließlich in der Beschreibung und Erklärung des wirtschaftlichen Seins: „[w]ir haben zu sagen, wie es ist, nicht wie wir möchten, dass es wäre." (Bardmann, 2019, S. 42) Damit wendet er sich gegen eine ethisch-normativ ausgerichtete Betriebswirtschaftslehre, wie Nicklisch sie vertrat. Anders auch als Schmalenbachs Betriebswirtschaftslehre will Rieger keine Anleitung zum praktischen Handeln geben, er überlässt es vielmehr ganz den Studierenden, was sie mit der gewonnenen Einsicht machen wollen. Für Rieger sind Unternehmen Geldfabriken und streben, bezogen auf das eingesetzte Kapital, nach Gewinn. Einzelwirtschaftliche Rentabilität ist sein Untersuchungsgegenstand.

Ethisch-normative BWL	**Praktisch-normative BWL**
Primäre Werturteile, d. h. Bewertung der Ziele auf sozial-philosophischer Basis	Sekundäre Werturteile, d. h. Bewertung der Mittel zur Erreichung des gegebenen Ziels
Beispiele: Gewinnmaximierung ist unmoralisch, Gemeinnutz geht vor Eigennutz	Beispiele: Gewinnmaximierung erfordert Wirtschaftlichkeitskontrolle
Verhaltenswissenschaftlich fundierte BWL	Wirtschaftstheoretisch fundierte BWL
Stakeholder-Ansatz	Shareholder-Ansatz
Unternehmensziel ist Gemeinwohlmaximierung (ökonomisch, sozial, ökologisch)	Langfristige Gewinnmaximierung als Eigennutz-Optimierung

Abb. 4.1 Wissenschaftsprogramme der Betriebswirtschaftslehre (in Anlehnung an (Wöhe et al., 2020, S. 11–12)

4.1.3 Machtübernahme der Nationalsozialisten und Betriebswirtschaftslehre

Bei Machtübernahme der Nationalsozialisten sind 54 Professoren der Betriebswirtschaftslehre im Deutschen Reich (ohne Österreich) tätig, ihre Anzahl wird bis 1945 auf 69 steigen (Mantel, 2009, S. 61). Die meisten waren in der Weimarer Zeit republikfreundlich, nun aber arrangiert sich das Gros schnell mit dem Regime und stützt dieses zumindest indirekt (Mantel, 2010, S. 156).

Nicklisch richtet schon 1933 einen „Aufruf an die Betriebswirtschafter, dem Führer des neuen Deutschlands alle ihre Kräfte zur Verfügung zu stellen, die Ziele ihrer Forschung nach den Bedürfnissen der politischen Gestaltung zu setzen und in erster Linie die für diese maßgebenden Zusammenhänge klärend zu helfen" (Nicklisch, 1933, S. 173). Seine ethisch-normative Schule, deren Gedanken er aber weit vor und unabhängig vom Nationalsozialismus entwickelt hatte, erfährt eine starke Aufwertung. Dabei erfüllt Nicklisch jedoch eher eine ideologische Alibifunktion, denn auf der fachlichen Ebene sind die bilanz- und kostentheoretischen Arbeiten Schmalenbachs, der seinen Lehrstuhl in Köln aufgab und später wegen seiner Ehe mit einer Jüdin verfolgt wurde, weiterhin von wesentlich größerem Einfluss (Franz, 1998, S. 92).

Was in der Betriebswirtschaftslehre vor 1933 noch eher ethisch-normative *Theorie* war, kann *nach* 1933 durchaus auf viele Institutionalisierungen dieser Ideen und damit auf eine zunehmende Verankerung in der nationalsozialistischen Wirklichkeit verweisen: die Selbstverwaltung der Wirtschaft, Kartellbildung und regulierender Staat, Preisregulierung und Betriebsvergleiche (Hundt, 2005, S. 13). Die normative Betriebswirtschaftslehre war realistisch geworden, zu ihren Vertretern gehörten neben Heinrich Nicklisch bspw. auch Martin Lohmann. Entgegen dem Rentabilitätsstreben des Liberalismus soll das Ziel der organischen Wirtschaft die bestmögliche Bedarfsdeckung der Volksgenossen sein; dazu gelten für alle Unternehmen die drei folgenden Grundsätze: verantwortliche Führung, Gemeinnutz geht vor Eigennutz und gemeinnützige Wirtschaftlichkeit (Weyershaus, 2007, S. 131).

Als Nationalsozialist tritt besonders Walter Thoms hervor (Schneider, 2001, S. 231), der neben einem Fachaufsatz zu seiner „Nationalsozialistischen Betriebswirtschaftslehre" 1938 später in seinem Lehrbuch zur BWL konstatiert: „Die international-liberal-kapitalistische Wirtschafts- und Betriebsordnung ist durch eine rassisch-völkisch-politisch bestimmte Arbeitsordnung des deutschen Volkes vollständig abzulösen. Die Betriebswirtschaftslehre ist einer der Wissenschaftszweige, die sehr eindrucksvoll den Nachweis führen kann, wie grundlegend für Wissenschaft und Wirklichkeit der Wandel durch die nationalsozialistische Weltanschauung ist." (Thoms, 1944, S. 9). Seine auch „organisch" genannte BWL befasst sich mit der Betriebsorganisation: „In der Gestalt des Betriebes zeigt sich der Grad der Verwirklichung des rassebedingten Arbeitsethos'! Die Ehre und Freiheit der Arbeit sind die Kernstücke der deutschen Arbeitsidee." (Thoms, 1938, S. 247).

Sein Versuch, eine nationalsozialistische BWL zu etablieren scheitert aber, denn letztlich sind auch in dieser Zeit nicht ideologische Protagonisten, sondern zweckrationale Experten gefragt. (Mantel, 2009, S. 69)

4.1.4 Fortschritte der BWL im Nationalsozialismus?

Eine sich allerdings schon vor 1933 abzeichnende Tendenz geringer Auslandskontakte der Wissenschaftler wurde im Dritten Reich manifestiert: Die Entwicklung der deutschen BWL war bis 1945 weitgehend isoliert von internationalen theoretischen Einflüssen (Brockhoff, 2021, S. 183 m. w. N.).

Welche Bedeutung der Nationalsozialismus für die BWL hatte, wird von den wenigen Fachvertretern, die sich überhaupt dieser Frage gewidmet haben, sehr unterschiedlich beurteilt (Franz, 1998, S. 104): Sönke Hundt sieht die Zeit als zentral für die Theorieentwicklung des Fachs, indem das betriebswirtschaftliche Paradigma des Wirtschaftlichkeits-Normativismus erst in dieser Zeit zu seiner reinsten Ausprägung gefunden habe (Hundt, 2005, S. 14). Dieter Schneider sieht die Zeit als nutzlos, gar als „Schädigung betriebswirtschaftlicher Forschung neben den menschlichen Tragödien durch Verfolgung und Vertreibung“ (Schneider, 2001, S. 235).

Die BWL machte im Dritten Reich kaum noch methodische Fortschritte, profitierte aber letztlich erheblich von der nationalsozialistischen Wirtschaftspolitik: Die planwirtschaftlichen Elemente der NS-Wirtschaftsverfassung, insbesondere mit Schaffung der Vierjahresplan-Behörde unter Leitung von Hermann Göring ab 1936, verlangten „eine genaue Erfassung der Kostenstrukturen der Unternehmen – und die BWL hatte mit der Kostenrechnung das dafür geeignete Instrumentarium anzubieten“ (Mantel, 2010, S. 159).

So wurden bspw. am 15.11.1938 die Leitsätze für die Preisermittlung auf Grund der Selbstkosten bei Leistungen für öffentliche Auftraggeber erlassen. Damit wurde der Wirtschaftspraxis ein Betriebsabrechnungsbogen vorgeschrieben, der die Selbstkosten nach Kostenart und -stellen je Kostenträger (Lieferung des Auftrags) dokumentierte (Weyershaus, 2007, S. 179). Die gelenkte Wirtschaft erforderte eine staatliche Preisbildung, -überwachung und -prüfung, die entsprechend die Betriebswirte mit Kalkulationen forderte (Mellerowicz, 1944, S. 94) und die Nachfrage nach akademisch geschultem Personal massiv erhöhte.

Ein weiteres Beispiel ist die Verordnung über die Begrenzung von Gewinnausschüttungen vom 12.04.1941, die Aktiengesellschaften nur noch eine Dividende von max. 6 % des eingezahlten Kapitals erlaubte und die Einhaltung dieser Vorgabe prüfungspflichtig durch den Abschlussprüfer machte.

So überrascht es wenig, dass sich in den drei bedeutendsten Fachzeitschriften der BWL in der Zeit 1933 bis Kriegsende die meisten Publikationen mit Fragen des Rechnungswesens, der Bilanzierung und der Kostenrechnung beschäftigen; auch Fragen der Steuerlehre, der Bewertung, der Revision und der Wirtschaftsprüfung nehmen einen erheblichen Raum ein: Zusammen sind es etwa 35 % aller Aufsätze (Brockhoff, 2021, S. 185).

4.2 Unternehmensbewertung zur Zeit des Nationalsozialismus

4.2.1 Unternehmensbewertung als Randthema der BWL

Das Stichwort „Unternehmensbewertung" hat im von Nicklisch 1938/1939 herausgegebenen zweibändigen Handwörterbuch der BWL keinen Eintrag, nur die Begriffe „Wert" oder „Unternehmensvergleich". Auch die Allgemeine Betriebswirtschaftslehre (ABWL) von Thoms 1944 enthält nur den Begriff „Betriebsvergleich" (S. 171), z. B. im alljährlichen „Leistungskampf der deutschen Betriebe", um als nationalsozialistische Musterbetriebe mit dem „Gaudiplom für hervorragende Leistungen" ausgezeichnet zu werden. Kennzahlen dieser Betriebsvergleiche sind entsprechend seiner völkischen BWL auch der Gesundheitszustand der Betriebsgemeinschaft, Eheschließungen und Kinderzahl, Wohnweise und Siedlungstätigkeit.

Mellerowicz (1944) führt ebenfalls den Begriff Unternehmensbewertung nicht an, und umreißt als Unterpunkt der Werte für die Produktionsgestaltung den „Wert der Unternehmung als Ganzes" in wenigen Zeilen:

> „Der Wert der Unternehmung als Ganzes wird aus einem Wert zwischen „den beiden wichtigen Hilfswerten: Reproduktionskostenwert und Ertragswert errechnet. In ihm ist der immaterielle Geschäftswert enthalten, das Mehr an Wert einer Unternehmung über das reine Sachvermögen (Teilproduktionskostenwert). Ziffernmäßig ist er die Differenz zwischen dem Teilreproduktionskostenwert und dem Wert der Unternehmung als Ganzes. Der Wert der Unternehmung als Wirtschaftseinheit besitzt seine natürliche Grundlage im Ertragswert, seine Korrektur im Reproduktionskostenwert. Die Praxis nimmt einen Wert zwischen beiden an, der je nach der Marktlage näher an dem einen oder dem anderen liegen kann." (S. 86)

Lohmann führt in seiner ABWL zum Thema Vollfusion, insbesondere der Verschmelzung, aus: „Wichtig ist dabei die Einigung über das Umtauschverhältnis, die in starkem Maße eine Machtfrage bedeutet, im Übrigen etwa den Börsenkurs und eine Umwandlungsbilanz nach einheitlichen Bewertungsrichtlinien als Grundlage hat." (Lohmann, 1936, S. 166)

Ausführlicher geht der habilitierte Wirtschaftsprüfer Paul Gerstner in seinem sehr erfolgreichen Werk „Bilanz-Analyse" auf die Bewertung ganzer Unternehmen und von Geschäftsanteilen ein (Gerstner, 1944, S. 338–353): Er beschreibt die seinerzeit übliche Vielfalt von Fachleuten wie Technikern, Ingenieuren, Architekten, Versicherungsmaklern oder Branchensachverständigen, die zur Schätzung des Werts eines Unternehmung herangezogen werden. Anekdotisch berichtet er Praxisfälle und diskutiert als wesentliche Techniken der Bewertung die Schätzung des Sachwerts durch Fachleute, den Ertragswert und die Überprüfung der Buchwerte auf die tatsächlichen Verhältnisse, mindestens für die drei zurückliegenden Jahre, um solide Grundlagen, insbesondere für die Berechnung des Ertragswerts zu erhalten. Für die Schätz- und Ertragswerte verweist er auf Schmalenbach (Gerstner, 1944, S. 345 f.).

4.2.2 Die Unternehmensbewertung bei Eugen Schmalenbach

Schon 1932 teilt Schmalenbach sein bereits in 5. Auflage erscheinendes Werk „Finanzierungen“ erstmals in zwei Bände und widmet sich im ersten Band der Beteiligungsfinanzierung. Zunächst unterstreicht er anhand zahlreicher Praxisbeispiele missglückter Transaktionen in der deutschen Automobil- oder Stahlindustrie die Bedeutung der sorgfältigen Prüfung des Finanzierungsgegenstandes: „Wenn ich die Macht dazu hätte, würde ich die leichtfertige und grob fahrlässige Kapitalvernichtung zu einem Delikt des Strafprozessbuches machen.“ (S. 25) Es folgt auf 35 Seiten eine detailreiche Diskussion der geeigneten Werte zur Bewertung einer Unternehmung als Ganzes, die angesichts der sonstigen Vernachlässigung dieser Thematik in anderen Werken der BWL überrascht. Geradezu leidenschaftlich unterstreicht Schmalenbach die Abhängigkeit des Unternehmenswerts von den zukünftigen Erträgen und beklagt, dass in großer Zahl die Schätzungstechnik weiterhin auf Vergangenes fokussiert: „Es scheint eine besondere Krankheit [...] des deutschen Volkes zu sein, dass es sein wirtschaftliches Denken von Sentimentalitäten beherrschen lässt.“ (S. 36)

Zudem würden Architekten und Techniker viel zu häufig den Sachwert von Unternehmensteilen im Sinne der Produktionskosten heranziehen; allenfalls der Reproduktionswert der gesamten Unternehmung (und nicht nur der Summe seiner Einzelteile) sei als Hilfswert hier geeignet: „Es wird in der Regel notwendig sein, bei der Schätzung von Unternehmungen zwei Werte zu bestimmen: 1. den Zukunftsertragswert, 2. den Reproduktionswert. Ist der Zukunftsertragswert niedriger als der Reproduktionswert, so ist der Zukunftsertragswert der entscheidende Wert. Ist dagegen der Reproduktionswert niedriger als der Zukunftsertragswert, so ist weder der eine noch der andere Wert ohne weiteres anzusetzen.“ (S. 44) Hier sei zunächst über die Konkurrenzgefahr nachzudenken und wie bedeutsam diese in Zukunft für die Differenz zwischen den beiden Werten sei. Im Regelfall würde die (eher vorsichtige) Schätzung des Gesamtwertes einer Unternehmung in der Mitte zwischen beiden Werten liegen. Der über den Reproduktionswert hinausgehende Mehrwert stelle den „Kapitalisierungsmehrwert“ dar, den die Engländer „goodwill“ nennen würden; dieser sollte unter entsprechender Bezeichnung in der Bilanz unter den Aktiven eingestellt werden (S. 46).

Intensiv beschäftigt sich Schmalenbach mit den Parametern des Zukunftsertragswerts, insbesondere des Zukunftsertrags und dessen Kapitalisierungszinsfußes. In der Regel reiche der gewöhnliche Dreijahresdurchschnitt der Erträge der Vergangenheit leidlich aus, um auf dieser Basis mittels Absetzung der voraussichtlichen Mindererträge und Addition der voraussichtlichen Mehrerträge die künftigen Erträge zu schätzen (S. 53). Besondere Beachtung verdiene die Prüfung, in welchem Maße stille Reserven in der Bewertung vorhanden und mit welchen Mehrabschreibungen in der Zukunft zu rechnen sei. Er empfiehlt, die Abschreibungen des Goodwills bei der Berechnung des Zukunftsertrags abzuziehen (S. 61).

Der anzuwendende Kapitalisierungszinsfuß hängt nach Schmalenbach von der Unternehmungsform, der Unternehmungsgröße und vom Geschäftszweig ab (S. 54): Der

Besitzer börsengehandelter Aktien könne sich mit einer wesentlich geringeren Verzinslichkeit begnügen als z. B. der einer nur schwer kontrollier- und auflösbaren stillen Beteiligung. Vor dem Krieg konnte man von einer 7 % dauernden Rente bei Aktiengesellschaften ausgehen, während man bei Einlagen in der Form der stillen Gesellschaft durchschnittlich etwa 10 % forderte. Kommanditeinlagen und Beteiligungen an Offenen Handelsgesellschaften zeigten meist wesentlich geringere Verzinsungen wie die 4 % nach § 121 HGB, da hier meist weitere Zwecke wie der Hauptberuf oder Nutzungsrechte verfolgt würden; daher ließen diese Beteiligungsformen keine Schlüsse auf den angemessenen Zinsfuß zu.

Der Einfluss der Betriebsgröße auf die Unternehmerrente ist nach Schmalenbach sehr kompliziert: Bei großen Betrieben sei der Zinsfuß gleichmäßiger, so dass man hier den richtigen Kapitalisierungszinssatz finden könne, „indem man ausgeht von der Rendite der Aktiengesellschaft ähnlicher Größe und Geschäftszweige“ (S. 55–56). Bei kleineren Unternehmungen müsse dagegen ein individueller Zinsfuß gefunden werden, der durch allerlei Zufälle wie konkurrierende Anlagemöglichkeiten, persönliche Ansichten der Parteien oder die Dringlichkeit der Transaktion bedingt werde. Wenig geeignet sei allerdings der Vorschlag von Mellerowicz, verschiedene Zinssätze für die drei Schichten des Kapitals eines Unternehmens zu ermitteln: das Fremdkapital solle mit dem allgemeinen, landesüblichen Zinsfuß (risikolose Anleihe), das Eigenkapital dann mit dem 1,5 fachen und der Kapitalisierungsmehrwert mit dem doppelten dieses Zinsfußes gewichtet werden. Diese Methode Mellerowiczs, den Kapitalisierungszinsfuß bei verschiedenen Unternehmungen nach der Größe des Risikos zu ermitteln, „dürfte besondere Schwierigkeiten verursachen“ (S. 56).

Schließlich widmet er sich der Bewertung von Unternehmungen aufgrund von Leistungseinheiten. Ausgehend von der Grundidee, dass mehrere Unternehmungen des gleichen Geschäftszweigs, sofern ihre Leistung gleich ist, den gleichen Wert haben müssen und dass bei verschiedener Leistung der Unterschied ihrer Werte sich nach dem Unterschied ihrer Leistungen richtet (S. 63–65). Besondere Bedeutung hätte dieses Bewertungsmodell in Gewerbezweigen mit einer größeren Anzahl recht gleicher Unternehmen, die zudem entweder börsennotiert sind oder häufiger als Ganzes verkauft wurden. Laut Schmalenbach traf dies auf zahlreiche Branchen wie Bergwerke, Zementfabriken, Brauereien, Elektrizitätswerke, Webereien, Hüttenwerke oder Privateisenbahnen zu. Und hier hatten in der Wirtschaft des Deutschen Reiches Kartelle und Syndikate eine besonders große Bedeutung.

Schmalenbach appelliert kurz vor dem Beginn des „Dritten Reichs“, das ihn zur sofortigen Aufgabe seines Lehrstuhls in Köln veranlassen wird, dass „die Fachleute aufhören, ihre Ergebnisse als Geheimnis zu bewahren, wenn im Gegenteil die beteiligten Fachleute sich gewöhnen, ihre Urteile auszutauschen, so kann aus dieser Methode ein recht brauchbares Werkzeug werden.“ (Schmalenbach, 1932, S. 65)

4.2.3 Bewertungsanlässe in der Zeit des Nationalsozialismus

Das Wirtschaftssystem in der Zeit des Nationalsozialismus gab weniger Anlass zu Unternehmensbewertungen im Ganzen als in der Weimarer Republik, da Kartelle und Syndikate in vielen Branchen weiter ausgebaut und teils sogar Zwangskartelle eingeführt wurden (Behringer, 2020, S. 55). Konkurrenzwirtschaftliche freie Marktverhältnisse wurden als „international-liberal-kapitalistische Wirtschafts- und Betriebsordnung" (Thoms, 1944, S. 9) geschmäht, ebenso die daraus folgenden chaotische Verhältnisse, deren Wahrnehmung durch die Zeitgenossen allerdings stark durch die Erfahrungen mit Massenarbeitslosigkeit und Hyperinflation geprägt waren: „Ein wichtiges Kennzeichen der liberalistischen Wirtschaft war die Unordnung des Marktes." (Deutsch, 1938, S. 11)

1934 erfolgt auf Basis umfangreicher Vorarbeiten in der Weimarer Zeit eine umfassende „nationalsozialistische Steuerreform", die den Grundsatz „Gemeinnutz geht vor Eigennutz" propagandistisch auch für eine massive Erhöhung der Strafen für Steuervergehen nutzt (Berkai, 1988, S. 175). Gewerbesteuer wird neben dem Gewerbeertrag auch auf das Gewerbekapital erhoben, zudem gibt es eine Vermögensteuer; für beide Steuerarten gilt nach Reichsbewertungsgesetz (RBewG) der „gemeine Wert" als Basis, für Gewerbeimmobilien der Ertragswert (Kruse, 1942, S. 341). Als gemeiner Wert ist gem. § 10 Abs. 2 RBewG der Preis anzusetzen, der im gewöhnlichen Geschäftsverkehr nach der Beschaffenheit des Wirtschaftsgutes bei einer Veräußerung zu erzielen wäre. Mit der Reform wird auch die Mindest-Vermögensteuer auf Grundlage eines gesetzlich fingierten Vermögens von RM 50.000 bzw. RM 20.000 eingeführt, um kleine Kapitalgesellschaften zu veranlassen, ihre anonyme Rechtsform aufzugeben (Voß, 1995, S. 91).

Preiskontrolle und der „gerechte Preis" waren ideologisch und praktisch zentrale Elemente der nationalsozialistischen Wirtschaftsauffassung: Neben einem Lohnstopp wurden die Dividendenausschüttungen der Kapitalgesellschaften begrenzt, was ihre Liquidität deutlich verbesserte und zugleich die Übernahme anderer Unternehmen attraktiv machte (Berkai, 1988, S. 184). Die Übernahme ganzer Unternehmen und der Wechsel von Unternehmensbeteiligungen unter besonderen Umständen, nämlich einer Bewertung ohne Veranlassung durch gleich starke bzw. unabhängige Kaufinteressenten und Verkäufer, betraf innerhalb des Deutschen Reichs ab 1933 vor allem die sogenannte „Arisierung" der deutschen Wirtschaft.

Unter Arisierung wird hier die juristische Übertragung von Vermögenswerten aus jüdischem in „arisches" Eigentum verstanden, wobei es im Bereich der Wirtschaft insbesondere um die Aneignung gewerblich geprägten Eigentums wie Unternehmensbeteiligungen geht. Sie bezeichnet den Prozess der Verdrängung und Vernichtung der jüdischen Gewerbetätigkeit und stellt den wohl radikalsten Umsteuerungsvorgang in der Wirtschaft zur Zeit des Dritten Reichs dar (Kreuzmüller, 2016). Die NS-Terminologie wie „jüdisch" und „nichtarisch" wurden mit zunehmender Radikalisierung der Verfolgung gesetzlich definiert: für natürliche Personen mit den Nürnberger Rassegesetzen vom 15.09.1935 anhand der Konfession der vier Großeltern. Die Legal-Definition des „jüdischen Gewerbebetriebes" erfolgte am 04.06.1938 mit der Dritten Verordnung zum Reichsbürgergesetz.

4.3 Arisierung der deutschen Wirtschaft und Bewertungsfragen

4.3.1 Erste Phase der Arisierung bis Ende 1937

Die Feststellung des Berliner BWL-Professors Lohmann, die Bewertung von Unternehmen sei vor allem eine Machtfrage (Lohmann, 1936, S. 166), war bereits 1933 für viele kleinere Kaufleute, die später nach den absurden NS-Rassekriterien als Juden eingestuft wurden, schreckliche Realität. Sie wurden durch Boykotte, Diskriminierung bei Aufträgen und teils pure physische Gewalt vom Markt verdrängt oder mussten aus anderen Gründen aus dem Deutschen Reich fliehen und daher unter Druck ihre Unternehmen verkaufen.

In dieser frühen Phase der Arisierung, die Historiker bis ca. Ende 1937 datieren, mussten Zehntausende jüdische Besitzer ihre kleinen Betriebe einstellen oder für einen Bruchteil des Wertes verkaufen (Friedländer, 2010, S. 105). Es existieren dazu aber kaum Unterlagen, schon gar nicht zu den realen Werten dieser Betriebe, da keine unabhängige Bewertung oder Transaktionen unter Marktbedingungen stattfanden. Im Normalfall hatten Käufer kein Interesse daran, den Kauf nach außen als einen außergewöhnlichen, sondern vielmehr als einen ganz normalen Vorgang erscheinen zu lassen (Ziegler, 2010, S. 161).

Studien zur Arisierung im Deutschen Reich zeigen erhebliche regionale Unterschiede, die vor allem vom Tempo und der Brutalität der lokalen Parteiinstanzen, der Industrie- und Handelskammern, der Finanzämter und der Kommunalverwaltungen determiniert wurden. Zudem fehlen heutzutage in der Regel die Verträge und vor allem Dokumente zum Ablauf der Verhandlungen; selbst, wenn diese vorliegen, stellen sie die Forschenden vor große Probleme (Ziegler, 2010, S. 158–159):

> „Nicht selten krankt die Analyse aber auch daran, dass manche Zeithistoriker mit dem Lesen „zwischen den Zeilen" einer Bilanz überfordert sind. Das Hauptproblem besteht in der Bewertung des Firmenwertes, an dem sich auch schon so manches Wiedergutmachungsgericht in den fünfziger Jahren die Zähne ausgebissen hat. Insbesondere im Fall früher „Arisierungen" ist es schwer, die Folge der Weltwirtschaftskrise von den Rückwirkungen der nationalsozialistischen Verfolgung zu trennen. Es dürfte nicht wenige Unternehmen oder Geschäfte jüdischer Eigentümer gegeben haben, die in den Jahren 1933 bis 1935 auch ohne nationalsozialistische Machtübernahme liquidiert oder verkauft worden wären. Im konkreten Einzelfall sind solche Überlegungen jedoch meist rein spekulativ."

In Kleinstädten waren persönliche Schikanen oft der einfachste Weg, um Juden zum Verkauf zu einem Bruchteil des Werts zu zwingen, in den größeren Städten und bei größeren Betrieben führten Kreditbeschränkungen, Anzeigen wegen angeblicher Devisen- oder Steuervergehen oder Boykottmaßnahmen seitens arischer Firmen und der öffentlichen Hand zu demselben Ergebnis. Häufig lag das Interesse auch nicht in der preiswerten Übernahme, sondern der günstigen Gelegenheit, Konkurrenten im Markt einfach auszuschalten. Schätzungen zufolge wurden in Deutschland mehr als die Hälfte der jüdischen Geschäfte und Betriebe liquidiert, also ohne Übertragung an Dritte aufgelöst (Kuller, 2013, S. 245).

Bei Abfindungen für jüdische Gesellschafter stellte sich seltener die Frage der Bewertung an sich, sondern wie die gezahlte Abfindung bei den verbleibenden arischen Besitzern steuerlich zu behandeln sei: Überstieg die Abfindung den Buchwert der Beteiligung, wurde dieser entgoltene „Goodwill" bei den arischen Erwerbern nicht als steuermindernde Werbungskosten oder Betriebsausgaben anerkannt, entschied das Reichsfinanzministerium (Banken, 2018, S. 543).

Je nach Region verschlechterten sich ab 1936 oder 1937 die Rahmenbedingungen für jüdische Verkäufer, weil Arisierungsverträge den NSDAP-Gauwirtschaftsberatern zur Genehmigung vorgelegt werden mussten, die den Kaufpreis in der Regel drückten und grundsätzlich – selbst dann, wenn dies mit dem arischen Erwerber bereits vereinbart war – keine Zahlungen für einen „Goodwill" genehmigten (Bajohr, 2000, S. 18).

Bei Großunternehmen mit jüdischen Gesellschaftern ist in einigen bedeutenden Fällen aber davon auszugehen, dass den Besitzern bis Ende 1937 angemessene Preise geboten wurden, da hier mehrere arische Firmen Interesse an einer Übernahme hatten (Friedländer, 2010, S. 106) und somit ein gewisser Wettbewerb unter den Interessenten entstand. Auch die Branche oder der Wirtschaftszweig ermöglichte manchen Unternehmern bis zu diesem Zeitpunkt die Geschäftstätigkeit, da andernfalls der Ruf deutscher Firmen im Ausland gelitten oder sich Maßnahmen gegen jüdische Zulieferer schädigend in der Branche auswirkt hätten (Bajohr, 2000, S. 18).

Allerdings hatten anschließend auch diese Zwangsverkäufer auf den Verkaufspreis zumindest legal keinen Zugriff: 25 % des Vermögens wurden als Reichsfluchtsteuer fällig, ihre Bankkonten waren in der Regel bereits durch die Finanzämter gesperrt, Ende 1938 wurde ein weiteres Viertel durch die Sondersteuer „Judenvermögensabgabe" abgeschöpft, ab 1941 wurden dann die Geflüchteten bzw. Deportierten komplett zugunsten des Deutsches Reichs enteignet (Buchheim & Basta, 2016, S. 709).

4.3.2 Gesetzlich geregelte Ausschaltung der Juden aus der deutschen Wirtschaft ab 1938

Das Jahr 1938 stellte in vielerlei Hinsicht eine Zäsur für die Wirtschaft im Deutschen Reich dar: Im Juni wurde erstmals gesetzlich geregelt, welche Unternehmen als „jüdisch" galten und dass diese zum Zweck ihrer endgültigen Arisierung zu erfassen waren (Fiedler, 2000, S. 62). Das Reichswirtschaftsministerium berichtete, dass von den rund 100.000 jüdischen Betrieben des Jahres 1932 zum 01.04.1938 noch immer 39.552 übrig waren (Voß, 1995, S. 136).

Mit der Verordnung über die Anmeldung des Vermögens von Juden vom 26.04.1938 erfolgte die systematische staatliche Erfassung jüdischer Gewerbebetriebe und sonstiger Vermögenswerte, wobei Betriebsüberführungen aus jüdischer Hand nun einem Genehmigungszwang unterlagen. Zur zynischen Freude des Staatssekretärs im Wirtschaftsministerium führte diese Verordnung zudem „in starkem Maße zur freiwilligen Überführung jüdischer Betriebe in deutsche Hände" (Krüger, 1940, S. 276). Nationalsozialistische Ziele waren dabei die Verhinderung der „Aufsaugung selbständiger Betriebe durch Konzerne" oder eines Erwerbs „nach kapitalistischen Grundsätzen", es sollte eine persönliche Auslese nach Eignung und NS-Gesinnung des Erwerbers erfolgen (Krüger, 1940, S. 212).

Bis dahin war die meist unfreiwillige Übertragung gewerblichen Eigentums einschließlich Betriebsgrundstücken von den bisherigen jüdischen Inhabern in arische Hand ohne staatliche oder fiskalische Regelung verlaufen: Profiteure waren Privatpersonen, Unternehmen oder Verbände; häufig sorgten Gauwirtschaftsberater der NSDAP oder andere Funktionäre für „Spenden" an lokale Parteiorgane.

Der Reichsfinanzhof (RFH), der sich als oberstes Gericht für Steuern und Zölle öfters mit den zwischen Finanzamt und Unternehmen strittigen Bewertungsfragen beschäftigen musste, entscheidet im Jahr 1938 zweimal zu (Teilwert-) Abschreibungen bei Betreibern von Warenhäusern: „das einzige seit jeher arische Kaufhaus in Frankfurt/Main" gewinnt den Prozess und darf eine Abschreibung auf den Wert seines Kaufhauses vornehmen, da der Verkehrswert für Kaufhäuser infolge des Überangebots von Immobilien aus jüdischer Hand gesunken ist. Ein jüdischer Kläger dagegen, der wegen der antisemitischen Boykotte unter Anderem sein Warenlager abschreiben wollte, verliert vor dem RFH (Buchheim, 2018, S. 388).

Ähnlich lesen sich vereinzelt Gutachten von Wirtschaftsprüfern, die seit 1933 teilweise in Arisierungsvorgänge involviert waren und dabei ethische Grundsätze ihres Berufes wie Unparteilichkeit, Verschwiegenheit und Gewissenhaftigkeit gegenüber jüdischen Unternehmen und später auch Unternehmen im besetzten Ausland häufig vergaßen (Pothmann, 2013, S. 279). So teilte bspw. die Deutsche Revisions- und Treuhand AG den jüdischen Inhabern der Bankhäuser Arnhold/Bleichröder mit, dass Kreditengagements aus politischen Gründen als abschreibungsbedürftig für die Bewertung des Unternehmens eingestuft wurden (Pega, 2010, S. 239). Auch im Fall der Münchener Wochinger-Brauerei, die der örtliche Bürgermeister und Parteigenosse Jodl zu einem Bruchteil des Kaufpreisangebots anderer Interessenten zu übernehmen versuchte, verfassten die Wirtschaftsprüfer ein eindeutig politisches Gutachten zugunsten der NSDAP, das betriebswirtschaftliche Argumente nur vorschob: weder die langandauernden Lieferbeziehungen, die Produktqualität und der Ruf der Biere noch die offenen Forderungen gegenüber den Wirten wurden berücksichtigt (Pega, 2010, S. 260). Erstaunlicherweise kommt eine Untersuchung des Wirtschaftsprüferwesens in der Zeit des Dritten Reiches dennoch zu dem Schluss, „dass sachlich sorgfältig und verantwortungsbewusst unter Beachtung der Berufsethik gearbeitet wurde." (Weyershaus, 2007, S. 382).

Der „Anschluss" Österreichs im Frühjahr 1938 hatte ein Experimentierfeld für eine radikale Arisierungspolitik ergeben und mündete nach der reichsweiten Pogromnacht in der Verordnung zur Ausschaltung der Juden aus dem deutschen Wirtschaftsleben vom 03.12.1938, wobei der Nutzen aus der Arisierung laut Hermann Göring nun allein dem Deutschen Reich zugutekommen sollte. Der Staat setzte sich damit also selbst „an die Spitze des Bereicherungswettlaufs", die Finanzämter sollten stets eingebunden und die Gewinne mittels einer neuen Steuer, der Arisierungsabgabe, abgeschöpft werden (Kuller, 2013, S. 249).

Ein Durchführungserlass des Reichswirtschaftsministeriums vom 06.02.1939 regelte nun detailliert Maßnahmen, „die notwendig sind, um den Einsatz des jüdischen Vermögens im Einklang mit den Belangen der deutschen Wirtschaft sicherzustellen" (Reichsgesetzblatt I S. 1709 ff.): Jüdische Gewerbetreibende konnten nun von den staatlichen Stellen zum Verkauf gezwungen werden, bei „volkswirtschaftlicher Begründung" auch an einen bestimmten Erwerber und zu bestimmten Bedingungen. Kamen sie dieser Aufforderung nicht nach, konnte ein Treuhänder mit Vollmacht zur Weiterführung des Betriebs und zur Veräußerung eingesetzt werden. Für die Veräußerung und Abwicklung von größeren Betrieben sollten Wirtschaftsprüfer herangezogen werden.

Abschnitt IV. des Durchführungserlasses befasst sich mit Bewertungsfragen und der „Erfassung ungerechtfertigter Entjudungsgewinne":

> „(1) Bei gewerblichen Betrieben haben die Maßnahmen zur Zurückdrängung des Judentums in der deutschen Wirtschaft vielfach den Wert solcher Betriebe, die sich in jüdischer Hand befinden, wesentlich vermindert. Es besteht kein Anlass, dem jüdischen Veräußerer einen Preis zu zahlen, der über diesem augenblicklichen Wert des Betriebes liegt. Andererseits steht in vielen Fällen fest, dass dieser Betrieb nach seiner Überführung in nichtjüdische Hand regelmäßig eine erhebliche Umsatzsteigerung erfahren und damit sein Wert bedeutend höher sein wird. [...] Besteht daher zwischen dem an den jüdischen Vorbesitzer entsprechend dem augenblicklichen Wert des Betriebes gezahlten Kaufpreis und dem Verkehrswert des gleichen Betriebes in der Hand eines geeigneten nichtjüdischen Unternehmers ein erheblicher Unterschied, so ist die Genehmigung [...] nur unter der Auflage zu erteilen, dass der Erwerber eine Ausgleichzahlung zugunsten des Reiches entrichtet. Diese Ausgleichszahlung soll bei gewerblichen Betrieben im allgemeinen 70 v. H. des Mehrwertes (Unterschied zwischen Kaufpreis und dem Verkehrswert nach der Überführung) betragen."

> „(3) Zu der Frage der Bewertung [...] hat sich insbesondere die Industrie- und Handelskammer bei ihrer Stellungnahme zu dem Genehmigungsantrag eingehend gutachterlich zu äußern. Handelt es sich um größere Betriebe, etwa mit einem Reinvermögen von mehr als 50 000 RM oder mit einem Jahresumsatz von mehr als 300.000 RM, so hat die Industrie- und Handelskammer ihrer Stellungnahme das Gutachten eines Wirtschaftsprüfers zugrunde zu legen. [...] Die Kosten trägt der Erwerber."

Das nun auch schein-legalisierte Unrecht der Arisierungen wird sogar Gegenstand einer von Walter Thoms betreuten wirtschaftswissenschaftlichen Dissertation an der Universität Heidelberg: „Die Überführung jüdischer Betriebe in deutschen Besitz, unter Berücksichtigung der Verhältnisse in Baden" (Wagner, 1941).

4.3.3 Die Arisierungsabgabe und weitere bewertungsrelevante Fragen der Arisierung in der Rechtsprechung des Reichsfinanzhofs

Trotz der gesetzlichen Regelung der Arisierung selbst als auch der Abgabe darauf blieb bis zum Ende des „Dritten Reichs" unklar, welcher Natur die Arisierungsabgabe eigentlich sein sollte und wie sie beim jüdischen Verkäufer und arischen Erwerber steuerlich zu behandeln sei. Entsprechend gab es dazu zahlreiche Diskussionen im Reichsfinanzministerium (Banken, 2018, S. 545–554).

Auch der Reichsfinanzhof musste sich mehrfach mit Streitigkeiten zwischen den arischen Erwerbern und den Finanzämtern beschäftigen und selbst das höchste deutsche Steuergericht fand dazu keine einheitliche Linie (zu allen Urteilen im Folgenden (Buchheim, 2018, S. 388 f.)): 1939 handelte es sich laut RFH für den jüdischen Veräußerer, der die Arisierungsabgabe noch an die NSDAP zahlen musste, um eine Art von einkommensteuerlich nicht abzugsfähiger Personensteuer. Sie sei begründet „in der Notwendigkeit der Wegnahme unverdienten Vermögenszuwachses bei den Juden. [...] Sie betrifft die Persönlichkeit des Veräußerers."

Wenig später sieht dasselbe Gericht aber die vom arischen Erwerber diesmal statt an die NSDAP an die Hauptvereinigung der Deutschen Getreide- und Futtermittelwirtschaft entrichtete Arisierungsabgabe als Teil der Anschaffungskosten an, die das Abschreibungsvolumen seines erworbenen Mühlenbetriebes erhöht. Beim nächsten Kläger sind die „Entjudungsauflagen" für den arischen Erwerber bei der Einheitsbewertung dagegen nicht abzugsfähig, da sie wegen der „außerordentlich billigen Übernahme" des Gewerbebetriebs erfolgten. Schließlich ordnet ein weiteres Urteil die Zahlung des arischen Erwerbers an das Reich, „weil der Kaufpreis für das Geschäft dem Verkehrswert nicht entsprach", dem Firmenwert des arisierten Unternehmens zu.

Was die komplette Übernahme von jüdischen Unternehmen oder das Ausscheiden einzelner jüdischer Gesellschafter wirtschaftlich bedeuteten, beschäftigte ebenfalls das höchste deutscher Steuergericht: Mehrfach wurde festgestellt, dass die Arisierung keine wesentliche Änderung des Betriebs darstelle, auch wenn der Profiteur alle jüdischen Angestellten entlassen und vom Geschäft nachweislich keine Ahnung hatte: „Die Entjudung bedeutet nicht ohne weiteres eine wesentliche Änderung des Betriebes".

Auch ging es um die steuerliche Behandlung des Ausscheidens des jüdischen Mitunternehmers: „Das Ausscheiden dieses Gesellschafters muss als ein außergewöhnlicher, einmaliger Vorgang angesehen werden, von dem nicht anzunehmen ist, dass er sich in der Firma in den nächsten Jahren wiederholen wird". In einem anderen Fall wird 1941 die Arisierung selbst als steuerpflichtiger Gewinn eingestuft: „denn das Ausscheiden des Juden bedeutet nunmehr für das rein arische Unternehmen einen erheblichen wirtschaftlichen Gewinn", und höchstrichterlich festgestellt: Der Jude „suchte für sich zu retten, was zu retten war, musste sich aber schließlich nach ernsthaftem Widerstand mit dem Erreichten zufrieden geben". Die Prozessakte belegt die erhebliche praktische Bedeutung der Arisierungen: Der regionale Oberfinanzpräsident bittet das Gericht um baldiges Urteil, „da hier viele Anfragen der Finanzämter" vorliegen, „deren endgültige Beantwortung von dem Urteil abhängt" (Buchheim, 2018, S. 389).

Bei der Beschäftigung mit den Bedingungen des Besitztransfers bei Arisierungen darf allerdings nicht übersehen werden, dass 70 bis 80 Prozent der jüdischen Gewerbebetriebe ab 1933 keineswegs verkauft oder anders transferiert, sondern liquidiert wurden, was sich zweifellos günstig für die verbleibende nichtjüdische Geschäftswelt auswirkte (Nietzel, 2009, S. 585).

4.4 Fazit

Die Betriebswirtschaftslehre konnte sich als Wissenschaft erst in den 1920er-Jahren des letzten Jahrhunderts etablieren. Auch vor dem Hintergrund der Hyperinflation entwickelten Betriebswirte wie Schmalenbach, Nicklisch, Rieger und Lohmann Theorien und Konzepte zur Kostenrechnung und Bilanzierung der Unternehmungen. Das Rechnungswesen stand im Fokus, die Unternehmensbewertung war für die meisten Wissenschaftler und praktisch tätigen Autoren ein Aspekt des externen Rechnungswesens. Lediglich Eugen Schmalenbach diskutierte intensiv das Ertragswert- und andere Bewertungsverfahren schon Ende der 1920er-Jahre und mahnte vor dem Hintergrund praktischer Beispiele von massiven Fehlinvestitionen die sorgfältige Prüfung des Finanzierungsgegenstands mittels Unternehmensbewertung an. Er vertrat eine praktisch-normative BWL, die mit der Machtübernahme der Nationalsozialisten gegenüber der ethisch-normativen Betriebswirtschaftslehre, die insbesondere von Heinrich Nicklisch vertreten wurde, in den Hintergrund rückte.

In der Zeit des Nationalsozialismus machte die BWL als Wissenschaft wenig methodische Fortschritte, erhielt aber durch die Wirtschaftspolitik einen erheblichen Bedeutungszuwachs. Die gelenkte Wirtschaft mit ihrer Preissetzung und -kontrolle erforderte in zunehmenden Maße Experten des internen und externen Rechnungswesens. Unternehmensbewertungen wurden durch die zunehmenden Kartelle, bspw. in der Rüstungsbranche oder der Gewinnung von Rohstoffen, seltener. Einen besonderen Tiefpunkt mit zahlreichen Bewertungsanlässen stellte die sog. Arisierung der deutschen Wirtschaft dar, aus der sich auch für die heutige Praxis Lehren ziehen lassen.

Aus dem Rückblick in die Anfänge der BWL als Wissenschaft und ihrer Ausprägungen zur Zeit des Nationalsozialismus ist ebenso wie aus der Praxis der Arisierungen für die Zukunft zu lernen, dass auch vermeintlich technokratische Bewertungsgrößen wie Einkommen, Gewinn und Vermögen stets einer wie auch immer gelagerten ideologischen Interpretation zugänglich sein werden. Dieses Bewusstsein hilft auch heute im wissenschaftlichen Diskurs zur Unternehmensbewertung, sich mit den Folgen theoretischer und praktischer Ansätze kritisch auseinander zu setzen.

Literatur

Bajohr, F. (2000). „Arisierung“ als gesellschaftlicher Prozess – Verhalten, Strategien und Handlungsspielräume jüdischer Eigentümer und „arischer“ Erwerber. In Fritz Bauer Institut (Hrsg.), *Arisierung im Nationalsozialismus* (S. 15–30). Campus.

Banken, R. (2018). *Hitlers Steuerstaat – Die Steuerpolitik im Dritten Reich.* Walter de Gruyter.

Bardmann, M. (2019). *Grundlagen der Allgemeinen Betriebswirtschaftslehre* (3. Aufl.). Springer.

Behringer, S. (2020). *Eine kurze Geschichte der Unternehmensbewertung – Die Entwicklung der Methoden und Implikationen für die Zukunft.* Springer Gabler.

Berkai, A. (1988). *Das Wirtschaftssystem des Nationalsozialismus – Ideologie, Theorie, Politik 1933–1945.* Fischer Taschenbuch.

Brockhoff, K. (2021). *Betriebswirtschaftslehre in Wissenschaft und Geschichte* (4. Aufl.). Springer.

Buchheim, R. (2018). Die antisemitische Rechtsprechung des Reichsfinanzhofs – eine Analyse der Prozessakten aus der NS-Zeit. *Steuer und Wirtschaft, 96,* 374–391.

Buchheim, R., & Basta, D. (2016). Steuerrecht und Finanzverwaltung als Instrumente der Judenverfolgung und -enteignung im Nationalsozialismus. *Deutsches Steuerrecht, 49,* 705–711.

Deutsch, P. (1938). Die Bedeutung der Betriebswirtschaftslehre für das Revisions- und Treuhandwesen. In H. A. Ertel (Hrsg.), *Wirtschaftsprüfung – ein Handbuch für das Revisions- und Treuhandwesen* (Bd. III, S. 9–18). Verlag für Wirtschaft und Kultur.

Fiedler, M. (2000). Die „Arisierung" der Wirtschaftselite – Ausmaß und Verlauf der Verdrängung der jüdischen Vorstands- und Aufsichtsratsmitglieder in deutschen Aktiengesellschaften (1933–1938). In Fritz Bauer Institut (Hrsg.), *Arisierung im Nationalsozialismus* (S. 59–83). Campus.

Franz, H. (1998). *Zwischen Markt und Profession – Betriebswirte in Deutschland im Spannungsfeld von Bildungs- und Wirtschaftsbürgertum (1900-1945).* Vandenhoeck & Ruprecht.

Friedländer, S. (2010). *Das Dritte Reich und die Juden 1933–1945.* C.H. Beck.

Gerstner, P. (1944). *Bilanz-Analyse: Wege zur Erkenntnis des Wesens der Bilanz* (11. Aufl.). Haude & Spenersche Verlagsbuchhandlung Max Paschke.

Hundt, S. (2005). Die Betriebswirtschaftslehre im Nationalsozialismus zwischen Emigration, Verfolgung und Kooperation. Generelle Überlegungen und das Beispiel des Freiburger Betriebswirts Martin Lohmann. In N. Goldschmidt (Hrsg.), *Wirtschaft, Politik und Freiheit. Freiburger Wirtschaftswissenschaftler im Widerstand* (S. 243–264). Mohr Siebeck.

Kreuzmüller, C. (2016, November 4). Vernichtung der jüdischen Gewerbetätigkeit im Nationalsozialismus – Abläufe, Blickwinkel und Begrifflichkeiten. *Docupedia-Zeitgeschichte.*

Krüger, A. (1940). *Die Lösung der Judenfrage in der deutschen Wirtschaft – Kommentar zur Judengesetzgebung.* Wilhelm Limpert.

Kruse, L. (1942). *Betriebswirtschaftslehre* (14. Aufl.). Winklers/Gebrüder Grimm.

Kuller, C. (2013). *Bürokratie und Verbrechen: Antisemitische Finanzpolitik und Verwaltungspraxis im nationalsozialistischen Deutschland.* Oldenbourg.

Lohmann, M. (1936). *Betriebswirtschaftslehre – Wirtschaftslehre der gewerblichen Unternehmungen.* Hanseatische Verlagsanstalt.

Mantel, P. (2009). *Betriebswirtschaftslehre und Nationalsozialismus. Eine institutionen- und personengeschichtliche Studie.* Gabler.

Mantel, P. (2010). „Eine vollkommen unpolitische Disziplin" – Zur Entwicklung der modernen Betriebswirtschaftslehre im ersten Halbjahrhundert ihres Bestehens. *die hochschule, 20,* 148–164.

Mellerowicz, K. (1944). *Allgemeine Betriebswirtschaftslehre* (4. Aufl.). Walter de Gruyter & Co.

Nicklisch, H. (1933). Die Betriebswirtschaftslehre im nationalsozialistischen Staat. *Die Betriebswirtschaft – Zeitschrift für Handelswissenschaft und Handelspraxis, 26,* 173–177.

Nicklisch, H. (Hrsg.). (1938). *Handwörterbuch der Betriebswirtschaft* (Erster Band (Abrechnung-Großraumwirtschaft), 2. Aufl.). C. E. Poeschel.

Nicklisch, H. (Hrsg.). (1939). *Handwörterbuch der Betriebswirtschaft* (Zweiter Band (Gründung-Zwischenprüfung), 2. Aufl.). C. E. Poeschel.

Nietzel, B. (2009). Die Vernichtung der wirtschaftlichen Existenz der deutschen Juden 1933–1945. Ein Literatur- und Forschungsbericht. *Archiv für Sozialgeschichte, 49,* 561–613.

Pega, F. (2010). *Die Tätigkeit der Deutsche Revisions- und Treuhand AG von 1925 bis 1945.* Univ. Diss. LMU.

Pothmann, U. (2013). *Wirtschaftsprüfung im Nationalsozialismus – Die deutsche Revisions- und Treuhand AG (Treuarbeit) 1933–1945.* Klartext.

Schmalenbach, E. (1932). *Finanzierungen* (Erster Teil: Beteiligungs-Finanzierungen, 5. Aufl.). G.A. Gloeckner.

Schneider, D. (2001). *Betriebswirtschaftslehre, Band 4: Geschichte und Methoden der Wirtschaftswissenschaft*. R. Oldenbourg.

Thoms, W. (1938). Der Wirtschaftsprüfer als Organisator. In H. A. Ertel (Hrsg.), *Wirtschaftsprüfung – ein Handbuch für das Revisions- und Treuhandwesen*, Band III, 9–18. Verlag für Wirtschaft und Kultur

Thoms, W. (1944). *Allgemeine Betriebswirtschaftslehre*. Industrieverlag Spaeth & Linde.

Tipke, K. (1993). *Über die Juden-Rechtsprechung des Reichsfinanzhofs – Stellungnahme* von Prof. em. Dr. Klaus Tipke, 1813–1816. Betriebs-Berater.

Voß, R. (1995). *Steuern im Dritten Reich*. C.H. Beck.

Wagner, H. (1941). *Die Überführung jüdischer Betriebe in deutschen Besitz, unter Berücksichtigung der Verhältnisse in Baden*. Univ. Diss. (rer. soc. oec.).

Weyershaus, H. A. (2007). *Wirtschaftsprüfung in Deutschland und erster europäischer Zusammenschluß in den Jahren 1931 bis 1961*. Univ. Diss. Heinriche-Heine-Universität Düsseldorf.

Wöhe, G., et al. (2020). *Einführung in die Allgemeine Betriebswirtschaftslehre* (27. Aufl.). Franz Vahlen.

Ziegler, D. (2010). Erosion der Kaufmannsmoral – „Arisierung", Raub und Expansion. In N. Frei & T. Schanetzky (Hrsg.), *Unternehmen im Nationalsozialismus – Zur Historisierung einer Forschungskonjunktur*. Wallstein.

5 Zur Bedeutung der Unternehmensbewertung aus Sicht der Österreichischen Schule der Nationalökonomie

Eduard Braun

5.1 Einleitung

Die „unsichtbare Hand“ ist mit weitem Abstand die wichtigste Metapher in der Volkswirtschaftslehre. Sie versucht bildhaft auszudrücken, wie der Markt eigeninteressiertes oder egoistisches Verhalten in solche Bahnen lenkt, die der Gesamtgesellschaft Vorteile bringen. Besonders die beiden Nobelpreisträger Friedrich von Hayek und Vernon Smith haben sich mit der Frage auseinandergesetzt, wie das Preissystem die Handlungen der einzelnen, zumeist nur an ihrem eigenen Gewinn interessierten Menschen und Unternehmen so koordiniert, daß am Ende die Ressourcen effizient in der Volkswirtschaft verteilt werden und die Verbraucher mit den Gütern versorgt werden, die sie benötigen.

Weder Hayek, noch Smith – noch andere Ökonomen, die der Österreichischen Schule der Nationalökonomie nahestehen – behaupten jedoch, daß der Markt perfekt sei, mithin den wahren Wert der Dinge ermitteln könne. Im Gegenteil, es ist sogar zentral für das Verständnis der Marktwirtschaft, daß der Preis eines Gutes nicht seinem Wert entspricht. Es kommt überhaupt nur deswegen zu Transaktionen auf dem Markt, weil die Wertschätzungen, die die Menschen von den Gütern haben, nicht mit dem herrschenden Preis übereinstimmen. Indem Menschen kaufen oder verkaufen, drücken sie damit aus, den Wert des gehandelten Gutes anders einzuschätzen, als ihre Mitmenschen das tun. Die gesamte Dynamik der Marktwirtschaft, die Tendenz der Preise zu einer Abbildung der Knappheitsverhältnisse ergibt sich aus der Tatsache, daß einzelne Personen oder Unternehmen den Marktpreis für zu niedrig oder zu hoch halten, davon zu profitieren versuchen und dementsprechend auf dem Markt als Käufer oder Verkäufer auftreten.

E. Braun (✉)
Technische Universität Clausthal, Institut für Wirtschaftswissenschaft, Clausthal-Zellerfeld, Deutschland
E-Mail: eduard.braun@tu-clausthal.de

S. Behringer, F. Follert (Hrsg.), *Unternehmensbewertung und ökonomische Analyse*, https://doi.org/10.1007/978-3-658-40235-8_5

Was die Bedeutung der subjektiven, vom Preis verschiedenen Wertschätzungen für das Funktionieren der Marktwirtschaft betrifft, läßt sich dabei sehr gut an die Arbeiten Hayeks (Hayek, 1937, 1945) zur Verwertung des Wissens in der Gesellschaft anknüpfen. Nach Hayeks Argumentation verändern Marktteilnehmer durch den Kauf oder Verkauf von Gütern die Marktpreise und tragen auf diese Weise dazu bei, daß die Preise das Wissen aller Marktteilnehmer über die jeweiligen Umstände von Ort und Zeit widerspiegeln. Die Preise reflektieren dabei allerdings nicht in erster Linie das Wissen der Marktteilnehmer, sondern deren subjektiven Wertschätzungen – die natürlich von ihrem Wissen beeinflußt sind.

Die gesellschaftliche Rolle der Unternehmensbewertung im Marktprozeß ergibt sich aus diesem Zusammenhang. Demnach ist es aus volkswirtschaftlicher Sicht die Aufgabe der Unternehmensbewertung, den Markt zu informieren über die Wertschätzung, die einem Unternehmen oder einem Unternehmensanteil aus der Perspektive gut ausgebildeter Betriebswirte entgegengebracht wird. Schätzen diese Betriebswirte den Wert des Unternehmens höher ein als seinen Marktpreis, werden sie es (oder einen Anteil) kaufen und dementsprechend den Marktpreis in die Höhe treiben. Im umgekehrten Fall werden sie verkaufen und den Marktpreis drücken. In jedem Fall sorgen sie dafür, daß die Marktpreise ihre Wertschätzung und ihr professionelles Wissen berücksichtigen. Sie verbessern sozusagen die Allokationsfunktion der Preise. Je besser die Unternehmensbewertung dabei ist, je genauer sie zum Beispiel Verbundvorteile sowie spezielle unternehmerische Fähigkeiten oder Ideen berücksichtigt, desto besser aus volkswirtschaftlicher Perspektive. Dagegen ist es nicht ersichtlich, welche volkswirtschaftliche Funktion eine Bewertung erfüllt, die sich an den aktuellen Marktpreisen orientiert.

5.2 Preise sind keine Werte

Es gehört zu den grundlegenden Erkenntnissen der Österreichischen Schule der Nationalökonomie, daß Preise keine Werte sind. Wenn ein Gut auf dem Markt zu einem bestimmten Preis gehandelt wird, dann bedeutet das nicht, daß dieser Preis den Wert dieses Gutes angibt. Fast könnte man davon sprechen, daß das Gegenteil der Fall ist. Zu jedem Tauschgeschäft gehören nämlich mindestens zwei Parteien. Ein Tausch kommt nur zustande, wenn beide Parteien glauben, daraus jeweils einen Vorteil zu ziehen. (Menger, 1871, S. 156) hat das so ausgedrückt, daß durch einen Tausch „die Bedürfnisse beider wirtschaftenden Subjekte besser befriedigt werden könnten, als dies ohne eine solche gegenseitige Übertragung der Fall sein würde."

Ich gebe meine fünf Euro nur dann dafür her, eine Schachtel Pralinen zu kaufen, wenn ich der Meinung bin, mit der Schachtel besser dran zu sein als mit den fünf Euro. Genauso gibt die Konditorei die Pralinen nur deswegen für fünf Euro her, weil sie meint, damit einen Gewinn zu erzielen. Die gesamte Marktwirtschaft beruht darauf, daß Tauschgeschäfte im Regelfall keine Nullsummenspiele sind. Jeder Beteiligte muß von den Geschäften, die er eingeht, irgendwie profitieren, oder zumindest zum Zeitpunkt des Geschäfts davon überzeugt sein, daß er davon profitieren wird.

Wenn eine Pralinenschachtel fünf Euro kostet, dann heißt das also keineswegs, sie sei damit fünf Euro wert. Bei dem entsprechenden Tauschgeschäft gibt es niemanden, dem die Pralinen fünf Euro wert wären. Dem Käufer sind sie mehr als fünf Euro wert. Andernfalls würde er seine fünf Euro nicht dafür hergeben. Der Konditorei sind sie weniger als fünf Euro wert, sonst würde sie sie nicht für diesen Betrag weggeben. Die fünf Euro sind also nicht der Wert der Pralinen, sondern schlicht und ergreifend ihr Preis. Es ist das Tauschverhältnis zwischen Geld und der in Frage stehenden Menge an Pralinen. Ludwig von Mises (Mises, 1940, S. 289) hat das in folgende Worte gefaßt: „Das Austauschverhältnis, der Preis, der auf dem Markte als Ausdruck von Gleichsetzung erscheint, ist das Ergebnis von Wertungsverschiedenheiten."

Selbst der sogenannte Gleichgewichtspreis gibt nicht den Wert der Güter an. Der Gleichgewichtspreis ist der Preis, bei dem es zu einer Markträumung kommt. Alle Käufer, die bereit sind, den Gleichgewichtspreis zu zahlen, erhalten das Gut, und alle Verkäufer, die zu diesem Preis verkaufen wollen, können das tun. Indem der Markt zum Gleichgewichtspreis tendiert, sorgt er für einen Ausgleich zwischen Angebot und Nachfrage, zwischen Verkäufern und Käufern.

Die Worte „Gleichgewicht" und „Ausgleich" dürfen uns aber nicht dazu verleiten, dem Gleichgewichtspreis eine metaphysische Qualität beizulegen. Er sagt nichts über den Wert der Güter aus. Warum das nicht der Fall ist, wird in Abb. 5.1 deutlich, die so ähnlich in (Rothbard, 2009, S. 120) zu finden ist. Das Angebot hat darin den typisch steigenden Verlauf, die Nachfrage den typisch fallenden. Im Schnittpunkt zwischen beiden liegt das

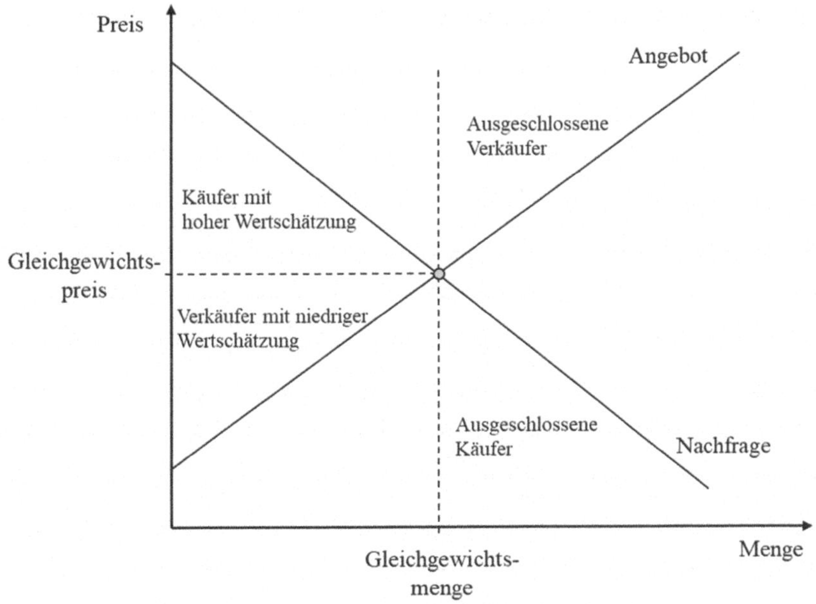

Abb. 5.1 Gleichgewichtspreis und subjektive Wertschätzungen

Gleichgewicht. Der Gleichgewichtspreis bringt die angebotene und die nachgefragte Menge in diesem Punkt in Übereinstimmung.

Ein kurzer Blick auf die Abb. 5.1 macht deutlich, daß dieser Gleichgewichtspreis nicht den Wert des Gutes anzeigt. Links vom Gleichgewicht zeigt die Nachfragekurve alle Käufer an, die bereit wären, einen höheren Preis zu bezahlen als den Gleichgewichtspreis. Ihnen ist das Gut mehr wert als das, was sie dafür zahlen müssen. Genauso zeigt die Angebotskurve links vom Gleichgewicht alle Verkäufer an, die bereit wären, das Gut bereits für einen geringeren als den Gleichgewichtspreis herzugeben. Ihnen ist das Gut weniger wert als das, was sie dafür erhalten. Beide Kurven zeigen eigentlich nur solche Personen, denen das Gut entweder mehr oder weniger wert ist als der Gleichgewichtspreis. Allenfalls im Schnittpunkt könnte man Käufer oder Verkäufer vermuten – die sogenannten Grenzkäufer und Grenzverkäufer – deren Wertschätzungen exakt dem Gleichgewichtspreis entsprechen. Aber selbst das ist eine Illusion, denn wie wir zuvor festgestellt haben, finden Tauschgeschäfte nur dann statt, wenn sich beide Parteien einen Vorteil davon versprechen. Womit wir also bei dem Ergebnis angelangt wären, daß es selbst im Gleichgewicht niemanden gibt, für den der Preis dem Wert eines Gutes entsprechen würde. Da es nun aber niemanden gibt, für den der Preis eines Gutes auch ihr Wert ist, hat es keinen Sinn, an dieser Identität festzuhalten.

5.3 Preise von Unternehmen sind auch keine Werte

Preise haben also nichts mit Werten zu tun, sie drücken keinen Wert aus und sollen das auch nicht tun. Es sind schlicht und ergreifend Austauschverhältnisse, die sich am Markt ergeben und sich jederzeit ändern können. Wert ist in unserem Zusammenhang ein rein subjektiver Begriff. Genau in diesem Sinne versteht die investitionstheoretische (oder deutsche) Schule der Unternehmensbewertung, die sich stark an der Österreichischen Schule der Nationalökonomie orientiert, den Begriff der „Unternehmensbewertung" (Olbrich et al., 2015; Follert, 2020, Abschn. 2.1). Ein Investor, der sich überlegt, ein Unternehmen oder eine sonstige Anlage zu erwerben, stellt den Preis, den er bei dem aktuellen Zustand des Marktes zu zahlen hat, nicht dem Wert dieses Unternehmens gleich (Hering & Rollberg, 2011, S. 53). Vielmehr versucht er zu ermitteln, ob es sich für ihn lohnt, den geforderten Preis zu bezahlen. Wenn er zu dem Schluß kommt, daß die Zahlungsströme, die das Unternehmen in Zukunft zu generieren verspricht, für ihn mehr wert sind als dieser Preis, kommt ein Kauf in Frage. Im anderen Falle wäre ein Kauf unsinnig. In gleicher Weise wird auch der Verkäufer den erzielbaren Preis für sein Unternehmen mit dem Wert vergleichen, den das Unternehmen für ihn hat, wenn er es behält. Nur wenn der Preis den (subjektiven) Wert übersteigt, erscheint ein Verkauf als lohnend. Es handelt sich in beiden Fällen um das Abwägen von subjektiven Werten auf der einen und dem aktuellen Marktpreis auf der anderen Seite (Barton, 1974, S. 678). Eine Transaktion kommt dann zustande, wenn der ausgehandelte Kaufpreis niedriger ist als der Wert, den das Unternehmen für den Käufer hat, und höher ist als der Wert, den das Unternehmen für den Verkäufer hat

(Follert et al., 2018, S. 329). Die subjektive, vom Marktpreis abweichende betriebswirtschaftliche Bewertung ist eine wesentliche Voraussetzung für das Zustandekommen von Transaktionen und die Existenz eines Marktes für Unternehmen oder Unternehmenskontrolle (Hering et al., 2010, S. 38).

Das Wort „Bewerten" hat im Rahmen der Unternehmensbewertung eine zutiefst subjektive Bedeutung. Es geht nicht darum, den vermeintlich „objektiven" oder „metaphysischen Wert" eines Unternehmens oder einer Anlage zu bestimmen, sondern darum, möglichst gut fundierte Investitionsentscheidungen zu treffen. Die unternehmerischen Handlungen sollen mit möglichst hilfreichen Informationen unterfüttert werden. Die Verwendung des Wortes „Wert" in Philosophie und Theologie für allgemeingültige oder offenbarte Werte darf nicht dazu verleiten, aus dem Sprachgebrauch der wirtschaftswissenschaftlichen Werttheorien den Schluß zu ziehen, auch die dort diskutierten „Werte" hätten entsprechende Eigenschaften. In diesem Bereich gibt es keinen Wert an sich (Matschke & Brösel, 2013, S. 10).

Es ist an dieser Stelle allerdings zu bemerken, daß es bei der Bewertung zukünftiger Zahlungsströme einen Aspekt gibt, der sie weniger subjektiv erscheinen läßt. Daß die Nachfrage auf Konsumgütermärkten fallend verläuft, ist leicht nachvollziehbar. Einige Menschen mögen Pralinen und haben daher eine hohe Zahlungsbereitschaft dafür. Andere können sie nicht ausstehen und sind dementsprechend nicht bereit, einen hohen Preis für sie zu bezahlen. Derartige subjektive Werturteile der Konsumenten erklären ohne weiteres den fallenden Verlauf der Nachfragekurve. Bei der Bewertung zukünftiger Zahlungsströme, die ein Unternehmen oder eine Finanzanlage zu generieren verspricht, fallen diese Geschmacksurteile jedoch weg (Follert et al., 2018, S. 318). Bei erwarteten Zahlungsströmen in einer bestimmten Höhe und einem gegebenen Marktzins ist die Bewertung eine Frage der Wirtschaftsrechnung und scheint daher eindeutig ausfallen zu müssen. Im Grunde genommen müßten alle Marktteilnehmer das Unternehmen oder die Anlage gleich bewerten, und damit hätten wir im Rahmen der Unternehmensbewertung einen Zustand, in dem die Preise sehr wohl den Werten entsprechen.

Sehen wir zunächst einmal von reinen Finanzanlagen ab und konzentrieren uns auf die Bewertung von Unternehmen. Matschke und Brösel (2013, S. 13) definieren Unternehmen als auf Dauer angelegte wirtschaftliche Gebilde, die sozial, technisch, organisatorisch, finanziell und rechtlich eine Einheit darstellen und in denen unter Einsatz von menschlicher Arbeitskraft und von Sachmitteln sowie von sonstigen Energien und von Wissen ein arbeitsteiliges, auf die Erstellung von Gütern, d. h. letztlich auf die Befriedigung menschlicher Bedürfnisse, ausgerichtetes und dabei der Gefahr des Scheiterns ausgesetztes Zweckhandeln erfolgt.

Wenn wir einmal davon absehen, daß Matschke und Brösel die Gewinnabsicht vernachlässigen, liefert dieser Definition einen entscheidenden Hinweis auf eine wichtige Eigenschaft von Unternehmen: Damit sie Zahlungsströme erzeugen können, müssen einige nicht-triviale Voraussetzungen erfüllt sein. Die Unternehmensleitung hat die Aufgabe, das Personal vernünftig auszuwählen und zu führen, geeignete technischen Produktionsfaktoren auszuwählen, die Finanzierung sicherzustellen, die innerbetriebliche

Arbeitsteilung gut zu organisieren und dabei immer die Nachfrage im Blick zu behalten. Nicht jeder bringt alle dafür nötigen Fähigkeiten mit und schon gar nicht in gleichem Maße. Ein so komplexes Gebilde wie ein Unternehmen hat somit auch für jeden tatsächlichen oder potentiellen Käufer einen anderen Wert, je nach seinen Fähigkeiten, seinem Wissen und seinen Plänen. Von einer Identität von Wert und Preis kann man also auch bei der Unternehmensbewertung nicht sprechen (Matschke & Brösel, 2013, S. 18). Der aktuelle Marktpreis von Unternehmensanteilen hat, wie Olbrich (2000, S. 460) bemerkt, keinen Bezug zu den Zahlungsströmen, die sich für einen Investor ergäben, der die Geschäftspolitik des betroffenen Unternehmens *aktiv* beeinflussen will.

Aber selbst bei reinen Finanzanlagen kann man nicht sagen, daß ihre Preise ihrem Wert entsprechen. Auch bei dem Kauf einer Aktie gilt zunächst einmal, daß der Käufer nur kauft, wenn er sich davon etwas verspricht, wenn er also den Wert der Aktie für sich höher einschätzt als ihren Preis. Das Umgekehrte gilt für den Verkäufer (Matschke & Brösel, 2013, S. 13). Außerdem gilt auf den real existierenden, heißt unvollkommenen Kapitalmärkten selbstverständlich, daß erwartete Zahlungsströme nicht von allen Marktteilnehmern gleich bewertet werden. Je nach der Zielsetzung der Investoren, je nach ihrem subjektiven Entscheidungsfeld, je nach ihrer eigenen Bonität und der ihrer Transaktionspartner, je nach den individuellen Risikopräferenzen und je nach den jeweils vorhandenen Informationen werden Finanzanlagen von den verschiedenen Wirtschaftssubjekten unterschiedlich bewertet (Hering & Rollberg, 2011, S. 56). Das im vorhergehenden Abschnitt etablierte Auseinanderklaffen von Wert und Preis trifft daher auch für die Unternehmensbewertung im engeren und im weiteren Sinne zu.

5.4 Die volkswirtschaftliche Rolle der subjektiven Wertschätzungen

Es ist aus betriebswirtschaftlicher Sicht kein Wunder, daß die Bewertung von Unternehmen subjektiv ist. Jeder Investor, jeder Unternehmer hat andere Fähigkeiten und unter Umständen auch andere Pläne mit dem zu erwerbenden Objekt. Was der eine zu Gold machen kann, weil er es beispielsweise versteht, sich Synergieeffekte zu Nutze zu machen, erweist sich für den anderen als unsinnige Investition – und umgekehrt. Was der einzelne Investor braucht, ist eine Bewertung des Objekts, die seine persönlichen Vorstellungen und Fähigkeiten berücksichtigt. Genau das kann der Marktpreis nun allerdings nicht liefern. Der Marktpreis bildet für den Investor die Hürde, die er zu überspringen hat. Er gibt ihm jedoch keine Information darüber, ob sich der Kauf für ihn rentieren wird oder nicht.

Die Unterscheidung zwischen dem subjektiven Wert eines Gegenstandes und seinem tatsächlichen, wenn auch zumeist flüchtigen Marktpreis ist darüber hinaus aber auch von zentraler Bedeutung für das Verständnis der Funktionsweise der Marktwirtschaft. Nach Friedrich von Hayek (1937, 1945) ist es die wichtigste Aufgabe von Volkswirten, die Tendenz des Marktes zum Ausgleich von Angebot und Nachfrage zu erklären. Die entscheidende Frage ist, „wie die spontane Interaktion einer Anzahl von Leuten, die alle jeweils nur recht wenig wissen, einen Zustand herbeiführt, in dem die Preise den Kosten entsprechen" (Hayek, 1937, S. 4). Eine zentrale Rolle spielt dabei laut Hayek das Preissystem. Alle Marktteilnehmer sind über das Preissystem direkt oder indirekt miteinander verbunden. Indem sie kaufen und verkaufen, beeinflussen sie diese Preise. Ihre Kauf- und Verkaufsentscheidungen treffen sie dabei auf der Grundlage ihrer „Kenntnis der besonderen Umstände von Ort und Zeit" (Hayek, 1945, S. 521). Marktpreise reflektieren somit laut Hayek tendenziell das Wissen, das ansonsten in der Gesellschaft zerstreut wäre. Sie bündeln die zerstreuten Informationen bezüglich der Knappheit oder des Überflusses der gesellschaftlichen Ressourcen im Verhältnis zum vorhandenen Bedarf. Indem sich die Marktteilnehmer nun wiederum an diesen Preisen orientieren, passen sie ihr Handeln an die herrschenden Knappheitsverhältnisse an und verschwenden keine Ressourcen. Eine teure, das heißt knappe Ressource legen sie sich nur zu, wenn sie der Meinung sind, daß sie eine so nutzbringende Verwendung für sie haben, daß der hohe Preis aufgewogen wird. Indem das Preissystem das vorhandene Wissen bündelt, koordiniert es die Handlungen der Marktteilnehmer im Hinblick auf die Knappheit der Ressourcen.

Diese wichtigen Überlegungen Hayeks müssen an einer Stelle ergänzt werden. Die Marktteilnehmer speisen ihre „Kenntnis der besonderen Umstände von Ort und Zeit" in den Markt ein, indem sie kaufen oder verkaufen. Diese Handlungen werden aber nicht direkt durch ihre Kenntnis oder ihr Wissen motiviert. Was sie antreibt, sind selbstverständlich ihre Wertschätzungen. Nur dann, wenn es sich für sie lohnt, das entsprechende Gut zu kaufen oder zu verkaufen, werden sie einen entsprechenden Schritt gehen. Das Wissen um die besonderen Umstände von Zeit und Ort spielt dabei selbstverständlich eine große Rolle – nur ist diese Rolle eben eine indirekte. Das Wissen der Marktteilnehmer um ihre eigenen Bedürfnisse, ihre Fähigkeiten und die Eigenschaften ihrer Umgebung beeinflussen die Wertschätzung, die sie von den verschiedenen Gütern haben, und erst über diese Wertschätzung fließt dieses Wissen auch in die Marktpreise ein – eben dann, wenn die Marktteilnehmer auf Grundlage dieser Wertschätzungen Transaktionen durchführen.

Die von Hayek beschriebenen Marktprozesse, die das menschliches Handeln koordinieren und die Ressourcenverteilung organisieren, leben davon, daß Preise und Werte nicht identisch sind. Die Käufer und Verkäufer gehen offensichtlich davon aus, daß die Marktpreise nicht den objektiven Wert der Güter widerspiegeln, sondern nur ein unvollkommener Indikator der Knappheitsverhältnisse sind. Nur deswegen, weil die subjektiven Werte nicht den Preisen entsprechen, erhält der Markt ständig neue Informationen von den Marktteilnehmern, indem diese zu den herrschenden Preisen kaufen oder verkaufen und diese Preise damit beeinflussen. Sobald Unternehmen den Eindruck hätten, daß der Markt die Güter korrekt „bewertet", und daß ihre eigenen, subjektiven Bewertungen mit den Marktpreisen übereinstimmen, hätte der Markt ein Ende und es fänden keine Transaktionen mehr statt. Es wäre dadurch ja auch kein Gewinn mehr zu erzielen.

5.5 Die volkswirtschaftliche Rolle der Unternehmensbewertung

Aus Sicht von Investoren und Unternehmern ist es, wie gesagt, eine betriebswirtschaftlich sinnvolle (und oft notwendige) Angelegenheit, Unternehmen, Unternehmensanteile und Produktionsfaktoren zu bewerten. Auf diese Weise kommen sie zu Handlungsempfehlungen für ihr Gebaren auf dem Markt. Aus den Ausführungen des letzten Abschnitts ergibt sich nun auch zwanglos, welche volkswirtschaftliche Rolle die Unternehmensbewertung im Marktprozeß spielt. Sie trägt dazu bei, daß das Preissystem die Ressourcen in die Bahnen lenkt, die aus Sicht der Verbraucher gewünscht sind.

Wie in Abschn. 5.4 beschrieben, ist der Markt ein offener und dynamischer Prozeß. Einerseits informiert der Marktpreis die Marktteilnehmer über die Knappheitsverhältnisse in der Gesellschaft. Andererseits informieren die Marktteilnehmer den Markt über ihre subjektive Wertschätzung zu diesen Preisen und beeinflussen diese damit ihrerseits. Bei der Unternehmensbewertung handelt es sich nun um einen Vorgang, bei dem ganz bewußt und mit professionellen Methoden Wissen über die besonderen Umstände von Ort und Zeit gesammelt wird, um zu der Bewertung eines Unternehmens oder eines anderen Objekts zu kommen. Wenn auf Grundlage dieser Bewertung eine Transaktion durchgeführt wird, überträgt sich damit das professionelle, lokale und spezifische Wissen auf den oder die Marktpreise. Die Unternehmensbewertung informiert also nicht nur die potentiellen Käufer und Verkäufer von Unternehmen oder Unternehmensanteilen, sondern indirekt auch den Markt als Ganzes. Je zweckadäquater die Unternehmensbewertung ist, je mehr Wissen über spezielle, individuelle und subjektive Umstände sie verarbeitet und je mehr Methoden zur Berechnung von Risiken und Chancen sie beherrscht, desto besser zeigen auch die Marktpreise an, wie sich das Verhältnis aus Knappheit und Bedürfnissen in der Gesellschaft darstellt. Hering (2021, S. 337) deutet diesen Zusammenhang im Vorbeigehen an, indem er sagt, daß „subjektive Wertvorstellungen und individuelle Bewertungsmodelle Angebot und Nachfrage schaffen, die sich auf dem Markt täglich aufs Neue im Preis ausgleichen."

Natürlich hat die Unternehmensbewertung dabei nicht nur einen Einfluß auf die Preise von Unternehmen oder Unternehmensanteilen. Wie wir in Abschn. 5.3 gesehen haben, sind Unternehmen komplexe Gebilde. Wer ein Unternehmen auf Grund einer Unternehmensbewertung erwirbt und entsprechend seinen Vorstellungen umstrukturiert, beeinflußt damit auch die Märkte für Arbeit, Sachmittel und Finanzkapital. Auch auf diesen Märkten macht sich eine gute Unternehmensbewertung also dadurch bemerkbar, daß die Preise die Knappheitsverhältnisse besser darstellen.

5.6 Die volkswirtschaftliche Sinnlosigkeit der marktwertorientierten Bewertung

Ein wichtiger Aspekt der oben beschriebenen Marktprozesse ist das Auseinanderklaffen von Marktpreisen und subjektiven Werten. Die Funktionsweise des Marktes setzt voraus, daß die Preise nicht perfekt sind, daß sie nicht den objektiven Wert der Güter widerspiegeln und auch nicht sämtliche Informationen auf perfekte Weise bündeln. Sie sind Orientierungsgrößen und geben im Regelfall ein recht gutes Bild über die Knappheitsverhältnisse ab; aber sie sind eben auch im Fluß und geben nie den „richtigen" Wert der Dinge an.

Laut Blinder (2000, S. 20) gibt es nun aber zahlreiche marktorientierte und neoklassische Ökonomen, welche die „verblüffende intellektuelle Behauptung aufstellen" daß „alles, was ein Marktteilnehmer wissen muß, im Marktpreis enthalten ist." Anders gesagt funktioniert das Preissystem in dieser Sichtweise so gut, daß es keine Verwendung mehr für das subjektive Wissen und die subjektiven Wertschätzungen der Marktteilnehmer hat. Der Markt weiß selber alles am besten und spuckt somit auch die objektiv richtigen Werte für alle Güter aus. Aus dem offenen und dynamischen Marktprozeß, der Informationen aufsaugt, verarbeitet und wieder ausgibt, wird in der neoklassischen Vorstellung ein System, das stets in einem perfekten Zustand ist und stets die richtigen Werte kennt.

Die Konsequenzen dieser Sichtweise werden im Bereich der normalen Konsumgütermärkte, die man zum Beispiel im Rahmen des volkswirtschaftlichen Grundstudiums kennenlernt, noch nicht völlig klar. Denn wenn der Markt dort zwar auch als perfekt angenommen wird und die Marktpreise sämtliche Informationen enthalten, so ist das subjektive Element und sind die subjektiven Wertschätzungen immerhin noch insofern sichtbar, als die Nachfragekurven nach wie vor den typisch fallenden Verlauf haben. Auch unter der Annahme eines perfekten Marktes gibt es nämlich Menschen, die eine hohe Zahlungsbereitschaft für beispielsweise Pralinen haben, und andere, für die das nicht zutrifft.

Problematischer wird die neoklassische Vorstellung im engeren Bereich der Unternehmensbewertung. Bei der Anschaffung von Unternehmen oder Finanzanlagen geht es nicht um subjektive Präferenzen, sondern schlicht und ergreifend um Geld und Gewinne. In Abschn. 5.3 haben wir gesehen, daß die Bewertung von Unternehmen und selbst von reinen Finanzanlagen unter realen Bedingungen nicht eindeutig sein kann und von subjektiven Faktoren abhängt. Wenn man jedoch – wie die Neoklassik und die sich an ihr orientierende finanztheoretische (oder angelsächsische) Schule der Unternehmensbewertung – davon ausgeht, daß Marktpreise perfekt sind und den wahren Wert zukünftiger Zahlungsströme wiedergeben, fällt dieser Aspekt weg. Bei den in Frage stehenden Transaktionen werden nur noch Geldgrößen gegeneinander abgewogen, wobei persönliche Präferenzen keine Rolle mehr spielen. Unternehmen sind keine Pralinen, die einem schmecken müssen, sondern werden danach bewertet, welche Zahlungsströme sie versprechen. Und wenn der Preis dieser Zahlungsströme vom Markt richtig bestimmt wird, gibt er somit ihren objektiven und für alle Marktteilnehmer relevanten Wert an. Wert und Preis verschmelzen begrifflich (Hering, 2021, S. 336).

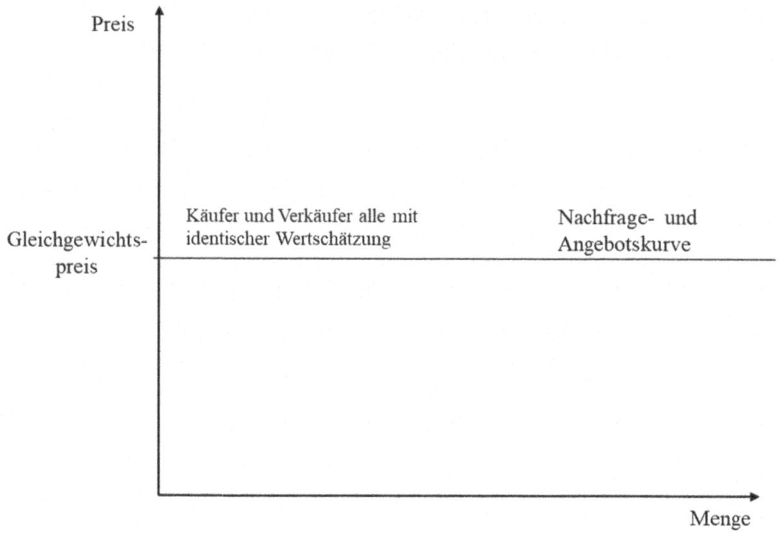

Abb. 5.2 Fehlender Markt, wenn Marktpreis = Wert

Wie man sich das vorzustellen hat, kann man in Abb. 5.2 sehen. Der vom Markt bestimmte Gleichgewichtspreis gibt den Wert des gehandelten Gutes an. Dieser Wert ist objektiv richtig und wird daher auch von allen als objektiv richtig anerkannt. Keiner ist bereit, mehr dafür zu zahlen, und keiner ist bereit, es für weniger herzugeben. Die Angebots- und die Nachfragekurve verlaufen völlig flach auf Höhe des Gleichgewichtspreises.

Aus dieser Darstellung läßt sich recht gut erkennen, was an der neoklassischen Bewertungstheorie das Problem ist. Es ist nämlich völlig schleierhaft, wie der Markt den Gleichgewichtspreis im Rahmen dieses Modells überhaupt finden und wie eine Tendenz in Richtung dieses Gleichgewichtspreises angeregt werden soll (Braun, 2022). Dadurch, daß die subjektiven Wertschätzungen der Marktteilnehmer mit dem Marktpreis zusammenfallen, besteht kein Mechanismus mehr, der den Markt ins Gleichgewicht bringen könnte. Die Werte reflektieren nur, was der Markt ohnehin schon weiß, und informieren ihn daher gar nicht (Schildbach, 2012, S. 525). Alle kennen den Gleichgewichtspreis bereits ex ante, womit der Markt als solches seine Bedeutung verliert. Auch ist unklar, wie sich die gleichgewichtige Menge bestimmen soll, wenn es keinen Schnittpunkt aus Angebots- und Nachfragekurve mehr gibt. Etwa aus der vorhandenen Kreditmenge? Das würde einem Mißbrauch der Geldpolitik durch Zentral- und Geschäftsbanken Tür und Tor öffnen.

Die marktwertorientierte Bewertungstheorie hat paradoxerweise den Markt aus ihrer Theorie verbannt und verfügt somit über keinen institutionellen Unterbau mehr, der erklären könnte, warum es überhaupt so etwas wie ein Gleichgewicht oder eine Tendenz dorthin geben sollte. Stattdessen wird jeder Marktpreis als richtig angenommen, egal wie dieser zustande gekommen ist. So erklärt sich auch, warum sich während des ungesunden Aufschwungs vor der Finanzkrise des Jahres 2007/2008 so wenig Widerstand gezeigt hat und so viele Investoren und Spekulanten die völlig überhöhten Preise für bare Münze genommen haben: Sie sind mit der finanztheoretischen Schule der Unternehmensbewertung schlicht und ergreifend davon ausgegangen, daß Marktpreise den Wert der Güter anzeigen, und sahen wenig Sinn darin, diesen „Wert" zu hinterfragen. Der Mißerfolg hat ihnen Unrecht gegeben. Damit es aber auch zu einer Einsicht kommt, muß offenbar noch ein größeres Unglück passieren. Dies zumindest legen das die Bemerkungen von Hering (2021, Anhang 3) über den Vormarsch der finanztheoretischen Schule nahe.

5.7 Schlußbemerkung

Am Ende dieses kurzen Aufsatzes möchte ich klarstellen, daß ich die neoklassische Theorie keineswegs für nutzlos halte. Wenn man sich fragt, wie sich eine Steuererhöhung oder andere Parameteränderungen auf Preise und Mengen auswirken werden, dann ergibt es Sinn, sich perfekte Märkte vorzustellen und sich die Folgen der Parameteränderung isoliert anzusehen. Bei derartigen komparativ statischen Analysen muß man von Störungen des Marktprozesses und Änderungen sonstiger Größen absehen. Was interessiert, sind nur die beiden (theoretischen) Gleichgewichte vor und nach einer Änderung sowie ihr Vergleich.

Im Rahmen eines solchen Verfahrens ist es legitim, die institutionellen Voraussetzungen der Marktwirtschaft und das Funktionieren des Marktprozesses als gegeben anzunehmen und mit dem perfekt rationalen Homo oeconomicus zu arbeiten (Braun, 2021). Ein Problem liegt jedoch dann vor, wenn die neoklassische Theorie und insbesondere die Konstruktion des allgemeinen Gleichgewichts für mehr gehalten wird als ein methodisches Instrument zur Untersuchung von Parameteränderungen und stattdessen als eine Beschreibung der Realität verkauft wird. Wenn man nämlich annimmt, daß Märkte stets im Gleichgewicht sind, und die Marktprozesse ignoriert, die überhaupt erst eine Tendenz in Richtung Ausgleich von Angebot und Nachfrage erzeugen, gelangt man recht schnell zu der Überzeugung, daß Marktpreise mehr sind als Austauschverhältnisse, daß sie stattdessen den Wert der Güter anzeigen.

Aus diesem Trugschluß, aus dieser Gleichsetzung von Wert und Marktpreis resultieren die zahlreichen Reformen der Marktwirtschaft in Richtung einer Marktwertorientierung, die wir in den letzten Jahrzehnten gesehen haben. Ich nenne hier nur einmal die Stichworte „Fair-Value-Bilanzierung" und „Shareholder-Value-Maximierung". Die Ironie dabei ist, daß es gerade liberale und marktfreundliche Ökonomen sind, die mit der Forderung nach solchen Reformen die Marktwirtschaft aushöhlen.

Im vorliegenden Aufsatz habe ich mich darauf konzentriert, die Rolle der Unternehmensbewertung im Marktprozeß darzustellen und die Problematik aufzuzeigen, die für diesen Marktprozeß damit verbunden ist, wenn es sich die Unternehmensbewertung zur Hauptaufgabe macht, Marktwerte abzubilden. Sie verliert dabei ihre wichtige Informationsfunktion für den Markt und sorgt dafür, daß der Markt eine Veranstaltung wird, von der unklar ist, auf welche Weise es überhaupt zu einem Ausgleich zu Angebot und Nachfrage kommen soll.

Literatur

Barton, A. D. (1974). Expectations and achievements in income theory. *The Accounting Review, 49*(4), 664–681.

Blinder, A. S. (2000). How the economy came to resemble the model. *Business Economics, 135*, 16–25.

Braun, E. (2021). The institutional preconditions of homo economicus. *Journal of Economic Methodology, 28*(2), 231–224.

Braun, E. (2022). Accounting for market equilibrium – Comparing the revenue-expense to the balance-sheet approach. *Accounting, Economics, and Law: A Convivium, 12*(1), article 1.

Follert, F. (2020). Squeeze-out and business valuation in Germany – A law and economics analysis of judicial decision-making. *Accounting, Economics and Law: A Convivium*, ahead of print. https://doi.org/10.1515/ael-2020-0118.

Follert, F., Herbener, J. M., Olbrich, M., & Rapp, D. J. (2018). Agree or disagree? On the role of negotiations for the valuation of business enterprises. *The Quarterly Journal of Austrian Economics, 21*(4), 315–338.

Hayek, F. A. (1937). Economics and knowledge. *Economica (New Series), 4*(13), 33–54.

Hayek, F. A. (1945). The use of knowledge in society. *The American Economic Review, 35*(4), 519–530.

Hering, T. (2021). *Unternehmensbewertung*. De Gruyter.

Hering, T., & Rollberg, R. (2011). Aus der Traum – „Demaskierung" der angelsächsischen Bewertungslehre. *Business + Innovation, 2*(1), 52–59.

Hering, T., Olbrich, M., & Rollberg, R. (2010). Zur angelsächsischen Bewertungstheorie als Mitursache der Finanzkrise. In F. Keuper & F. Neumann (Hrsg.), *Corporate Governance, Risk Management und Compliance: Innovative Konzepte und Strategien* (S. 29–43). Gabler.

Matschke, M. J., & Brösel, G. (2013). *Unternehmensbewertung. Funktionen – Methoden – Grundsätze* (4. Aufl.). Springer Gabler.

Menger, C. (1871). *Gesammelte Werke Band I: Grundsätze der Volkswirtschaftslehre* (S. 1968). Mohr.

von Mises, L. (1940). *Nationalökonomie. Theorie des Handelns und Wirtschaftens*. Editions Union.

Olbrich, M. (2000). Zur Bedeutung des Börsenkurses für die Bewertung von Unternehmen und Unternehmensanteilen. *Betriebswirtschaftliche Forschung und Praxis, 52*(5), 454–465.

Olbrich, M., Quill, T., & Rapp, D. J. (2015). Business valuation inspired by the Austrian School. *Journal of Business Valuation and Economic Loss Analysis, 10*, 1–43.

Rothbard, M. N. (2009). *Man, economy, and state: A treatise on economic principles* (2. Aufl.). Mises Institute.

Schildbach, T. (2012). Fair value accounting und Information des Markts. *Zeitschrift für betriebswirtschaftliche Forschung, 64*(5), 522–535.

Teil II

Unternehmensbewertung bei Mergers & Acquisitions

ESG in der Unternehmensbewertung

6

Robert C. Schmidt

6.1 Einführung

Environmental, Social und Governance (ESG) ist derzeit nicht nur in der wirtschaftswissenschaftlichen Literatur omnipräsent und stellt vor allem in der Finanzwelt einen echten Megatrend dar. Neben der allgemeinen gesellschaftlichen Tendenz zu mehr Nachhaltigkeit lässt sich dies vor allem mit der akuten Relevanz für Unternehmen begründen – denn ESG ist inzwischen nicht nur für die normativen Unternehmensziele und die Unternehmensreputation von Belang, sondern gewinnt auch durch vorhandene oder kommende Veröffentlichungspflichten gegenüber Stakeholdern zunehmend an Bedeutung. Dies ist allerdings nur eine Seite Medaille: Aus Sicht von Investoren ist ESG ebenfalls allgegenwärtig, denn auch Investmentkriterien und -strategien werden zunehmend auf ESG-Aspekte ausgerichtet – was sich neben der bereits erwähnten Nachhaltigkeitsorientierung vor allem auf eine höhere Renditeerwartung bei ESG-orientierten Investitionen zurückführen lässt (Boffo & Patalano, 2020).

Betrachtet man Veröffentlichung zu ESG und Unternehmenswert, so fällt auf, dass sich hier gewisse Themenschwerpunkte herausgebildet haben. Diese decken zwar jeweils einen Teilaspekt ab, sie lassen damit aber ein zusammenhängendes Bild oft vermissen:

- Der **wissenschaftliche Schwerpunkt** der Veröffentlichungen liegt meist auf dem Effekt und den Wirkungsweisen von ESG auf den Marktwert eines Unternehmens. Hier finden oft formal-analytische Modelle Anwendung, die untersuchen, wie ESG-Aspekte

R. C. Schmidt (✉)
IU Internationale Hochschule, Erfurt, Deutschland
E-Mail: robert.schmidt@iu.org

S. Behringer, F. Follert (Hrsg.), *Unternehmensbewertung und ökonomische Analyse*,
https://doi.org/10.1007/978-3-658-40235-8_6

auf einzelne Komponenten des Marktwerts wirken und ob sich dieser Effekt auch empirisch bestätigen lässt (z. B. (Giese et al., 2019)).

- **Veröffentlichungen von Beratungsgesellschaften** stellen meist auf die Wichtigkeit von und Wertgenerierung durch ESG-Aspekte ab. Es wird in einem ersten Schritt aufgezeigt, welchen Beitrag ESG zur Wertgenerierung bzw. -erhaltung hat, um sodann die möglichen Hebel der Wertbeeinflussung aufzuzeigen (z. B. (PricewaterhouseCoopers, 2021b)).
- **Finanzmarktorientierte Studien** fokussieren meist den Zusammenhang zwischen ESG-Ratings und generierten (Über-)Renditen einzelner Investments und leiten hieraus Rückschlüsse und Empfehlungen ab (z. B. (Clark, 2020)).
- Daneben häufen sich zuletzt **methodisch orientierte Veröffentlichungen**: Hier stehen zum einen die praktische Integration von ESG-Aspekten in den Instrumentenkasten der Unternehmensbewertung (z. B. (International Valuation Standards Council, 2020)) als auch die Umsetzung der anstehenden oder angedachten Veröffentlichungspflichten von ESG-Themen im Vordergrund (z. B. (Impact Management Project et al., 2020)).

Ziel dieses Beitrags ist es, die zuvor genannten Themenfelder miteinander zu verknüpfen und so einen Überblick über den aktuellen Stand von Forschung und Praxis zu ESG-Aspekten in der Unternehmensbewertung zu geben. Zudem soll gezeigt werden, wie einzelne ESG-Maßnahmen mittels ihres Beitrags zum Unternehmenswert bewertet werden können – um somit beispielsweise ihre Beurteilung aus Sicht der betroffenen Unternehmen oder deren Gesellschafter zu verbessern.

Bevor jedoch die Wirkungszusammenhänge von ESG und dem Unternehmenswert näher betrachtet werden, sollen die Grundlagen von ESG, ESG-Ratings sowie der Zusammenhang von ESG und finanzieller Performance von Unternehmen erläutert werden.

6.2 Grundlagen: ESG, Ratings & finanzielle Performance

6.2.1 Environmental, Social, Governance

Das Akronym ESG steht für die englischen Begriffe Environmental, Social, und Governance – welche im Deutschen üblicherweise mit Umwelt, Soziales und (verantwortungsvolle) Unternehmensführung übersetzt werden. ESG ist letztlich ein Faktorenkonzept, mit dem die Beurteilung und Abgrenzung nachhaltiger Unternehmensaktivitäten bzw. Finanzanlagen ermöglicht werden soll (Institut der Wirtschaftsprüfer, 2021).

Eine einheitliche Definition der unter die ESG-Kategorien fallenden Aspekte existiert bis heute nicht – sie sind aber meist der in Tab. 6.1 gezeigten Darstellung (nach Financial Accounting Standards Board, 2021) sehr ähnlich.

Der Begriff ESG wurde erstmals 2004 in einen Bericht der United Nations erwähnt (The Global Compact, 2004), in dem sich Vertreter der Finanzindustrie für eine bessere Integration von ökologischen, sozialen und führungsbezogenen Aspekten in das Asset-

Tab. 6.1 Übersicht ESG-Faktoren

Environmental	Social	Governance
Klimaveränderungen	Beziehung zur Gemeinschaft	Unbestechlichkeit und Antikorruption
Ökologische Auswirkungen (Umweltverschmutzung, Entwaldung, Verlust der biologischen Vielfalt)	Vielfalt, Gerechtigkeit und Inklusion	Geschäftsethik
Energiemanagement	Entwicklung des Humankapitals	Resilienz
Erneuerbare Energien	Personalentwicklung	Vielfalt in der Unternehmensführung
Treibhausgasemissionen	Datenschutz und Datensicherheit	Vergütung von Führungskräften
Prozessrisiken (z. B. Umweltkontamination)	Produktqualität und -sicherheit	Lobbying und politische Beiträge
Richtlinien und Vorschriften	Lieferkettenstandards	Eigentümerstruktur
Rohstoffbeschaffung		Steuertransparenz
Nachhaltige Produkte & Verpackungen		
Wasser & Abfallwirtschaft		

Management, den Wertpapierhandel sowie die damit verbundenen Analysen aussprachen. Die veröffentlichten Empfehlungen basieren auf der Überzeugung, dass Unternehmen mit einem besseren Umgang mit ESG-Themen auch ihren Shareholder Value steigern (beispielsweise aufgrund Erschließung neuer Märkte, besserem Risikomanagement etc.). Gleichzeitig wird unterstellt, dass ein besserer Umgang mit ESG „ultimately contribute to stronger and more resilient investment markets, as well as contribute to the sustainable development of societies" The Global Compact (2004, S. ii).

Inzwischen hat sich das ESG-Konzept in der Praxis und vor allem in der Finanzbranche weitestgehend etabliert und ist zu einem wesentlichen Kriterium bei Investitionsentscheidungen geworden (Boffo & Patalano, 2020, S. ii). Dies bestätigt auch eine neuerliche Umfrage aus dem Jahr 2021, in der 79 % von 325 befragten Investoren den Umgang eines Unternehmens mit ESG als einen für sie wichtigen Faktor in der Investitionsentscheidung betrachten (PricewaterhouseCoopers, 2021c). Eine wesentliche Voraussetzung hierfür ist es allerdings, dass ESG-Informationen bezüglich der betrachteten Unternehmen auch standardisiert zur Verfügung stehen. Die angedachte Corporate Sustainability Reporting Directive (CSRD) der EU (EUROPEAN COMMISSION, 2021) könnte dies bald gewährleisten: In den EU Sustainability Reporting Standards ist eine entsprechende Strukturierung der Reportingthemen anhand des ESG-Konzepts vorgesehen (European Financial Reporting Advisory Group, 2021). Allerdings befindet sich die CSRD immer noch im Vorschlagsstadium und wird für die betroffenen Unternehmen frühstens im Jahr 2024 verbindlich. Daher wird derzeit meist auf ESG-Ratings als Informationsquelle zurückgegriffen, welche inzwischen von einer großen Zahl von Anbietern zur Verfügung gestellt werden.

6.2.2 ESG-Ratings

Mit der zunehmenden Wichtigkeit von ESG für Investitionsentscheidungen steigt auch das Interesse an ESG-Informationen über Unternehmen. Doch bisher fehlt es an weltweiten, standardisierten Veröffentlichungspflichten für ESG-Informationen, wie sie beispielsweise für Finanzinformationen bereits etabliert sind. Diese Lücke versuchen inzwischen über 100 ESG-Datenanbieter zu schließen, wobei MSCI, Sustainalytics, ISS Quality Score sowie CDP Climate, Water and Forest Scores zu den weltweit führenden Anbietern von ESG-Ratings gehören (Wong und Petroy, 2020).

Die ESG-Ratings bewerten dabei die ESG-Qualität von Unternehmen auf der Gesamtebene oder innerhalb einzelner ESG-Themenfelder – meist indem die Leistung des Unternehmens innerhalb definierter ESG-Kriterien mittels eines Ratings beurteilt wird. Neben der Messung der eigentlichen ESG-Performance von Unternehmen wird damit ebenfalls ein Vergleich mit anderen Unternehmen ermöglicht. Allerdings nur theoretisch, denn jeder Ratinganbieter hat eigene Messmethoden, Gewichtungen und Vorgehensweisen, was die Vergleichbarkeit der Ratings verschiedener Rater deutlich erschwert und teilweise zu sehr unterschiedlichen Bewertungen eines Betrachtungsobjekts führen kann (Berg et al., 2022).

Die fehlende Vergleichbarkeit ist auf die anbieterabhängige Definition wichtiger ESG-Kriterien zurückzuführen: So nutzen einige Ratinganbieter einen eher wertesystemorientierten Ansatz – die ESG-Kriterien werden also nach den (subjektiven) Präferenzen des Raters ausgewählt und gewichtet. Demgegenüber stehen die finanzorientierten Ansätze, bei denen die ESG-Kriterien nach ihrem Einfluss auf bzw. das Risiko für das Geschäftsmodell ausgesucht und gewichtet werden (Eccles & Stroehle, 2018). Neben den Bewertungsverfahren liegt ein weiterer Unterschied in der Datenherkunft. So können die dem Rating zugrundliegenden Daten aus den veröffentlichten Unternehmensinformationen (z. B. Geschäfts- und Nachhaltigkeitsbericht) gewonnen werden, sie können aber auch auf einem direkten Kontakt mit dem Unternehmen in Form von Interviews oder Fragebögen basieren.

Obgleich die ESG-Ratings immer wieder kritisiert werden, sind sie ein wichtiges Informationsinstrument zur Beurteilung von Unternehmen geworden. Dies gilt vor allem für Investoren bei ihren Investitionsentscheidungen, aber auch bei Wissenschaftlern, welche die Ratings als Grundlage zur Untersuchung des Zusammenhangs von ESG und finanzieller Performance eines Unternehmens nutzen.

6.2.3 ESG und finanzielle Performance

Seit Mitte der 2000er-Jahre ist der Zusammenhang von ESG und der finanziellen Performance bzw. dem resultierenden Marktwert von Unternehmen immer wieder Bestandteil kontroverser Diskussion – sowohl in der Wissenschaft als auch in der Praxis. Insbesondere bei (Finanz-) Investoren scheint die Meinung jüngst jedoch eindeutig: Eine aktuelle Studie unter 198 Finanzinvestoren zeigt, dass für 66 % der Befragten die (Unternehmens-)Wertgenerierung bei Implementierung von ESG-Maßnahmen im Vordergrund steht PricewaterhouseCoopers (2021b). Noch konkreter wird eine andere Studie, in der 51 % der befragten Private-Equity-Investoren angaben, dass sie von einer Steigerung des Bewertungsmultiples nach ESG-Implementierung von 6 bis 10 % ausgehen – weitere 32 % gehen sogar von einer Steigerung von über 10 % aus PricewaterhouseCoopers (2021a).

Demgegenüber stehen allerdings unzählige wissenschaftliche Studien, welche ein deutlich differenzierteres Bild bzgl. des Zusammenhangs zeichnen. Die Studien zeigen sowohl eine positive, eine negative als auch keine Korrelation von ESG und der finanziellen Performance von Unternehmen (meist beurteilt anhand der Messgrößen Return-on-Assets, Return-on-Equity oder Börsenkurs) – mehrheitlich wird aber ein positiver Einfluss von ESG attestiert. So fasst eine viel zitierte Metastudie aus dem Jahr 2015 die Ergebnisse von über 2000 Einzelstudien zusammen und kommt zu dem Ergebnis, dass in 63 % der Untersuchungen ein positiver Zusammenhang zwischen ESG und der finanziellen Performance von Unternehmen besteht – lediglich 8 % der Ergebnisse zeigen einen negativen Zusammenhang (Friede et al., 2015). Dieses Bild wird von einer neueren Metaststudie bestätigt, welche in 58 % der über 1000 untersuchten Studien aus den Jahren 2015 bis 2020 eine positive Korrelation von ESG und finanzieller Performance fand (Whelan et al., 2021). Dieser positive Zusammenhang wird in den Studien meist mit der Stakeholder-Theorie erklärt – aber auch der Shared-Value, die Legitimacy-Theorie sowie der Resource-Based-View werden als Erklärungsansätze herangezogen.

Neben den eher auf die finanzielle Performance der Unternehmen abstellenden Untersuchungen existiert noch eine weitere Perspektive, welche eher eine Kapitalmarkt- bzw. Investorenorientierung hat und maßgeblich die Überrendite von Investitionen – meist gemessen mittels Alphafaktor – betrachtet. Hier zeigt sich ein ähnliches Bild in der zuletzt erwähnten Metastudie: Bei ca. 59 % der Untersuchungen konnte eine identische oder bessere Rendite von ESG-Investments im Vergleich zu konventionellen Investitionsobjekten festgestellt werden. Eine andere Studie beziffert diesen Effekt – also die Überrendite bei einem höheren ESG-Umsetzungsgrad – mit ca. 3,8 % p. a., verglichen mit der Rendite des Bloomberg US 3000 Index in den Jahren 2010 bis 2020 (Clark, 2020).

Eine dritte Perspektive von Untersuchungen nimmt eine andere Richtung ein: Sie betrachtet die Veränderung des Unternehmenswerts (meist beurteilt anhand des Börsenkurses) nach kommunizierten ESG-Vorkommnissen (z. B. Compliance-Verstößen, Umweltverunreinigungen etc.). Damit wird also weniger der Beitrag von ESG als vielmehr das aus ESG resultierende Risiko betrachtet – mit meist eindeutigem Ergebnis. So zeigt eine Studie aus dem Jahr 2021 einen deutlich negativen Effekt nach einem kommunizierten negativen ESG-Ereignis, sowohl auf den Börsenkurs selbst als auch auf Analystenempfehlungen. Dieser Effekt ist sowohl kurzfristig (ein Quartal) als auch langfristig (drei Jahre) messbar (Derrien et al., 2021). Eine andere Studie beziffert den durchschnittlichen Rückgang des Börsenkurses nach der Kommunikation eines ESG-Verstoßes mit 1,6 % kurzfristig (5 Tage nach Kommunikation) und 2,9 % langfristig (30 Tage nach Kommunikation) – wobei 265 kommunizierte ESG-Verstöße von DAX-Unternehmen in den Jahren 2000 bis 2019 untersucht wurden (Dziadkowiec & Daszynska-Zygadlo, 2021).

Unabhängig von der Perspektive sind den Untersuchungen zu diesem Themengebiet folgende Charakteristika gemein, die sowohl deren Aussagekraft einschränken, zugleich aber auch die teils sehr unterschiedlichen Ergebnisse erklären können (Brooks & Oikonomou, 2018):

1. Unterschiedliche Definitionen und Berechnung von ESG-Kriterien und finanzieller Performance bzw. Unternehmenswert,
2. teilweise sich widersprechende theoretische Erklärungsansätze,
3. Datensätze mit unterschiedlichen Variablen, Dimensionen und Zeiträumen sowie
4. Anwendung unterschiedlicher Auswertungsmethoden.

Daneben existiert zudem das Grundsatzproblem, dass meist nicht eindeutig zwischen Korrelation und Kausalität unterschieden werden kann (Krüger, 2015). So kann eine bessere finanzielle Performance beispielsweise mit einer guten Umsetzung von ESG-Aspekten begründet werden. Der Wirkungszusammenhang könnte aber auch genau andersherum sein: Unternehmen mit einer besseren finanziellen Performance haben möglicherweise mehr Ressourcen, um ESG-Aspekte verstärkt umzusetzen. Aus den genannten Gründen erscheint es lohnenswert, die Wirkungszusammenhänge von ESG auf den Unternehmenswert im Folgenden näher zu betrachten.

6.3 Wirkungszusammenhang von ESG auf den Unternehmenswert

Für den Wirkungszusammenhang von ESG auf den Unternehmenswert finden sich mannigfaltige Erklärungsansätze – einer der wichtigsten von ihnen nutzt dabei das Discounted-Cash-Flow- (DCF-) Modell (Gregory et al., 2014) und soll im Folgenden näher betrachtet werden. Analog dem allgemeinen DCF-Ansatz werden die ESG-Effekte dabei getrennt nach der Wirkung auf den Cashflow (Zähler) sowie die Kapitalkosten und somit auf die Höhe der Diskontierung (Nenner) erläutert.

6.3.1 Einfluss auf den (prognostizierten) Cashflow des Unternehmens

Der Einfluss von ESG auf den zukünftigen Cashflow von Unternehmen lässt sich in zwei Bereiche aufspalten: Zum einen wird durch die Ausrichtung auf ESG die Wettbewerbsfähigkeit und Profitabilität des Unternehmens und damit die Höhe des Cashflows selbst positiv beeinflusst. Zum anderen wird das unternehmensspezifische Risikoprofil verändert und dabei vor allem der Umgang mit unternehmensbedrohenden Risiken verbessert.

6.3.1.1 Cashflow-Profil

Obwohl die Umsetzung von ESG-Maßnahmen meist mit einem Aufwand verbunden ist (welcher in einem ersten Schritt mit einem reduzierten Cashflow einhergeht), zeigt die Mehrheit von Untersuchungen, dass die finanzielle Performance von Unternehmen – und damit letztlich auch das Cashflow-Profil – langfristig verbessert wird (Abschn. 6.2.3). Dieser Wirkungszusammenhang leitet sich über die bessere Wettbewerbsfähigkeit von ESG-fokussierten Unternehmen her, welcher sich aufgrund der Ausrichtung auf alle Stakeholder ergibt (Gregory et al., 2014). Koller et al. konkretisieren fünf Hebel, welche auf den Cashflow wirken (Koller et al., 2020, S. 117–123) und in Abb. 6.1 dargestellt sind.

Der erste Hebel betrifft das **Umsatzwachstum**. So wird unterstellt, dass die Ausrichtung auf ESG bei der Erschließung neuer Märkte und der Expansion in bestehenden Märkten helfen kann. Dies lässt sich zum einen produktseitig begründen, da nachhaltigere Produkte neue Kunden mit ggf. höherer Preisbereitschaft erreichen können. Zum anderen kommt hier auch die verbesserte Unternehmensreputation zum Tragen, welche sowohl beim Kundenzugang als auch bei der Erschließung neuer Märkte und Ressourcen helfen kann. Letzteres wird auch durch ein besseres soziales Kapital unterstützt – also ein besseres Netzwerk in beispielsweise Gesellschaft, Non-Profit-Organisationen, Interessensvertretungen, Behörden etc.

Der zweite Hebel fokussiert **Kostenreduzierungen**. In Zeiten stark steigender Rohstoffpreise erscheint ein Fokus auf einen effizienten Ressourcenverbrauch und Verschwendungsvermeidung bei Energie, Wasser, Material, seltene Erden etc. nicht nur aus ESG-Gründen sinnvoll. Letztlich wird durch einen bewussten Umgang mit Ressourcen auch die Unabhängigkeit bzw. Flexibilität des Unternehmens gestärkt.

Der dritte Hebel zielt auf die **Unabhängigkeit von regulativer Einflussnahme** ab. Sofern Unternehmen aufgrund von ESG bereits eine starke Orientierung nach außen und damit alle relevanten Stakeholder haben, ist das Risiko von regulativer Einflussnahme

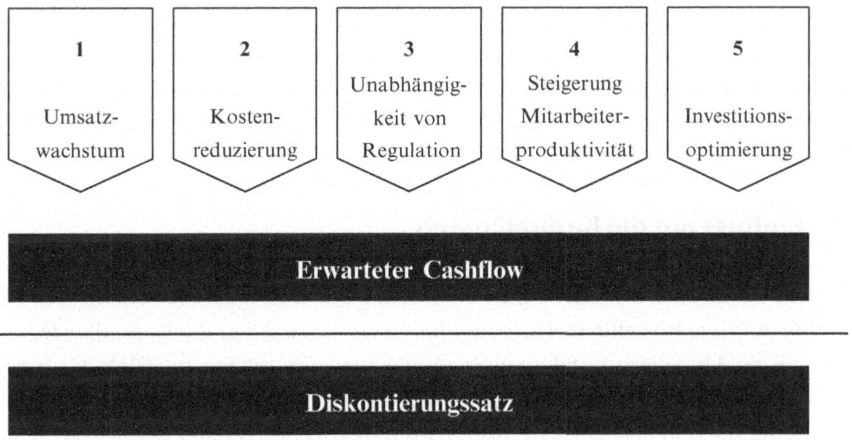

Abb. 6.1 ESG-Wirkungshebel auf das Cashflow-Profil

(z. B. staatliches Verbot von Dieselfahrzeugen, Bepreisung von Ressourcenverbräuchen etc.) begrenzt. Dies erlaubt nicht nur größere strategische Freiheiten bei Unternehmensentscheidungen sondern verringert zudem etwaige regulative Risiken für das Unternehmen.

Einen weiteren Hebel sehen die Autoren in der höheren **Mitarbeiterproduktivität**. Hiermit ist vor allem der schon oft bestätigte Effekt gemeint, dass aus einer höheren Mitarbeiterzufriedenheit eine bessere Produktivität und damit bessere finanzielle Performance für das Unternehmen resultiert. Insbesondere die sozialen und führungsbezogenen Aspekte von ESG tragen hier zu einer Steigerung der Mitarbeiterzufriedenheit und zur Mitarbeitermotivation bei. Zugleich wird das Unternehmen aufgrund der besseren Unternehmensreputation attraktiver für neue Mitarbeiter.

Der letzte Hebel betrachtet die **Optimierung der Investitions- und Anlagestrategie**. Eine stärkere ESG-Fokussierung von Unternehmen wirkt sich konsequenterweise auch auf deren Investitions- und Anlagestrategie aus und verändern damit die Kapitalallokation des Unternehmens. So werden nachhaltige und langfristige Investments fokussiert, welche typischerweise mit einer höheren Rendite (vgl. Abschn. 6.2.3) einhergehen.

Die gezeigten Hebel wirken sich also direkt auf die Profitabilität des Unternehmens aus und steigern mithin sowohl den Cashflow als auch eine potenzielle Dividende. Letzteres konnte in einer Untersuchung aus 2019 bestätigt werden, welche zeigt, dass Unternehmen mit einem höheren ESG-Ranking im Vergleich zu Unternehmen mit einem geringeren ESG-Ranking durchschnittlich eine höhere Profitabilität besitzen und typischerweise höhere Dividenden ausschütten (Giese et al., 2019).

6.3.1.2 Risikoprofil

Neben der direkten Beeinflussung des Cashflows existiert ein zweiter Einfluss auf den prognostizierten Cashflow, welcher insbesondere auf extreme und damit existenzbedrohende Risiken („tail risks") abstellt. So wird angenommen, dass implementierte ESG-Maßnahmen (z. B. Compliance-Standards, Verhaltenskodex, Risikomanagement etc.) zu einem deutlich besseren Umgang mit Risiken führen. ESG-orientierte Unternehmen sind demnach weniger anfällig für ESG-Verstöße (z. B. Korruption, Betrug, Veruntreuung etc.) und deren Folgen. Mittels besseren Risikosystems aufgrund ESG wird also ein extremer Effekt auf Cashflows und letztlich auch den Unternehmenswert (Abschn. 6.2.3) vermieden – und das Risikoprofil des Unternehmens folglich verbessert (Oikonomou et al., 2012).

6.3.2 Einfluss auf die Kapitalkosten

Neben dem Cashflow wird auch die Diskontierung und damit der Nenner im DCF-Modell durch ESG-Aspekte beeinflusst. Die beeinflusste Größe sind hier die Kapitalkosten, welche in den meisten Modellen mittels weighted average costs of capital (WACC) hergeleitet werden. In der praxisorientierten Literatur wird die Wirkung von ESG auf die Kapitalkosten häufig diskutiert – dort aber oft sehr unspezifisch bzw. verkürzt dargestellt (z. B. „Evidence is emerging that a better ESG score translates to about a 10 percent lower cost of capital,

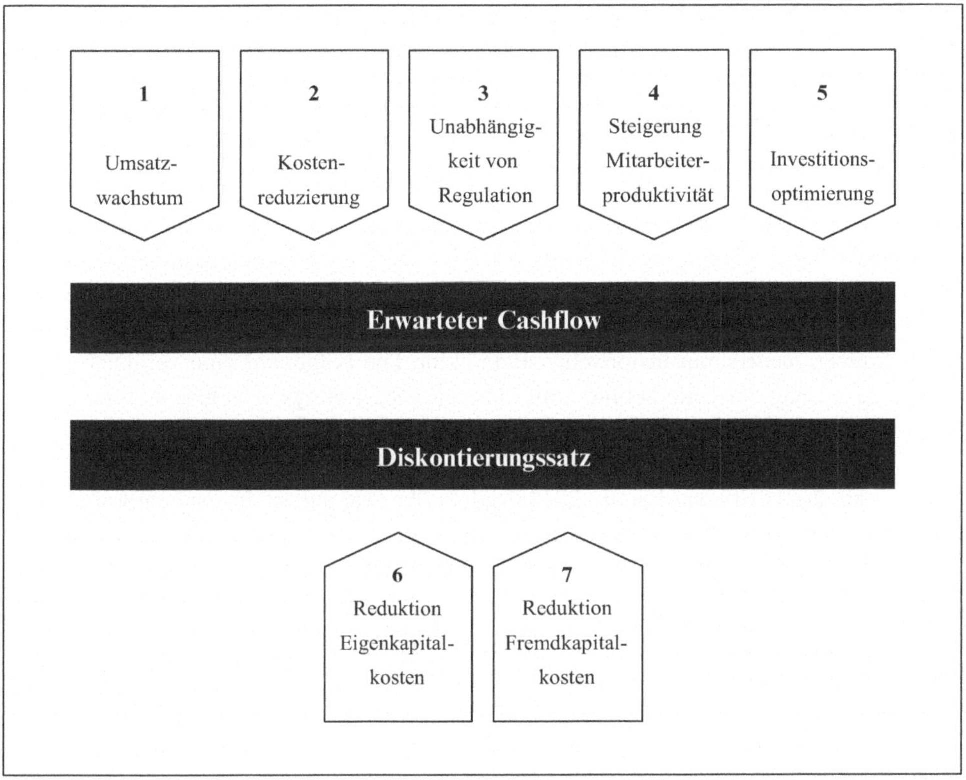

Abb. 6.2 ESG-Wirkungshebel auf den Unternehmenswert

as the risks that affect your business are reduced" (Bernow et al., 2020). Um die einzelnen Wirkungsweisen von ESG auf die Kapitalkosten besser zu verstehen, lohnt ein genauerer Blick und vor allem die getrennte Betrachtung von Eigen- und Fremdkapitalkosten, womit sich der Wirkungszusammenhang von ESG auf den Unternehmenswert auf sieben Hebel erweitert (Abb. 6.2).

6.3.2.1 Eigenkapitalkosten

Der Einfluss von ESG auf die Eigenkapitalkosten wird in den meisten Untersuchungen über das systematische Risiko – und damit den Betafaktor im capital asset pricing model (CAPM) – hergeleitet. So wird unterstellt, dass Unternehmen mit einem besseren ESG-Profil weniger anfällig für systematische Risikofaktoren sein sollten und daher ein geringeres systematisches Marktrisikoprofil zeigen (Gregory et al., 2014). Dies lässt sich auch intuitiv herleiten: Unternehmen mit einem ressourceneffizienteren Umgang sollten weniger von beispielsweise Rohstoffpreiserhöhung, Ressourcenbesteuerung, plötzlicher Rohstoffknappheit etc. betroffen sein.

Mit dieser geringeren Anfälligkeit gegenüber systematischen Risiken geht – der Logik des CAPM folgend – letztlich ein geringerer Betafaktor für Unternehmen mit einem besseren ESG-Profil einher. Dieser Umstand lässt sich auch in der Praxis beobachten: So zeigt eine Untersuchung aus 2018, dass der Betafaktor von den betrachteten ESG-Top-Performern bis zu 3 % niedriger als bei solchen Unternehmen mit einem schlechten ESG-Profil ist (Dunn et al., 2018). Mit dem geringeren Betafaktor geht ein geringeres unternehmensindividuelles Risiko einher – woraus eine geringere Risikoprämie und mithin geringere risikogerechte Eigenkapitalkosten resultieren.

Diese zunächst theoretischen Zusammenhänge konnten in einer Untersuchung von börsennotierten Unternehmen im Zeitraum 2007 bis 2017 auch in der Realität beobachtet werden: So zeigten die Unternehmen mit einem höheren ESG-Rating sowohl eine niedrigere systematische Volatilität, eine geringere Volatilität in den Unternehmensergebnissen als auch einen niedrigeren historischen Betafaktor. Die Folge war eine vergleichsweise höhere Bewertung bei Unternehmen mit höheren ESG-Ratings – welche sich durch ein höheres Kurs-Gewinn- bzw. Kurs-Buchwert-Verhältnis zeigte (Giese et al., 2019).

Die höhere Bewertung von ESG-Top-Performern leiten einige Autoren (beispielsweise Pástor et al., 2021; El Ghoul et al., 2011) zudem über veränderte Investmentpräferenzen und damit einhergehend die höhere Investorennachfrage her. So würden risikoaverse Investoren und solche mit einer hohen ESG-Affinität die Investition in Unternehmen mit einem niedrigeren ESG-Rating meiden – womit die Nachfrage nach (und somit die Bewertung von) Unternehmen mit einem hohen ESG-Rating steigt. Als zusätzlicher Faktor wird meist auch noch auf die Informationsasymmetrie verwiesen, welche bei Unternehmen mit einem besseren ESG-Rating geringer sein sollte – was wiederum die Attraktivität des Investments erhöht.

Während sich die Zusammenhänge von ESG und den Eigenkapitalkosten recht eingängig herleiten lassen, lässt sich der Effekt bis heute nur schwer quantifizieren. Die meisten Untersuchungen bestätigen zwar einen Zusammenhang (beispielsweise Piechocka-Kaluzna et al., 2021) – quantifizieren die Effekte aber nicht direkt. Einen Anhaltspunkt liefert Lodh (2020), der bei seiner Analyse von börsennotierten Unternehmen mit unterschiedlichen ESG-Ratings im Zeitraum 2015 bis 2019 einen relativen Unterschied in den Eigenkapitalkosten von ca. 5 % feststellen konnte (ca. 0,4 %-Punkte). In Emerging Markets – also Unternehmen mit eher höherem Risiko und höherer Informationsasymmetrie – ist der Unterschied noch wesentlich höher (ca. 2 %-Punkte bzw. ca. 18 % der Eigenkapitalkosten).

6.3.2.2 Fremdkapitalkosten

Neben den Eigenkapitalkosten bestehen die gewichteten durchschnittlichen Kapitalkosten auch aus den Fremdkapitalkosten – welche ebenfalls von ESG beeinflusst werden. Zum einen spiegeln sich hier das bereits erwähnte, durch ESG-Maßnahmen verbesserte Risikoprofil (Abschn. 6.3.1.2) und zum anderen die bessere finanzielle Performance (Abschn. 6.2.3) wieder – welche mit einem geringeren Risikoaufschlag bei der Kreditvergabe einhergehen. So konnte in Untersuchungen gezeigt werden, dass sich eine verbesserte Corporate-Governance-Struktur (einer der bedeutendsten ESG-Aspekte) deutlich positiv und damit mindernd auf die Kapitalkosten auswirkt (Switzer et al., 2018). Zum anderen lassen sich die geringeren Fremdkapitalkosten auch auf das Verhalten der Akteure selbst zurückführen: So fordern inzwischen immer mehr Fremdkapitalgeber die Einhaltung von ESG-Kriterien ein oder schließen gar ganze Branchen als Kreditnehmer aus – womit der Zugang zu und das Angebot an Krediten für solche Unternehmen mit einem schlechten ESG-Rating deutlich erschwert wird und die Fremdkapitalkosten für die betroffenen Unternehmen mithin höher sind (Ratajczak & Mikołajewicz, 2021). Zusätzlich lässt sich in letzter Zeit vermehrt die Anwendung von ESG-Margin-Ratchets in Kreditverträgen beobachten – also die Reduzierung der Zinskosten bei der Erreichung von zuvor festgelegten ESG-Kriterien (z. B. CO_2-Fußabdruck, Anteil erneuerbaren Energien etc.). Während dieser Abschlag von den Zinskosten früher ausschließlich auf die finanzielle Performance des Unternehmens ausgerichtet war, erfolgt die Orientierung hier zusätzlich oder ausschließlich an ESG-Kennzahlen – womit die Kredite entsprechend zu sogenannten sustainability linked loans (SLL) werden.

Wie auch bei den Eigenkapitalkosten lässt sich der Effekt auf die Fremdkapitalkosten bisher nur schwer quantifizieren. Während eine Vielzahl von Studien zwar einen Zusammenhang von ESG und Fremdkapitalkosten bestätigen (z. B. (Ratajczak & Mikołajewicz, 2021)), fehlt auch hier eine direkte Quantifizierung. Erneut liefert Lodh (2020) mit seiner Analyse hierfür einen Anhaltspunkt und sieht in dem betrachteten Zeitraum einen Unterschied der Fremdkapitalkosten zwischen Unternehmen mit hohem und niedrigen ESG-Rating von ca. 0,75 %-Punkten (ca. 30 % der Fremdkapitalkosten).

6.4 Der Wertbeitrag von ESG-Maßnahmen

6.4.1 Werterhalt vs. Wertsteigerung

Nachdem die Wirkungszusammenhänge von ESG auf den Unternehmenswert bekannt sind, wird in diesem Abschnitt die Richtung der Unternehmenswertveränderung durch ESG näher beleuchtet. So kann die ESG-Thematik aus einer wertsteigernden Perspektive (welche Maßnahmen wirken sich positiv auf den Unternehmenswert aus) und aus einer wertvernichtenden Perspektive (welche (unterlassenen) ESG-Aspekte wirken sich negativ auf den Unternehmenswert aus) betrachtet werden. Abb. 6.3 veranschaulicht dies durch die Stufen Wertvernichtung, Werterhalt und Wertsteigerung.

Von einer **Wertvernichtung** – bezogen auf den heutigen Unternehmenswert – kann ausgegangen werden, wenn das betrachtete Unternehmen entweder einen wesentlichen ESG-Verstoß verzeichnet (siehe Abschn. 6.2.3) oder sich der ESG-Thematiken nicht annimmt. Bei Letzterem ist – insbesondere unter der Annahme, dass Wettbewerber ihr ESG-Profil stärken werden – von Wettbewerbsnachteilen (z. B. Kundenverlusten, Mitarbeiterverlusten, Reputationsverlust etc.) und höheren Kapitalkosten auszugehen. Beides würde sich negativ auf den Unternehmenswert auswirken und diesen entsprechend senken.

Die erste Reaktion des Unternehmens auf diese potenzielle Wertvernichtung wird es sein, hierfür entsprechende Gegenmaßnahmen zu definieren und so den **Werterhalt** zu

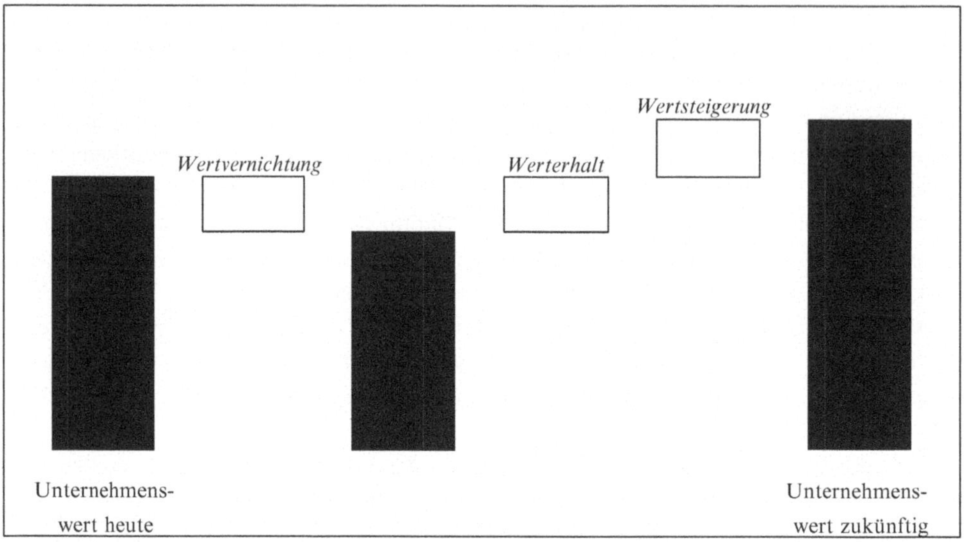

Abb. 6.3 Wertvernichtung, Werterhalt und Wertsteigerung durch ESG

gewährleisten. Im Vordergrund steht also ein Mindestmaß an ESG-Aktivitäten, welche einen potenziellen Wertverlust entgegenwirken können, beispielsweise die Etablierung von Compliancesystemen zur Vermeidung von ESG-Vorfällen, die Durchsetzung von Nachhaltigkeitsstandards, die Einhaltung von Arbeitsrechten etc.

Als weitere Stufe ist dann die **Wertsteigerung** zu sehen. In ihr steht nicht die Kompensation von potenziellen Wertverlusten im Vordergrund, sondern vielmehr die aktive Steigerung des Unternehmenswerts mittels geeigneter, zusätzlicher Maßnahmen – die auf den zuvor genannten sieben Werthebeln (Abschn. 6.3) basieren.

Für Unternehmen bzw. deren Gesellschafter stehen hierbei verschiedene ESG-Maßnahmen im Rahmen des Werterhalts und der Wertsteigerung zur Verfügung – allerdings wird die Wirkung auf den Unternehmenswert jeweils unterschiedlich sein. Aus Sicht des Unternehmens müssen also diejenigen ESG-Maßnahmen identifiziert werden, welche einen besonders starken Effekt auf den Unternehmenswert haben. Damit stellt sich die Frage, wie dieser Effekt für die Maßnahmen identifiziert bzw. monetarisiert werden kann.

6.4.2 Die Quantifizierung des Wertbeitrags von ESG-Maßnahmen

Bereits in Abschn. 6.2.2 hat sich gezeigt, dass sich die Bewertungsverfahren von ESG von Rater zu Rater unterscheiden und es offensichtlich an einem Standard bzw. einem allgemein akzeptierten Bewertungsverfahren fehlt. Diese Problematik ist nicht nur dem ESG-Thema inhärent: So hält beispielsweise das Thema Nachhaltigkeit seit den 1990er-Jahren Einzug in Unternehmen und Wissenschaft – doch bis heute herrscht große Verunsicherung bezüglich der Vergleichbarkeit, Anwendbarkeit sowie Praxisrelevanz von Messverfahren und Bewertungsinstrumenten. Dies ist keineswegs auf eine fehlende Methodenvielfalt zurückzuführen, sondern vielmehr auf die jeweils unterschiedlichen Zieldimensionen der Instrumente. Als Beispiele seien hier Sozio-Ökoeffizienz-Analyse, Kosten-Nutzen-Analyse, Ökoeffizienz-Analyse, Kosten-Wirksamkeits-Analyse, Ökobilanz oder Stoffflussanalyse genannt, welche alle in sich geschlossene Bewertungsinstrumente der Nachhaltigkeit darstellen. Sie verfolgen aber jeweils eine andere Leitfrage und Zieldimension, was deren Ergebnisse nur schwer vergleichbar macht (Andes et al., 2019).

Damit geht auch automatisch die Problematik einher, dass sich die Nachhaltigkeit und damit letztlich auch ESG nur schwer in das monetäre Unternehmenszielsystem integrieren lassen. Denn sobald eine ESG-Maßnahme über ihre reine Verbrauchseffizienz hinaus bewertet werden soll, fällt die Beurteilung im Vergleich zu einem monetären Ziel (z. B. Unternehmenswertsteigerung) schwer. Beispielhaft lässt sich das anhand einer ESG-Maßnahme für eine Produktionsmaschine aufzeigen: Sofern eine Maßnahme zu einer höheren Effizienz und damit weniger Ressourcenverbrauch führt, kann sowohl ein Nachhaltigkeitsziel (geringe Umweltwirkung) als auch ein wirtschaftliches Ziel (geringere Ressourcenkosten) erreicht sein. Schwieriger wird es jedoch, wenn mit einer Maßnahme beispielsweise der Verbrauch von umweltschädlichen Betriebsstoffen verringert oder eingestellt werden soll – zugunsten teurerer, aber erheblich umweltverträglicherer Ersatzstoffe. Den anfallenden Auszahlungen für die Maßnahmenumsetzung stehen hier ggf. keine direkten Einsparungen oder Einzahlungen gegenüber – womit zwar das Nachhaltigkeitsziel (geringe Umweltwirkung) erreicht ist aber ein Bezug zum monetären Ziel (mit Ausnahme der Auszahlungen) nicht vorgenommen werden kann.

Diese grundsätzliche Problematik erscheint in Anbetracht der in Abschn. 6.3 beschriebenen Zusammenhänge nunmehr – zumindest modellhaft – lösbar, denn: Sofern ein allgemeiner Zusammenhang zwischen ESG und dem Unternehmenswert besteht, muss auch ein konkreter Zusammenhang zwischen einzelnen ESG-Maßnahmen und dem Unternehmenswert existieren. Die Quantifizierung dieser spezifischen Unternehmenswertveränderung lässt sich dann anhand der vorgestellten sieben Werthebel vornehmen und damit der spezifische Wertbeitrag einzelner ESG-Maßnahmen bestimmen.

Ausgangsbasis für die eine solche Bewertung ist jeweils der Unternehmenswert (berechnet auf Basis der DCF-Methodik) vor der betrachteten Maßnahme. Die entsprechende ESG-Maßnahme wird diesen Wert dann planerisch verändern – und zwar durch die sieben vorgestellten Wirkungsmechanismen sowie den zugehörigen Auszahlungen für die Maßnahme selbst:

- Senkung des Cashflows aufgrund der einmalig oder laufend anfallender Auszahlungen.
- Erhöhung des Cashflows aufgrund eines ggf. vorhandenen Umsatzwachstums (erster Hebel).
- Erhöhung des Cashflows aufgrund der Effekte der Hebel 2 bis 5 (Kostenreduzierung, Unabhängigkeit von Regularien, Mitarbeiterproduktivität sowie Investitionsoptimierung).
- Verringerung der Kapitalkosten (Hebel 6 und 7).

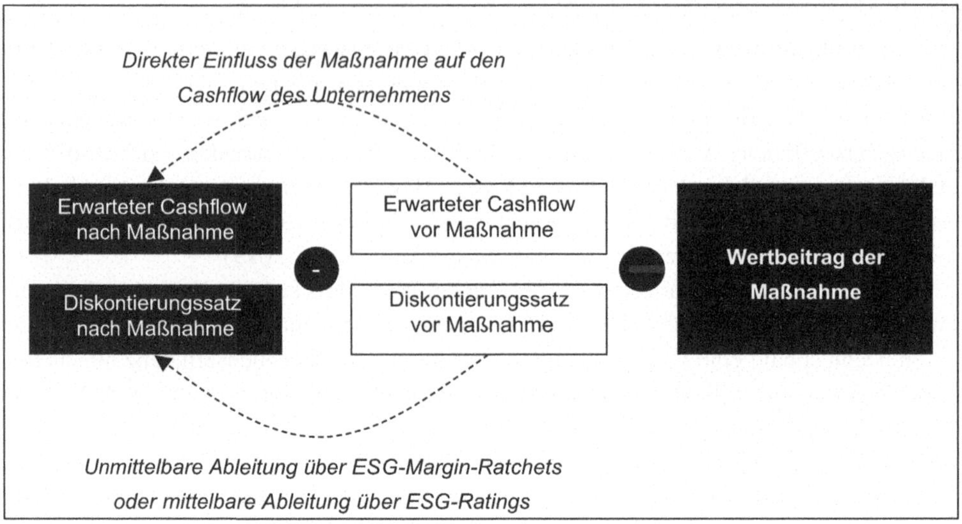

Abb. 6.4 Der Wertbeitrag von ESG-Maßnahmen

Diese planerischen Veränderungen führen zu einem neuen Unternehmenswert nach der betrachteten ESG-Maßnahme – womit die Differenz zwischen den beiden Unternehmenswerten dem Wertbeitrag der betrachteten Maßnahme entspricht (Abb. 6.4).

Während eine monetäre Bewertung von Maßnahmen über die Veränderungen des Cashflows keinen Neuigkeitswert besitzt, hat die Betrachtung der veränderten Kapitalkosten das Potenzial, die ESG-Zielebene erstmals mit der monetären Zielebene zu verbinden. Denn selbst wenn eine ESG-Maßnahme keinen positiven Effekt auf den Cashflow des Unternehmens hat (beispielsweise im Falle von einer monetär nicht messbaren, geringeren Umweltwirkung), kann dennoch ein Wertbeitrag über die geringeren Kapitalkosten entstehen.

Die Veränderung der Kapitalkosten durch eine spezifische ESG-Maßnahme ist dabei entweder mittelbar oder unmittelbar ableitbar:

a. Sofern das Unternehmen ganz oder teilweise durch SLL finanziert ist, kann ein ESG-Margin-Ratchet betroffen sein und damit die Fremdkapitalkosten **unmittelbar** sinken.
b. Sofern keine unmittelbare Ableitung möglich ist, besteht die Möglichkeit, die Auswirkung der Maßnahme auf das ESG-Rating des Unternehmens zu betrachten und daraus **mittelbar** die Veränderung der Kapitalkosten abzuleiten.

An dieser Stelle besteht allerdings noch weiterer Forschungsbedarf: Es bedarf einer konkreten mathematischen Formulierung, welche den Zusammenhang von ESG-Ratings und Kapitalkosten quantifiziert. Dies scheint jedoch in Anbetracht der Ausführungen in Abschn. 6.3.2 ein leistbarer Aufwand zu sein und es ist davon auszugehen, dass diese Forschungslücke alsbald geschlossen wird. Die vorgestellte modellhafte Betrachtung lässt allerdings bereits das Potenzial eines solch messbaren Wertbeitrags von ESG-Maßnahmen erkennen – vor allem die mögliche Integration von ESG in das monetäre Zielsystem eines Unternehmens.

6.5 Zusammenfassung und kritische Würdigung

ESG ist seit seiner erstmaligen Erwähnung im Jahr 2004 zu einem bedeutenden Faktor für Gesellschaft, Unternehmen und Investoren geworden. Viele Untersuchungen zeigen zudem, dass ein positiver Zusammenhang zwischen ESG-Umsetzungsgrad und finanzieller Performance eines Unternehmens besteht. Dies hat nicht zuletzt auch einen positiven Einfluss auf den Unternehmenswert, was sich im Wesentlichen auf die Wirkung von ESG auf den Cashflow des Unternehmens, das verbesserte Risikosystem sowie geringere Kapitalkosten zurückführen lässt. Dieses Erklärungsmodell würde es zudem ermöglichen, den konkreten Unternehmenswertbeitrag einzelner ESG-Maßnahmen eines Unternehmens abzuleiten – allerdings fehlt es bisher an einer adäquaten Quantifizierung des Zusammenhangs von ESG-Ratings und Kapitalkosten. Letzteres wäre allerdings die Voraussetzung, um die Auswirkungen einer ESG-Maßnahme mittels eines ESG-Ratings in geringere Kapitalkosten übersetzen zu können.

Neben dieser Forschungslücke existieren aber noch weitere Kritikpunkte bzgl. ESG und Unternehmensbewertung. So kommt keinesfalls jede Untersuchung zu dem Schluss, dass aus ESG-Aspekten auch immer ein Vorteil für das Unternehmen entsteht. Eine Vielzahl von Studien zeigt keinen oder gar einen negativen Zusammenhang (Gillan et al., 2021). Und selbst wenn in einer Untersuchung ein positiver Zusammenhang gefunden wurde, sind deren Ergebnisse stets kritisch zu hinterfragen. Denn zum einen wird zur Bewertung ein Maßstab zur Bewertung der ESG-Qualität eines Unternehmens benötigt – wobei in den meisten Fällen auf vorhandene ESG-Ratings zurückgegriffen wird. Doch einige Untersuchungen zeigen, dass diese Ratings sowohl zu sehr unterschiedlichen Ergebnissen im Vergleich zueinander – teils aber auch im Zeitverlauf bei nur einem Ratinganbieter kommen – was zu Ergebnisverzerrungen oder gar im Nachhinein falschen Ergebnissen führen kann (Berg et al., 2021). Darüber hinaus werden Informationen zu ESG-Ratings und finanzieller Performance oft vom selben Anbieter zur Verfügung gestellt – teilweise wertet dieser auch den identifizierten Zusammenhang von ESG und finanzieller Performance bzw. Überrendite aus. Da die ESG-Informationsversorgung von Investoren inzwischen zu einem bedeutenden wirtschaftlichen Faktor geworden ist, kann unterstellt werden, dass seitens der Informationsanbieter auch ein gewisses Interesse daran besteht, einen positiven Zusammenhang von ESG und Performance zu kommunizieren. Zuletzt sei nochmals auf die bei der ESG-Thematik omnipräsente, aber immer noch offene Kausalitätsproblematik hingewiesen: Bis heute lässt sich nicht eindeutig sagen, ob Unternehmen finanziell erfolgreicher sind, weil sie einen stärkeren ESG-Fokus haben oder deswegen einen stärkeren ESG-Fokus haben, weil sie finanziell erfolgreicher sind (und daher über die Ressourcen verfügen).

Trotz der genannten Kritikpunkte ist aufgrund der immer stärkeren Ausrichtung von Investoren auf ESG davon auszugehen, dass das Thema ESG in der Unternehmensbewertung in Zukunft noch mehr an Relevanz gewinnen wird. Damit geht auch einher, dass die ESG-Aspekte bestenfalls direkt in das Bewertungsinstrumentarium der Unternehmensbewertung integriert werden sollten – wofür dieser Beitrag einen ersten Ansatz geliefert hat.

Literatur

Andes, L., Lützkendorf, T., Ströbele, B., Kopfmüller, J., & Rösch, C. (2019). *Methodensammlung zur Nachhaltigkeitsbewertung. Grundlagen, Indikatoren, Hilfsmittel.* Karlsruher Institut für Technologie – KIT. https://www.oew.kit.edu/downloads/Methodensammlung%20zur%20Nachhaltigkeitsbewertung.pdf. Zugegriffen am 30.04.2022.

Berg, F., Fabisik, K., & Sautner, Z. (2021). Rewriting history II: The (un)predictable past of ESG ratings. *SSRN Electronic Journal.*

Berg, F., Kölbel, J. F., & Rigobon, R. (2022). Aggregate confusion: The divergence of ESG ratings. *SSRN Electronic Journal.*

Bernow, S., Nuttal, R., & Brown, S. (2020). *Why ESG is here to stay.* McKinsey & Company. https://www.mckinsey.com/business-functions/strategy-and-corporate-finance/our-insights/why-esg-is-here-to-stay. Zugegriffen am 30.04.2022.

Boffo, R., & Patalano, R. (2020). *ESG investing: Practices, progress and challenges.* OECD. http://www.oecd.org/finance/ESG-Investing-Practices-Progress-and-Challenges.pdf. Zugegriffen am 30.04.2022.

Brooks, C., & Oikonomou, I. (2018). The effects of environmental, social and governance disclosures and performance on firm value: A review of the literature in accounting and finance. *The British Accounting Review, 50*(1), 1–15.

Clark, C. (2020). *ESG improvers: An alpha enhancing factor.* Rockefeller Asset Management. https://rcmbrand.rockco.com/wp-content/uploads/2021/10/ESG-Improvers-Whitepaper_vFinal-102021.pdf. Zugegriffen am 30.04.2022.

Derrien, F., Krueger, P., Landier, A., & Yao, T. (2021). *ESG news, future cash flows, and firm value* (Research Paper Series 21–84). Swiss Finance Institute.

Dunn, J., Fitzgibbons, S., & Pomorski, L. (2018). Assessing risk through environmental, social and governance exposures. *Journal of Investment Management, 16*(1), 4–17.

Dziadkowiec, A., & Daszynska-Zygadlo, K. (2021). Disclosures of ESG misconducts and market valuations: Evidence from DAX companies. *Engineering Economics, 32*(2), 95–103. https://doi.org/10.5755/j01.ee.32.2.25209

Eccles, R. G., & Stroehle, J. (2018). Exploring social origins in the construction of ESG measures. *SSRN Electronic Journal.*

El Ghoul, S., Guedhami, O., Kwok, C. C., & Mishra, D. R. (2011). Does corporate social responsibility affect the cost of capital? *Journal of Banking & Finance, 35*(9), 2388–2406. https://doi.org/10.1016/j.jbankfin.2011.02.007

EUROPEAN COMMISSION. (2021). *Proposal for a DIRECTIVE OF THE EUROPEAN PARLIAMENT AND OF THE COUNCIL amending Directive 2013/34/EU, Directive 2004/109/EC, Directive 2006/43/EC and Regulation (EU) No 537/2014, as regards corporate sustainability reporting.* https://eur-lex.europa.eu/legal-content/EN/TXT/PDF/?uri=CELEX:52021PC0189&from=EN. Zugegriffen am 20.07.2023.

European Financial Reporting Advisory Group. (2021). *Proposals for a relevant and dynamic EU sustainability reporting standard setting. Final report.* https://www.efrag.org/Assets/Download?

assetUrl=%2Fsites%2Fwebpublishing%2FSiteAssets%2FEFRAG%2520PTF-NFRS_MAIN_REPORT.pdf. Zugegriffen am 30.04.2022.

Financial Accounting Standards Board. (2021). *FASB staff educational paper. Intersection of environmental, social, and governance matters with financial accounting standards*. https://www.fasb.org/page/ShowPdf?path=FASB_Staff_ESG_Educational_Paper_FINAL.pdf&title=-FASB%20Staff%20Educational%20Paper-Intersection%20of%20Environmental. Zugegriffen am 30.04.2022.

Friede, G., Busch, T., & Bassen, A. (2015). ESG and financial performance: Aggregated evidence from more than 2000 empirical studies. *Journal of Sustainable Finance & Investment, 5*(4), 210–233.

Giese, G., Lee, L.-E., Melas, D., Nagy, Z., & Nishikawa, L. (2019). Foundations of ESG investing: How ESG affects equity valuation, risk, and performance. *The Journal of Portfolio Management, 45*(5), 69–83.

Gillan, S. L., Koch, A., & Starks, L. T. (2021). Firms and social responsibility: A review of ESG and CSR research in corporate finance. *Journal of Corporate Finance, 66*.

Gregory, A., Tharyan, R., & Whittaker, J. (2014). Corporate social responsibility and firm value: Disaggregating the effects on cash flow, risk and growth. *Journal of Business Ethics, 124*(4), 633–657.

Impact Management Project, World Economic Forum & Deloitte. (2020). *Reporting on enterprise value. Illustrated with a prototype climate-related financial disclosure standard.* Progress towards a comprehensive corporate reporting system, from leading sustainability and integrated reporting organisations CDP, CDSB, GRI, IIRC and SASB. https://29kjwb3armds2g3gi4lq2sx1-wpengine.netdna-ssl.com/wp-content/uploads/Reporting-on-enterprise-value_climate-prototype_Dec20.pdf. Zugegriffen am 30.04.2022.

Institut der Wirtschaftsprüfer. (2021). *Fragen und Antworten zur Berücksichtigung von ESG-bezogenen Aspekten in IFRS-Abschlüssen*. https://www.idw.de/blob/133980/f41dd7d1891e62587338391b18a891c4/down-esg-ifrs-data.pdf. Zugegriffen am 30.04.2022.

International Valuation Standards Council. (2020). *Perspectives paper: ESG and business valuation*. https://www.ivsc.org/wp-content/uploads/2021/09/Perspectivespaper-ESGinBusinessValuation.pdf. Zugegriffen am 30.04.2022.

Koller, T., Goedhart, M., & Wessels, D. (2020). *Valuation. Measuring and managing the value of companies* (7. Aufl.). Wiley.

Krüger, P. (2015). Corporate goodness and shareholder wealth. *Journal of Financial Economics, 115*(2), 304–329.

Lodh, A. (2020). *ESG and the cost of capital, MSCI*. https://www.msci.com/www/blog-posts/esg-and-the-cost-of-capital/01726513589. Zugegriffen am 30.04.2022.

Oikonomou, I., Brooks, C., & Pavelin, S. (2012). The impact of corporate social performance on financial risk and utility: A longitudinal analysis. *Financial Management, 41*(2), 483–515.

Pástor, Ľ., Stambaugh, R. F., & Taylor, L. A. (2021). Sustainable investing in equilibrium. *Journal of Financial Economics, 142*(2), 550–571.

Piechocka-Kaluzna, A., Tluczak, A., & Lopatka, P. (2021). The impact of CSR/ESG on the cost of capital: A case study of US companies. *European Research Studies Journal, XXIV*(Special Issue 3), 536–546.

PricewaterhouseCoopers. (2021a). *2022 EU private markets: ESG reboot. Creating alpha and meeting investors' needs: A matter of survival*. https://www.pwc.lu/en/sustainable-finance/docs/pwc-eu-private-markets-esg-reboot.pdf. Zugegriffen am 30.04.2022.

PricewaterhouseCoopers. (2021b). *Private equity's ESG journey: From compliance to value creation. Global private equity responsible investment survey 2021*. https://www.pwc.com/gx/en/private-equity/private-equity-survey/pwc-pe-survey-2021.pdf. Zugegriffen am 30.04.2022.

PricewaterhouseCoopers. (2021c). *PwC's global investor survey. The economic realities of ESG.* https://www.pwc.de/de/nachhaltigkeit/pwc-global-investor-survey-2021.pdf. Zugegriffen am 30.04.2022.

Ratajczak, P., & Mikołajewicz, G. (2021). The impact of environmental, social and corporate governance responsibility on the cost of short- and long-term debt. *Economics and Business Review, 7*(2), 74–96.

Switzer, L. N., Tu, Q., & Wang, J. (2018). Corporate governance and default risk in financial firms over the post-financial crisis period: International evidence. *Journal of International Financial Markets, Institutions and Money, 52*, 196–210.

The Global Compact. (2004). *Who cares wins. Connecting financial markets to a changing world.* Recommendations by the financial industry to better integrate environmental, social and governance issues in analysis, asset management and securities brokerage. United Nations; Swiss Federal Department of Foreign Affairs. https://documents1.worldbank.org/curated/en/280911488968799581/pdf/113237-WP-WhoCaresWins-2004.pdf. Zugegriffen am 30.04.2022.

Whelan, T., Atz, U., van Holt, T., & Clark, C. (2021). *ESG and financial performance. Uncovering the relationship between ESG and financial performance through meta-analysis of 1,000+ studies.* NYU Stern Center for Sustainable Business; Rockefeller Asset Management. https://www.stern.nyu.edu/sites/default/files/assets/documents/ESG%20Paper%20Aug%202021.pdf. Zugegriffen am 30.04.2022.

Wong, C. & Petroy, E. (2020). *Rate the raters 2020: Investor survey and interview results.* SustainAbility. https://www.sustainability.com/globalassets/sustainability.com/thinking/pdfs/sustainability-ratetheraters2020-report.pdf. Zugegriffen am 30.04.2022.

Fair Value-Accounting – Grundlagen und Stand der wissenschaftlichen Diskussion

7

Martin Tettenborn und Lilia Pasch

7.1 Einleitung

Ein rational handelndes Management wird sich bei der Wahl zwischen zwei Investitionsalternativen stets für die wirtschaftlich sinnvollere entscheiden, sofern es ausschließlich finanzielle Ziele verfolgt. Damit es die Vorteilhaftigkeit zweier Alternativen beurteilen kann, wird regelmäßig auf kapitalwertorientierte Bewertungsverfahren zurückgegriffen, bei denen – vereinfacht ausgedrückt – zukünftig erwartete Zahlungsströme auf den Bewertungsstichtag diskontiert werden. Die Summe der Barwerte wird als Zukunftserfolgswert bezeichnet. Aus Sicht des Käufers sollte der Kaufpreis einer Investitionsalternative nicht höher als der Zukunftserfolgswert liegen, da der Kapitalwert sonst negativ wäre. Diese Überlegungen finden praktische Anwendung bei der Bewertung von Unternehmen, die bspw. aufgrund von Unternehmenstransaktionen, Börsengängen und steuerlichen Gründen durchgeführt werden (IDW S 1, Rn. 4 und 8 ff.).

Die Notwendigkeit einer Bewertung ist aber nicht nur auf die eben genannten Gründe beschränkt. So ist es auch bei der Bilanzierung nach IFRS möglich bzw. erforderlich, z. B. Immobilien- oder Aktienbestände mit Beträgen in der Bilanz auszuweisen, die deren Marktpreis widerspiegeln. Problematisch ist jedoch, dass die marktbezogenen Beträge nicht für das gesamte Vermögen bzw. die Schulden eines Unternehmens durch direktes Ablesen einer Kursnotierung am Abschlussstichtag ermittelbar sind. Mit dem IFRS 13 „Bemessung des beizulegenden Zeitwerts" wurde im

M. Tettenborn (✉)
Hochschule Heilbronn, Künzelsau, Deutschland
E-Mail: martin.tettenborn@hs-heilbronn.de

L. Pasch
Hochschule Ruhr West, Mühlheim an der Ruhr, Deutschland
E-Mail: lilia.pasch@hs-ruhrwest.de

S. Behringer, F. Follert (Hrsg.), *Unternehmensbewertung und ökonomische Analyse*,
https://doi.org/10.1007/978-3-658-40235-8_7

Jahr 2013 ein Rechnungslegungsstandard eingeführt, der Vorgaben zur Ermittlung marktbezogener Beträge mit Hilfe von Bewertungstechniken enthält. Diese Beträge, die eine Annäherung an Marktpreise darstellen sollen (IFRS 13.2 und 13.3), werden als beizulegender Zeitwert (Fair Value) bezeichnet.

Ziel dieses Beitrags ist es zunächst, die Grundlagen der Bewertungsprämissen und -techniken des IFRS 13 aufzuzeigen (Abschn. 7.2) und darauf aufbauend einen Literaturüberblick über die Fair Value-bezogene Rechnungslegungsforschung zu geben (Abschn. 7.3). Eine Zusammenfassung und ein Ausblick schließen den Beitrag in Abschn. 7.4.

7.2 Grundlagen der Bewertungsprämissen und -techniken

Der Fair Value soll gemäß IFRS 13.2 das Ergebnis einer marktbasierten Bewertung in Form eines Abgangspreises (*exit price*) darstellen. Es handelt sich somit nicht um eine unternehmensspezifische Bewertung. Dies wird auch aus IFRS 13.9 deutlich, der den Fair Value als „Preis [definiert], der in einem geordneten Geschäftsvorfall zwischen Marktteilnehmern für den Verkauf eines Vermögenswerts eingenommen bzw. für die Übertragung einer Schuld gezahlt würde." Liegt ein aktiver Markt und eine Marktpreisnotierung für einen Vermögenswert vor, so muss dieser Wert verwendet werden (IFRS 13.69; vorbehaltlich IFRS 13.79). Ein aktiver Markt ist nach IFRS 13.A „ein Markt, auf dem Geschäftsvorfälle mit dem Vermögenswert oder der Schuld mit ausreichender Häufigkeit und Volumen auftreten, so dass fortwährend Preisinformationen zur Verfügung stehen."

Bei nicht finanziellen Vermögenswerten muss zusätzlich nach IFRS 13.B2 sowie IFRS 13.27 f. beachtet werden, dass die höchste bzw. beste Verwendung für Zwecke der Bewertung zu unterstellen ist. Dies bedeutet bspw., dass ein grundsätzlich marktfähiger Vermögenswert, der vom Unternehmen gehalten, aber keiner aktiven Nutzung zugeführt wird, trotzdem so zu bewerten ist, als würde das Nutzungspotenzial voll entfaltet werden. Wie IFRS 13.30 verdeutlicht, werden diese Überlegungen bspw. mit Blick auf Sperrpatente relevant, die das bewertende Unternehmen nur hält, um anderen Akteuren einen Marktzugang zu verwehren, die Sperrpatente selbst aber nicht nutzt. Ferner ist eine Veräußerung am Haupt- bzw. für den Vermögenswert vorteilhaftesten Markt zu unterstellen.

Für (finanzielle) Vermögenswerte und Schulden, die an Märkten gehandelt werden und bei denen auch für externe Beobachter Markttransaktionen ersichtlich sind, sollte der in IFRS 13.9 enthaltenen Definition und den in IFRS 13.B2 genannten Randbedingungen (s.o.) ohne weitere Probleme entsprochen werden können. In den Bilanzen von Industriebetrieben sind jedoch regelmäßig zahlreiche Vermögenswerte und Schulden vorhanden, die nicht gehandelt werden. Dies trifft insb. auf nicht finanzielle Vermögenswerte zu.

Beispielhaft soll anhand verschiedener Vermögensarten aufgezeigt werden, warum die Marktgängigkeit oft nicht gegeben ist (vgl. im Folgenden ausführlich Tettenborn et al. (2021)). Für das Sachanlagevermögen kann festgestellt werden, dass dieses aufgrund verschiedener Tatsachen in Bezug auf seine Beschaffenheit unternehmensindividuell ist. Diese Individualität ergibt sich zum einen aus dem Gebrauch und der daraus folgenden individuellen Abnutzung der Anlagen und zum anderen aufgrund der Notwendigkeit, Anlagen fest zu installieren und zur Anpassung an verschiedene Produktionsschritte zu modifizieren. Bezüglich immaterieller Vermögenswerte lässt sich festhalten, dass die Marktgängigkeit auch regelmäßig nicht gegeben ist. So kann es für gewerbliche Schutzrechte aufgrund ihrer Einzigartigkeit keine aktiven Märkte geben (IAS 38.78).

Sollte die Marktgängigkeit eines nicht finanziellen Vermögenswerts trotzdem gegeben sein, ist zu prüfen, ob die am Markt beobachtbare Vergleichstransaktion im Einklang mit Definition des Fair Values steht. In IFRS 13.B4 werden Bedingungen aufgezeigt, die dazu führen können, dass am Markt beobachtbare Transaktionspreise nicht die Grundlage einer Bewertung darstellen können. Dies kann beispielsweise unter folgenden Bedingungen der Fall sein:

- Der Geschäftsvorfall tritt zwischen Unternehmen und nahestehenden Personen auf. In diesem Fall kann dennoch der zum Vorfall dazugehörige Preis als Inputfaktor zur Ermittlung eines beizulegenden Zeitwerts verwendet werden. Jedoch müssen Beweise vorhanden sein, die das Stattfinden des Geschäftsvorfalls unter üblichen Marktbedingungen bestätiget.
- Der Verkäufer muss bei dem Geschäftsvorfall gezwungenermaßen den anfallenden Preis hinnehmen (bspw. aufgrund einer finanziellen Notlage).

Da die Notwendigkeit einer marktorientierten Bewertung unabhängig von der Verfügbarkeit von Abgangspreisen besteht, verdeutlicht IFRS 13.3, dass eine Bewertung, d. h. Approximation des Preises, anhand einer „anderen Bewertungstechnik" erfolgen kann. Grundlage dieser Bewertungstechnik sollen möglichst beobachtbare Inputfaktoren sein, wobei nicht beobachtbare Inputfaktoren möglichst geringgehalten werden sollen (IFRS 13.67). Im Ergebnis bestimmt sich die Auswahl geeigneter Bewertungsverfahren nach der Verfügbarkeit der relevanten Inputfaktoren (IDW RS HFA 47, Rn. 58). Diese Inputfaktoren lassen sich in drei Hierarchiestufen einteilen. Stufe 1 enthält nur Preise auf liquiden Märkten, Stufe 2 beinhaltet andere unmittelbar oder mittelbar beobachtbare Marktpreise, Stufe 3 enthält nicht beobachtbare, von Unternehmen generierte Daten.

Neben diesen Stufen lassen sich die Fair Values auch im Hinblick auf die verwendeten Bewertungsverfahren unterscheiden. Dazu zählen der marktbasierte Ansatz (*market approach*), der kostenbasierte Ansatz (*cost approach*) und der einkommensbasierte Ansatz (*income approach*) (IFRS 13.62 i. V. m. B5–B11).

7.3 Literaturüberblick

7.3.1 Literaturrecherche und Themenbereiche

Der Fokus der Literaturrecherche lag auf den englischsprachigen Veröffentlichungen im Bereich Fair Value-Accounting. Die Suche nach den relevanten Veröffentlichungen erfolgte in der „Web of Science"-Datenbank. Als Suchbegriffe wurde die Wortkombination „Fair Value" und „Accounting" verwendet. Die Suche erfolgte in allen Feldern und ergab 887 Veröffentlichungen. Anschließend wurden folgende Eingrenzungen vorgenommen: Als Dokumenttyp wurde „Articles" selektiert, das Jahr 2022 wurde ausgeschlossen und als Quellen wurden nur Zeitschriften mit einem „A+"- bzw. „A"-Ranking ausgewählt.[1] Infolge dieser Eingrenzungen sank die Anzahl der Beiträge auf 194. Nach einer Sichtung dieser Veröffentlichungen wurden 82 Artikel ausgeschlossen, die sich mit der Rolle der Fair Values in der Finanzkrise (16 Artikel),[2] der Bewertung von Aktienoptionen (14 Artikel), den Unternehmenserwerben (13 Artikel),[3] dem Standard Setting (8 Artikel),[4] nicht primär mit dem Fair Value-Accounting (18 Artikel) bzw. mit Randthemen (14 Artikel) befassen. Der Literaturüberblick bezieht sich auf die verbleibenden 111 Veröffentlichungen, die mehrheitlich empirisch sind (100 Beiträge), wobei in 74 Fällen Archiv-Daten verwendet werden, in 21 Beiträgen Experimente und in fünf Artikeln Umfragen oder Interviews durchgeführt werden. Die elf nicht-empirischen Artikel enthalten entweder theoretische Modelle, qualitative Analysen oder Literaturübersichten.

Diese Beiträge wurden anschließend gesichtet und kategorisiert. Abb. 7.1 stellt die Themenbereiche dar, die in den Artikeln behandelt werden.[5] Diese Abbildung macht deutlich, dass die Anzahl der jährlichen Veröffentlichungen stetig gewachsen ist (von im Schnitt drei in den 2000er-Jahren auf maximal 13 im Jahr 2014) und das Interesse an dem Thema in den letzten zwei Jahren etwas nachgelassen hat (sieben bzw. vier Veröffentlichungen in 2020 und 2021). Das Hauptthema der Beiträge ist die Nützlichkeit der Fair Values für die Eigen- und Fremdkapitalgeber (Abschlussadressaten) mit 57 Veröffentlichungen, gefolgt von den Konsequenzen des Fair Value-Accounting (26 Artikel). Die dritte Kategorie von Beiträgen widmet sich der Prüfung der Fair Values (20 Artikel), mit der ersten Veröffentlichung im Jahr 2013. Die letzte Kategorie befasst sich mit den Einflussgrößen (Determinanten) der Nutzung des Fair Value-Accounting (acht Beiträge).

---

[1] Dabei wurde das Ranking des Verbands der Hochschullehrer für Betriebswirtschaft e.V. zugrunde gelegt, https://vhbonline.org/fileadmin/user_upload/JQ3_RECH.xlsx. Zugegriffen am 16. März 2022. Folgende Zeitschriften waren in der Suche vorhanden und hatten das entsprechende Rating: Accounting Review; Journal of Accounting and Economics; Journal of Accounting Research; Accounting, Organizations and Society; Contemporary Accounting Research, Review of Accounting Studies, European Accounting Review.

[2] Für eine Literaturübersicht zu diesem Thema siehe Acharya und Ryan (2016) sowie Ravenscroft und Williams (2021).

[3] Eine Übersicht der empirischen Literatur zur Goodwill-Bilanzierung findet sich bei Amel-Zadeh et al. (2021).

[4] Für weiterführende Literatur zu diesem Thema siehe Chakravarthy (2019).

[5] Einige Artikel befassen sich mit mehreren Themenbereichen. Auf eine Zuordnung von Artikeln zu mehreren Themenbereichen wurde verzichtet.

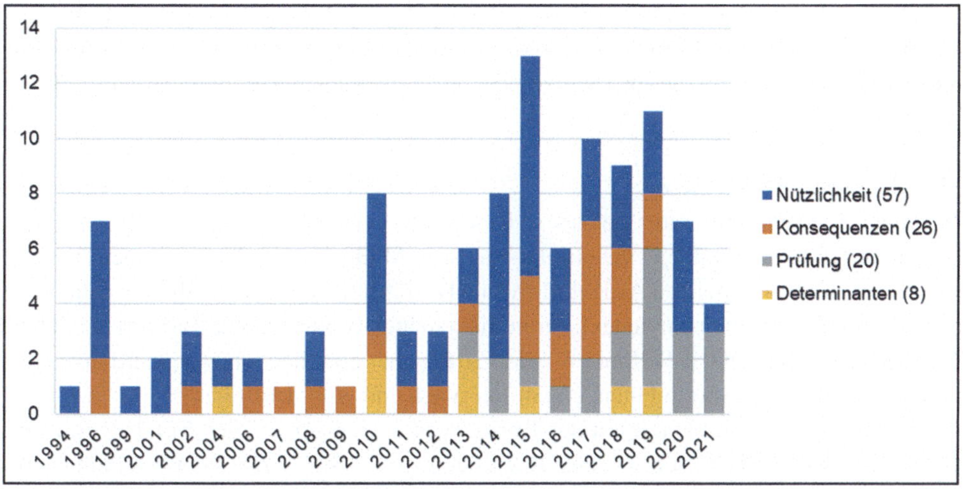

Abb. 7.1 Veröffentlichungen nach Jahr und Thema. (Quelle: Eigene Darstellung)

Die wesentlichen Ergebnisse dieser Themengebiete werden in den nachfolgenden Abschnitten dargestellt. Die vorwiegend empirischen Studien unterliegen denn allgemein bekannten Grenzen und sind vor diesem Hintergrund zu betrachten (Sellhorn & Stier, 2019, S. 583–584).

7.3.2 Nützlichkeit der Fair Values

Die primäre Frage, die sich die empirische Literatur stellt, ist die Nützlichkeit der Fair Values für die Abschlussadressaten.[6] Informationen in Finanzberichten sind gemäß dem IFRS-Rahmenkonzept nützlich für die Abschlussadressaten bei der Entscheidung über die Bereitstellung finanzieller Mittel an ein Unternehmen, wenn sie relevant (*relevance*) für diese Entscheidung sind und glaubwürdig dargestellt werden (*faitfhul representation*, in der alten Version des Rahmenkonzepts als Verlässlichkeit bzw. *reliability* bezeichnet, beide Begriffe werden nachfolgend als Synonyme verwendet).

Eigenkapitalgeber als primäre Adressaten von Finanzberichten verwenden die darin enthaltenen Informationen hauptsächlich für die Unternehmensbewertung (Barth, 2000, S. 10). Dementsprechend widmet sich die Mehrzahl der Beiträge in dieser Kategorie (34 von 57) der Frage nach der Relevanz der Fair Values für den Unternehmenswert (*Value Relevance*, Abschn. 7.3.3).

[6] Nachfolgend wird aus Vereinfachungsgründen stets das generische Maskulinum verwendet. Gemeint sind alle Angehörige aller (Geschlechter-)Identitäten.

Die Informationen in den Finanzberichten können auch für andere Zwecke als die unmittelbare Ermittlung des Unternehmenswerts nützlich sein (z. B. für die Gestaltung von Verträgen). Die Artikel zu diesen Themen (23 von 57) werden in Abschnitt Abschn. 7.3.3.4 vorgestellt.

7.3.2.1 Value Relevance

Die Value Relevance-Literatur befasst sich mit der Frage, ob die Fair Values von Vermögenswerten bzw. Schulden einen Einfluss auf den Marktwert des Unternehmens haben. Dabei verwenden die meisten Artikel (24 von 34) Archiv-Daten. Die restlichen zehn Veröffentlichungen enthalten entweder Literaturübersichten (Beaver, 2002; Barth et al., 2001; Holthausen & Watts, 2001; Sellhorn & Stier, 2019) oder qualitative bzw. quantitative empirische Studien mit Experimenten, einem Interview und einer Umfrage.

Abschn. 7.3.3.1 befasst sich mit der *Wertrelevanz unterschiedlicher Fair Values*. Zum einen wird hier überprüft, ob in einer Regression ($y = \propto + \sum_{i=1}^{n} \beta_i x_i + \varepsilon$) bestimmte unabhängige Variablen (x_i), die den Fair Value messen, einen Einfluss auf eine abhängige Variable haben (y), die den Marktwert bzw. die Veränderung des Marktwerts eines Unternehmens (nachfolgend: Marktwert bzw. Unternehmenswert) erfasst. Sofern der Regressionskoeffizient (β_i) statistisch signifikant ist, wird angenommen, dass der Fair Value wertrelevant und damit auch nützlich für die Abschlussadressaten ist (Beaver, 2002, S. 460–461).

Zum anderen vergleichen einige Artikel in Abschn. 7.3.3.1 die Relevanz von Fair Values in der *Bilanz* mit der Relevanz von Fair Values im *Anhang*, indem sie die Messgröße der Güte einer Regression (R^2) mit den Fair Values in der Bilanz als unabhängige Variable mit dem R^2 einer anderen Regression mit den Fair Values im Anhang als unabhängige Variable vergleicht. Die Regression mit dem höheren R^2 deutet auf die höhere Relevanz der darin enthaltenen Werte hin (Holthausen & Watts, 2001, S. 5–6). Genauso wird auch beim Vergleich der Wertrelevanz von *Fair Values* mit der Wertrelevanz *historischer Kosten* in Abschn. 7.3.3.2 vorgegangen.

Die Studien in Abschn. 7.3.3.3 untersuchen mit Hilfe von Regressionsanalysen und Experimenten, unter welchen Bedingungen Fair Values wertrelevant sind (sog. Determinanten der Value Relevance).

7.3.2.1.1 Value Relevance unterschiedlicher Fair Values

Bilanz

Infolge der Einführung der Fair Value-Hierarchie im Jahr 2007 in den USA untersuchten einige Beiträge die Nützlichkeit der neuen Informationen. Bei *US-Banken* sind laut der Analyse von Song et al. (2010) die Fair Values von *Finanzinstrumenten* in der *Bilanz* bei allen drei Stufen relevant, die Regressionskoeffizienten der Stufe 3-Fair Values sind jedoch geringer. Daraus folgern die Autoren, dass Investoren *weniger verlässliche* Informationen bei der Unternehmensbewertung weniger stark gewichten. Im Gegensatz dazu sind bei geschlossenen US-Investmentfonds und britischen Equity-Fonds alle drei Stufen gleich nützlich für die Bewertung dieser Fonds (Ferreira et al., 2019; Lawrence et al., 2016).

Die auf Interviews von Investoren und Analysten basierende Studie von Georgiou (2018) belegt dagegen, dass diese Personengruppe die Marktwerte von Bilanzposten *nicht als besonders nützlich* wahrnimmt, sondern eher an der Messung der Performance des Unternehmens interessiert ist.

Gewinn- und Verlustrechnung und Eigenkapital

Neben dem Einfluss der Fair Values in der Bilanz, testen weitere Studien den Effekt der Fair Value-Änderungen in der Gewinn- und Verlustrechnung (GuV) bzw. im Other Comprehensive Income (OCI) im Eigenkapital.

Gemäß diesen Studien sind bei Banken nur die Fair Value-Änderungen, die direkt in der *GuV* erfasst bzw. aus dem *OCI in die GuV* umklassifiziert werden, nützlich für die Bewertung, die *Summe der Fair Values im OCI* jedoch nicht (Bhat & Ryan, 2015; Dong et al., 2014).[7]

Dagegen sind bei nichtfinanziellen Unternehmen in den USA die im *OCI* gebuchten *Fair Value Hedges* wertrelevant, sie werden jedoch erst ein bzw. zwei Jahre nach ihrer Erfassung im Unternehmenswert eingepreist, also bei Realisierung des Grundgeschäfts, was an den mangelnden Anhangangaben zu den Derivaten bzw. zu den Grundgeschäften liegen könnte (Campbell, 2015).

Anhangangaben

Die früheren Beiträge aus den 1990er-Jahren überprüfen die Wertrelevanz der Fair Value-Anhangangaben von US-Banken. Dies betrifft Finanzinstrumente, die zu Anschaffungskosten bewertet oder gar nicht in der Bilanz ausgewiesen werden (einige Derivate).[8] Dabei zeigt sich, dass diese Anhangangaben für die damals als *held-to-maturity* klassifizierten *Wertpapiere* wertrelevant sind, für *Einlagen* und *langfristige Schulden* jedoch nicht (Barth, 1994; Eccher et al., 1996; Nelson, 1996). Für *gewährte Kredite* und *Derivate* sind die Ergebnisse dagegen nicht eindeutig (Barth, 1994; Barth et al., 1996; Eccher et al., 1996; Nelson, 1996; Venkatachalam, 1996).

---

[7] Nur die im OCI erfassten Gewinne- oder Verluste der damals als *availabe-for-sale* klassifizierten Wertpapiere erweisen sich in der Studie von Dhaliwal et al. (1999) als wertrelevant.

[8] Bis zum Inkrafttreten des Statement of Financial Accounting Standards (SFAS) 133 im Jahr 2000 waren nicht alle Derivate in der Bilanz auszuweisen (Ahmed et al., 2006, S. 570–571).

Anhangangaben vs. Bilanz

In den USA wurde mit dem Statement of Financial Accounting Standards (SFAS) 133 im Jahr 2000 der Bilanzansatz zum Fair Value für alle Derivate eingeführt. In diesem Zusammenhang belegen (Ahmed et al., 2006), dass bei US-Banken Anhangangaben keinen Einfluss auf den Unternehmenswert haben, Fair Values von *Derivaten* in der Bilanz aber schon. Dies erklären die Autoren damit, dass die Informationsverarbeitungskosten bei Anhangangaben möglicherweise höher sind bzw. deren Verlässlichkeit geringer ist.

Auch bei den *als Finanzinvestition gehaltenen Immobilien* europäischer Immobilienunternehmen sind Fair Values in der Bilanz relevanter als Fair Values im Anhang (Mueller et al., 2015).[9]

7.3.2.1.2 Fair Values vs. historische Kosten

Gewinn- und Verlustrechnung und Eigenkapital

Bei einem direkten Vergleich des Einkommens, das auf Basis fortgeführter Anschaffungs- oder Herstellungskosten ermittelt wird (*AHK-Einkommen*), mit dem *Fair Value-Einkommen* bei *Banken* in den USA stellen (McInnis et al., 2018) fest, dass das AHK-Einkommen nützlicher für die Investoren ist. Das begründen die Autoren mit der Erfassung von Posten im Fair Value-Einkommen, die sich in Zukunft umkehren werden. Auch beim *Eigenkapital* kommen die Autoren zum gleichen Ergebnis und erklären es u. a. mit der geringeren Verlässlichkeit der Fair Values.

Im Gegensatz dazu ist das Einkommen aus den *als Finanzinvestition gehaltenen Immobilien* britischer Unternehmen wertrelevanter, wenn es auf Basis von Fair Values ermittelt wird (Danbolt & Rees, 2008).

Anhangangaben

Auch in Bezug auf die *Gas- und Ölvorkommen* internationaler Bergbauunternehmen liefern die empirischen Studien keine eindeutigen Ergebnisse darüber, ob die Fair Values im Anhang oder die historischen Kosten dieser Vermögenswerte wertrelevanter sind (Boone, 2002, S. 75).

7.3.2.1.3 Determinanten der Value Relevance

Art der Verwendung des Vermögenswerts

Einige Studien dokumentieren, dass die Wertrelevanz der Fair Values der *Art der Verwendung* der Vermögenswerte abhängt. So ist gemäß zwei Experimenten mit nichtprofessionellen Investoren die Wertrelevanz höher, wenn die zum Fair Value bewerteten *Immobilien* bzw. *Finanzinstrumente* in Kürze verkauft bzw. erfüllt als wenn sie länger gehalten werden (Kadous et al., 2012; Koonce et al., 2011). Auch bei IFRS-Anwendern ist

---

[9] Zum gleichen Ergebnis kommt auch Israeli (2015). Dieser Beitrag wird in Abschn. 7.3.5.4.1 diskutiert.

die Wertrelevanz der Fair Value-Änderungen *biologischer Vermögenswerte* in der *GuV* höher bei den Vermögenswerten, die *zum Verkauf* bestimmt sind, wie bspw. Bäume in einem Wald (Huffman, 2018). Sofern die Vermögenswerte *der Nutzung* dienen (z. B. zur Herstellung von Öl), sind dagegen die historischen Kosten in der Bilanz und das entsprechende Einkommen relevanter.

Ähnlich dazu schätzen professionelle Investoren und ihre Ratgeber (z. B. Analysten) gemäß einer Umfrage die Nützlichkeit der Markt-basierten Fair Values *liquider und nicht-operativer Vermögenswerte* höher ein als die der *nicht-liquiden und operativen Vermögenswerte* (Gassen & Schwedler, 2010).

Verlässlichkeit der Fair Values

Zwei Experimente mit nicht-professionellen Investoren belegen, dass die *Verlässlichkeit* der Fair Values[10] die wahrgenommene Wertrelevanz von *Wertpapieren im Handelsbestand* und *Immobilien* positiv beeinflusst (Clor-Proell et al., 2014; Kadous et al., 2012). Auch bei den *als Finanzinvestition gehaltenen Immobilien* steigt die Value Relevance der Anhangangaben mit steigender *Verlässlichkeit*[11] und sinkt mit der Höhe der Informationsverarbeitungskosten[12] (Chung et al., 2017).

Institutionelle Rahmenbedingungen

Fiechter und Novotny-Farkas (2017) führen die schwache bzw. mangelnde Wertrelevanz einiger Fair Values in der *Bilanz* von europäischen Banken auf die Differenzen in den *institutionellen Rahmenbedingungen* von Ländern zurück, was zur unterschiedlichen Verarbeitung von Informationen in den Unternehmenswerten führt. So ist die Korrelation zwischen den *fair value through OCI-Vermögenswerten* und dem Unternehmenswert schwächer in den bankbasierten als in den marktbasierten Wirtschaften. Das liegt aus Sicht der Autoren daran, dass die Fair Value-Bewertung dieser Vermögenswerte komplexer ist, die Investoren in bankbasierten Ländern weniger Erfahrungen mit solchen Vermögenswerten haben und diese Werte daher weniger stark im Unternehmenswert berücksichtigen.

Risiko- und Marktmodellierung

Bei Banken ist eine wichtige Determinante der Wertrelevanz *unrealisierter Fair Values* (aus dem *Anhang* und *OCI*) laut der Studie von Bhat und Ryan (2015) *die Markt- und Risikomodellierungsaktivitäten* dieser Finanzinstitute. Dabei steigt die Relevanz der unrealisierten Fair Values mit dem Niveau der Aktivitäten in diesem Bereich, über die im Anhang berichtet wird.

---

[10] Als Messgrößen werden die Hierarchiestufe bzw. das Kompetenzniveau eines Bewertungsgutachters verwendet.

[11] Als Messgröße wird das Ausmaß der Nutzung externer Bewertungsgutachten verwendet.

[12] Als Messgröße wird die Analysten-Coverage verwendet.

7.3.2.2 Nützlichkeit der Fair Values für andere Zwecke

Die Fair Values können auch für andere Zwecke nützlich sein. Die 23 Studien in dieser Kategorie überprüfen, ob Fair Values zur Schätzung der künftigen Unternehmensleistung (d. h. Einkommen und Cashflows), zur Gestaltung von Kreditverträgen (*contracting*), zur Beurteilung der Management-Leistung (*stewardship*) sowie zur Beurteilung des Unternehmens- und Kreditrisikos verwendet werden können. Bis auf zwei Studien (Caskey & Hughes, 2012; Gao & Jiang, 2020) sind alle Beiträge empirisch.

Schätzung der Unternehmensleistung

Gemäß der Studie von Ferreira et al. (2019) sind bei Private Equity-Gesellschaften die *Fair Values von Beteilungen* in der *Bilanz* für *Einkommens-Prognosen* nützlich, allerdings gilt das mehr für Stufe 1- als für Stufe-3 Werte. Auch bei Banken sind die unrealisierten *OCI-Ergebnisse* aus *Cash Flow Hedges* und der damals als *available-for-sale* klassifizierten *Wertpapiere* nützlich für die Prognose des künftigen Einkommens (Bratten et al., 2016). Für Unternehmen außerhalb des Finanzsektors sind die *OCI-Ergebnisse* aus *Cash Flow Hedges* nur dann für Einkommens-Vorhersagen nützlich, wenn Sie *in die GuV umgegliedert* werden (Campbell, 2015; Campbell et al., 2015). Bei den als *Finanzinvestition gehaltenen Immobilien* sind *Einkommens-Schätzungen* ungenauer, wenn die unrealisierten Gewinnen- und Verlusten aus Fair Value-Änderungen in der *GuV* erfasst werden (Liang & Riedl, 2014).

Darüber hinaus sind Fair Values auch dienlich für Prognosen *künftiger Cashflows* bei Venture Capital Fonds und Buy-out-Fonds (Jenkinson et al., 2020) sowie bei Banken (Magnan et al., 2015), wobei die Prognose-Güte bei Banken für die Hierarchie-Stufe 2 besser als für die Stufe 3 ist. Bei *biologischen Vermögenswerten* ist das *Fair Value-Einkommen* hilfreicher für Cashflow-Prognosen als das AHK-Einkommen, wenn die Vermögenswerte zum Verkauf und nicht zur Nutzung bestimmt sind (Huffman, 2018).

Contracting

Die Nützlichkeit beizulegender Zeitwerte für sog. *Covenants* in Kreditverträgen untersuchen zwei Beiträge. Ball et al. (2015) beobachten nach der IFRS-Einführung einen signifikanten *Rückgang von rechnungslegungsbasierten Covenants*, insbesondere bei Banken mit verhältnismäßig vielen Fair Values. Die Autoren kommen insgesamt zum Schluss, dass IFRS-Finanzberichte weniger für vertragliche Zwecke und mehr für die Unternehmensbewertung relevant sein dürften.

Auch nach der Einführung der freiwilligen Fair Value-Bewertung von Finanzinstrumenten durch den US-Standard SFAS 159 im Jahr 2007 sind Änderungen der Covenants zu beobachten (Demerjian et al., 2016), wobei nur die neuen *Fair Values von Verbindlichkeiten* und nicht von Vermögenswerten aus der Berechnung der Covenants ausgeschlossen werden. Aus Sicht der Autoren sind Fair Values damit nicht per se für Kreditverträge ungeeignet, sondern werden in Kreditverträgen berücksichtigt, wenn sie eine bessere Messung der Unternehmensleistung ermöglichen.

Eine weitere Studie belegt, dass die Fair Value-Änderungen von *Cash Flow Hedges* im *Kreditzins emittierter Schuldtitel* eingepreist werden (Campbell et al., 2021).

Stewardship

Nur eine der hier betrachteten Studien erforscht die Bedeutung der Fair Values für die Beurteilung der Management-Leistung anhand eines *Experiments*. Anderson et al. (2015) dokumentieren, dass auf Fair Value-basierte Finanzberichte eine *bessere Beurteilung* der Leistung des Managements ermöglichen als Finanzberichte, die auf historischen Kosten basieren. Dies erklären die Autoren u. a. damit, dass die Fair Values die mit den Handlungen des Managements verbundenen Opportunitätskosten transparent darstellen.

Zu einem anderen Ergebnis kommen DeFond et al. (2020) mittels Analysen mit *Archiv-Daten*. Danach nimmt der Zusammenhang zwischen den Unternehmensergebnissen und den Management-Gehältern nach der Einführung des Fair Value-Accounting durch die IFRS ab. Daraus schließen die Autoren, dass die *Fair Values weniger nützlich* für die Beurteilung der Management-Leistung sind, weil sie mehr Ermessenspielräume bieten und zu mehr Ergebnisschwankungen führen.

Dennoch scheinen die Manager laut der Analyse von Dechow et al. (2010) für die *Fair Value-Erträge* aus der Verbriefung von Forderungen trotz der damit verbundenen Ermessensspielräume *entlohnt* zu werden.

Beurteilung des Unternehmens- und Kreditrisikos

Die Ergebnisse sind in Bezug auf die Einschätzung des Kreditrisikos nicht eindeutig. Während sich laut Blankespoor et al. (2013) *Fair Value-basierte Verschuldungskennzahlen* besser zur Schätzung des *Kreditrisikos* von Banken[13] eignen, können nach Cantrell et al. (2014) *Kreditausfälle* von Bankkunden besser anhand der historischen Kosten gewährter Kredite geschätzt werden. Dabei scheint auch die *Verlässlichkeit* der Fair Values[14] eine wichtige Einflussgröße des *Kreditrisikos* von Banken zu sein (Arora et al., 2014).

Im Rohstoffsektor helfen die Angaben zu den *Fair Values der Öl- und Gasvorkommen* bei der Beurteilung sowohl des *Kreditrisikos* (Kreditzinssatz) als auch des *Unternehmensrisikos* (Bid-Ask-Spread) (Badia et al., 2020).

Hingegen können *Fair Value-Gewinne* aus *finanziellen Verbindlichkeiten* (d. h. Bonitätsverschlechterungen) gemäß einem Experiment mit Abschlussprüfern fälschlicherweise als Verbesserung des *Kreditrisikos* eingeschätzt werden, wobei entsprechende Anhangangaben diese Falscheinschätzung verringern (Gaynor et al., 2011).

---

[13] Als Messgröße wird die Risikoprämie von Bonds verwendet.

[14] Als Messgröße wird der Anteil von Stufe 2- und Stufe 3-Finanzinstrumenten in der Bilanz verwendet.

7.3.3 Konsequenzen des Fair Value-Accounting

Die zweite große Kategorie betrifft mit 26 Artikeln die Konsequenzen der Fair Value-Bewertung. Dabei werden die Folgen der Fair Values für den Kapitalmarkt (Abschn. 7.3.4.1), die Rechnungslegung (Abschn. 7.3.4.2) sowie die realwirtschaftlichen Entscheidungen des Managements (Abschn. 7.3.4.3) untersucht. Die meisten Beiträge verwenden Archiv-Daten (23 Artikel). Die restlichen Veröffentlichungen enthalten ein Experiment (Chen et al., 2013), eine Fallstudie (Hilton & O'Brien, 2009) und eine Literaturübersicht (George et al., 2016).

7.3.3.1 Kapitalmarkt

Marktreaktion auf neue Fair Value-Standards
Drei Studien weisen nach, dass Investoren negativ auf neue Fair Value-Standards reagieren. Beispielsweise waren in USA sowohl im Zuge der Diskussion um die mögliche Einführung als auch bei der Verabschiedung des SFAS 115 im Jahr 1993 negative *abnormale Aktienkursrenditen* bei Banken zu erkennen (Beatty et al., 1996; Cornett et al., 1996). Ferner reagierte der Markt *negativ* auf die Vorschläge des Vorsitzenden des Financial Accounting Standards Board zur *Einführung der Fair Value-Bewertung* für ausgegebene Kredite und positiv auf deren Rücktritt im Jahr 2010 (Jiang et al., 2015).

Investoren
Ein positiver Effekt der IFRS-Einführung, die mit einer vermehrten Fair Value-Bewertung einherging, bestand im Rückgang *extrem negativer Aktienkursrenditen*, insbesondere außerhalb des Finanzsektors (DeFond et al., 2015). Eine weitere positive Konsequenz ist der Rückgang von *Informationsasymmetrien* (Bid-Ask-Spread) bei den Investoren (Fontes et al., 2018). Auch bei Immobilienunternehmen nimmt die *Informationsasymmetrie* ab, wenn die Fair Values aufgrund der Bewertung durch externe Gutachter verlässlicher sind (Muller & Riedl, 2002). Weniger verlässliche Fair Values der Stufe 3 wirken sich bei Banken gemäß Riedl und Serafeim (2011) dagegen *negativ* auf die *Eigenkapitalkosten*[15] aus.

Kreditgeber
Givoly et al. (2017) dokumentieren, dass die Nützlichkeit von Informationen in den Finanzberichten für die *Bewertung von Bonds* in den letzten Jahren gestiegen ist, was u. a. mit der vermehrten Verwendung von Fair Values zusammenhängt. Negativ für die Kreditgeber ist indessen die Ausschüttung von unrealisiertem Fair Value-Einkommen, weil dadurch das Risiko von *Kreditausfällen* erheblich steigt (Chen et al., 2019).

[15] Als Messgröße werden die Unternehmens-Betas verwendet.

7.3.3.2 Rechnungslegung

Konservative Bilanzierung des Einkommens

Zwei Studien belegen, dass Unternehmen innerhalb und außerhalb des Finanzsektors mit höheren Anteilen von Stufe 2- und Stufe 3-Fair Values das Einkommen *konservativer bilanzieren,*[16] beispielsweise um Bewertungsabschläge durch Investoren zu vermeiden (Badia et al., 2017; Black et al., 2018). Dabei scheinen die Aufsicht durch institutionelle Investoren und eine bessere Corporate Governance (z. B. aufgrund unabhängiger Aufsichtsräte) die konservative Bilanzierung zu fördern.

Einkommensvolatilität

Eine weitere Konsequenz der zunehmenden Fair Value-Bewertung ist der Rückgang der Bedeutung des *matching principle*, der sich an der sinkenden Korrelation zwischen Erträgen und Aufwendungen messen lässt. Das führt wiederum zu einer steigenden *Volatilität des Einkommens* (Dichev & Tang, 2008). Dies ist beispielsweise bei deutschen freiwilligen IFRS-Anwendern vor dem Jahr 2005 festzustellen, die eine höhere Volatilität des *IFRS-Einkommens* als des HGB-Einkommens aufweisen (Hung & Subramanyam, 2007).

Auch in den USA steigt nach Einführung der verpflichtenden Fair Value-Bewertung von Derivaten im Jahr 2000 die *Einkommensvolatilität* signifikant an (Choi et al., 2015). Ferner ist bei Banken das Einkommen, das alle Fair Value-Änderungen enthält (*full fair value-Einkommen*), um ein Vielfaches volatiler als das Gesamt- bzw. GuV-Einkommen (Hodder et al., 2006), wobei die Volatilität des *full fair value*-Einkommens statistisch gesehen eine bessere Messgröße des Unternehmensrisikos darstellt als die zwei anderen Einkommenskategorien.

Zeitnähe der Berichterstattung

Eine positive Folge der Fair Value-Bilanzierung ist dagegen der im Zuge der IFRS-Einführung in der EU beobachtete Anstieg der *Zeitnähe der Informationsbereitstellung* in den Finanzberichten (Dargenidou & McLeay, 2010).[17]

Anhangangaben

Die Bewertung zum beizulegenden Zeitwert ist einer der Gründe für den Anstieg der Länge der Anhangangaben bei gleichzeitigem Rückgang der Aussagekraft (Dyer et al.,

---

[16] Dabei handelt es sich um sog. *conditional conservatism*, d. h. die konservative Bilanzierung findet ex-post bzw. in Abhängigkeit von den Umständen statt: Bei ausreichend ungünstigen Umständen werden Vermögenswerte abgeschrieben, bei günstigen Umständen aber nicht wieder zugeschrieben. Letzteres gilt als konservative Bilanzierung (Beaver & Ryan, 2005, S. 269).

[17] Als Maß für die Zeitnähe der Informationsbereitstellung dient der Koeffizient in einer Regression mit dem Einkommen einer Periode als abhängige und der Aktienkursrendite dieser Periode als unabhängige Variable.

2017). Insbesondere Finanzinstitute mit höherem Anteil von Stufe 3-Fair Values veröffentlichen mehr Informationen im Anhang, um die Verlässlichkeit ihrer Zahlen zu erhöhen (Chung et al., 2017).

7.3.3.3 Realwirtschaftliche Entscheidungen

Wertpapierhandel
Zwei Studien dokumentieren, dass US-amerikanische und chinesische Unternehmen in der Vergangenheit die ehemals als *available-for-sale* klassifizierten Wertpapiere, deren Fair Value-Änderungen im OCI erfasst wurden, als *Earnings Management*-Instrument nutzten (Dong & Zhang, 2018; He et al., 2012). Dabei verkauften sie diese Wertpapiere, um einen Verlust in der GuV zu vermeiden oder das Einkommen zu glätten. Darüber hinaus war ein *Rückgang der Bestände* dieser Wertpapiere bei Banken zu erkennen, nachdem ihre Fair Value-Änderungen im OCI in das regulatorische Kapital einbezogen wurden (Kim et al., 2019).

Hedging-Entscheidungen
Ein Experiment mit erfahrenen Abschlussprüfern veranschaulicht, dass diese Berufsgruppe *schlechtere Hedging-Entscheidungen* trifft (d. h. auf sinnvolle Hedging-Aktivitäten verzichtet), wenn sie neben den wirtschaftlichen Folgen dieser Aktivitäten auch die zu bilanzierenden Fair Values (und die damit verbundenen Einkommensschwankungen) in Betracht zieht (Chen et al., 2013).

Dividendenausschüttung
Griechische Unternehmen, die nach IFRS bilanzieren, schütten im Durchschnitt nur das Einkommen aus der *Fair Value-Bewertung von Immobilien* und nicht aus Finanzinstrumenten aus, weil das Management dieses Einkommen als transitorisch betrachtet (Sikalidis & Leventis, 2017).

7.3.4 Prüfung der Fair Values

Die Fair Values stellen im Rahmen der Prüfung von Finanzberichten aufgrund der komplexen Schätzungen und Bewertungsmodelle eine häufige Fehlerquelle dar. Die nachfolgend diskutierten Studien widmen sich dem Prüfungsprozess, der Interaktion zwischen Prüfer und Management sowie den Konsequenzen der Prüfung der Fair Values. Die Studien basieren – im Gegensatz zu den oben genannten Beiträgen – hauptsächlich auf Experimenten, Interviews und Umfragen (16 Artikel). Nur drei Veröffentlichungen verwenden Archiv-Daten und eine Studie beinhaltet ein theoretisches Modell (Lee & Menon, 2019).

7.3.4.1 Prüfungsprozess

Professionelles Urteilsvermögen

Bucaro (2019) stellt fest, dass Abschlussprüfer, die im Rahmen eines Experiments zum systemischen Denken angeregt werden, bei der Prüfung komplexer Schätzungen – wie beispielsweise dem Fair Value – ihr *professionelles Urteilsvermögen* effizienter einsetzen können. Auch Anreize zum kritischen Denken scheinen die teilnehmenden Abschlussprüfer in einem Experiment in die Lage zu versetzen, besser *unangemessene Schätzungen* zu identifizieren (Griffith, 2020).

Bewertungsexperten

Zur Schätzung von Fair Values werden laut einer Umfrage unter Abschlussprüfern sowohl von den Mandanten als auch von den Abschlussprüfern sehr häufig Bewertungsexperten herangezogen. Dabei steigt die *Wahrscheinlichkeit des Einsatzes* eines Bewertungsexperten durch den Abschlussprüfer mit dem *Prüfungsrisiko* (Cannon & Bedard, 2017). Dennoch dokumentieren Interviews mit Abschlussprüfern und Bewertungsexperten, dass Abschlussprüfer die Arbeit von Bewertungsexperten i. d. R. nicht nutzen, um neue Erkenntnisse zu gewinnen, sondern nur um das eigene *Prüfungsurteil zu bestätigen* (Griffith et al., 2015). Im Gegensatz dazu belegt Griffith (2018) anhand eines Experiments, dass die *Hinweise eines Bewertungsexperten* auf eine aggressive Bewertung von Fair Values das *Prüfungsurteil* der Abschlussprüfer verbessern.[18]

Berufsaufsicht

Bei berufsaufsichtsrechtlichen Verfahren in den USA und anderen Ländern, die die Abschlussprüfung betreffen, werden häufig Fehler im Bereich Fair Value-Accounting aufgedeckt. Als primäre Ursache dafür werden *Prüfungsmängel* genannt (Glover et al., 2019, S. 1418–1419). Laut der Umfrage von Glover et al. (2019) liegt das auch daran, dass die Abschlussprüfer *Vorschriften* anders auslegen und *Prüfungsnachweise* anders bewerten als die Berufsaufsicht und ein Dissens zwischen diesen Berufsgruppen hinsichtlich der Frage besteht, was einen geeigneten und ausreichenden Prüfungsnachweis darstellt.

7.3.4.2 Prüfer und Management

Einfluss des Managements auf Prüfungsurteil

Mehrere Studien weisen darauf hin, dass sich das Verhalten des Managements auf die Prüfung auswirken kann. Beispielsweise können Manager laut einem Experiment durch die Wahl der *Benchmarks* die Prüfung der *Abzinsungssätze* unangemessen beeinflussen. Dieser Effekt lässt aber mit der Erfahrung der Prüfer nach (Bhattacharjee et al., 2019).

---

[18] Dieser Effekt stellt sich jedoch nur in einem Umfeld mit hohem Risiko ein, das die Motivation der Prüfer zur Berücksichtigung dieser Hinweise erhöht.

Auch beurteilen Prüfer gleich hohe *Überbewertungen* von Stufe 2-Vermögenswerten in den Bilanzen von Banken unterschiedlich, je nachdem wie das Management sie *im Gesamtportfolio verteilt* (Emett et al., 2018). Ferner kann die Unternehmensführung durch *zusätzliche Anhangangaben* erreichen, dass der Abschlussprüfer höhere potentielle *Fehler unberichtigt* lässt (Griffin, 2014), und durch *mehr quantitative Angaben* in den Prüfungsnachweisen bei höherem Risiko eine *weniger genau Prüfung* der subjektiven Fair Value-Inputs bewirken (Joe et al., 2017; Griffin, 2014). Schließlich beeinflusst die *Unternehmenskultur* die *kritische Grundhaltung* des Prüfers. Bei einem kommerziell ausgerichteten Unternehmen neigen die Abschlussprüfer weniger dazu, die Einschätzung des Managements zu hinterfragen, als bei einem Unternehmen, das Wert auf die Prüfungsqualität legt (Pyzoha et al., 2020).

Einfluss des Abschlussprüfers auf das Verhalten des Managements
Umgekehrt können auch Prüfer einen Einfluss auf das Verhalten des Managements haben, wie ein Experiment mit CFOs belegt (Fuller et al., 2021). Danach fördert eine ausführliche Darstellung der komplexen Schätzungen in den *Critical Audit Matters* (in Deutschland: *Key Audit Matters*) und ein effektiver Prüfungsausschuss die *Berichterstattung des Managements* über die Risiken, die den komplexen Schätzungen zugrunde liegen.

7.3.4.3 Konsequenzen der Prüfung

Investoren
Einem Experiment mit nicht-professionellen Investoren zufolge können *Visualisierungen im Bestätigungsvermerk*, die die Bewertungsunsicherheit der Stufe 3-Fair Values prägnanter darstellen, zu *Bewertungsabschlägen* bei den Investoren führen. Dieser negative Effekt wird jedoch durch freiwillige Angaben des Managements im Anhang gemildert (Dennis et al., 2019).

Eine *Verbesserung der Value Relevance* ist zu beobachten, wenn der Abschlussprüfer eine *höhere Expertise* bei der Prüfung von Stufe 3-Werten aufweist (Ahn et al., 2020). Darüber hinaus zeigt ein Experiment, dass die *Investitionsbereitschaft* der Investoren steigt, wenn sie die Fair Value-Schätzungen als *verlässlich* einstufen, weil im Anhang eine quantitative Sensitivitätsanalyse auf eine niedrige Sensitivität hinweist und die *Wesentlichkeitsgrenze* des Abschlussprüfers veröffentlicht wird (Eilifsen et al., 2021).

Auch Enforcement-Feststellungen zum Fair Value scheinen sich positiv auszuwirken. Nach dem Erhalt einer Enforcement-Feststellung ist ein Rückgang des Zusammenhangs zwischen den Stufe 2- und 3-Vermögenswerten in der *Bilanz* und *Messgrößen von Unsicherheit* [19] zu beobachten (Bens et al., 2016).

---

[19] Als Messgrößen werden der Bid-Ask-Spread und die Standardabweichung der Aktienkursrendite verwendet.

Prüfungsgebühren
Ein weiterer positiver Effekt ist bei Immobilienunternehmen festzustellen. Die Unternehmen mit zum *Fair Value bewerteten Immobilien* weisen *geringere Prüfungsgebühren* auf als Unternehmen, die mit AHK bewerten. Allerdings nehmen die Prüfungsgebühren mit der Komplexität der beizulegenden Zeitwerte zu (Goncharov et al., 2014).

7.3.5 Determinanten der Nutzung des Fair Value-Accounting

Die Beiträge in dieser Kategorie betreffen die Einflussgrößen der Nutzung und der Höhe der Fair Values sowie der veröffentlichten Anhangangaben. Von den acht relevanten Artikeln sind sechs empirisch und zwei theoretisch (Corona et al., 2019; Goex & Wagenhofer, 2010).

7.3.5.1 Nutzung der Fair Values

Christensen und Nikolaev (2013) untersuchen die Nutzung der Fair Values bei nicht finanziellen Vermögenswerten und die Gründe dafür im Zuge der IFRS-Einführung in Großbritannien und Deutschland. Die Autoren beobachten, dass nach der IFRS-Einführung *keine Unternehmen* in der Stichprobe ihre *immateriellen Vermögenswerte*, nur *3 %* der Unternehmen ihre *Sachanlagen* (vor allem eigengenutzte Immobilien) und *47 %* der Unternehmen ihre *als Finanzinvestition gehaltenen Immobilien* zum Fair Value bewerten. Die Verwendung von Fair Values vor allem bei Immobilien spricht aus Sicht der Autoren dafür, dass diese Vermögenswerte aufgrund der relativ liquiden Immobilien-Märkte vergleichsweise kostengünstig *verlässlich bewertet* werden können. Aus dem Unterschied bei der Fair Value-Bewertung der als Finanzinvestition gehaltenen Immobilien in beiden Ländern (77 % in Großbritannien und 23 % in Deutschland)[20] schließen die Autoren, dass die *institutionellen Rahmenbedingungen* eine wichtige Determinante der Nutzung von Fair Values sind. Als weitere Determinante wird die *Fremdfinanzierung* identifiziert. Die Autoren argumentieren, dass die beizulegenden Zeitwerte bei Verwendung für die Fremdfinanzierung *verlässlicher* sind und folglich die Bewertung der Vermögenswerte mit diesen Werten *kostengünstig* möglich ist.

Eine andere Interpretation dieser Ergebnisse liefert (Linsmeier, 2013). Aus seiner Sicht lässt sich die Verwendung von Fair Values bei nichtfinanziellen Vermögenswerten nicht mit der Verlässlichkeit der Bewertung, sondern eher mit der *Nützlichkeit der Fair Values* für die Schätzung künftiger Cashflows erklären. Dabei sind Informationen über Fair Value bzw. deren Änderungen nur dann nützlich, wenn die Vermögenswerte nicht bis zum Ende der Nutzung gehalten bzw. nicht in Kombination mit anderen Vermögenswerten verwendet und leicht verkauft werden können. Da dies bei als Finanzinvestition gehaltenen Immobilien der Fall ist, sind ihre Fair Values nützlich für die Schätzung

[20] In Großbritannien war die Nutzung beizulegender Zeitwerte für die Bewertung der als Finanzinvestition gehaltenen Immobilien bereits vor der IFRS-Einführung möglich.

künftiger Cashflows, die Fair Values von immateriellen Vermögenswerten und Sachanlagen dagegen nicht.

Auch in einem Sample von erstmaligen IFRS-Anwendern aus Frankreich, Deutschland, Italien und Spanien ist ein positiver Zusammenhang zwischen der *Verschuldung* und der Fair Value-Bewertung von *als Investition gehaltenen Immobilien* zu erkennen (Israeli, 2015). Anders als Christensen und Nikolaev (2013) deutet Israeli (2015) die Verschuldung nicht als Indikator für die Verlässlichkeit der Fair Values, sondern als Messgröße für die Wahrscheinlichkeit der *Nichteinhaltung von Covenants*.

Schließlich zeigt sich eine *geringere Fair Value-Nutzung* bei besser *überwachten Unternehmen*[21] (Israeli, 2015) und eine höhere Nutzung bei Unternehmen, die ihr *Einkommen stärker glätten* (Quagli & Avallone 2010; Israeli, 2015).

7.3.5.2 Höhe der Fair Values

Hanley et al. (2018) erforschen, ob und warum die geschätzten Fair Values der Wertpapiere von Versicherern überbewertet sind. Dazu vergleichen sie den Wert eines Wertpapiers bei einem Versicherer mit den Werten des gleichen Wertpapieres bei anderen Versicherern. Dabei ist die Überbewertung am höchsten, wenn das Wertpapier der Stufe 3 zugeordnet wird, obwohl die anderen Versicherer dasselbe Wertpapier der Stufe 2 zuordnen. Dabei fällt die Überbewertung höher aus, wenn die Fair Value *selbst geschätzt* und nicht von externen Bewertungsexperten berechnet werden. Außerdem steigt die Überbewertung bei geringerer Höhe des regulatorischen Kapitals sowie bei einer *Notierung an der Börse*.

7.3.5.3 Anhangangaben

Die letzte Studie befasst sich mit den Einflussgrößen der Fair Value-Anhangangaben. Laut der Untersuchung von (Chalmers & Godfrey, 2004) steigt der Umfang der *freiwilligen Anhangangaben* zu den derivativen Finanzinstrumenten in Australien mit den *Reputationskosten*[22] der betroffenen Unternehmen an.

7.4 Zusammenfassung und Ausblick

Das Ziel des vorliegenden Beitrags war es zum einen, die Bewertungsprämissen und -techniken des in IFRS 13 geregelten Fair Values darzulegen. Es wurde deutlich, dass es sich beim Fair Value um einen Wertmaßstab handelt, der durch seine Marktorientierung zwar einem Grundprinzip folgt, aber aufgrund der Verfügbarkeit der Marktdaten als Grundlage der Bewertung im Ergebnis sehr heterogen ist. Verdeutlicht wird dies bspw. durch die Verwendung von Inputfaktoren unterschiedlicher Güte als Grundlage von drei möglichen Bewertungsverfahren (market approach, cost approach und income approach). Damit kann es sich beim Fair Value nur um eine Approximation an einen Abgangspreis handeln.

[21] Als Messgröße wird der Anteil der Großaktionäre sam Unternehmen verwendet.

[22] Als Messgröße wird z. B. die Zugehörigkeit des CFO zur Vereinigung der 100 größten australischen Unternehmen verwendet.

Ein weiteres Ziel dieses Beitrages war es, einen Literaturüberblick über die (internationale) Rechnungslegungsforschung zum Themengebiet Fair Value zu geben. Die Rechnungslegungsforschung ist in diesem Themengebiet sehr weit gefächert und behandelt verschiedene Fragestellungen. Im Vorliegenden Beitrag erfolgte eine Analyse der Arbeiten zu den Schwerpunkten „Nützlichkeit der Fair Values", „Konsequenzen des Fair Value-Accounting", „Prüfung der Fair Values" sowie der „Determinanten des Fair Value-Accounting".

Im Folgenden sollen ausgewählte Ergebnisse der Schwerpunkte dargestellt werden.

Nützlichkeit der Fair Values

Die Mehrheit der Beiträge in dieser Kategorie erforscht die Value Relevance unterschiedlicher Positionen des Abschlusses. Bezogen auf die Bilanz zeigen auf Archiv-Daten basierende Studien, dass Finanzinstrumente bei Banken wertrelevant sind. In Interviews geben jedoch Investoren und Analysten an, dass sie Bilanzposten nicht als besonders nützlich ansehen, sondern für sie die Performance anhand von Ergebnisgrößen entscheidend ist. Dies bestätigen auch auf Archiv-Daten basierende Studien, die einen signifikanten Einfluss von Fair Value-Änderungen in der Gewinn- und Verlustrechnung auf den Unternehmenswert dokumentieren. Auf Fair Value-Änderungen im OCI trifft dies dagegen grundsätzlich nicht zu.

Die Nützlichkeit von Fair Values wird u. a. auch vor dem Hintergrund untersucht, ob die Fair Values in der Bilanz oder im Anhang angegeben werden. Eine jüngere Untersuchung kommt bezogen auf als Finanzinvestition gehaltene Immobilien zum Schluss, dass eine bilanzwirksame Bewertung relevanter als eine Nennung im Anhang sei. Beim Vergleich des Fair Value-Einkommens mit dem AHK-Einkommen sind die Ergebnisse für Banken und Renditeimmobilien dagegen nicht eindeutig.

Die zum Teil widersprüchlichen Ergebnisse erklären einige Studien damit, dass die Wertrelevanz u. a. von der Art der Verwendung des Vermögenswerts (z. B. Nutzung oder Verkauf), der Verlässlichkeit der Werte (z. B. abhängig von der Hierarchie-Stufe) sowie den institutionellen Rahmenbedingungen im Land abhängig sei.

Neben der Value Relevance widmet sich ein kleiner Teil der Studien der Frage nach der Nützlichkeit von Fair Values für andere Zwecke, wie die Schätzung der Unternehmensleistung, die Gestaltung von Kreditverträgen sowie die Beurteilung der Unternehmensleistung oder des Kreditrisikos. In diesem Bereich ist die empirische Evidenz spärlich und widersprüchlich.

Konsequenzen des Fair Value-Accounting

Als Positive Konsequenz für die Investoren aus der IFRS-Einführung und damit der vermehrten Fair Value-Bewertung wird u. a. ein Rückgang von Informationsasymmetrien beschrieben. Ebenso sei die Nützlichkeit der Fair Values bei der Bewertung von Bonds im Zeitablauf gestiegen.

Bei der Rechnungslegung zeigen sich eine Zunahme der konservativen Bilanzierung, der Einkommensvolatilität und der Länge Anhangangaben als Konsequenzen der Fair Value-Bewertung.

Vereinzelte Beiträge beobachten schließlich auch realwirtschaftliche Konsequenzen, etwas beim Wertpapierhandel und bei der Dividendenausschüttung.

Prüfung der Fair Values

Im Zusammenhang mit dem Prüfungsprozess wird bspw. aufgezeigt, dass Prüfer, die Anreize zum kritischen Denken erhalten, eher unangemessene Schätzungen im Rahmen der Fair Value-Ermittlung identifizieren. Nicht überraschend ist auch die Erkenntnis, dass bei der Prüfung der Fair Values vermehrt Bewertungsexperten eingesetzt werden und die Wahrscheinlichkeit des Einsatzes mit dem Prüfungsrisiko steigt.

Als weiteres Ergebnis offenbaren die Beiträge, dass die Manager z. B. durch die Wahl der Benchmarks bzw. durch zusätzliche Anhangangaben die Prüfung zu ihren Gunsten beeinflussen können.

Als mögliche Konsequenzen der Prüfung durch erfahrene Abschlussprüfer bzw. die Enforcement-Institution sind beispielsweise ein Anstieg der Value Relevance bzw. ein Rückgang von Informationsasymmetrien zu nennen.

Determinanten des Fair Value-Accounting

Bei nicht-finanziellen Unternehmen hängt die Nutzung der Fair Value-Bilanzierung von dem zu bewertenden Vermögenswert ab. So veranschaulicht eine Untersuchung, dass immaterielle Vermögenswerte bzw. Sachanlagen gar nicht bzw. kaum und als Finanzinvestition gehaltene Immobilien in rund 50 % der Fälle zum Fair Value bilanziert werden. Dabei scheint bei Renditeimmobilen die Nutzung positiv mit der Verschuldung zusammenzuhängen. Hinsichtlich der Frage, ob die Nutzung eher von der Relevanz oder der Verlässlichkeit der Fair Values abhängt, sind sich die Studien jedoch nicht einig.

Die Durchsicht der englischsprachigen Fair Value-Literatur der letzten knapp 30 Jahre macht deutlich, dass dieses Thema keinesfalls erschöpft ist. Dies hat mehrere Gründe. Einerseits wurden zahlreiche – vor allem Value Relevance-Studien – in den 1990er- und 2000er-Jahren durchgeführt. Seit dieser Zeit hat sich mit der Einführung neuer Rechnungslegungsstandards, zu nennen seien hier bspw. der IFRS 9 sowie der IFRS 13, der Umfang der Normen erweitert. Auch haben sich die wirtschaftlichen Rahmenbedingungen – beispielsweise aufgrund negativer Zinsen – geändert. Außerdem haben weltweit nationale Gesetzgeber die Regelungen zur Corporate Governance verschärft mit dem Ergebnis, dass bspw. mehr Sachverstand mit Bezug auf die Rechnungslegung bei Aufsichtsräten vorliegen muss und Abschlussprüfer bspw. einer strengeren Aufsicht und Haftung unterliegen. Ferner ist zu erwarten, dass sich die Kenntnisse im Bereich der internationalen Rechnungslegung und damit der Fair Value-Bilanzierung bei allen Stakeholdern der Finanzberichte verbessert haben. Vor diesem Hintergrund und angesichts widersprüchlicher und in manchen Bereichen mangelnder Evidenz sind sowohl neue als auch replikative Studien im Bereich Fair Value-Accounting sehr zu begrüßen.

Literatur

Acharya, V. V., & Ryan, S. G. (2016). Banks' financial reporting and financial system stability. *Journal of Accounting Research, 54*(2), 277–340.

Ahmed, A. S., Kilic, E., & Lobo, G. J. (2006). Does recognition versus disclosure matter? Evidence from value-relevance of banks' recognized and disclosed derivative financial instruments. *Accounting Review, 81*(3), 567–588.

Ahn, J., Hoitash, R., & Hoitash, U. (2020). Auditor task-specific expertise: The case of fair value accounting. *Accounting Review, 95*(3), 1–32.

Amel-Zadeh, A., Glaum, M., & Sellhorn, T. (2021). Empirical goodwill research: Insights, issues, and implications for standard setting and future research. *European Accounting Review*, 1–32.

Anderson, S. B., Brown, J. L., Hodder, L., & Hopkins, P. E. (2015). The effect of alternative accounting measurement bases on investors' assessments of managers' stewardship. *Accounting Organizations and Society, 46*, 100–114.

Arora, N., Richardson, S., & Tuna, I. (2014). Asset reliability and security prices: Evidence from credit markets. *Review of Accounting Studies, 19*(1), 363–395.

Badia, M., Duro, M., Penalva, F., & Ryan, S. (2017). Conditionally conservative fair value measurements. *Journal of Accounting & Economics, 63*(1), 75–98.

Badia, M., Barth, M. E., Duro, M., & Ormazabal, G. (2020). Firm risk and disclosures about dispersion of asset values: Evidence from oil and gas reserves. *Accounting Review, 95*(1), 1–29.

Ball, R., Li, X., & Shivakumar, L. (2015). Contractibility and transparency of financial statement information prepared under IFRS: Evidence from debt contracts around IFRS adoption. *Journal of Accounting Research, 53*(5), 915–963.

Barth, M. E. (1994). Fair value accounting: Evidence from investment securities and the market valuation of banks. *Accounting Review, 69*(1), 1–25.

Barth, M. E. (2000). Valuation-based accounting research: Implications for financial reporting and opportunities for future research. *Accounting & Finance, 40*(1), 7–32.

Barth, M. E., Beaver, W. H., & Landsman, W. R. (1996). Value-relevance of banks' fair value disclosures under SFAS No 107. *Accounting Review, 71*(4), 513–537.

Barth, M. E., Beaver, W. H., & Landsman, W. R. (2001). The relevance of the value relevance literature for financial accounting standard setting: Another view. *Journal of Accounting & Economics, 31*(1–3), 77–104.

Beatty, A., Chamberlain, S., & Magliolo, J. (1996). An empirical analysis of the economic implications of fair value accounting for investment securities. *Journal of Accounting & Economics, 22*(1–3), 43–77.

Beaver, W. H. (2002). Perspectives on recent capital market research. *Accounting Review, 77*(2), 453–474.

Beaver, W. H., & Ryan, S. G. (2005). Conditional and unconditional conservatism: Concepts and modeling. *Review of Accounting Studies, 10*(2–3), 269–309.

Bens, D. A., Cheng, M., & Neamtiu, M. (2016). The impact of SEC disclosure monitoring on the uncertainty of fair value estimates. *Accounting Review, 91*(2), 349–375.

Bhat, G., & Ryan, S. G. (2015). The impact of risk modeling on the market perception of banks' estimated fair value gains and losses for financial instruments. *Accounting Organizations and Society, 46*, 81–95.

Bhattacharjee, S., Moreno, K. K., & Wright, N. S. (2019). The impact of benchmark set composition on auditors' level 3 fair value judgments. *Accounting Review, 94*(6), 91–108.

Black, J., Chen, J. Z., & Cussatt, M. (2018). The association between SFAS No. 157 fair value hierarchy information and conditional accounting conservatism. *Accounting Review, 93*(5), 119–144.

Blankespoor, E., Linsmeier, T. J., Petroni, K. R., & Shakespeare, C. (2013). Fair value accounting for financial instruments: Does it improve the association between bank leverage and credit risk? *Accounting Review, 88*(4), 1143–1177.

Boone, J. P. (2002). Revisiting the reportedly weak value relevance of oil and gas asset present values: The roles of measurement error, model misspecification, and time-period idiosyncrasy. *Accounting Review, 77*(1), 73–106.

Bratten, B., Causholli, M., & Khan, U. (2016). Usefulness of fair values for predicting banks' future earnings: Evidence from other comprehensive income and its components. *Review of Accounting Studies, 21*(1), 280–315.

Bucaro, A. C. (2019). Enhancing auditors' critical thinking in audits of complex estimates. *Accounting Organizations and Society, 73*, 35–49.

Campbell, J. L. (2015). The fair value of cash flow hedges, future profitability, and stock returns. *Contemporary Accounting Research, 32*(1), 243–279.

Campbell, J. L., Downes, J. F., & Schwartz, W. C., Jr. (2015). Do sophisticated investors use the information provided by the fair value of cash flow hedges? *Review of Accounting Studies, 20*(2), 934–975.

Campbell, J. L., D'Adduzio, J., Downes, J. F., & Utke, S. (2021). Do debt investors adjust financial statement ratios when financial statements fail to reflect economic substance? Evidence from cash flow hedges. *Contemporary Accounting Research, 38*(3), 2302–2350.

Cannon, N. H., & Bedard, J. C. (2017). Auditing challenging fair value measurements: Evidence from the field. *Accounting Review, 92*(4), 81–114.

Cantrell, B. W., McInnis, J. M., & Yust, C. G. (2014). Predicting credit losses: Loan fair values versus historical costs. *Accounting Review, 89*(1), 147–176.

Caskey, J., & Hughes, J. S. (2012). Assessing the impact of alternative fair value measures on the efficiency of project selection and continuation. *Accounting Review, 87*(2), 483–512.

Chakravarthy, J. (2019). Ideological diversity in standard setting. *Review of Accounting Studies, 24*(1), 113–155.

Chalmers, K., & Godfrey, J. M. (2004). Reputation costs: The impetus for voluntary derivative financial instrument reporting. *Accounting Organizations and Society, 29*(2), 95–125.

Chen, E., Gavious, I., & Steinberg, N. (2019). Dividends from unrealized earnings and default risk. *Review of Accounting Studies, 24*(2), 491–535.

Chen, W., Tan, H.-T., & Wang, E. Y. (2013). Fair value accounting and managers' hedging decisions. *Journal of Accounting Research, 51*(1), 67–103.

Choi, J. J., Mao, C. X., & Upadhyay, A. D. (2015). Earnings management and derivative hedging with fair valuation: Evidence from the effects of FAS 133. *Accounting Review, 90*(4), 1437–1467.

Christensen, H. B., & Nikolaev, V. V. (2013). Does fair value accounting for non-financial assets pass the market test? *Review of Accounting Studies, 18*(3), 734–775.

Chung, S. G., Goh, B. W., Ng, J., & Yong, K. O. (2017). Voluntary fair value disclosures beyond SFAS 157's three-level estimates. *Review of Accounting Studies, 22*(1), 430–468.

Clor-Proell, S. M., Proell, C. A., & Warfield, T. D. (2014). The effects of presentation salience and measurement subjectivity on nonprofessional investors' fair value judgments. *Contemporary Accounting Research, 31*(1), 45–66.

Cornett, M. M., Rezaee, Z., & Tehranian, H. (1996). An investigation of capital market reactions to pronouncements on fair value accounting. *Journal of Accounting & Economics, 22*(1–3), 119–154.

Corona, C., Nan, L., & Zhang, G. (2019). Banks' asset reporting frequency and capital regulation: An analysis of discretionary use of fair-value accounting. *Accounting Review, 94*(2), 157–178.

Danbolt, J., & Rees, W. (2008). An experiment in fair value accounting: UK investment vehicles. *European Accounting Review, 17*(2), 271–303.

Dargenidou, C., & McLeay, S. (2010). The impact of introducing estimates of the future on international comparability in earnings expectations. *European Accounting Review, 19*(3), 511–534.

Dechow, P. M., Myers, L. A., & Shakespeare, C. (2010). Fair value accounting and gains from asset-securitizations: A convenient earnings management tool with compensation side-benefits. *Journal of Accounting & Economics, 49*(1–2), 2–25.

DeFond, M., Hu, J., Hung, M., & Li, S. (2020). The effect of fair value accounting on the performance evaluation role of earnings. *Journal of Accounting & Economics, 70*(2–3), 101341.

DeFond, M. L., Hung, M., Li, S., & Li, Y. (2015). Does mandatory IFRS adoption affect crash risk? *Accounting Review, 90*(1), 265–299.

Demerjian, P. R., Donovan, J., & Larson, C. R. (2016). Fair value accounting and debt contracting: Evidence from adoption of SFAS 159. *Journal of Accounting Research, 54*(4), 1041–1076.

Dennis, S. A., Griffin, J. B., & Zehms, K. M. (2019). The value relevance of managers' and auditors' disclosures about material measurement uncertainty. *Accounting Review, 94*(4), 215–243.

Dhaliwal, D., Subramanyam, K. R., & Trezevant, R. (1999). Is comprehensive income superior to net income as a measure of firm performance? *Journal of Accounting & Economics, 26*(1–3), 43–67.

Dichev, I. D., & Tang, V. W. (2008). Matching and the changing properties of accounting earnings over the last 40 years. *Accounting Review, 83*(6), 1425–1460.

Dong, M., & Zhang, X.-J. (2018). Selective trading of available-for-sale securities: Evidence from US commercial banks. *European Accounting Review, 27*(3), 467–493.

Dong, M., Ryan, S., & Zhang, X.-J. (2014). Preserving amortized costs within a fair-value-accounting framework: Reclassification of gains and losses on available-for-sale securities upon realization. *Review of Accounting Studies, 19*(1), 242–280.

Dyer, T., Lang, M., & Stice-Lawrence, L. (2017). The evolution of 10-K textual disclosure: Evidence from Latent Dirichlet Allocation. *Journal of Accounting & Economics, 64*(2–3), 221–245.

Eccher, E. A., Ramesh, K., & Thiagarajan, S. R. (1996). Fair value disclosures by bank holding companies. *Journal of Accounting & Economics, 22*(1–3), 79–117.

Eilifsen, A., Hamilton, E. L., & Messier, W. F., Jr. (2021). The importance of quantifying uncertainty: Examining the effects of quantitative sensitivity analysis and audit materiality disclosures on investors? judgments and decisions. *Accounting Organizations and Society, 90*, 101169.

Emett, S. A., Libby, R., & Nelson, M. W. (2018). PCAOB guidance and audits of fair values for Level 2 investments. *Accounting Organizations and Society, 71*, 57–72.

Ferreira, P. H., Kraussl, R., Landsman, W. R., Borysoff, M. N., & Pope, P. F. (2019). Reliability and relevance of fair values: Private equity investments and investee fundamentals. *Review of Accounting Studies, 24*(4), 1427–1449.

Fiechter, P., & Novotny-Farkas, Z. (2017). The impact of the institutional environment on the value relevance of fair values. *Review of Accounting Studies, 22*(1), 392–429.

Fontes, J. C., Panaretou, A., & Peasnell, K. V. (2018). The impact of fair value measurement for bank assets on information asymmetry and the moderating effect of own credit risk gains and losses. *Accounting Review, 93*(6), 127–147.

Fuller, S. H., Joe, J. R., & Luippold, B. L. (2021). The effect of auditor reporting choice and audit committee oversight on management financial disclosures. *Accounting Review, 96*(6), 239–274.

Gao, P., & Jiang, X. (2020). The economic consequences of discrete recognition and continuous measurement. *Journal of Accounting & Economics, 69*(1), 101250.

Gassen, J., & Schwedler, K. (2010). The decision usefulness of financial accounting measurement concepts: Evidence from an online survey of professional investors and their advisors. *European Accounting Review, 19*(3), 495–509.

Gaynor, L. M., McDaniel, L., & Yohn, T. L. (2011). Fair value accounting for liabilities: The role of disclosures in unraveling the counterintuitive income statement effect from credit risk changes. *Accounting Organizations and Society, 36*(3), 125–134.

de George, E. T., Li, X., & Shivakumar, L. (2016). A review of the IFRS adoption literature. *Review of Accounting Studies, 21*(3), 898–1004.
Georgiou, O. (2018). The worth of fair value accounting: Dissonance between users and standard setters. *Contemporary Accounting Research, 35*(3), 1297–1331.
Givoly, D., Hayn, C., & Katz, S. (2017). The changing relevance of accounting information to debt holders over time. *Review of Accounting Studies, 22*(1), 64–108.
Glover, S. M., Taylor, M. H., & Wu, Y.-J. (2019). Mind the gap: Why do experts have differences of opinion regarding the sufficiency of audit evidence supporting complex fair value measurements? *Contemporary Accounting Research, 36*(3), 1417–1460.
Goex, R. F., & Wagenhofer, A. (2010). Optimal precision of accounting information in debt financing. *European Accounting Review, 19*(3), 579–602.
Goncharov, I., Riedl, E. J., & Sellhorn, T. (2014). Fair value and audit fees. *Review of Accounting Studies, 19*(1), 210–241.
Griffin, J. B. (2014). The effects of uncertainty and disclosure on auditors' fair value materiality decisions. *Journal of Accounting Research, 52*(5), 1165–1193.
Griffith, E. E. (2018). When do auditors use specialists' work to improve problem representations of and judgments about complex estimates? *Accounting Review, 93*(4), 177–202.
Griffith, E. E. (2020). Auditors, specialists, and professional jurisdiction in audits of fair values. *Contemporary Accounting Research, 37*(1), 245–276.
Griffith, E. E., Hammersley, J. S., Kadous, K., & Young, D. (2015). Auditor mindsets and audits of complex estimates. *Journal of Accounting Research, 53*(1), 49–77.
Hanley, K. W., Jagolinzer, A. D., & Nikolova, S. (2018). Strategic estimation of asset fair values. *Journal of Accounting & Economics, 66*(1), 25–45.
He, X., Wong, T. J., & Young, D. (2012). Challenges for implementation of fair value accounting in emerging markets: Evidence from China. *Contemporary Accounting Research, 29*(2), 538–+.
Hilton, A. S., & O'Brien, P. C. (2009). Inco Ltd.: Market value, fair value, and management discretion. *Journal of Accounting Research, 47*(1), 179–211.
Hodder, L. D., Hopkins, P. E., & Wahlen, J. M. (2006). Risk-relevance of fair-value income measures for commercial banks. *Accounting Review, 81*(2), 337–375.
Holthausen, R. W., & Watts, R. L. (2001). The relevance of the value-relevance literature for financial accounting standard setting. *Journal of Accounting & Economics, 31*(1–3), 3–75.
Huffman, A. (2018). Asset use and the relevance of fair value measurement: Evidence from IAS 41. *Review of Accounting Studies, 23*(4), 1274–1314.
Hung, M., & Subramanyam, K. R. (2007). Financial statement effects of adopting international accounting standards: The case of Germany. *Review of Accounting Studies, 12*(4), 623–657.
Israeli, D. (2015). Recognition versus disclosure: Evidence from fair value of investment property. *Review of Accounting Studies, 20*(4), 1457–1503.
Jenkinson, T., Landsman, W. R., Rountree, B. R., & Soonawalla, K. (2020). Private equity net asset values and future cash flows. *Accounting Review, 95*(1), 191–210.
Jiang, J., Wang, I. Y., & Xie, Y. (2015). Does it matter who serves on the Financial Accounting Standards Board? Bob Herz's resignation and fair value accounting for loans. *Review of Accounting Studies, 20*(1), 371–394.
Joe, J. R., Vandervelde, S. D., & Wu, Y.-J. (2017). Use of high quantification evidence in fair value audits: Do auditors stay in their comfort zone? *Accounting Review, 92*(5), 89–116.
Kadous, K., Koonce, L., & Thayer, J. M. (2012). Do financial statement users judge relevance based on properties of reliability? *Accounting Review, 87*(4), 1335–1356.
Kim, S., Kim, S., & Ryan, S. G. (2019). Economic consequences of the AOCI filter removal for advanced approaches banks. *Accounting Review, 94*(6), 309–335.

Koonce, L., Nelson, K. K., & Shakespeare, C. M. (2011). Judging the relevance of fair value for financial instruments. *Accounting Review, 86*(6), 2075–2098.

Lawrence, A., Siriviriyakul, S., & Sloan, R. G. (2016). Who's the fairest of them all? Evidence from closed-end funds. *Accounting Review, 91*(1), 207–227.

Lee, K., & Menon, R. (2019). The effects of subjectivity on manager and auditor reporting. *Accounting Review, 94*(5), 273–295.

Liang, L., & Riedl, E. J. (2014). The effect of fair value versus historical cost reporting model on analyst forecast accuracy. *Accounting Review, 89*(3), 1151–1177.

Linsmeier, T. J. (2013). A Standard setter's framework for selecting between fair value and historical cost measurement attributes: A basis for discussion of "Does fair value accounting for nonfinancial assets pass the market test?". *Review of Accounting Studies, 18*(3), 776–782.

Magnan, M., Menini, A., & Parbonetti, A. (2015). Fair value accounting: Information or confusion for financial markets? *Review of Accounting Studies, 20*(1), 559–591.

McInnis, J. M., Yu, Y., & Yust, C. G. (2018). Does fair value accounting provide more useful financial statements than current GAAP for banks? *Accounting Review, 93*(6), 257–279.

Mueller, M. A., Riedl, E. J., & Sellhorn, T. (2015). Recognition versus disclosure of fair values. *Accounting Review, 90*(6), 2411–2447.

Muller, K. A., & Riedl, E. J. (2002). External monitoring of property appraisal estimates and information asymmetry. *Journal of Accounting Research, 40*(3), 865–881.

Nelson, K. K. (1996). Fair value accounting for commercial banks: An empirical analysis of SFAS No 107. *Accounting Review, 71*(2), 161–182.

Pyzoha, J. S., Taylor, M. H., & Wu, Y.-J. (2020). Can auditors pursue firm-level goals nonconsciously on audits of complex estimates? An examination of the joint effects of tone at the top and management's specialist. *Accounting Review, 95*(6), 367–394.

Quagli, A., & Avallone, F. (2010). Fair value or cost model? Drivers of choice for IAS 40 in the real estate industry. *European Accounting Review, 19*(3), 461–493.

Ravenscroft, S., & Williams, P. F. (2021). Sustaining discreditable accounting research through ignorance: The mainstream elite's response to the 2008 financial crisis. *Accounting Organizations and Society, 95*, 101280.

Riedl, E. J., & Serafeim, G. (2011). Information risk and fair values: An examination of equity betas. *Journal of Accounting Research, 49*(4), 1083–1122.

Sellhorn, T., & Stier, C. (2019). Fair value measurement for long-lived operating assets: Research evidence. *European Accounting Review, 28*(3), 573–603.

Sikalidis, A., & Leventis, S. (2017). The impact of unrealized fair value adjustments on dividend policy. *European Accounting Review, 26*(2), 283–310.

Song, C. J., Thomas, W. B., & Yi, H. (2010). Value relevance of FAS No. 157 fair value hierarchy information and the impact of corporate governance mechanisms. *Accounting Review, 85*(4), 1375–1410.

Tettenborn, M., Morgenstern, N., & Hinz, M. (2021). Entspricht die Abbildung des (Rein-)Vermögens bei Abkehr von der Going-Concern-Prämisse den tatsächlichen Verhältnissen? *Der Betrieb, 74*(41), 2369–2372.

Venkatachalam, M. (1996). Value-relevance of banks' derivatives disclosures. *Journal of Accounting & Economics, 22*(1–3), 327–355.

Neue Herausforderungen bei M&A und die Implikation für die Unternehmensbewertung

8

Werner Gleißner, Susann Ihlau, Kai Lucks und Reinhard Meckl

8.1 Einleitung

Die starke Zunahme von Veränderungen im Umfeld von Unternehmen, die man seit einigen Jahren beobachten kann, führt zu einer steigenden Unsicherheit für Entscheidungen auf nahezu allen Ebenen der Unternehmen. Regulative Verschärfungen auf nationaler und supranationaler Ebene, eine starke Beschleunigung der Technologieänderungen und Innovationsraten v. a. durch die Digitalisierung, eine nie da gewesene geldpolitische Expansion mit erheblichen Auswirkungen auf den Fremd- und Eigenkapitalbereich, die zunehmende Bedeutung von ESG-Kriterien und natürlich die COVID-19-Pandemie, Krieg und Inflation sowie Infragestellungen und Brüche von Regeln der globalen Zusammenarbeit (Lieferketten und Friedensordnung) mit allen Konsequenzen für die makro- und mikroökonomische Situation der Wirtschaftsteilnehmer sind die wesentlichen Faktoren für diese Unsicherhei-

W. Gleißner (✉)
Honorarprofessor an der TU Dresden (BWL, insb. Risikomanagement) und Vorstand der FutureValue Group AG, Leinfelden-Echterdingen, Deutschland
E-Mail: w.gleissner@futurevalue.de

S. Ihlau
Wirtschaftsprüferin, Steuerberaterin und Partner bei Mazars GmbH & Co. KG, Düsseldorf, Deutschland

K. Lucks
u. a. Leiter des MMI, Vorsitzender des Bundesverbandes Mergers & Acquisitions sowie Buchautor und Dozent für M&A, München, Deutschland

R. Meckl
Inhaber des Lehrstuhls für Internationales Management an der Universität Bayreuth, Bayreuth, Deutschland

S. Behringer, F. Follert (Hrsg.), *Unternehmensbewertung und ökonomische Analyse*,
https://doi.org/10.1007/978-3-658-40235-8_8

ten. Und natürlich ist auch M&A, oder ganz besonders M&A als strategisches Instrument der Unternehmensentwicklung von diesen Entwicklungen und Unsicherheiten betroffen.

Unter Mergers & Acquisitions – kurz M&A – versteht man allgemein alle Transaktionen von Unternehmen, die sich mit dem Kauf oder Verkauf von Unternehmen oder Unternehmensteilen befassen (einschließlich Fusionen von Unternehmen). Dazu gehören speziell Übernahmen von meist kleineren Unternehmen, die z. B. zur Realisierung von Synergien durch größere Unternehmen gekauft werden.

Und so haben sich neue Themenkomplexe im Rahmen der Theorie und Praxis von M&A herausgebildet, die als konzeptionelle und instrumentelle Antwort auf die neuen Herausforderungen interpretiert werden können. Ziel dieses Beitrages ist es, die aktuellen und prognostisch relevanten „neuen M&A-Themen" in ihrer Relevanz und Grundsatzproblematik darzustellen und erste Empfehlungen zur Behandlung und Integration dieser neuen Herausforderungen in den M&A-Prozess abzuleiten.

Die Diskussionen zu diesen „neuen M&A-Themen" spielen sich auf der puristisch theoretischen, genauso wie auf der anwendungsorientierten Ebene ab und haben vielfältige Implikationen für die Bewertung bei M&A-Transaktionen. Die nachfolgenden Ausführungen sind orientiert an den eher anwendungsorientierten praktischen Problemstellungen.

Die aufgeführten „Herausforderungen" sind damit nicht das Ergebnis einer wissenschaftlichen Herleitung, sondern eine Themenzusammenstellung ausgehend von einer Reihe Besprechungen, Konferenzen und Treffen in Arbeitskreisen von Personen, die sich professionell mit M&A-Aktivitäten befassen (z. B. aus dem Arbeitskreis „Unternehmensbewertung bei M&A", des Bundesverbands M&A und der EACVA (European Association of Certified Valuators and Analysts)).

Neben den hier skizzierten Herausforderungen gibt es eine ganze Reihe weiterer, die bei M&A-Prozessen zu beachten sind, aber im Vergleich zu den hier genannten weniger Relevanz für die Bewertung von Unternehmen haben (siehe z.B. zu den Herausforderungen im Umgang mit SPACS, mit aktivistischen Aktionären und den neuen und erweiterten außenwirtschaftlichen Anforderungen Gleißner et al., 2023a).

In dem Beitrag werden dabei die verschiedenen Herausforderungen bei M&A-Aktivitäten speziell auch aus Perspektive der Bewertungstheorie betrachtet (vgl. zur Historie dieses Theoriefeldes Behringer, 2020 und zu aktuellen Herausforderungen Quill, 2020). Dies ist erforderlich, weil letztlich alle Entscheidungen im Kontext M&A „Unternehmerische Entscheidungen" im Sinne der Business Judgement Rule darstellt und damit für die Beurteilung der Vorteilhaftigkeit bestehender Handlungsoptionen ein Entscheidungsmaßstab erforderlich ist. Ein Entscheidungskriterium, das den Anforderungen gerecht wird (vgl. Follert & Gleißner, 2022), ist der in der investitionstheoretischen Bewertungslehre entwickelte „Entscheidungswert" (siehe Matschke, 1981). Der grundlegende Vorteil der investitions- und semiinvestitionstheoretischen Bewertungslehre (vgl. Gleißner & Follert, 2022) im Vergleich zur finanzierungstheoretischen Bewertung (insb. mittels CAPM; ein grundlegendes Problem der finanzierungstheoretischen Bewertungslehre besteht darin, dass diese nicht geeignet ist die für unternehmerische Entscheidungen relevanten Entscheidungswerte zu bestimmen, siehe dazu (Matschke, 1981; Matschke & Brösel, 2021; Hering, 2021; Gleißner & Follert, 2022) im Kontext M&A besteht darin, dass bei diesem der individuelle Informationsstand und bestehende Handlungsrestriktionen des Bewertungssubjekts berücksichtigt werden können (siehe Hering, 2021). Speziell können so Veränderungen des Risikoumfangs durch eine solche Entscheidung umfassend und über alle Risikokategorien, also z. B. auch aus ESG-Risiken, und neue Regularien wie das noch heftig diskutierte Lieferkettensorgfaltspfichtengesetz im Entscheidungskalkül berücksichtigt werden (vgl. zu den Grundlagen (Falder et al., 2022; vgl. zur Kritik am Gesetz Bagus et al., 2021)).

8.2 Aktuelle Aspekte und Herausforderungen von M&A

8.2.1 Volkswirtschaftliche Risiken, Krisen und M&A

Konjunktureinbrüche sind schlechte Zeiten für M&A. Ein Unternehmer fürchtet immer in besonderem Maße, wenn externe Einflüsse, auf die er keinen Einfluss nehmen kann, sein Geschäft beeinträchtigen. Er wünscht sich die volle Kontrolle und muss doch immer mit externen Beeinträchtigungen rechnen, den „Limits of Control".

Während Konjunkturveränderungen in der Regel wohl zu den geringeren externen Risiken zählen, können sich Krisen schon in bedrohlicher Weise niederschlagen. Wir haben dies gerade unter der Corona-Pandemie erlebt, die in eine wirtschaftliche Krise mündete, in der 30 % der deutschen Unternehmen Liquiditätsengpässe verzeichneten und bis zu 100 tausend Unternehmen Insolvenz befürchten mussten – hätte es da nicht die staatlichen Schutzmechanismen gegeben.

Die Umgangssprache unterscheidet zwischen Katastrophen, großen Unfällen und Krisen. Diese treten immer wieder auf. Faktisch bestehen enge Zusammenhänge, das Eine kann in das Andere führen. Katastrophen sind zeitlich und regional meist begrenzt. Sie gehen meist auf Naturereignisse zurück, können aber auch menschliche Ursachen haben. Als Unfälle bezeichnet die Sprache humangenerierte Ereignisse, aus Unachtsamkeit oder willentlich herbeigeführt. Krise bezeichnet als übergeordneten Begriff tiefe Einbrüche, die zunächst oft nationaler Natur sind, sich aber kontinental und global verbreiten können. Dieser Sammelbegriff umfasst wirtschaftliche, soziale, politische, organisatorische, psychologische und technologische Großereignisse mit nachhaltiger Wirkung auf die nationalen und internationalen Gemeinschaften. Zu den typischen Krisen zählen Pandemien wie etwa die Pest zwischen Antike und dem 19. Jahrhundert. Als größte Pandemie der Neuzeit gilt die Spanische Grippe (vgl. zur Einordnung der Krisentypen aus Sicht der volkswirtschaftlichen Risiko- und Krisenforschung (Gleißner & Kamarás, 2020)). Die Wirtschaftskrisen ab den 1990er-Jahren begannen, sich wellenartig um den Globus zu bewegen. ihren ersten Schlusspunkt fand sie mit dem Platzen der Dotcom-Blase in Deutschland. Gemessen an den Verlusten der Weltbörsen sind die erste Ölkrise (1973), die Finanzkrise (2008) und wohl auch der Wirtschaftseinbruch (2020) in der ersten Corona-Welle die dramatischsten Einbrüche nach dem Zweiten Weltkrieg; ein Stopp der russischen Gaslieferungen in Folge des „Ukraine-Kriegs" könnte ähnliche Wirkungen zeigen (Bundesbank, Monatsbericht April 2022).

(In den letzten Jahren gab es eine erhebliche Zunahme volkswirtschaftlicher und speziell auch geopolitischer Risiken, die bei der Bewertung von Unternehmen zu berücksichtigen sind und deren Wertrelevanz im Vergleich zu anderen Einflussfaktoren zugenommen hat. Die Abbildung 1 zeigt im Vergleich die sogenannte volkswirtschaftliche „Krisenampel" im Jahr 2015 im Vergleich zu derjenigen im August 2022 (siehe Gleißner et al., 2022a).

Ausgehend von einem schon seit Jahren (spätestens 2014) bestehenden geopolitischen Risiko führte der Angriff Russlands auf die Ukraine im Februar 2022 zu einem Krieg und einer geopolitischen Krise. Die durch die daraus folgende Energiekrise und die drohende Gasmangellage zeitweise stark gestiegenen Energiepreise haben die schon seit 2021 erkennbare inflationäre Entwicklung verstärkt. Schon durch das Zusammentreffen aufgestauter Nachfrage mit reduziertem Angebot am Ende der COVID-19-Pandemie kam es erwartungsgemäß zu starken inflationären Entwicklungen, die 2022 zu einer „Inflationskrise" und stark steigenden Zinssätzen geführt haben. In Verbindung mit der im investorischen Vergleich hohen Verschuldung vieler Staaten (und auch vieler Unternehmen) hat sie auch die Wahrscheinlichkeit für weitere „Folgekrisen", wie eine Schulden- und Währungskrise, erhöht. Der erhöhte Umfang volkswirtschaftlicher Risiken hat gleich über mehrere Wirkungskanäle Auswirkungen auf die Unternehmensbewertung. Zudem beeinflussen steigende Inflationen und Zinssätze den risikolosen Basiszins und damit den Diskontierungszinssatz. So ist zum Beispiel zu beachten, dass dauerhaft erhöhte Energiekosten in Europa potentiell die Gewinnmargen energieintensiver Unternehmen reduzieren und überhaupt an der Wettbewerbsfähigkeit mancher Unternehmen und Geschäftsmodelle in Deutschland zweifeln lassen.

Durch die oben skizzierten Einflüsse kam es infolge des Angriffes Russlands auf die Ukraine ab Februar 2022 zu einem starken Rückgang von Aktienkursen, insbesondere in den durch die Auswirkungen besonders betroffenen europäischen Ländern. Neben Unsicherheit über die Ertragsentwicklung, steigende Energiekosten und zumindest partiell weiterbestehenden Lieferkettenproblemen belastet insbesondere der infolge der hohen Inflationsraten ab dem zweiten Quartal festzustellende starke Anstieg der Zinssätze die Bewertung von Unternehmen. Da von steigenden Zinssätzen insbesondere Wachstumsunternehmen besonders betroffen sind, gab es auch einen starken Rückschlag bei den Kursen der amerikanischen Wachstumsunternehmen (Nasdaq), die zuvor auf einem sehr hohen Niveau bewertet waren.

Letztere wird potenziell auch über die Auswirkungen der erhöhten Unsicherheit auf die Marktrisikoprämie und den Risikoumfang der Cashflows der Unternehmen mitbestimmt. Steigende Zinssätze, insbesondere in Verbindung mit einer Wirtschaftskrise, erhöhen zudem die Insolvenzrisiken von Unternehmen, die ebenfalls den Unternehmenswert bestimmen.

Die Beispiele zeigen insgesamt, dass gerade in aus volkswirtschaftlicher Perspektive „riskanten" Zeiten diese Risiken, die Zukunftsperspektiven und Risikoumfang eines Unternehmens wesentlich bestimmen, in besonderer Weise zu analysieren und im Hinblick auf die Auswirkungen auf (1) erwartete Cashflows und Erträge und (2) risikoadäquate Diskontierungszinssätze zu beachten sind. Die erhöhten Risiken des Umfelds haben für die meisten Unternehmen insgesamt ungünstige Auswirkungen auf den

Unternehmenswert, was gerade bei anstehenden unternehmerischen Entscheidungen im Kontext M&A berücksichtigt werden sollte.

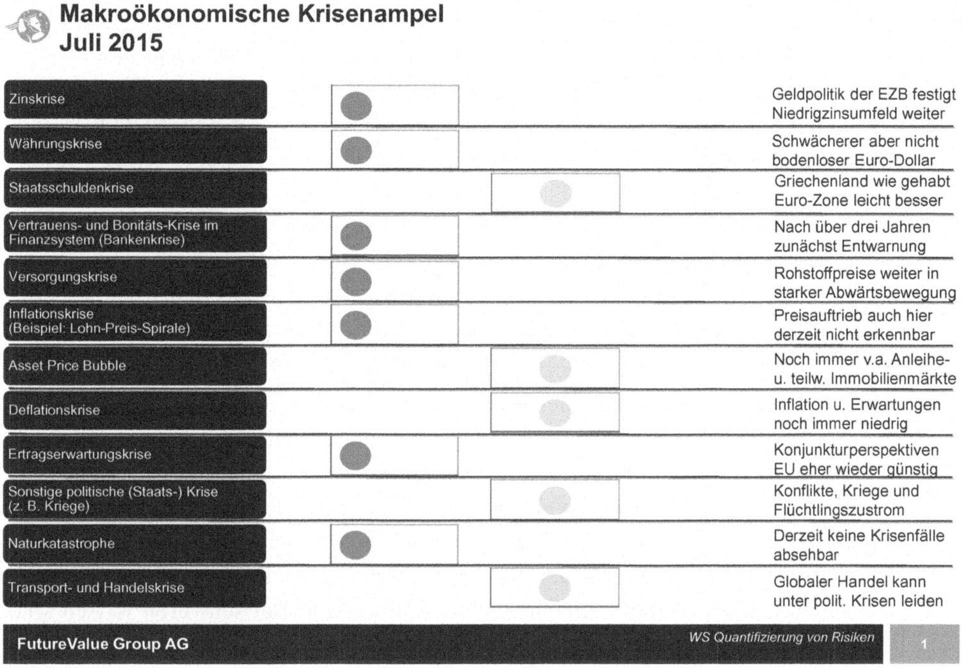

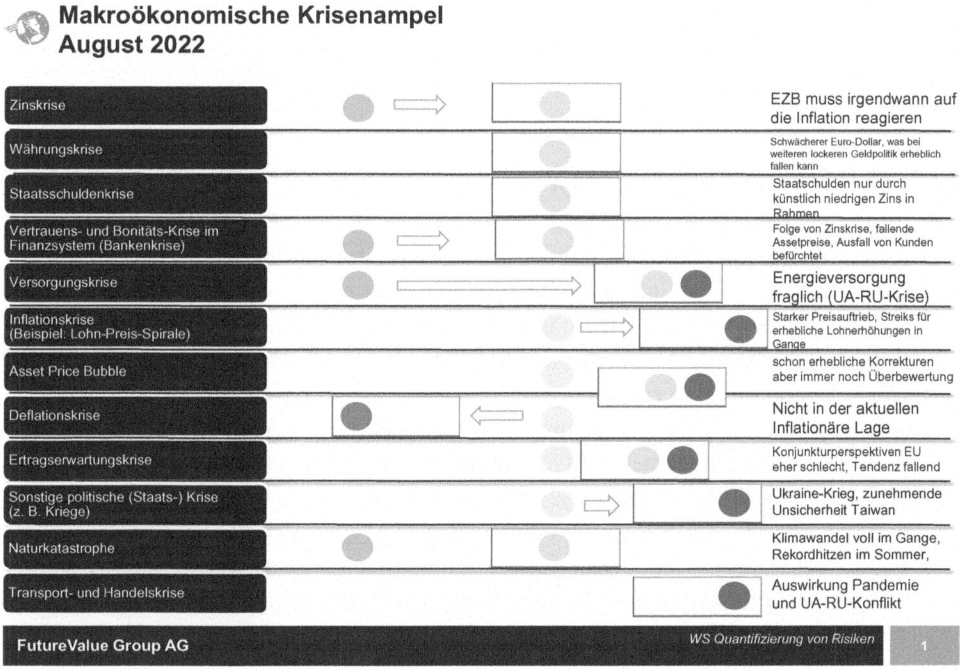

Klar ist, dass solche volkswirtschaftlichen Risiken, die zu Krisen führen können, bei Finanzierung und Bewertung von M&A-Transaktionen zu berücksichtigen sind.

Neue Anforderungen an Krisenfrüherkennung und Krisenprävention – bei Relevanz für M&A – ergeben sich durch das am 01. Januar 2021 in Kraft getretene Unternehmensstabilisierungs- und -Restrukturierungsgesetz (StaRUG) (vgl. Braun, 2021). Mit ihm wurden Mindestanforderungen an Krisenfrüherkennung und Krisenprävention festgelegt und die Möglichkeiten zur Krisenbewältigung verbessert. Die Regelungen des StaRUG betreffen alle Kapitalgesellschaften, also auch GmbHs (vgl. Gleißner et al., 2021; Nickert & Nickert, 2021).

Das Gesetz fordert ein Krisenfrüherkennungssystem, das in der Lage ist, mögliche „bestandsgefährdende Entwicklungen" (§ 1) früh zu erkennen. Sie sind meist das Resultat eingetretener Risiken. Für die Krisenfrüherkennung ist deshalb eine systematische Risikoanalyse und Risikoaggregation erforderlich. Bei der bisher schon für Aktiengesellschaften vorgesehenen Risikoaggregation werden die Kombinationseffekte von Risiken untersucht, um festzustellen, ob durch diese eine Bestandsgefährdung entstehen kann – zum Beispiel durch die Verletzung von Mindestanforderungen an das Rating oder von Covenants, die zur Kreditkündigung führen können (vgl. § 91 AktG). Zeichnet sich eine für das Unternehmen kritische Bestandsgefährdung ab, ist die Geschäftsleitung verpflichtet, „geeignete Gegenmaßnahmen" (§ 1 StaRUG) der Krisenprävention einzuleiten und das Überwachungsorgan, zum Beispiel den Aufsichtsrat, zu informieren. Bei schweren Krisen sind einzelne Gegenmaßnahmen, zum Beispiel zur Kostenreduktion, allerdings oft nicht ausreichend. Notwendig ist dann ein an den Krisenursachen ansetzender Restrukturierungsplan. „StaRUG-konforme" Krisen- und Risikofrüherkennungssysteme liefern Risikodaten (der DIIR-Revisionsstandard Nr. 2 wurde im Februar 2022 unter Berücksichtigung der neuen Anforderungen an das Risikomanagement durch StaRUG und FISG aktualisiert, siehe (Bünis et al., 2022) für M&A-Aktivitäten (Abschn. 8.2.10)).

8.2.2 Digitalisierung und M&A

Die Digitalisierung von M&A ist naheliegenderweise stark IT-getrieben. Die Informationstechnik, bisher in einer Unterstützungsfunktion, wird zu einem dominierenden Treiber in übergeordneter Rolle. Die aktuell stark forcierten und inzwischen auch in der Breite der Internetuser verfügbaren AI-basierten Tools werden weitere Effizienzsteigerungen in der Datensichtung und -analyse zur Verfügung stellen.

Am weitesten ist die Digitalisierung / Automatisierung im Vorfeld vorangeschritten (etwa zum Screening) sowie bei der Transaktion (etwa zur Due Diligence, vgl. z. B. Konhäuser, Sambol, Stork & Hahn, 2022). Insbesondere im Bereich Legal-Tech, also des automatisierten Ablaufs von juristischen Arbeitspaketen (vgl. zum allgemeinen Überblick z. B. Legal-Tech, 2022), werden sich weitere Effizienzsteigerungen gerade im M&A-Prozess verwirklichen lassen, da hier Routinen und Standardisierungen bei der Auswertung großer Datenmengen einsetzen lassen. Für die Post-Closing Phase mit dem Schwerpunkt der Integration bestehen bereits digital-hinterlegte Ansätze, etwa in Form von strukturierten Referenzmodellen, die aus der digital hinterlegten Dokumentation von vorausgegangenen Transaktionen hervorgegangen sind. Anzahl und Qualität dieser Dokumentationen sind entscheidend für die Wiederverwendbarkeit und Performance der Lösungen.

Datenbeschaffung, Daten- und Entscheidungsmanagement sind die zentralen Säulen, die die Performance und den erfolgreichen Abschluss eines digital-getriebenen M&A-Projektes bestimmen.

Hierzu gehören (vgl. Gleißner et al., 2023a, S. 47):

1. Strategien und Technologien zum automatisierten Abgreifen und Anpassen von externen Daten, die etwa über das Internet verfügbar sind.
2. Erfassung und Generierung interner bzw. eigener Daten aus den übergeordneten Organisationen des Übernehmers und des Targets.
3. Entwicklung eigener Tools und Lösungen zur Datenbeschaffung jenseits von professionellen Datenquellen.
4. Methodiken zum automatisierten Exzerpieren von Daten (etwa aus Bilanzen, GuV) sowie zur automatisierten Zusammenführung solcher Daten unter Harmonisierung von bisher voneinander abweichenden Definitionen.
5. Einsatz von Machine Learning / Deep Learning zur Generierung von „Smart Data“, Dateninterpretationen und Entscheidungsvorlagen.

Zusammenfassend gesehen, besteht die langfristige Herausforderung zur Weiterentwicklung von M&A darin, das einerseits die Digitalisierung und Automatisierung zu einem konsistent abgestimmten Gesamtmodell zusammengeführt wird, diese aber in ein human-dominiertes kulturell verträgliches Gesamtmodell für M&A eingebracht werden muss (vgl. Bundesverband Mergers & Acquisitions e.V., 2020).

8.2.3 Bedeutung von ESG und ESG-Risiken bei Bewertung und M&A

Von Unternehmen, die Nachhaltigkeitsthemen, wie Umweltschutz, soziale Verantwortung und Grundsätze guter Unternehmensführung (Environment, Social, Governance – ESG) berücksichtigen, erwartet man eine bessere Corporate Financial Performance.

Die empirische Studienlage zeigt dabei durchaus unterschiedliche Ergebnisse und eine klare risiko-adjustierte Überrendite von Investitionen in Unternehmen, z. B. mit hohen ESG-Scores lässt sich nicht durchweg belegen (siehe z. B. (Halbritter & Dorfleitner, 2015; Dorfleitner & Grebler, 2022) und die nachfolgend skizzierten Studien). Problematisch ist hier auch, dass die verschiedenen „Nachhaltigkeits-Scores“ oft deutlich unterschiedliche Eigenschaften von Unternehmen beurteilen und damit die Korrelation zwischen solchen Messkonzepten oft nur sehr gering ist (Halbritter & Dorfleitner, 2015). Schließlich ist anzumerken, dass sich selbst das grundlegende Verständnis des Begriffs „Nachhaltigkeit" oft nur sehr partiell in ESG-Scores widerspiegelt und so speziell nur Facetten des zentralen Gedankens – Befriedigung der Bedürfnisse heute und in Zukunft lebender Menschen (vgl. Brundtland Report 1987) – nur in Facetten erfasst wird (z. B. die Auswirkungen des Unternehmens für die Umwelt, nicht aber der Beitrag von Unternehmen, der Rüstungsindustrie, deren Angebot für das öffentliche Gut „Sicherheit" wichtig ist). Ungeachtet solcher Probleme ist aber zu erkennen, dass Nachhaltigkeit und speziell die ESG-Kriterien auch im Kontext M&A zunehmend Aufmerksamkeit finden.

Investoren, die verantwortungsbewusste Unternehmen in ihren Anlageentscheidungen miteinbeziehen, haben daher höhere Chancen auf eine positive Performance ihres Portfolios. Die Berücksichtigung von Nachhaltigkeitsaspekten in der Unternehmensführung führt zur Reduzierung von Risiken, einer Steigerung der Unternehmensreputation und zu Vorteilen für die Stakeholder. Sie wird in Zukunft Voraussetzung für eine positive Positionierung am Kapitalmarkt und entsprechende Ratings sein. Nachhaltiges Handeln wirkt sich auch auf den Wert des Unternehmens aus (vgl. Ihlau & Zwenger, 2020).

Da es sich bei Nachhaltigkeitsfaktoren häufig um nicht-finanzielle Aspekte handelt, stellt deren Analyse und Bewertung in der Praxis eine Herausforderung dar (zur finanziellen Nachhaltigkeit vgl. (Gleißner et al., 2023a)).

Ziel der ESG-Due-Diligence ist die Untersuchung des Targets auf Reputationsrisiken, die Identifizierung von Haftungsrisiken sowie die Ermittlung und Quantifizierung von Wertsteigerungspotentialen bzw. künftigen Kosten. Die Identifikation und Quantifizierung der ESG-Risiken, beispielsweise die Analyse getätigter, geplanter oder fehlender Investitionen, erfolgt in der Vergangenheit und im Business Plan des Targets (vgl. (Baumüller & Gleißner, 2020) zur Quantifizierung).

Erkenntnisse aufgrund der Durchführung einer ESG-Due-Diligence bieten Argumente in der Kaufpreisverhandlung, haben Einfluss auf die Unternehmensbewertung oder können sogar zum Abbruch des M&A-Vorhabens führen (vgl. Abschn. 8.2.10).

Investoren berücksichtigen Nachhaltigkeitsaspekte bei Anlageentscheidungen und analysieren entsprechende ESG-Ratings. Die in der Praxis derzeit vorzufindenden Ratings von Rating-Agenturen sind jedoch sehr verschieden, tendenziell intransparent und verbesserungswürdig.

Die Bedeutung des Themas Nachhaltigkeit im Allgemeinen und von ESG-Scores im Besonderen wurde in den letzten Jahren in einer Reihe empirischer Untersuchungen betrachtet. Oft wird die Hypothese formuliert, dass eine Verbesserung des ESG-Scores von Unternehmen über einen Rückgang von sogenannten ESG-Risiken, also z. B. Risiken von Reputationsverlusten bei einer Umweltschädigung der Produktionen oder durch die CO2-Emissionen, einen positiven Beitrag auf den Unternehmenswert haben könnte. Investitionen in „mehr Nachhaltigkeit" sind aber auch mit Kosten verbunden und der Beitrag zum Unternehmenswert ist damit zunächst offen. In empirischen Untersuchungen wird meist der Zusammenhang zwischen den ESG-Scores von Unternehmen einerseits und (a) Aktienrendite und/oder (2) Bewertungsniveau (Tobin Q) andererseits betrachtet. Ergänzend analysiert wird der Zusammenhang zwischen ESG-Scores und den (systematischen oder idiosynkratischen) Risiken der Aktien von Unternehmen. Studien zum Einfluss des ESG-Scores auf die eigentlich bewertungsrelevanten Risiken der Cashflows eines Unternehmens gibt es nicht. Aber auch die Studien zum Zusammenhang zwischen ESG-Scores und Aktienrenditen sowie Aktienrisiken und Bewertungsniveau liefern kein klares Bild (siehe z. B. Sharfman & Fernando, 2008; Magnanelli & Izzo, 2017; Gupta, 2018 zu impliziten Kapitalkosten).

Gupta (2018, S. 345; vgl. auch El Ghoul et al., 2018) fasst zusammen: „*Overall, existing studies do not provide a clear link between improving environmental performance and economic benefits [...].*"

Bei all diesen Untersuchungen ist zu beachten, dass hier regelmäßig der Zusammenhang zwischen ESG-Scores einerseits und den Preisen (bzw. daraus abgeleiteten Renditen) der Aktien von Unternehmen untersucht wird - nicht der Zusammenhang zwischen ESG-Scores und einem risikoadäquaten modellbasiert berechneten Unternehmenswert. In einem realen unvollkommenen Kapitalmarkt sind Preis und Wert nicht identisch (siehe Abschn. 8.2). Ein mit einem höheren ESG-Score im Mittel verbundenes höheres Bewertungsniveau (Tobin Q) kann also auch einfach anzeigen, dass unabhängig von Ertragskraft und Ertragsrisiko der Unternehmen, Unternehmen mit einem solchen ESG-Score „populärer" sind (und aus fundamentalen Gesichtspunkten damit überwertet (siehe Walkshäusl et al., 2022). Ein Indiz dafür ist, dass z.B. Köstlmeier & Röder (2023) sogar eine leichte unterdurchschnittliche Performance von Unternehmen mit besonders hohen ESG-Scores feststellen (die Studie zeigt insgesamt keinen statistisch signifikanten Zusammenhang zwischen ESG-Scores und Aktienrenditen).

Im Ergebnis muss man festhalten, dass man aus der Betrachtung eines ESG-Scores keine Schlussfolgerung für den Unternehmenswert ableiten kann. Es ist völlig offen, ob ein guter oder schlechter ESG-Score im konkreten Fall den Unternehmenswert steigert (oder nicht). Empirische Studien, die sich auf eine Vielzahl von Unternehmen beziehen und zudem Börsenkurse (Preise) - und nicht Unternehmenswerte - betrachten, bieten hier auch keine Orientierung. Für die Bewertung von Unternehmen im Allgemeinen und bei M&A-Entscheidungen im Besonderen hat das weitreichende Konsequenzen: selbstverständlich sollten die Geschäftstätigkeit und die Auswirkungen eines Unternehmens für Gesellschaft und Umwelt betrachtet werden (zentrale ESG-Aspekte), die zukünftig erwartete Erträge und auch die Ertragsrisiken des Unternehmens bestimmen. Die Höhe der zukünftigen CO2-Emissionen und der dadurch entstehenden unsicheren Kosten, der mögliche Kundenverlust bei einer Umweltschädigung oder Verstoß gegen Menschenrechte und auch mögliche Schadensersatzzahlungen haben offensichtlich Relevanz für den Unternehmenswert. Sie bestimmen nämlich Erwartungswerte, Erträge und Cashflows sowie das Ertragsrisiko, das wiederum den risikoadäquaten Diskontierungszinssatz bestimmt (siehe zur Bewertungsmethodik Gleißner et al., 2023b und Gleißner, 2019a zu den Grundlagen).

Erforderlich ist es entsprechend unternehmensspezifisch die Ertrags- und davon abhängigen Ertragsrisikoauswirkungen der Nachhaltigkeit (und der fehlenden Nachhaltigkeit) der Geschäftsaktivitäten eines Unternehmens bei M&A-Entscheidungen zu betrachten.

Insbesondere sind dabei auch die Nachhaltigkeitsrisiken, wie alle anderen Risiken auch, sachgerecht zu quantifizieren und bei der Risikoaggregation zu berücksichtigen und dann in den Implikationen auch für den Diskontierungszinssatz zu erfassen (siehe dazu Abschnitt 10). Eine besondere Herausforderung besteht hier (lediglich) darin, dass gerade im Bereich Nachhaltigkeit und ESG zunächst einmal die Auswirkungen der Geschäftstätigkeit auf Umwelt und Gesellschaft betrachtet werden müssen und dann die Rückkopplungen dieser über die relevanten Stakeholder (wie Kunden und Mitarbeiter) auf das Unternehmen selbst finanziell zu bewerten sind.

Im Rahmen der Unternehmensbewertung ist die Risikoanalyse entscheidend, um den Einfluss von ESG-Faktoren auf den Erwartungswert der zu kapitalisierenden Cashflows zu bestimmen. ESG-Risiken haben meist auch finanzielle Auswirkungen, die quantifiziert und bei einer simulationsbasierten Bewertung direkt den Unternehmenswert beeinflussen, weil sie den Erwartungswert der Cashflows beeinflussen (vgl. Abschn. 8.2.10).

8.2.4 Corporate VC und M&A

Die seit Jahren schon sehr hohe technische Innovationsdynamik, vor allem im digitalen Bereich, macht es für viele etablierte Unternehmen nötig, mit Start-up-Unternehmen, die neue Technologien oder auch Geschäftsmodelle entwickelt haben, zusammenzuarbeiten, um Zugriff auf diese Fähigkeiten zu erhalten (Gleißner et al., 2023a). Eine häufig gewählte Form ist die eigenkapitalmäßige Beteiligung an solchen Start-ups, wobei in vielen Fällen eine eigene gesellschaftsrechtliche Einheit, die Corporate-Venture-Capital-Gesellschaft (VC-Gesellschaft) die Beteiligungen erwirbt oder auch das Start-up komplett übernimmt. M&A-Transaktionen im Rahmen solcher Übernahmen durch CVC-Gesellschaften haben deshalb in den letzten Jahren deutlich an Bedeutung gewonnen (vgl. zu Daten und Beteiligungsmodellen z. B. (Eyben & Vocke, 2019)).

Die Anforderungen an ein M&A-Projekt im Rahmen einer CVC-Transaktion unterscheiden sich an einigen Stellen von den Charakteristika eines „normalen" M&A-Prozesses. Dies beginnt schon beim Screening, insbesondere bei der Überprüfung des „strategic fit". Während bei „normalen" M&A-Transaktionen Volumeneffekte, Internationalisierung oder auch Vertriebssystemausweitung die typischen Gründe sind, stehen CVC-Transaktionen im Fokus des Technologiezugangs. Unwägbarkeiten, was die Relevanz einer bestimmten Technologie und auch die Fähigkeiten des Zielunternehmens was die Entwicklung/Beherrschung dieser Technologie betrifft, lassen solche Transaktionen als besonders risikoreich erscheinen.

Bei der Deal-Struktur bestehen ebenfalls erhebliche Unterschiede. In vielen Fällen muss Rücksicht genommen werden auf die Ideen/Ziele der Gründer, die regelmäßig wichtiges Know-how tragen. Relevante Eigenkapitalbeteiligungen oder auch langfristig angelegte Earn-outs (vgl. Toll & Rolinck, 2017) sind eher die Regel als die Ausnahme bei CVC-Deals. Hinzu kommt, dass z. B. VC-Gesellschaften bereits im Zielunternehmen investiert sein können und auch weiter bleiben wollen. Entsprechend sind, was die Verhandlungen und Verträge betrifft, spezifische Konstruktionen nötig, die den Entwicklungsfortschritt im Zielunternehmen („milestones“, Meilensteine) berücksichtigen und auch z. B. Beteiligungserhöhungen in der Zukunft regeln. Diese rechtlichen Konstruktionen können kompliziert und auch aufwändig in der Überwachung sein. Für das Unternehmen, das sich beteiligt, muss früh entschieden werden, ob man sich die Möglichkeit einer Gesamtübernahme offenlassen will, was im Zweifel mit finanziellen Zugeständnissen erkauft werden muss.

Die Schätzung von Umsätzen, Kostenkomponenten, Cashflow-Größen ist kaum sinnvoll möglich, wenn ein Zielunternehmen noch nicht einmal ein fertiges Produkt, geschweige denn Gewinne vorweisen kann. Vielmehr muss in der Unternehmensbewertung abgeschätzt werden, wie hoch die Wahrscheinlichkeit ist, dass die Technologie oder das Geschäftsmodell überhaupt machbar und marktfähig sind, darauf können dann sehr grobe Schätzungen der Performance aufgebaut werden (vgl. zur Bewertung von Start-ups z. B. (De Buhr, 2014)). Dass der Beteiligungsprozess in vielen Fällen in mehreren Schritten und durchaus über einen längeren Zeitraum erfolgt, macht die Bewertung noch komplizierter. Was den Kaufpreis betrifft, so werden Beteiligungen über Kapitalerhöhungen, zu einem stark erhöhten Unternehmenswert im Vergleich zu den vorangegangenen Beteiligungsrunden, häufig angeboten.

Die Due Diligence ist angesichts der Fokussierung der Transaktion auf die Technologie stark orientiert an den bekannten Verfahren zur Technologiebewertung, wobei häufig eine noch nicht marktreife Technologie eingeschätzt werden muss. Dient die CVC-Transaktion dazu, ganz neue Märkte zu erschließen, so dürfte das Know-how im Vergleich zu normalem M&A was die Aussichten der Technologiebewertung betrifft, eher unterdurchschnittlich sein, was den Prozess weiter erschwert.

Aus dem vorher Gesagten wird deutlich, dass das Post-Closing-Controlling eine zentrale Position im CVC-M&A-Geschäft hat. Der Fortschritt in der Technologieentwicklung, Änderungen im Gesellschafterkreis und vor allem auch bei den Know-how-tragenden Personen müssen regelmäßig überprüft und mit den eigenen strategischen Vorstellungen in Einklang gebracht werden.

Es zeigt sich, dass CVC-Transaktionen Spezifika aufweisen, die sie inhaltlich und strukturell zu sehr speziellen M&A-Transaktionen machen. Institutionell muss in der Muttergesellschaft des CVC-Vehikels geklärt werden, inwieweit die „traditionelle“ M&A-Abteilung hier eingeschalten wird, um vorhandenes Wissen, z. B. im Bereich der Risikominimierung zu nutzen.

8.2.5 Datenschutz in M&A-Projekten

Das Thema Datenschutz auf Basis der europäischen Datenschutzgrundverordnung (DS-GVO) ist im Bereich M&A auf zwei Ebenen relevant (vgl. z. B. Wagner, 2019; Gleißner et al., 2023a). Zum einen stellt sich die Frage, ob das Zielunternehmen alle Vorgaben des Datenschutzes erfüllt oder ob sich aus der Vernachlässigung des Datenschutzes zusätzliche Risiken ergeben. Zum zweiten ist zu diskutieren, ob und ggf. welche und wie Daten im Rahmen des M&A-Prozesses, z. B. in der Due Diligence ausgetauscht bzw. offengelegt werden dürfen (vgl. zur Definition und generell zum Umgang mit diesen Daten bei M&A z. B. (CMS Hasche Sigle, 2020; Wagner, 2019, S. 5–7)).

Erfüllt das Zielunternehmen die Vorgaben der DSGVO nicht, so kommen hier die traditionellen Risikominderungselemente von Käuferseite zum Einsatz. Garantien und Freistellungen können vom Verkäufer eingeräumt werden, die den Käufer vor Bußgeldern, die immerhin bis zu 20 Millionen Euro oder vier Prozent des Umsatzes bei Verstößen ausmachen können, schützen. Natürlich besteht auch die Möglichkeit ein erkanntes Risiko im Bereich Datenschutz oder auch die Kosten zur Herstellung einer DSGVO-Compliance in die Unternehmensbewertung und damit letztendlich in den Kaufpreis einfließen zu lassen.

Schwieriger ist die „Compliance" mit der DSGVO im Ablauf des M&A-Prozesses, insbesondere natürlich bei der Due Diligence, sicherzustellen. Grundsätzlich sind hier im Wesentlichen „personenbezogene Daten" relevant, da diese nicht einfach gegenüber dem Käufer offengelegt werden dürfen.

Zunächst ist wichtig, ob ein Share oder ein Asset Deal durchgeführt wird. Da bei einem Share Deal, wenn die übernommene Einheit nicht aufgelöst wird, der für die Erhebung der Daten Verantwortliche mit allen damit verbundenen Pflichten bestehen bleibt, ergibt sich hinsichtlich der Rechtmäßigkeit der Datenverarbeitung keine Änderung. Dies bedeutet, dass die betroffenen Personen nicht unterrichtet werden müssen. Allerdings ist eine Vertraulichkeitsvereinbarung zwischen Verkäufer und Käufer nötig, die den Umgang mit den übermittelten Daten regelt (vgl. CMS Hasche Sigle, 2020, S. 3). Hierzu empfiehlt es sich auch, dass vom Verkäufer bereits vor der Transaktion in den Datenschutzerklärungen Verkaufsaktivitäten als „berechtigtes Interesse" definiert werden.

Bei einem Asset Deal kann davon ausgegangen werden, dass der Käufer im Rahmen der Einsichtnahme in die Daten in der Due Diligence eine indirekte Erhebung durchführt. Die betroffenen Personen müssen davon nach Art. 14 DSGVO informiert werden. Allerdings gibt es Ausnahmen. Wenn die betroffene Person bereits über die Information verfügt, es unmöglich ist oder einen unverhältnismäßig hohen Aufwand darstellt oder andere Rechtsvorschriften der Informationsübertragung entgegenstehen, so ist die Informationspflicht nicht gegeben (vgl. dazu (Dr. Datenschutz, 2020)). Beim Verkäufer erfolgte eine direkte Erhebung bei der ursprünglichen Erstellung des Datensatzes. Im Rahmen des Verkaufsprozesses erfahren sie eine Zweckentfremdung im Vergleich zur ursprünglichen Verwendung, weswegen ebenfalls eine Informationspflicht des Betroffenen entsteht. Allerdings sind hier die Meinungen durchaus divers. Einige Juristen vertreten die Meinung, dass hier keine Zweckänderung vorliegt, insbesondere wenn (siehe oben), Verkaufsaktivitäten in den Datenschutzerklärungen enthalten sind (vgl. dazu und andere Ausnahmefälle z. B. (Dr. Datenschutz, 2020)).

Die DSGVO stellt insgesamt gesehen für die Due Diligence einen erheblichen Unsicherheitsfaktor dar, vor allem wenn massenhaft personenbezogene Daten, wie z. B. bei den meisten digitalen Geschäftsmodellen involviert sind. Eine negative Auswirkung auf Transaktionssicherheit, -kosten und auch -dauer ist zu erwarten. Hier bestehende Risiken sind bei der Bewertung zu berücksichtigen (vgl. Abschn. 8.2.10).

8.2.6 Business Judgement Rule und Entscheidungsvorlagen bei Kauf und Verkauf

Zu den Herausforderungen beim Kauf oder Verkauf von Unternehmen gehört zunächst die Erfüllung der Implikationen der Business Judgement Rule an die Entscheidungsvorbereitung. Solche M&A-Entscheidungen sind regelmäßig „unternehmerische Entscheidungen" im Sinne § 93 AktG. Die vor dem Kauf eines „Target-Unternehmens" üblichen Arbeiten, wie die Durchführung einer Due Diligence oder die Erstellung einer Fairness Opinion, sind alleine nicht ausreichend (in Anlehnung an (Gleißner, 2019b; vgl. weiterführend Follert & Gleißner, 2022; vgl. auch ICV, 2021). Notwendig ist eine entscheidungsvorbereitende Risikoanalyse und empfehlenswert ist der Wertvergleich des eigenen Unternehmens vor und nach der möglichen Akquisition. Um „angemessene Informationen" (§ 93 AktG) zu erhalten (vgl. Graumann, 2014), sind unter anderem die Implikationen für den zukünftigen Risikoumfang des eigenen Unternehmens aufzuzeigen. Eine Akquisition bedeutet auch die Übernahme neuer Risiken. Die Analyse der zusätzlichen Akquisitionsrisiken ist auch nötig, um eine etwaige „bestandsgefährdende Entwicklung" früh erkennen zu können (§ 91 AktG und § 1 StaRUG). Die Bedeutung der Business Judgement Rule bei M& A hat zuletzt stark zugenommen, weil Standards und Leitfäden die inhaltlichen Anforderungen auf die Vorbereitung von Managemententscheidungen präzisiert haben (vgl. DIIR RS Nr. 2 2018; RMA, 2019; und ICV, 2021), und sich für altruistische Aktionäre damit recht einfach nutzbare Angriffspunkte ergeben (vgl. Abschn. 8.2.5).

Die Business Judgement Rule (§ 93 Abs. 1 und 2 AktG) regelt Sorgfaltspflichten und schadensersatzträchtige Pflichtverletzungen von Vorstandsmitgliedern. Grundsätzlich liegt eine derartige Pflichtverletzung dann nicht vor, wenn Vorstand (oder Geschäftsführer) „bei einer unternehmerischen Entscheidung vernünftigerweise annehmen durfte, auf der Grundlage angemessener Information zum Wohle der Gesellschaft zu handeln". Damit das Haftungsprivileg der Business Judgement Rule greift, muss im Rahmen einer Entscheidung zwischen alternativen Handlungsmöglichkeiten gewählt werden und die Entscheidung bestimmte Eigenschaften aufweisen, insbesondere auf „angemessenen Informationen" basieren. Auch wenn der Aufsichtsrat zustimmt, bleibt die Verantwortung beim Vorstand, und der sollte beweisen können, dass er zum Entscheidungszeitpunkt diese Informationen hatte (§ 93 AktG Abs. 2). Dies erfordert eine Risikoanalyse, die Einbeziehung des Risikomanagements in die Vorbereitung der Entscheidung, wie insbesondere der neue Prüfungsstandard DIIR Revisionsstandard Nr. 2 seit 2018 betont (zuletzt aktualisiert in 2022; vgl. (Gleißner & Kimpel, 2019; Bünis et al., 2022)). Die zentrale Bedeutung der „Entscheidungsunterstützungsfunktion" der Unternehmensplanung betonen auch die im

April 2022 aktualisierten „Grundsätze ordnungsgemäßer Planung" (GoP 3.0), deren Beachtung gewährleistet, dass eine Planung speziell auch als Grundlage für die Bewertung von Unternehmen und M&A-Transaktionen geeignet ist (vgl. Graumann, 2014; Graumann et al., 2009; RMA 2019; ICV, 2021; und Gleißner, 2021).

Notwendig gemäß § 93 AktG ist zudem wie erwähnt insbesondere die Beurteilung der Risiken, die mit der Akquisition verbunden sind. Hier reicht die Risikoidentifikation durch eine Due Diligence allein nicht aus, weil zusätzlich die Quantifizierung und Aggregation nötig sind, um die Wirkungen der Risiken auf das eigene Unternehmen (z. B. Rating) beurteilen zu können. Für Risikoanalyse und Akquisitionsbewertung notwendig ist eine Beurteilung der durch den geplanten Unternehmenskauf zusätzlich zu erwartenden Erträge und ein Abwägen mit den zusätzlichen Risiken (unter Berücksichtigung von unsicheren Integrationskosten und Synergien sowie von Risikodiversifikationseffekten; vgl. vertiefend (Gleißner, 2011, 2019a) (Gleißner & Ernst, 2019)) mit einem Fallbeispiel):

1. Eine Akquisition führt zu unsicheren Synergien, unsicheren Integrationskosten und Risikodiversifikationseffekten, was eine Bewertung auf der Grundlage der zukünftigen aggregierten Ertragsrisiken erfordert – historische Aktienrenditeschwankungen, die zum Beispiel im Betafaktor des CAPM erfasst werden, sind nicht notwendigerweise repräsentativ für die Ertragsrisiken nach der Akquisition (vgl. Gleißner & Ihlau, 2017).
2. Durch die Übernahme zusätzlicher Risiken des Target-Unternehmens und die Fremdkapitalaufnahme zur Akquisitionsfinanzierung kann es zu einer Änderung des zukünftigen Ratings (und damit der Insolvenzwahrscheinlichkeit) des eigenen Unternehmens kommen. Es ist zu prüfen, ob diese Veränderungen des Insolvenzrisikos (vgl. Gleißner, 2010; Franken et al., 2020; Friedrich, 2015) im Bewertungskalkül zu erfassen sind. Die durch das Rating ausgedrückte Insolvenzwahrscheinlichkeit wirkt langfristig weitgehend wie eine „negative Wachstumsrate" der Erträge.

Wenn die Entscheidungsvorlage alle entscheidungsrelevanten Informationen transparent aufbereitet darstellt, lässt sich auch später – bei Verdacht einer Fehlentscheidung – belegen, dass mit den zum Entscheidungszeitpunkt verfügbaren Informationen eine Kaufentscheidung sachgerecht war. Kein Vorstand oder Geschäftsführer soll für das „Pech" haften; dass die mit jeder Akquisition verbundenen Risiken, auch eintreten können. Problematisch ist es, wenn

- nicht in der Entscheidungsvorlage angegebene, aber an sich erkennbare Risiken nach einer Akquisition eintreten, oder
- eingetretene Risiken negative Auswirkungen in einer Höhe zeigen, die durch die Schätzung bei der Risikoanalyse nicht zu erklären ist (also z. B. außerhalb der Bandbreite einer Dreiecksverteilung).

Fazit: Bei der Beurteilung von M&A-Strategien ist eine Analyse der hiermit verbundenen Chancen und Risiken i. d. R. unter Einbeziehung des Risikomanagements erforderlich.

Bei einer wesentlichen M&A-Entscheidung sind auch deren Implikationen für den Gesamtrisikoumfang des eigenen Unternehmens – und die Risikotragfähigkeit (vgl. DIIR RS Nr. 2 und IDW PS 981) – zu beurteilen, um mögliche „bestandsgefährdende Entwicklungen" (im Sinne von § 91 AktG und § 1 StaRUG) vor der Entscheidung zu erkennen (vgl. den neuen DIIR RS Nr. 2 von 2022 (Bünis et al., 2022; sowie RMA, 2019)).

8.2.7 Quantitative Risikoanalyse und Risikoaggregation als Ergänzung zur Due Diligence und Basis einer simulationsbasierten Bewertung

Wie im Abschn. 8.2.9 erläutert, ist es infolge der Business Judgement Rule erforderlich, vor der Entscheidung über den Kauf oder Verkauf eines Unternehmens die Implikationen für den Risikoumfang des eigenen Unternehmens belegbar zu betrachten. Auch aus den in den Abschn. 8.2.1 und Abschn. 8.2.4 genannten Herausforderungen, Krisenprävention und zunehmende Bedeutung von ESG-Risiken, folgt die Notwendigkeit einer quantitativen Risikoanalyse. Wie bei den bereits skizzierten Herausforderungen aufgezeigt, sind diese durchaus mit zum Teil neuen Risiken verbunden, die bei Bewertung und damit im Entscheidungskalkül zu berücksichtigen sind. So sind beispielsweise die Auswirkungen der sogenannten „Nachhaltigkeitsrisiken" (siehe Abschn. 8.2.3.), mögliche „Zusatzzahlungen" bei einem Squeeze-out infolge von Aktionen „aktivistischer Aktionäre" oder Risiken durch Schadensersatzzahlungen bei Verstößen gegen Regelungen im Bereich Datenschutz oder Außenwirtschaft im Bewertungskalkül zu berücksichtigen. Ebenso führen Earn-Out-Klauseln zu unsicheren Nachzahlungen auf den originären Kaufpreis, die in der Bewertung ebenso einfließen müssen. Alle diese Aspekte einer M&A-Transaktion beeinflussen den Gesamtrisikoumfang der übernehmenden Gesellschaft, dessen Veränderung aufgezeigt werden sollte. Für die Beurteilung der Auswirkungen auf den Gesamtrisikoumfang benötigt man eine quantitative Risikoanalyse und Risikoaggregation, die die bisher übliche Due Diligence – diese dient primär der Risikoidentifikation – erweitert. Wesentlich ist insbesondere, dass die Veränderung des Risikoumfangs des eigenen Unternehmens, unter Berücksichtigung der Risiken des Target-Unternehmens, zu betrachten ist.

Startpunkt der Risikoidentifikation ist im Allgemeinen die vorliegende Unternehmensplanung. Die Risikoidentifikation schließt sich oft unmittelbar an die Plausibilisierung der Unternehmensplanung an oder erfolgt teilweise im Rahmen dieser.

Der Bewerter wird nicht sämtliche hier skizzierten Aufgaben der Risikoidentifikation selber vornehmen können, sondern Informationen des Risikomanagements des Target-Unternehmens nutzen. In der Praxis zeigen die implementierten Risikofrüherkennungssysteme aber regelmäßig Unzulänglichkeiten, so dass möglicherweise von einer unvollkommenen Analyse der Unternehmensrisiken ausgegangen werden kann. So werden z. B. volkswirtschaftliche Risiken und ESG-Risiken derzeit oft zu wenig betrachtet (vgl. die Abschn. 8.2.1 und 8.2.3). Entsprechend ist es eine zentrale Anforderung des Bewerters,

- die vorhandenen Ergebnisse der Risikoanalyse anzufordern und kritisch zu prüfen (oft fehlt heute noch in der Due-Diligence-Phase der Zugang zu diesen Informationen – insbesondere bei Outside-In-Bewertungen) und
- möglichst abgestimmt mit dem Unternehmen, wesentliche Lücken der Risikoanalyse zu schließen.

Im Rahmen der Plausibilisierung der Unternehmensplanung, die der Unternehmensbewertung zugrunde liegt, sollte der Bewerter dabei grundsätzlich zumindest die wesentlichen unsicheren Planannahmen betrachten (vgl. Gleißner, 2011). Die vom Unternehmen bereitgestellten Ergebnisse sollten im Rahmen einer Risikoanalyse (z. B. aus dem Risikoreporting an Vorstand oder Aufsichtsrat) z. B. mittels Risikochecklisten kritisch hinterfragt werden, um möglicherweise bestehende Lücken aufzudecken (eine besondere Betrachtung spezieller Risikofelder, wie z. B. von Länderrisiken für die Ableitung einer Länderrisikoprämie, ist oft ergänzend notwendig).

Zur quantitativen Beschreibung eines Risikos kann eine Wahrscheinlichkeitsverteilung genutzt werden, die die Ergebnisauswirkungen eines Risikos in einer Periode (z. B. Jahr) beschreibt (vgl. Gleißner, 2017). Oft ermöglicht aber nur eine Kombination von Wahrscheinlichkeitsverteilungen eine adäquate Beschreibung eines Risikos. Man denke z. B. an ein bei einer Due Diligence aufgetretenes Risiko, dem zwar eine bestimmte Eintrittswahrscheinlichkeit zugeordnet werden kann, die Schadenshöhe selbst jedoch unsicher ist.

Die Aggregation der verschiedenen identifizierten und quantifizierten Risiken im Kontext der Unternehmensplanung kann den Einsatz von Simulationsverfahren erforderlich machen, weil Risiken – anders als Kosten – nicht addierbar sind, zumindest wenn man von Spezialfällen (Normalverteilungen) absieht. Diese Simulationsverfahren sind die Weiterentwicklung bekannter Szenarioanalyse-Techniken (vgl. Grisar & Meyer, 2015, 2016 zur Bedeutung). Mittels Monte-Carlo-Simulation wird bei der Risikoaggregation eine große repräsentative Anzahl risikobedingt möglicher Zukunftsszenarien (Planungsszenarien) analysiert (ein einfacher erster Schritt auf dem Weg zur Monte-Carlo-Simulation, einer stochastischen Szenario-Simulation, ist eine einfache Szenarioanalyse, bei der z. B. zumindest drei plausibel erscheinende Szenarien bestimmt werden, um die Bandbreite von Cashflows abzuschätzen). Auf diese Weise wird eine Häufigkeitsverteilung und damit eine realistische Bandbreite der zukünftigen Cashflows und Erträge aufgezeigt, also die Planungssicherheit bzw. der Umfang möglicher negativer Planabweichungen dargestellt (stochastische Bandbreitenplanung). Man bestimmt so erwartungstreue Planwerte von Erträgen bzw. Cashflows unter Berücksichtigung der Risiken, d. h. ambitionierte Planwerte werden auf Erwartungswerte übergeleitet (vgl. Behringer & Gleißner, 2018, 2020). Unmittelbar ableiten kann man z. B. auch die Wahrscheinlichkeit, dass Covenants verletzt werden oder ein notwendiges Mindest-Rating zukünftig nicht mehr erreicht wird. Die Verletzung von Covenants ist meist eine „bestandsgefährdende Entwicklung" i. S. des § 91 Abs. 2 AktG und § 1 StaRUG. Aus der Risikosimulation unmittelbar ableiten lässt sich somit auch das Insolvenzrisiko, das sich z. B. ausdrücken lässt durch die Insolvenzwahrscheinlichkeit (Rating).

Die zur Erfüllung der Anforderung aus der Business Judgement Rule erhobenen Informationen über Risiken (Chancen und Gefahren) ermöglichen insbesondere die für die Anwendung des Ertragswertverfahrens oder des Discounted Cashflow-Verfahrens (DCF-Verfahren) notwendige Bestimmung von „erwartungstreuen Planwerten" bezüglich Erträge und Cashflows (Erwartungswerte). Studien zeigen nämlich, dass die seitens eines Unternehmens bereitgestellten Unternehmensplanungen meist eher (ambitionierte) Zielwerte angeben, die nicht erwartungstreu sind (aber für den Zweck der Unternehmenssteuerung durchaus geeignet sind). Mit einer quantitativen Risikoanalyse als Informationsfundament ist die Ableitung erwartungstreuer Planwerte und die Anwendung sogenannter „simulationsbasierter Unternehmenswertungsverfahren" (vgl. Hering & Toll, 2013; Tschöpel, 2004) möglich. Die zentralen Charakteristika einer simulationsbasierten Bewertung sind

(1) die Berücksichtigung von Unternehmensrisiken und
(2) die Anwendung der Monte-Carlo-Simulation zur Risikoaggregation.

Eine simulationsbasierte Bewertung impliziert zunächst keine Festlegung auf einen spezifischen bewertungstheoretischen Rahmen. Der Einsatz der Verfahren ist möglich bei einer investitionstheoretischen Bewertung (vgl. Hering et al., 2013), einer semi-investitionstheoretischen Bewertung mittels der „unvollkommenen Replikation" (vgl. Gleißner, 2011, 2019a; Ernst, 2022; Dorfleitner & Gleißner, 2018; sowie Dorfleitner, 2020) und (3) auch bei einer kapitalmarktorientierten (finanzierungstheoretischen) Bewertung auf Grundlage des CAPM (vgl. speziell bei Nutzung der Sicherheitsäquivalent-Variante des CAPM, bei der der Risikogehalt der Cashflows ins Bewertungskalkül einfließt (Robicheck & Myers, 1966; und Rubinstein, 1973; sowie die die Bewertungsfallbeispiele bei Gleißner & Ernst, 2019)).

Die Häufigkeitsverteilungen der Zahlungen aus der Simulation werden bei der Bewertung jeweils auf den Erwartungswert verdichtet und das Risiko der Zahlungen durch ein Risikomaß, wie Standardabweichung oder Value-at-Risk, ausgedrückt. Mit einem Risiko-Wert-Modell und der Methode der unvollkommenen Replikation (vgl. (Gleißner, 2011, 2019a; Dorfleitner & Gleißner, 2018) kann unter Berücksichtigung von (a) Höhe, (b) Risiko und (c) Zeitpunkt der Zahlungen deren risikoadäquater Gegenwartswert berechnet werden. Der so berechnete Wert entspricht gerade dem sicheren Geldbetrag, der äquivalent ist zu einem unsicheren zukünftigen Zahlungsstrom den gleichen Erwartungswert und Risiko. Weder Kapitalmarktdaten über das Bewertungsobjekt noch die Hypothese vollkommener Kapitalmärkte sind für die Bewertung erforderlich (weiterführend zur Anwendung solcher Verfahren der semiinvestitionstheoretischen Bewertung bei einem Squeeze-out siehe (Gleißner & Follert, 2022)). Neben Annahmen über die in Alternativinvestitionsmöglichkeiten, z. B. Staatsanleihen und ein Weltaktien-Portfolio, benötigt man lediglich eine Annahme: zwei Zahlungen zum gleichen Zeitpunkt stimmen im Wert genau dann überein, wenn sie gleichen Erwartungswert und gleiche Ausprägungen des gewählten Risikomaßes aufweisen. So kann man die risikoadäquaten Kapitalkosten ableiten (vgl. Gleißner, 2019a) ohne historische Kapitalmarktdaten (Beta-Faktor oder DCF der Peer-Group).

8.2.8 Bewertung von Sonderrechten (Liquiditätspräferenz, Earn-out)

Eine besondere Herausforderung beim M&A-Fällen ist die adäquate Bewertung von Sonderrechten einzelner Gesellschafter, z. B. Liquiditätspräferenzen oder Earn-out-Regelungen (vgl. Toll & Rolinck, 2017; Gleißner et al., 2023a). Diese treten häufig auf, wenn VC-Gesellschaften in Deals involviert sind, wie in Abschn. 8.2.4. auch schon angesprochen. Aktuell liegt der Anteil an Deals mit solchen Regelungen immerhin bei 21 %, durch die höhere Unsicherheit der Geschäftsentwicklung wird ein weiterer Anstieg erwartet (vgl. CMS Hasche Sigle, 2021).

Grundsätzlich sind die in Abschn. 8.2.10 erläuterten simulationsbasierten Verfahren auch geeignet, um die speziell bei Venture Capital Investments typischen „Sonderrechte" einzelner Investoren adäquat bei einer Anteilsbewertung zu berücksichtigen (vgl. zur Problemstellung (Jenkinson et al., 2019; und Cederburg & Stoughton, 2018)). Ausgehend vom unsicheren Exit-Preis ist es möglich unter Beachtung der bestehenden vertraglichen Sonderregelungen, wie z. B. Liquiditätspräferenzregelungen, den jeweils den einzelnen Investoren zustehenden Anteil am Exit-Preis zu bestimmen. Der Anteil am Exit-Preis ist abhängig von der Höhe des Exit-Preises. Dies wiederum ist die Grundlage für eine risikoadäquate Bewertung einzelner „Eigenkapital-Tranchen" inklusive der hier bestehenden Sonderrechte.

Eine risikoadäquate Bewertung von Sonderrechten bzw. von Eigenkapitaltranchen mit Sonderrechten ist insbesondere mittels einer simulationsbasierten Bewertung leicht möglich (siehe Abschn. 8.2.10). Bei einer solchen simulationsbasierten Bewertung wird unter Berücksichtigung der unsicheren zukünftigen Ertragskraft (z. B. ausgedrückt durch EBIT oder EBITDA) und das ebenfalls unsichere Bewertungs-Multiples zu einem Verkaufszeitpunkt die Bandbreite der möglichen Exit-Preise berechnet. In jedem beispielsweise mittels Monte-Carlo-Simulation bestimmten Zukunftsszenario mit dem zugehörigen unsicheren Exit-Preis kann dann berechnet werden, welcher Eigenkapitalgeber unter Berücksichtigung spezifischer vertraglicher Regelungen, wie Liquiditätspräferenzregelungen, welchen Anteil des Exit-Preises erhält. In gleicher Weise wird vorgegangen, wenn Earn-out-Klauseln zu beurteilen sind. Erforderlich ist nur das vertragliche Regelwerk im Simulationsmodell abzubilden (vgl. zu den Regelungen (Honold, 2015; sowie Gleißner & Ernst, 2019)) mit einem Fallbeispiel). Aus der Simulation erhält man eine Beurteilung der Häufigkeitsverteilung aller relevanten Größen und Kennzahlen des Unternehmens, wie EBIT-Gesamtkapitalrendite oder eben den Exit-Preis. Ausgehend von diesen Informationen kann man unter Berücksichtigung der vertraglichen Regelungen und Sonderrechte unmittelbar auch die Konsequenzen für alle Beteiligten, speziell die Eigenkapitalgeber, ableiten. So können unsichere Zahlungsströme durch die Earn-out-Klauseln und die unsicheren Rückflüsse bei einem möglichen Verkauf einer Beteiligung an die einzelnen Eigenkapitalgeber durch Häufigkeitsverteilungen ausgedrückt werden. Damit stehen für alle Beteiligten, speziell die verschiedenen Eigentümer und Investoren, alle Informationen zur Verfügung, um die jeweiligen Rechte bzw. Eigenkapitaltranchen risikoadäquat zu bewerten (vgl. Abschn. 8.2.10).

8.2.9 Transaktionspreise sind nicht Unternehmenswerte: Rechtsgetriebene Unternehmensbewertung und Squeeze-out

In der M&A-Branche sind partiell Tendenzen festzustellen anstelle einer Unternehmensbewertung im eigentlichen Sinn, d. h. der Bestimmung eines Zukunftserfolgswerts, lediglich eine Schätzung aktuell realisierbarer Transaktionspreise vorzunehmen (vgl. zur Bedeutung des objektivierten Werts (Gleißner, 2015; Dörschell et al., 2008; Ballwieser et al., 2014 sowie Franken et al., 2018)). Solche Transaktionspreise werden oft über Multiples abgeschätzt (vgl. Kaboth et al., 2019 und zu kontrollierten Multiples (Richter, 2005) sowie (Herrmann, 2002)). Tatsächlich ist eine Betrachtung von Börsenkursen und geschätzten Transaktionspreisen wichtig, aber alleine nicht hinreichend (vgl. (Lauber, 2014)) zur Bedeutung des Börsenkurses bei einem Squeeze-out, sowie (Große-Frericks, 2015)). In einem realen, unvollkommenen Kapitalmarkt weichen nämlich Marktpreise regelmäßig vom (fundamentalen) Wert eines Unternehmens, der als eine modellbasiert berechnete Größe zu verstehen ist, ab (vgl. Shleifer, 2000; Shleifer & Summers, 1990; Shleifer & Vishny, 1997; Gromb & Vayanos, 2010). Bei der Beurteilung der ökonomischen Sinnhaftigkeit z. B. des Kaufs eines „Target-Unternehmens" ist es damit nicht ausreichend festzuhalten, dass der dafür zu zahlende Preis momentan „marktgerecht" sei. Der mittels Ertragswert- oder DCF-Verfahren ermittelte Zukunftserfolgswert (Ertragswert) eines Unternehmens ist entsprechend als zusätzlicher Referenzpunkt bei der Beurteilung von Kauf- und Verkaufsentscheidungen im M&A-Kontext ebenso erforderlich, wie bei der Abfindung von Minderheitsaktionären (Squeeze-out) (vgl. dazu auch den IDW S 1 i. d. F. 2008; (Karami, 2014 sowie Follert, 2020a, b)). Bei Kaufs- und Verkaufsentscheidungen benötigt man speziell einen Entscheidungswert (vgl. Matschke & Brösel, 2021). Eine wesentliche Herausforderung im Kontext M&A besteht entsprechend darin die Bedeutung von

- beobachtbaren Börsenkursen bzw. über Multiplikatoren geschätzten Transaktionspreisen einerseits und
- dem mittels Unternehmensbewertung modellbasiert berechneten fundamentalen Wert eines Unternehmens andererseits klarzustellen.

Bei der Beurteilung von M&A-Transaktionen sind Preisschätzverfahren ebenso erforderlich wie Verfahren zur Berechnung des fundamentalen Unternehmenswerts (z. B. entsprechend IDW S 1, bzw. in Ergänzung um simulationsbasierte Verfahren, siehe oben). Die klare Unterscheidung zwischen Preis (Börsenkurs/Transaktionspreis) und Wert ist eine kommunikative Herausforderung im Kontext M&A und wichtig, um die bleibende Bedeutung einer sachverständigen Unternehmensbewertung zu verdeutlichen (vgl. Stellungnahme FAUB, 2019).

8.3 Gesamtbetrachtung, Ausblick und Implikationen für die Bewertung bei M&A

Die in Abschn. 8.2 diskutierten aktuellen Themen bei M&A lassen eine eindeutige Tendenz erkennen: Die ohnehin schon schwierigen und herausfordernden M&A-Projekte werden durch inhaltliche, instrumentelle und vor allem regulatorische Änderungen und Entwicklungen noch komplexer in ihrer Durchführung. Das aktuelle und zukünftige M&A-Projektmanagement hat weitere Einflussfaktoren zu beachten (z. B. ESG), zusätzliche Hürden zu überwinden (z. B. AWV), weiterentwickelte Verfahren zu integrieren (z. B. Bewertung) und den Prozess digitaler zu machen. Bei Cross-Border M&A kommt durch die Grenzüberschreitung ein weiterer Komplexitätsgrad hinzu. Dies alles stellt nochmal steigende Anforderungen an M&A-Manager in den Unternehmen und auch an die Berater, die zunehmend nicht nur ihr Spezialfeld im Blick haben müssen sondern immer mehr den Gesamtprozess mit seinen Interdependenzen optimieren sollten. Das praktische M&A-Management ist gefordert, diese zusätzlichen Komplexitätstreiber adäquat zu berücksichtigen und entsprechende Projektmanagement-Tools zu nutzen. Gelingt dies nicht, wäre eine wahrscheinliche Konsequenz, dass die Transaktionssicherheit leidet und weniger Deals zum Closing kommen oder überhaupt gestartet werden.

Betrachtet man die oben umrissenen Herausforderungen zusammen, fallen Gemeinsamkeiten auf, die besonders betrachtet werden sollen. Zunächst einmal ist erkennbar, dass viele der bestehenden Herausforderungen an der Schnittstelle zwischen Betriebswirtschaft einerseits und Veränderungen in der Rechtsordnung, also speziell bei Gesetzen, andererseits zu verorten sind. Zudem ist erkennbar, dass sich aus den skizzierten Themen jeweils neben Auswirkungen auf die für die M&A-Entscheidung relevanten zukünftigen Erträge immer auch Risiken verbunden sind, die bei der Bewertung einer Handlungsoption und damit der Entscheidungsfindung zu berücksichtigen sind. Die Einbeziehung von Veränderungen der Risiken des Unternehmens, also z. B. der Cashflows, gelingt nicht mit finanzierungstheoretischen Bewertungsverfahren, insbesondere, wenn diese historische Aktienrenditeschwankungen zur Bestimmung von Diskontierungszinssätzen nutzen.

Aus Perspektive der Bewertungsmethoden sind insbesondere Verfahren der investitionstheoretischen Bewertungslehre und der darauf basierenden semiinvestitionstheoretischen Bewertung hilfreich, um den im Beitrag skizzierten Herausforderungen im Kontext M&A gerecht zu werden. Diese Verfahren erlauben es nämlich z. B. für die Beurteilung der Handlungsoption bei unternehmerischen Entscheidungen, die bei M&A-Aktivitäten grundsätzlich vorliegen, relevante Entscheidungswerte zu bestimmen Matschke (1981); und zwar unter Beachtung der mit diesen Entscheidungen verbundenen Risiken.

Aus Forschungssicht sind zwei Entwicklungen wünschenswert. Zum einen sollten auf instrumenteller Ebene eine Weiter- oder Neuentwicklung von Verfahren vorgenommen werden, die die Berücksichtigung der neuen Variablen wie z. B. ESG erlaubt und die Erfassung von Risiken, z. B. durch ESG oder möglicher volkswirtschaftlicher Krisen, ermöglicht. M&A-Entscheidungen sind Entscheidungen unter Unsicherheit. Des Weiteren ist es nötig, auch empirisch, die neuen Erfolgsfaktoren in ihrer Wirkung und Allgemeingültigkeit zu überprüfen und nicht zuletzt die Implikationen vor allem für die Transaktionssicherheit aber auch generell für den M&A-Erfolg zu messen um M&A auch weiterhin als wichtiges und Erfolg versprechendes strategisches Entwicklungsinstrument für Unternehmen zu erhalten.

Literatur

Bagus, P., Daumann, F., & Follert, F. (2021). Toward a total morality of supply chain acts. *Management Decision.*

Ballwieser, W., Franken, L., Ihlau, S., Jonas, M., Kohl, T., Mackenstedt, A., Popp, M., & Siebler, U. (2014). Besonderheiten bei der Ermittlung eines objektivierten Unternehmenswerts kleiner und mittlerer Unternehmen (IDW Praxishinweis 1/2014). *Die Wirtschaftsprüfung*, 463–474.

Baumüller, J., & Gleißner, W. (2020). Quantifizierung von nichtfinanziellen Risiken im unternehmensweiten Risikomanagement. *GRC aktuell*, 139–147.

Behringer, S. (2020). *Eine kurze Geschichte der Unternehmensbewertung*. Springer Gabler.

Behringer, S., & Gleißner, W. (2018). Die Unternehmensplanung als Grundlage für die Unternehmensbewertung – eine empirische Studie. *Die Wirtschaftsprüfung*, 312–319.

Behringer, S., & Gleißner, W. (2020). Unternehmensplanung als Grundlage für die Unternehmensbewertung – Die Perspektive der Wirtschaftsprüfer. *Die Wirtschaftsprüfung*, 857–864.

Braun, E. (2021). *StaRUG: Unternehmensstabilisierungs- und -restrukturierungsgesetz.* C.H. Beck.

Bundesverband Mergers & Acquisitions e.V. (2020). *Web-Podium „Digitalisierung M&A" vom 23.07.2020, Mediathek Bundesverband Mergers & Acquisitions.* https://www.bm-a.de/infothek/mediathek/. Zugegriffen am 18.11.2022.

Bünis, M., Disch, M., Gleißner, W., Gutzmer, M., Hadaschik, M., Kempf, A., & Kimpel, R. (2022). Der neue DIIR Revisionsstandard Nr. 2 zur Prüfung des Risikomanagementsystems. Implikationen von FISG und StaRUG für die Interne Revision. *Zeitschrift Interne Revision*, 112–117.

Cederburg, S., & Stoughton, N. (2018). *Discretionary NAVs.* wu.ac.at. https://www.wu.ac.at/fileadmin/wu/d/i/finance/BBS-Papers/SS2019/20190515_STOUGHTON.pdf. Zugegriffen am 16.05.2022.

CMS Hasche Sigle. (2020). *Checkliste M&A und DSGVO.* https://cms.law/de/deu/publication/checkliste-m-a-und-dsgvo. Zugegriffen am 16.05.2022.

CMS Hasche Sigle. (2021). *CMS European M&A Study 2021.* https://cms.law/en/media/international/files/publications/publications/cms-european-m-a-study-2021-executive-summary. Zugegriffen am 16.05.2022.

De Buhr, L. (2014). *Unternehmensbewertung: Anwendbarkeit von Bewertungsverfahren bei Start-up Unternehmen.* Diplomica.

Dorfleitner, G. (2020). On the use of the terminal-value approach in risk-value models. *Annals of Operations Research.* Zugegriffen am 16.05.2022.

Dorfleitner, G., & Gleißner, W. (2018). Valuing streams of risky cashflows with risk-value models. *Journal of Risk*, 1–27.

Dorfleitner, G., & Grebler, J. (2022). Corporate social responsibility and systematic risk: International evidence. *Journal of Risk Finance*, 85–120.

Dörschell, A., Franken, L., & Schulte, J. (2008). Ermittlung eines objektivierten Unternehmenswertes für Personengesellschaften nach der Unternehmensteuerreform 2008. *Die Wirtschaftsprüfung*, 444–454.

Dr. Datenschutz. (2020). *Datenschutz bei M&A – Rechtsgrundlagen und Informationspflichten*. https://www.dr-datenschutz.de/datenschutz-bei-ma-rechtsgrundlagen-und-informationspflichten/. Zugegriffen am 16.05.2022.

El Ghoul, S., Guedhami, O., Kim, H., & Park, K. (2018). Corporate environmental responsibility and the cost of capital: International evidence. *Journal of Business Ethics*, 335–361.

Endter, T., Degen, D., & Turcinov, F. (2021). Diesmal gekommen, um zu bleiben? SPACs im Jahr 2021. *Bewertungspraktiker*, 34–41.

Ernst, D. (2022). Simulation-based business valuation: Methodical implementation in the valuation practice. *Journal of Risk and Financial Management*.

Eyben, R., & Vocke, M. (2019). Managementbeteiligungen in M&A- und Private-Equity-/Venture-Capital-Transaktionen. *M&A Review*, 18–23.

Falder, R., Frank-Fahle, C., & Poleacov, P. (2022). *Lieferkettensorgfaltspflichtengesetz – Ein Überblick für Praktiker*. Springer Gabler.

FAUB Fachausschuss für Unternehmensbewertung und Betriebswirtschaft. (2019). Neue Kapitalkostenempfehlungen des FAUB, 25.10.2019. https://www.idw.de/idw/idw-aktuell/neue-kapitalkostenempfehlungen-des-faub.html. Zugegriffen am 27.02.2023.

Follert, F. (2020a). *Zur Unternehmensbewertung im Spruchverfahren aus interessentheoretischer Sicht*. Springer Gabler.

Follert, F. (2020b). Squeeze-out and business valuation in Germany – A law and economics analysis of judicial decision-making. *Accounting, Economics, and Law: A Convivium*. 26.09.2020. Zugegriffen am 22.05.2022.

Follert, F., & Gleißner, W. (2022). Enthaftung des Vorstands durch die sog. „Fairness Opinion"? – Betriebswirtschaftliche Ergänzungen zu Hasselbach/Alles, DB 2021. *Der Betrieb*, 1145–1149.

Franken, L., Schulte, J., & Rowoldt, M. (2018). Bewertung von KMU und übertragbare Ertragskraft: ein Anwendungsbeispiel – Gesteigerte Bedeutung für die Ermittlung von gemeinen Werten nach der Erbschaftsteuerreform. *Die Wirtschaftsprüfung*, 38–48.

Franken, L., Gleißner, W., & Schulte, J. (2020). Insolvenzrisiko und Berücksichtigung des Verschuldungsgrads bei der Bewertung von Unternehmen – Stand der Diskussion nach Veröffentlichung des IDW Praxishinweises 2/2018. *Corporate Finance*, 84–96.

Friedman, M. (1970). A theoretical framework for monetary analysis. *Journal of Political Economy, 78*, 193–238.

Friedrich, T. (2015). *Unternehmensbewertung bei Insolvenzrisiko, Dissertation an der Ludwig-Maximilians-Universität München*. Peter Lang.

Gleißner, W. (2010). Unternehmenswert, Rating und Risiko. *Die Wirtschaftsprüfung*, 735–743.

Gleißner, W. (2011). Risikoanalyse und Replikation für Unternehmensbewertung und wertorientierte Unternehmenssteuerung. *WISU*, 345–352.

Gleißner, W. (2015). Ermittlung eines objektivierten Unternehmenswerts von KMU – Anregungen unter besonderer Berücksichtigung von Rating und Insolvenzwahrscheinlichkeit. *Die Wirtschaftsprüfung*, 908–919.

Gleißner, W. (2017). Risikoanalyse, Risikoquantifizierung und Risikoaggregation. *WiSt*, 4–11.

Gleißner, W. (2019a). Cost of capital and probability of default in value-based risk management. *Management Research Review, 42*, 1243–1258.

Gleißner, W. (2019b). Unternehmerische Entscheidung über Kauf oder Verkauf von Unternehmen: Anforderung aus § 93 AktG und der neue Prüfungsstandard DIIR Nr. 2. *M&A Review*, 126–132.

Gleißner, W. (2021). Unternehmerische Entscheidungen – Haftungsrisiken vermeiden (§ 93 AktG, Business Judgement Rule). *Controller Magazin*, 16–23.

Gleißner, W., & Ernst, D. (2019). Company valuation as result of risk analysis: Replication approach as an alternative to the CAPM. *Business Valuation OIV Journal*, 3–18.

Gleißner, W., & Follert, F. (2022). Unternehmensbewertung im Spannungsfeld zwischen Zweckadäquanz und Praktikabilität: Ein Lösungsansatz für die gerichtliche Abfindungsbemessung. *Betriebswirtschaftliche Forschung und Praxis*, 395–419.

Gleißner, W., & Ihlau, S. (2017). Anwendung von Unternehmensbewertungsmethoden bei der Strategiebeurteilung. *Betriebs-Berater*, 1387–1391.

Gleißner, W., & Kamarás, E. (2020). Volkswirtschaftliche Risiken und deren betriebswirtschaftliche Konsequenzen (Teil 1+2). *Der Betrieb*, 1689–1695, 1745–1753.

Gleißner, W., & Kimpel, R. (2019). Prüfung des Risikomanagements und der neue DIIR Revisionsstandard Nr. 2 – Anforderungen der §§91 und 93 AktG an das Risikomanagement im Fokus. *Zeitschrift Interne Revision*, 148–159.

Gleißner, W., Lienhard, F., & Kühne, M. (2021). Neue gesetzliche Anforderungen an das Krisen- und Risikofrüherkennungssystem: Implikationen des StaRUG. *Zeitschrift für Risikomanagement*, 32–40.

Gleißner, W., Günther, T., & Walkshäusl, C. (2022a, Februar 21). Financial sustainability: Measurement and empirical evidence. *Journal of Business Economics*.

Gleißner, W., Kamarás, E., & Blum, U. (2022b, Oktober 02). Ukraine-Krieg und Energiekrise – Lange bekannte Risiken führen zu mehr Krisen. https://www.risknet.de/themen/risknews/lange-bekannte-risiken-fuehren-zu-mehr-krisen/. Zugegriffen am 27.02.2023.

Gleißner, W., Ihlau, S., Lucks, K., & Meckl, R. (2023a). Aktuelle Herausforderungen bei M&A. *Corporate Finance*, 46–52.

Gleißner, W., Moecke, P., & Ernst, D. (2023b). Die simulationsbasierte Bewertung von Nachhaltigkeitsrisiken und Nachhaltigkeitsmanagement. *Zeitschrift für KMU und Entrepreneurship*. Erscheint in Kürze.

Graumann, M. (2014). Die angemessene Informationsgrundlage bei Entscheidung. *WISU*, 317–320.

Graumann, M., Linderhaus, H., & Grundei, J. (2009). Wann ist die Risikobereitschaft bei unternehmerischen Entscheidungen „in unzulässiger Weise überspannt"? *Betriebswirtschaftliche Forschung und Praxis*, 492–505.

Grisar, C., & Meyer, M. (2015). Use of Monte Carlo simulation: An empirical study of German, Austrian and Swiss controlling departments. *Journal of Management Control*, 249–273.

Grisar, C., & Meyer, M. (2016). Use of simulation in controlling research: A systematic literature review for German-speaking countries. *Management Review Quarterly*, 117–157.

Gromb, D., & Vayanos, D. (2010). Limits of arbitrage. *Annual Review of Financial Economics*, 251–275.

Große-Frericks, C. (2015). *Die Angemessenheit des Entgelts für die Übertragung von Eigentumsrechten als Problem rechtsgeprägter Unternehmensbewertung – Wertfindung zwischen betriebswirtschaftlicher Fundierung und normzweckadäquater Konkretisierung*. Springer Fachmedien.

Gupta, K. (2018). Environmental sustainability and implied cost of equity: International evidence. *Journal of Business Ethics*, 343–365.

Halbritter, G., & Dorfleitner, G. (2015). The wages of social responsibility – Where are they? A critical review of ESG investing. *Review of Financial Economics*, 25–35.

Herfs, A. (2019). Aktionärsaktivismus in Deutschland – wie Hedgefonds Einfluss auf M&A-Transaktionen nehmen. *M&A Review*, 255–260.

Hering, T. (2021). *Unternehmensbewertung*. Oldenbourg Wissenschaftsverlag.

Hering, T., & Toll, C. (2013). Totalmodell zur Entscheidungswertermittlung. In K. Petersen, C. Zwirner, & G. Brösel (Hrsg.), *Handbuch der Unternehmensbewertung* (S. 173–183). Bundesanzeiger.

Hering, T., Schneider, J., & Toll, C. (2013). Simulative Unternehmensbewertung. *Betriebswirtschaftliche Forschung und Praxis*, 256–280.

Herrmann, V. (2002). *Marktpreisschätzung mit kontrollierten Multiplikatoren*. Eul.

Honold, D. (2015). Neue Formen der Eigenkapitalfinanzierung für Innovation & Wachstum – Strukturen, Risiko und Kapitalkosten. *Corporate Finance, 6*, 197–205.

ICV. (Hrsg.). (2021). *Entscheidungsvorlagen für die Unternehmensführung.*

Ihlau, S., & Zwenger, K. (2020). Berücksichtigung von Nachhaltigkeitsaspekten bei Anlageentscheidungen und Unternehmensbewertungen. *Betriebs-Berater*, 2091–2095.

Jenkinson, T., Landsman, W. R., Rountree, B., & Soonawalla, K. (2019). *Private equity net asset values and future cash flows*. ssrn.com: https://papers.ssrn.com/sol3/papers.cfm?abstract_id=2636985. Zugegriffen am 16.05.2022.

Jungkind, V., & Bormann, C. (2020). Die jüngste Novelle des Investitionsprüfungsrechts – Europäisierte Verschärfung. *M&A Review*, 412–415.

Kaboth, J., Lodowicks, A., Schreiter, M., & Schwetzler, B. (2019). *Same, same but different: How preferential claims skew returns of venture capital investments*. https://papers.ssrn.com/sol3/papers.cfm?abstract_id=3359787. Zugegriffen am 16.05.2022.

Karami, B. (2014). *Unternehmensbewertung in Spruchverfahren beim „Squeeze out"*. Springer Gabler.

Konhäuser, A., Sambol, S., Stork, T., & Hahn, A. (2022). Digitale Due Diligence: digitale Wachstumspotenziale von Unternehmen systematisch bewerten. *Corporate Finance*, 8–14.

Köstlmeier, S., & Röder, K. (2023). Beta-Schätzer in Deutschland: Vergleich und Prognosefähigkeit für zukünftige Aktienrenditen. *Corporate Finance*, 7–15.

Lauber, G. (2014). *Das Verhältnis des Ausgleichs gemäß § 304 AktG zu den Abfindungen gemäß den §§ 305, 327 a AktG*. LIT.

Legal-Tech. (2022, Mai 15). *Wie Kanzleien neue Chancen nutzen*. https://www.legal-tech.de/was-ist-legal-tech-ffi. Zugegriffen am 16.05.2022.

Magnanelli, B. S., & Izzo, M. F. (2017). Corporate social performance and cost of debt: The relationship. *SRJ*, 250–265.

Matschke, M., & Brösel, G. (2021). *Business valuation: Functions, methods, principles*. utb.

Matschke, M. J. (1981). Unternehmensbewertung in dominierten Konfliktsituationen am Beispiel der Bestimmung der angemessenen Barabfindung für den ausgeschlossenen oder ausscheidungsberechtigten Minderheits-Kapitalgesellschafter. *Betriebswirtschaftliche For-schung und Praxis, 33*, 115–129.

Nickert, A., & Nickert, C. (2021). Früherkennungssystem als Instrument zur Krisenfrüherkennung nach dem StaRUG. *GmbHR, 8*, 401–413.

Quill, T. (2020). Valuation techniques under construction – About the dissemination of the CAPM in German judicial valuation. *Schmalenbach Business Review, 72*, 299–341.

Richter, F. (2005). *Mergers & Acquisitions – Investmentanalyse, Finanzierung und Prozessmanagement*. Vahlen.

Riedlbauer, J., & Hartweck, R. (2021). Special Purpose Acquisition Companies (SPACs): An attractive alternative for tech companies is turning towards Europe. *M&A Review*.

RMA. (Hrsg.). (2019). *Managemententscheidungen unter Risiko. Haftung – Recht – Business Judgement Rule*. ESV.

Robicheck, A. A., & Myers, S. C. (1966). Conceptual problems in the use of risk-adjusted counted rates. *Journal of Finance, 21*, 727–730.

Rubinstein, M. E. (1973). The fundamental theorem of parameter preference security valuation. *Journal of Financial and Quantitative Analysis, 8*, 61–69.

Schmidt, J., & Meckl, R. (2020). COVID-19 und der Rechtsrahmen zur Überprüfung ausländischer Direktinvestitionen: ein wirksamer Schutz vor Übernahmen europäischer Unternehmen? *Betriebs-Berater, 75*, 1218–1226.

Schröder, O., & Birmanns, S. (2021, Februar 18). Erneute Novelle der Außenwirtschaftsverordnung – Es wird kompliziert. *Legal Tribune Online*. https://www.lto.de/recht/kanzleien-unternehmen/k/17-novelle-aussenwirtschaftsverordnung-referentenentwurf-wirtschaftministerium-investitionskontrolle-direktinvestition-untersagung-freigabe/. Zugegriffen am 16.05.2022.

Sharfman, M. P., & Fernando, C. S. (2008). Environmental risk management and the cost of capital. *Strategic Management Journal*, 569–592.

Shleifer, A. (2000). *Inefficient Markets – An Introduction to Behavioral Finance*. Oxford University Press.

Shleifer, A., & Summers, L. (1990). The noise trader approach to finance. *The Journal of Economic Perspectives, 4*, 19–33.

Shleifer, A., & Vishny, R. W. (1997). The limits of arbitrage. *The Journal of Finance, 52*, 35–55.

Toll, C., & Rolinck, J.-P. (2017). Earn-outs to bridge gap between negotiation parties – Curse or blessing? *Managerial Economics, 18*, 103–116.

Tschöpel, A. (2004). *Risikoberücksichtigung bei Grenzpreisbestimmungen im Rahmen der Unternehmensbewertung*. Eul.

Wagner, A.-M. (2019). *White Paper: M&A und Datenschutz – Kann das gutgehen?* psp.eu. https://www.psp.eu/artikel/498/white-paper-ma-und-datenschutz/. Zugegriffen am 16.05.2022.

Walkshäusl, C., Gleißner, W., & Günther, T. (2022). Finanzielle Nachhaltigkeit, ESG und Value Investing. *Corporate Finance*, 324–330.

9 Unternehmensbewertung für Mittelstand, Klein- und Kleinstunternehmen

Eine ökonomische Analyse der Grundsätze zur Ermittlung von Unternehmenswerten für das deutsche Handwerk (AWH-Standard)

Markus Buchner, Gunther Friedl und Markus Glasl

9.1 Einleitung

Der Wertermittlung von kleinen und mittleren Unternehmen (KMU) kommt in der Bewertungspraxis (weiterhin) eine essenzielle Bedeutung zu (vgl. Behringer, 2012). Im Jahr 2018 waren 99,5 % aller Unternehmen in Deutschland als KMU zu klassifizieren (vgl. ifm, 2019), von denen künftig von einer hohen Nachfolgedynamik auszugehen ist. Hierbei kann die Nachfolgeregelung durch den (familiären und nicht-familiären; dominierten sowie nicht-dominierten) Ein- und Austritt von Gesellschaftern als auch den Verkauf des Unternehmens erfolgen. Ferner gewinnen auf KMU bezogene Unternehmensbewertungen auch für Steuer- und Finanzierungszwecke zunehmend an Bedeutung (vgl. Ihlau & Duscha, 2019, S. 1).

Am Markt bestehende Normensysteme zur Unternehmensbewertung, insbesondere die vom Institut der Wirtschaftsprüfer in Deutschland e. V. (IDW) verfassten Grundsätze zur Durchführung von Unternehmensbewertungen (IDW S1 i. d. F. 2008), zielen hingegen vornehmlich auf die Bewertung von kapitalmarktorientierten und anderen Großunternehmen ab (vgl. z. B. Verband für die mittelständische Wirtschaftsprüfung, S. 3), die regelmä-

M. Buchner (✉)
Hochschule Pforzheim, Pforzheim, Deutschland
E-Mail: markus.buchner@hs-pforzheim.de

G. Friedl
TUM School of Management, München, Deutschland
E-Mail: gunther.friedl@tum.de

M. Glasl
Ludwig-Fröhler-Institut, München, Deutschland
E-Mail: glasl@lfi-muenchen.de

S. Behringer, F. Follert (Hrsg.), *Unternehmensbewertung und ökonomische Analyse*,
https://doi.org/10.1007/978-3-658-40235-8_9

ßig den Rückgriff auf beobachtbare Marktdaten und aussagefähige Planungs- und Steuerungsinstrumente erfordern. Diese bewertungsrelevanten Informationen stehen für KMU jedoch häufig nicht oder nur in eingeschränkter Weise zur Verfügung (vgl. Zwirner, 2013, S. 1797). Umso schwerer wiegt, dass auch der IDW Praxishinweis 1/2014 zur Bewertung bzw. Ermittlung eines objektivierten Unternehmenswerts von KMU in zentralen Punkten an kapitalmarktorientierten Vorgaben festhält (vgl. z. B. Verband für die mittelständische Wirtschaftsprüfung, 2018, S. 2–3).

Wirtschafts- und Berufsverbände monieren daher, dass Bewertungsgrundsätze wie der IDW S1 bei KMU und auch Kleinstunternehmen – trotz präzisierender Ausführungen – nicht immer zweckmäßig angewendet werden können. In der Wirtschaftspraxis kam es daher zur (Weiter-) Entwicklung eigenständiger Bewertungsmaßstäbe, um größen- und wirtschaftsbereich spezifischen Besonderheiten zielführender Rechnung zu tragen. Konkrete Bewertungsgrundsätze wurden vom Zentralverband des Deutschen Handwerks (ZDH) auch für das deutsche Handwerk verabschiedet und als „AWH-Standard" herausgegeben (vgl. AWH, 2021). Die Notwendigkeit zur Formulierung eigener Bewertungsvorgaben sah der ZDH als erforderlich, weil er die vorherrschenden Rahmenbedingungen im Handwerk in bestehenden Wertermittlungsvorgaben als unzureichend abgebildet befand (vgl. hierzu Buchner et al., 2017, S. 1341).

Ungeachtet der hohen volkswirtschaftlichen und gesellschaftlichen Bedeutung des Handwerks in Deutschland und obgleich der Tatsache, dass der AWH-Standard bereits seit dem Jahr 2004 existiert, erfuhr dieser in der Fachliteratur – sowohl konzeptionell als auch empirisch – bisher nur eine „stiefmütterliche" Behandlung (vgl. hierzu Buchner et al., 2017, S. 1341; Buchner & Friedl, 2019a, S. 921). Diesen Zustand möchten wir mit dem vorliegenden Beitrag mildern.

Hierzu beschreiben wir zunächst die institutionelle Entwicklung und Einbindung des AWH-Standards. Anschließend erläutern wir in Abschn. 9.2 in kompakter Weise die formalen Bewertungsgleichungen des berufsständischen Bewertungsmaßstabs. Weil sich das Bewertungssubjekt in der Wirtschaftspraxis in einer Bewertungsmethodenpluralität zurechtfinden muss, in der die verschiedenen Verfahren je nach Zwecksetzung miteinander konkurrieren, stellen wir zudem die Wirkungsrichtung des AWH-Standards vor. In Abschn. 9.3 erläutern wir wesentliche Kritikpunkte am wirtschaftsbereichspezifischen Standard, die zum einen aufgrund der angestrebten Komplexitätsreduktion zu erwarten sind, zum anderen aufgrund standardinterner Inkonsistenzen vorherrschen. Neben den darauffolgenden Erläuterungen zur Anerkennung und Anwendung des AWH-Standards im gewöhnlichen Geschäftsverkehr, zeigen wir weitere Spannungsfelder und Erweiterungsmöglichkeiten auf, die sich aufgrund objektivierender Annahmen sowie der finanzmathematischen Konstruktion ergeben. Abschn. 9.4 schließt diesen Beitrag mit einer Zusammenfassung unserer Ausführungen.

Dieser Beitrag verfolgt das Ziel, den derzeitigen Informationsstand zum Bewertungsmaßstab im Handwerk darzustellen und eine ökonomische Analyse seiner Bewertungskonzeption vorzunehmen. Es soll ein Verständnis für die Existenz und Wirkungsrichtung der standardinternen Vereinfachungen und Typisierungen geschaffen werden. Mit der formalen Abbildung des AWH-Standards möchten wir der Bewertungspraxis die Möglichkeit zur Erstellung eines eigenen Bewertungsmodells ermöglichen und der Wissenschaft die Grundlage für die weitere konzeptionelle und analytische bzw. empirische Auseinandersetzung mit dem wirtschaftsbereichspezifischen Bewertungsmaßstab darbieten.

9.2 Kompakte Darstellung des AWH-Standards

9.2.1 Institutionelle Entwicklung des AWH-Standards

Häufig stellen existierende und von Standardisierungsausschüssen erstellte Grundsätze zur Unternehmensbewertung konzeptionell auf die Bewertung von kapitalmarktorientierten Großunternehmen ab. Bei KMU handelt es sich jedoch um Unternehmen, deren betriebliche Sphäre gänzlich anders strukturiert und organisiert ist. Neben den Besonderheiten aus der vorherrschenden Einheit von Eigentum und Leitung erschweren insbesondere die Nicht- oder nur eingeschränkte Verfügbarkeit verlässlicher Planungs-, Steuerungs- und Informationsinstrumente die Durchführung einer Unternehmensbewertung (vgl. Ihlau & Duscha, 2019; Schütte-Biastoch, 2011; Zieger & Schütte-Biastoch, 2008).

Im Hinblick auf das Handwerk stellen die in diesem Wirtschaftsbereich tätigen Unternehmen einen typischen Vertreter von KMU dar. Besondere Bewertungserfordernisse lassen sich ferner auf den Einfluss weiterer berufsständischer Wettbewerbs-, Markt- und Finanzrestriktionen zurückführen. Diese Einschränkungen liegen vornehmlich in vorherrschenden Abhängigkeiten gegenüber einer Vielzahl von Anspruchsgruppen begründet. So lässt sich aufgrund öffentlich-rechtlicher Vorgaben (Meisterpflicht) das leistungswirtschaftliche Angebot nicht beliebig über das eigene Gewerk hinaus erweitern. Ein erhebliches innerbetriebliches Risiko ist ferner durch die häufige Konzentration unabdingbaren Wissens und elementarer Fähigkeiten auf vereinzelte Mitarbeiter gegeben. Beschaffungs- und absatzseitig besteht durch die regelmäßig vorherrschende Konzentration auf einzelne bzw. wenige Lieferanten und Kundengruppen ein bedeutendes Klumpenrisiko. Letztens wird auch die unmittelbare Konkurrenzsituation und Wettbewerbsintensität durch die regionale Betriebsdichte infolge eines geografisch begrenzten Betätigungsfelds determiniert (vgl. Buchner et al., 2017, S. 1341–1342).

Nach Ansicht des ZDH werden diese größen- und wirtschaftsbereichspezifischen Charakteristika von bestehenden Bewertungsstandards nur unzulänglich berücksichtigt. Um dieses bezichtigte Defizit zu korrigieren, hat sich der Spitzenverband des deutschen Handwerks nach länderspezifischen Vorarbeiten daher dazu entschlossen, eigene Grundsätze für die Unternehmensbewertung im Handwerk zu entwickeln und im Jahr 2004 als AWH-Standard herauszugeben. Aufgrund dieser institutionellen Einbindung im ZDH fungiert der AWH-Standard als primärer Bewertungsmaßstab für das deutsche Handwerk und ist dadurch auf über 1 Million Handwerksbetriebe, d. h. mehr als ein Viertel des Gesamtunternehmensbestands in Deutschland, anwendbar (vgl. Buchner et al., 2017, S. 1341–1343; AWH, 2021, S. 4–5). Die (Fort-) Entwicklung des AWH-Standards erfolgt innerhalb der

Handwerksorganisation, vornehmlich durch die betriebswirtschaftlichen Berater auf Kreis-, Bezirks-, Landes- und Bundesebene sowie die mit der angewandten Handwerksforschung betrauten Institute (vgl. AWH, 2021, S. 41–42). Der Zusammenschluss dieser „Planungsgruppe Unternehmensbewertung“ ist seit dem Jahr 2005 als offizielles Gremium im ZDH installiert (vgl. Buchner et al., 2017, S. 1341).

9.2.2 Berechnungsmethodik des AWH-Standards

Der Unternehmenswert nach dem AWH-Standard entspricht einem Zukunftserfolgswert und wird durch Diskontierung in der Zukunft liegender finanzieller Überschüsse ermittelt. Als Mindestwert ist der Substanzwert des Unternehmens heranzuziehen, sofern er den Barwert künftiger finanzieller Überschüsse übersteigt. Der Bewertungsstandard des ZDH ist nicht auf spezifische Rechtsformen begrenzt und daher sowohl auf Personenunternehmen als auch Kapitalgesellschaften anwendbar (vgl. Buchner et al., 2017, S. 1344; AWH, 2021, S. 10)

In formaler Hinsicht wird ein Unternehmenswert nach dem AWH-Standard (AWH) als Ertragswertmethode auf finanzmathematischer Basis einer ewigen Rente bestimmt (vgl. ausführlich Buchner & Friedl, 2019a, S. 922–923). Hierzu bedarf es grundlegend der Multiplikation eines konstant nachhaltigen Überschusses (E^{AWH}) mit einem (reziprok dargestellten) Kapitalisierungsfaktor (KF^{AWH}) (vgl. AWH, 2021, S. 32–37). Ein nach dieser Vorgehensweise ermittelter Unternehmenswert inkludiert die Grundlagen des Unternehmens als intakte Einkommensquelle, worunter der AWH-Standard das Anlagevermögen (exklusive Immobilien) sowie den Material- und Warenbestand verstanden wissen will (betriebsnotwendiges Vermögen). Vorhandene, nicht betriebsnotwendige Vermögenspositionen (NBV^{AWH}) sind hingegen separiert zu bewerten und dem Barwert hinzuzurechnen. Hierunter sind u. a. Grundstücke, Gebäude sowie die verbleibenden Teile des Umlaufvermögens zu subsumieren (vgl. AWH, 2021, S. 9 u. 37). Analog zu § 200 Abs. 2 BewG sind dem nicht betriebsnotwendigen Vermögen auch wirtschaftlich mit diesem in Zusammenhang stehende Schulden gegenzurechnen. Der AWH-Standard lässt sich in seiner Grundstruktur daher formal wie folgt darstellen:

$$AWH = \left(E^{AWH} \times KF^{AWH} \right) + NBW^{AWH}$$

Die Berechnung des Ertragswerts von betriebsnotwendigem Vermögen erfordert zunächst die Prognose eines konstant nachhaltigen Überschusses. Aufgrund typischerweise fehlender zukunftsorientierter Planungsrechnungen ist hierfür auf bereinigte Gewinne der vergangenen vier Wirtschaftsjahre (BE_{t-4}^{AWH} , BE_{t-3}^{AWH} , BE_{t-2}^{AWH} , BE_{t-1}^{AWH}) auszuweichen (vgl. AWH, 2021, S. 9). Ausgehend vom handelsrechtlichen Vorsteuerergebnis ist jeweils eine Normalisierung um bestimmte Erträge und Aufwendungen vorzunehmen, die sowohl vom Bewertungsmaßstab festgelegte außerordentliche (kein Anfall im Rahmen der gewöhnlichen Geschäftstätigkeit, einmaliger Charakter), als auch wirtschaftlich nicht begründete (z. B. nicht-marktübliche überhöhte Leistungen an den Unternehmenseigentümer und Familienangehörige) Erfolgsbestandteile umfasst. Zudem ist aus Konsistenzgründen eine Korrektur von Erträgen und Aufwendungen erforderlich, wenn sie an nachgelagerter Stelle durch kalkulatorische Wertansätze substituiert werden oder Vermögensgegenstände betreffen, die definitorisch nicht vom Unternehmenswert erfasst werden (vgl. AWH, 2021, S. 22–28; Buchner et al., 2017, S. 1344–1345).

Anschließend erfolgt eine Verdichtung dieser normalisierten Vergangenheitsergebnisse auf einen einheitlichen Wert. Hierzu ist eine Trendgewichtung (δ_1, δ_2, δ_3, δ_4) durch den Bewerter vorzunehmen, die der Angemessenheit der Erfolgsprognose dienen soll. Als Generalnorm ist hierbei den weniger weit in der Vergangenheit liegenden Geschäftsjahren eine höhere Prognosegüte zu attestieren, weshalb sie mit höheren Gewichtungsfaktoren zu versehen sind; der Bewerter kann jedoch nach sachgerechter Beurteilung von diesem Grundsatz abweichen. Diesem trendgewichteten Ergebnis (TE) sind ferner objektiv erkennbare Veränderungen (EV) mit nachhaltiger Erfolgsauswirkung gegenzurechnen. Zudem soll eine Berücksichtigung kalkulatorischer Werte (KW) für Abschreibungen, Zinsen, Miete und einen Unternehmerlohn erfolgen, um buchhalterische Beträge mit betriebswirtschaftlich korrekten Wertansätzen zu substituieren. Letztens sind Steuern auf Unternehmens- und Unternehmerebene (s^{AWH}) zu inkludieren (vgl. AWH, 2021, S. 22–31; Buchner et al., 2017, S. 1344–1347). Die Prognose eines konstant nachhaltigen Überschusses lässt sich daher formal wie folgt darstellen:

$$E^{AWH} = (TE + EV + KW) \cdot (1 - s^{AWH})$$

$$\text{mit } TE = \frac{\delta_1 \cdot BE_{t-4}^{AWH} + \delta_2 \cdot BE_{t-3}^{AWH} + \delta_3 \cdot BE_{t-2}^{AWH} + \delta_4 \cdot BE_{t-1}^{AWH}}{\sum_{i=1}^{4} \delta_i}$$

Die Bestimmung des Kapitalisierungsfaktors basiert nach dem AWH-Standard auf fünf Komponenten (vgl. AWH, 2021, S. 32–36, Buchner et al., 2017, S. 1347–1349; Buchner & Friedl, 2019a, S. 923):

1. Der Basiszinssatz (i^{AWH}) bestimmt sich anhand langfristig erzielbarer Renditen öffentlicher Anleihen, die von der Deutschen Bundesbank anhand von Zinsstrukturdaten auf den ersten Börsentag des Jahres errechnet werden.
2. Um der schwierigen Veräußerbarkeit von KMU Rechnung zu tragen, ist ferner ein Fungibilitätszuschlag (l) in Höhe von 1–3 Prozentpunkten anzusetzen, dessen Höhe sich nach der Marktenge des geografisch begrenzten Betätigungsfelds sowie der Art und Intensität der Sachanlagen bestimmen soll.
3. Ein Risikozuschlag (z^{AWH}) zur Erfassung der Unsicherheit einer unternehmerischen Betätigung ist vom Bewerter für acht Komponenten anzusetzen, von denen jede einzelne zwischen 0–3 Prozentpunkte betragen kann. Eine Konkretisierung ist anhand einer Einschätzung der Kundenabhängigkeit, dem Produkt- und Leistungsangebot, der Branchen- und Konjunkturentwicklung, dem Standort und regionalen Wettbewerb, der Betriebsausstattung, der Beschäftigtenstruktur, der Personenabhängigkeit sowie sonstigen betriebsspezifischen Risiken vorzunehmen. Der Risikozuschlag im AWH-Stan-

solches Replikationskonzept des fortführungswürdigen Unternehmens „auf der grünen Wiese" durch bloßes Abstellen auf einzelbewertbare Vermögensgegenstände und Schulden trägt jedoch nicht, weil dadurch sämtliche Verbundeffekte vernachlässigt werden. Aus betriebswirtschaftlicher Perspektive ist daher die Eignung des Substanzwerts als (zwischengeschaltete) Wertuntergrenze zu verneinen (vgl. Buchner & Friedl, 2017a, S. 1776).

Ferner nimmt der AWH-Standard – zwar unter Verweis auf das funktionale Kriterium – einen pauschalen Ausschluss von nicht betriebsnotwendigem Vermögen vor, indem Grundstücke, Gebäude sowie umfangreiche Teile des Umlaufvermögens von der Unternehmenswertdefinition ausgenommen werden. Zwar wird eine willkürfreie Abgrenzung von nicht betriebsnotwendigem Vermögen generell nicht möglich sein, eine derart weit gefasste Ausnahme von Vermögensgegenständen erscheint jedoch zu global. Die genaue(re) Überprüfung der Betriebsnotwendigkeit ist bereits deswegen angezeigt, weil dem Handwerk derzeit über 160 Berufe (Anlage A, B des Gesetzes zur Ordnung des Handwerks) zugeordnet sind, die jeweils in unterschiedlichem Ausmaß auf die abgegrenzten Vermögensgegenstände angewiesen sein dürften (vgl. Buchner & Friedl 2017a, S. 1777–1778).

Ein weiterer Kritikpunkt bezieht sich auf die selbstpostulierte Prämisse der Finanzierungsneutralität. Nach dieser sind sämtliche Kosten der Kredit- bzw. Fremdfinanzierung auszusparen, da diese mitsamt der zugehörigen Verbindlichkeiten nach Ansicht des AWH-Standards keinen Einfluss auf die Ergebnishöhe der Wertermittlung haben dürfen. Realiter liegt jedoch unstrittig ein Einfluss der Finanzierungsstruktur auf die Höhe des Unternehmenswerts vor. Die Aufrechterhaltung dieser standardinternen Irrelevanzthese wäre daher nur vertretbar, wenn Fremdkapitalposten und -finanzierung in diesem Wirtschaftsbereich nur von unwesentlichem Umfang wäre. Eine derartige Konstellation ist für das Handwerk jedoch nicht zu beobachten (vgl. Buchner & Friedl, 2017a, S. 1779–1780).

Infrage steht darüber hinaus, ob eine unparteiische Wertermittlung nach dem AWH-Standard aufgrund der vorherrschenden Rahmenbedingungen im deutschen Handwerk verzerrungsfrei gelingt. Berufsständische Bewertungsstandards sind naturgemäß nach den Interessen des Standardsetzers ausgestaltet (vgl. Follert, 2020; Quill, 2016). Nichts anderes wird für den AWH-Standard gelten, der vom ZDH als oberster Interessenvertretung des Handwerks auf Bundesebene herausgegeben wird. So lässt sich dem ZDH aus institutioneller Perspektive zumindest ein inhärentes Interesse unterstellen, den Betriebsbestand im Handwerk wenigstens zu erhalten. Nicht nur bedingt die Höhe des Betriebsbestands, wenn auch nur mittelbar, die Finanzkraft der Interessenvertretung. Auch die Einflussnahme auf den politischen Prozess wird mit einer höheren Erfolgswahrscheinlichkeit einhergehen, wenn der ZDH eine höhere Mitgliedszahl an Handwerksbetrieben aufweist. Wollte der AWH-Standard daher erfolgreiche Betriebsübernahmen strukturell fördern, um auf diese Weise den Bestand zu erhalten, so hätten die Bewertungsvorgaben in einer Ausgestaltung hervorzugehen, die in einem geringen Ertragswert resultieren, der gerade nicht zur Betriebsaufgabe (Liquidation) führt – er wäre also auf Erben- oder Käuferinteressen zentriert. Freilich lässt sich aus externer Perspektive nicht beurteilen, ob der ZDH tatsächlich ein solches Wertverständnis an den Tag legt (vgl. Buchner & Friedl, 2017a, S. 1778–1779; 2019b, S. 323–324).

Des Weiteren verletzt der AWH-Standard mehrfach das Stichtagsprinzip. Zum einen geschieht dies im Rahmen der Ableitung des Basiszinssatzes, der zwar zum ersten Börsentag des Jahres bestimmt wird, jedoch für sämtliche Bewertungen innerhalb desselben Jahres gleichbleibend anzuwenden ist (vgl. Buchner & Friedl, 2017b, S. 2624–2625). Zum anderen wird als Bewertungsstichtag standardintern das Ende des unmittelbar vorangegangenen Geschäftsjahres fixiert, während gleichzeitig mit dem Bewertungszeitpunkt der Tag der Durchführung der Wertermittlung erwähnt wird. Wenngleich sich der Eindruck aufdrängt, dass es sich mit dem Bewertungsstichtag im AWH-Standard aus rechentechnischen Aspekten um einen technischen denn wirtschaftlichen Stichtag handelt, so führt die strenge Auslegung der Bewertungsvorgaben zur omnipräsenten Gefahr von Rückschaufehlern (hindsight biases) und der Nichtberücksichtigung bewertungsrelevanter Sachverhalte (vgl. Buchner & Friedl, 2017a, S. 1780–1781).

Problematisch erscheint auch dass der AWH-Standard im Kern einem vergangenheitsorientierten Bewertungsmodell entspricht, denn die Bestimmung eines konstant nachhaltigen Überschusses erfolgt durch einen Rückgriff auf die vergangenen vier Wirtschaftsjahre. Diese historische Ableitung ist zumindest kritisch zu betrachten: bei Unternehmen, die sich im Konjunkturtief (Konjunkturhoch) befinden, wird ein zu hoher (niedriger) Erfolg der Wertfindung zugrunde gelegt. Auch bei künftigem Gewinnwachstum (Gewinnrückgang) kann es zur Bestimmung einer zu niedrigen (hohen) Zählergröße kommen. Lediglich die Trendgewichtung kann dann auf die Repräsentativität der Erfolgsprognose hinwirken (vgl. Buchner & Friedl, 2017b, S. 2621–2622), erfordert aber, dass historisch zumindest einmal ein Überschuss in der nachhaltigen Höhe erzielt worden ist.

Ferner kann der Ansatz kalkulatorischer Werte anstelle bestimmter buchhalterischer Größen Konsistenz- und Abgrenzungsprobleme hervorrufen. So ist bereits fragwürdig, weshalb kalkulatorische Zinsen zum Ansatz kommen, wenn die Bewertung explizit finanzierungsneutral erfolgen soll. Es muss auch unklar bleiben, ob mit dieser Maßnahme nicht der entgangene monetäre Nutzen des Eigentümers erfasst werden soll (Opportunitätskostencharakter), dessen Renditeerwartungen aber generell durch den Kapitalisierungszinssatz auszudrücken sind. Ferner fingiert der AWH-Standard durch den obligatorischen Ansatz einer kalkulatorischen Miete, dass sämtliche Liegenschaften und Gebäude angemietet werden. Kalkulatorische Abschreibungen sollen erforderliche Investitionsausgaben erfassen, rekurrieren jedoch auf bestehende Kapazitäten im Anlagevermögen und dienen lediglich der Erhaltung der Anlagensubstanz. Letztens ist zwar der Ansatz eines kalkulatorischen Unternehmerlohns unstrittig, die konkrete Höhe wird jedoch diskussionsbehaftet bleiben (vgl. Buchner & Friedl, 2017b, S. 2623–2624).

Kritisch zu sehen ist darüber hinaus, dass der im AWH-Standard ermittelte, konstant nachhaltige Überschuss nicht zahlungsbezogen ist, sondern auf die Größen innerhalb der Gewinn- und Verlustrechnung abstellt. Der AWH-Standard missachtet dadurch das zentrale Zuflussprinzip der Unternehmensbewertung, wonach lediglich Zahlungen von Relevanz sind (vgl. Ballwieser & Hachmeister, 2021, S. 53).

Überdies wird bei der Ableitung des anzuwendenden Basiszinssatzes gegen das Prinzip der Laufzeitäquivalenz verstoßen. Ein Unternehmenswert nach dem AWH-Standard ist finanzmathematisch auf Basis einer ewigen Rente zu ermitteln und unterstellt damit eine unendlich lange bestehende Zahlungsreihe. Der anzuwendende Basiszinssatz ist jedoch anhand der Renditen öffentlicher Anleihen zu bestimmen, die eine 15-jährige Restlaufzeit aufweisen. Die Konsistenz zwischen Zähler und Nenner ist daher nicht gegeben (vgl. Buchner & Friedl, 2017b, S. 2624).

Die zeitnahe, sichere und ohne wesentliche Transaktionskosten bestehende Möglichkeit zur Veräußerung von Unternehmensanteilen ist für KMU häufig nicht gegeben, weshalb der AWH-Standard den Ansatz eines Immobilitätszuschlags fordert. Dieses Vorgehen ist im Allgemeinen diskussionsbehaftet, weil unklar ist, ob die Fungibilität für den Eigentümer von Relevanz ist. So besteht das Risiko eines Notverkaufs unter hohen Preisabschlägen im Grunde für jeden Unternehmer; um eine „Totrechnung" des Unternehmens zu vermeiden, müssen Risiken jedoch konkret erwartet und quantifizierbar sein, um in die Bewertung integriert werden zu können (vgl. Ballwieser & Hachmeister, 2021, S. 135). Für das Szenario eines Wiederverkaufs wäre zu hinterfragen, ob die Liquidität für den Betriebsinhaber notwendig wird. Hält er erwartungsgemäß seine Anteile am KMU, so ist die Marktgängigkeit irrelevant. Plant er bereits bei Antreten der Nachfolge einen Wiederverkauf, so ist unklar, warum er nicht bereits zu diesem Zeitpunkt den späteren Wiederverkaufserlös abzuschätzen vermag; die Bewertungskomplexität von Wiederverkaufserlösen unterscheidet sich nicht von „laufenden" Erfolgskomponenten (vgl. Ballwieser & Hachmeister, 2021, S. 134–135). Es bedürfte dann keines Ansatzes eines pauschalen Fungibilitätszuschlags (vgl. Buchner & Friedl, 2017b, S. 2625–2626).

In der Bewertungspraxis kritisch zu sehen ist zu guter Letzt die subjektive Bestimmung des Risikozuschlags sowie des Zuschlags für Inhaberabhängigkeit. Beide Zuschläge können ein wesentliches Ausmaß – bis zu 54 Prozentpunkte – annehmen und daher das Ergebnis der Wertermittlung auf beträchtliche Weise beeinflussen. Letztlich entziehen sie sich jedoch einer intersubjektiven Nachprüfbarkeit, weil sie vom Bewerter individualistisch gegriffen werden und sein Ermessen daher weder expliziert noch ausgeschlossen werden kann. Zumindest gibt der AWH-Standard zur Bestimmung und Plausibilisierung jedoch Anhaltspunkte, einen Fragebogen sowie Bandbreiten vor (vgl. Buchner & Friedl, 2017b, S. 2625–2628).

Die dargelegten Kritikpunkte führen unweigerlich zu einer Abweichung vom theoretischen Ideal der Unternehmensbewertung. Der AWH-Standard verfolgt jedoch bewusst einen pragmatischen Ansatz zur Wertermittlung, v. a. um Bewertungsanlässe abzubilden, in denen die Kosten der Wertfindung von Bedeutung sind (vgl. AWH, 2021, S. 5; Buchner et al., 2017, S. 1350). Der wirtschaftsbereichspezifische Bewertungsstandard nimmt daher eine Vielzahl an Typisierungen und Vereinfachungen in Kauf, um den Ermittlungsaufwand zu verringern. Die Bewertungspraxis wird auch eine derartige Komplexitätsreduktion vornehmen müssen, weil ansonsten eine zweckgerechte Wertermittlung nur schwerlich gelingen wird. Letztlich verbleibt damit die Frage der Angemessenheit dieser Maßnahmen (vgl. Buchner & Friedl, 2017b, S. 2621 und 2628). Im Verhältnis zur typischen Betriebsgröße und den vorherrschenden Rahmenbedingungen im deutschen Handwerk scheint eine Vertretbarkeit dieser Simplifizierungen jedoch durchaus gegeben (vgl. Buchner & Friedl, 2019a, S. 924). Auch Bachmann et al. kommen zu dem Schluss, dass der AWH-Standard trotz aller Kritik „[...] insgesamt deutlich besser geeignet [ist], kleine Unternehmen zu bewerten, als bisherige Modelle." (Bachmann et al., 2018, S. 190).

Darüber hinaus ist festzuhalten, dass sich einige dieser Kritikpunkte bereits durch geringfügige Anpassungen in der Berechnungssystematik des AWH-Standards abmildern ließen, ohne dabei die geforderte Praktikabilität zu stark auszuhöhlen.

Nicht im Einklang mit der herrschenden Meinung der Bewertungslehre steht beispielsweise die eigenständige Bedeutung des Substanzwerts im AWH-Standard. Als jegliche Wertuntergrenze sollte ausschließlich der Liquidationswert zum Ansatz kommen. Pragmatisch wäre hierzu lediglich der ohnehin zu Verkehrswerten (und damit Veräußerungspreisen) zu bestimmende Substanzwert noch, um Veräußerungskosten zu ergänzen (vgl. Buchner & Friedl, 2017a, S. 1776–1776).

Zudem sollte das nicht betriebsnotwendige Vermögen anstelle einer standardintern pauschalierten Abgrenzung zumindest unter Wesentlichkeitsaspekten einer Einzelfallbetrachtung unterzogen werden. Dies betrifft vor allem Grundstücke und Gebäude, die keine Reservegrundstücke darstellen, keinen Bezug zum Unternehmenszweck haben oder – im Falle des Brauhandwerks – keine brauereieigenen Gaststätten darstellen. Auch die abgegrenzten Bestandteile des Umlaufvermögens sollten im Hinblick auf die betriebliche Notwendigkeit genauer gewürdigt werden, z. B. den operativ erforderlichen Bestand an Zahlungsmitteln oder eine differenzierte Betrachtung der Forderungspositionen (vgl. Buchner & Friedl, 2017a, S. 1777–1778 und 1782).

Die kritisch zu sehende Finanzierungsneutralität des AWH-Standards ließe sich durch eine unterbleibende Eliminierung (oder wenigstens eine Normalisierung) der Zinsaufwendungen sowie die Berücksichtigung von Fremdkapitalpositionen beseitigen und so die Finanzierungsstruktur in die Bewertung integrieren (vgl. Buchner & Friedl, 2017a, S. 1782).

Der zeitlichen Diskrepanz könnte man mit einer Stichtagserklärung entgegenwirken. In dieser müsste Stellung dazu bezogen werden, ob das Ergebnis der Wertermittlung weiterhin aktuell oder aufgrund neu aufgetretener Sachverhalte zwischen dem regelmäßig zurückliegenden Bewertungsstichtag und dem Tag der Bewertungsdurchführung ergänzungsbedürftig ist. Ferner könnte die Aufzinsung vom (vermutlich technischen auf den wirtschaftlichen) Bewertungsstichtag unterjährige Bewertungssituationen womöglich sachgerechter abbilden (vgl. Buchner & Friedl, 2017a, S. 1780–1781).

Problembehaftet ist ferner die Verwendung kalkulatorischer Werte. Hier sollte der Ansatz auf standardinterne Konsistenzverstöße geprüft werden. Bei der Quantifizierung dieser Größen hat der Bewerter besonderes Augenmerk darauf zu richten, dass keine Doppelerfassung der Sachverhalte im Nenner erfolgt (vgl. Buchner & Friedl, 2017b, S. 2623–2624 und 2628).

Der Nachteil bei der Verwendung von Erfolgsgrößen des externen Rechnungswesens zur Diskontierung besteht darin, dass eine Nebenrechnung erforderlich wird, um Zahlungen an die Eigner beurteilen zu können (vgl. Hering, 2014, S. 32). Der AWH-Standard sollte daher die Ausschüttungsfähigkeit des konstant nachhaltigen Überschusses prüfen, sowohl im Hinblick auf die rechtliche Durchführbarkeit als auch das Vorhandensein ausreichender Zahlungsmittel.

Ein weiterer Optimierungsvorschlag bezieht sich auf den Basiszinssatz. Dieser sollte zum wirtschaftlichen Bewertungsstichtag tagesaktuell – da ohnehin börsentäglich abrufbar – auf Basis zumindest 30-jähriger Bundeswertpapiere herangezogen werden (vgl. Buchner & Friedl, 2017b, S. 2628; 2017a, S. 1782), um wenigstens die längste Laufzeit parallel zur Zeitachse zu verlängern (vgl. Ballwieser & Hachmeister, 2021, S. 104). Alternativ ließe sich analog zum IDW S1 ein barwertäquivalenter einheitlicher Basiszinssatz zu bestimmten (unterjährig festzulegenden) Zeitintervallen ermitteln.

Abschließend wird vorgeschlagen, den obligatorischen Fungibilitätszuschlag ansatzlos zu streichen, da für diesen bei Bewertungsanlässen im Handwerk typischerweise dem Grunde nach kein Raum bestehen dürfte (vgl. Buchner & Friedl, 2017b, S. 2628).

9.3.2 Anerkennung und Anwendung der Bewertungsvorgaben

Die Durchführung von Unternehmensbewertungen nach dem AWH-Standard erfolgt in praxi vornehmlich innerhalb der deutschen Handwerksorganisation. Hierzu betreibt der ZDH ein Online-Informationsportal (abrufbar unter: https://awh.zdh.de/ zugegriffen am 10.08.2022) und veröffentlicht ein die Bewertung anleitendes und öffentlich verfügbares Handbuch, welches neben weiterführenden Informationen zu einzelnen Bewertungsschritten auch Analyseinstrumente und einen Fragebogen zu bewertungsrelevanten Sachverhalten enthält. Ferner steht für die betriebswirtschaftlichen Berater innerhalb der Handwerksorganisation im Bundesgebiet ein tabellenkalkulations- bzw. webbasiertes Bewertungsmodell zur Verfügung (vgl. Buchner et al., 2017, S. 1341; Buchner & Friedl, 2019a, S. 923–924).

Ein Vertrieb dieses Bewertungsmodells für Personen, die nicht der Handwerksorganisation angehören, wird vom ZDH derzeit nicht durchgeführt. Zwar werden hierdurch „externe" Bewerter nicht von der Wertermittlung nach dem AWH-Standard ausgeschlossen, sind letztlich aber auf die Erstellung eines eigenen Recheninstruments angewiesen (vgl. Buchner & Friedl, 2019a, S. 923–924). Ob diese Zurückhaltung des ZDH der weiteren Verbreitung und Akzeptanz des wirtschaftsbereichspezifischen Bewertungsmaßstabs zuträglich ist, darf jedoch bezweifelt werden.

Der AWH-Standard wurde vom IDW sowie der Bundessteuerberaterkammer explizit als vereinfachtes Preisfindungsverfahren klassifiziert (vgl. IDW, 2014, Rz 58; Bundessteuerberaterkammer, 2015, II. Berufsfachlicher Teil, Abschn. 4.2.2). Angehörige der steuerberatenden und wirtschaftsprüfenden Berufe können daher auftragsgemäß als Sachverständige den wirtschaftsbereichspezifischen Standard zur Durchführung einer Wertermittlung heranziehen (vgl. Buchner et al., 2017, S. 1350).

Auch im erbschaftsteuerlichen Kontext besitzt eine Unternehmensbewertung nach dem AWH-Standard hohe Relevanz. Nach § 12 Abs. 2 und 5 ErbStG ist für Anteile an Kapitalgesellschaften sowie inländisches Betriebsvermögen ein gesonderter Wert festzustellen, der sich letztlich nach der Grundregelung des § 11 Abs. 2 BewG richtet. Es dürfte davon auszugehen sein, dass sich der Wert eines Handwerksbetriebs regelmäßig nicht aus Verkäufen unter fremden Dritten ableiten lässt, die weniger als ein Jahr zurückliegen, sodass er unter Berücksichtigung der Ertragsaussichten oder einer anderen anerkannten, auch im gewöhnlichen Geschäftsverkehr für nichtsteuerliche Zwecke üblichen Methode zu ermitteln ist (§ 11 Abs. 2 S. 2 erster Halbsatz BewG). Der AWH-Standard nimmt eine Bewertung unter Berücksichtigung der Ertragsaussichten vor und stellt daher auch im Besteuerungsprozess gem. R B 199.1 Abs. 1 S. 3 ErbStR 2019 eine legitime Alternative zum vereinfachten Ertragswertverfahren dar (vgl. Buchner & Friedl, 2019a; S. 922, Eisele, 2022, § 11 Rz. 35c).

Wenngleich das Bayerische Landesamt für Steuern bereits im Jahr 2013 den AWH-Standard in einem Überblick zu praxisüblichen Methoden für Erbschaftsteuerzwecke angeführt hat (vgl. Bayerisches Landesamt für Steuern, 2013), wird diese Anerkennung nicht durchweg geteilt. So bezweifelt Richard, dass der wirtschaftsbereichspezifische Standard in Anbetracht von Verstößen gegen vorherrschende Bewertungsprinzipien eine legitime Alternative zum vereinfachten Ertragswertverfahren darstellt (vgl. Richard, 2020, S. 21660, Rz. 26). Unseres Erachtens greift diese Perspektive jedoch zu kurz. Denn auch der (objektivierte) Unternehmenswert nach IDW S1, den Richard favorisiert (vgl. Richard, 2020, S. 21662–21663, Rz. 32), ist nicht frei von Kritik (vgl. (Matschke & Brösel, 2013, S. 782–794; Ballwieser & Hachmeister, 2021, S. 105); es wird ferner nicht expliziert, inwieweit der IDW S1 unter Rückgriff auf Kapitalmarktgleichgewichtsmodelle (Capital Asset Pricing Model) eine „bessere" Wertermittlung eines Handwerksbetriebs ermöglicht, der sich mit durchschnittlich 10 Beschäftigten und ca. 1,1 Mio. EUR Umsatz strukturell so grundlegend von einem börsennotierten Unternehmen unterscheidet (vgl. Statistisches Bundesamt, 2019, S. 47). Ebenso werden auch dem vereinfachten Ertragswertverfahren die Verletzung wesentlicher Bewertungsgrundsätze attestiert (vgl. Hinz, 2011, S. 304; Olbrich et al., 2010, S. 1250). An welcher Stelle die Trennung in gerade noch bzw. gerade nicht mehr vertretbare Verstöße gegen wesentliche Bewertungsprinzipien betreffend die Akzeptanz einer Bewertungsmethode in rechtlichen Angelegenheiten gezogen wird, muss letztlich eine argumentative Fragestellung bleiben – die im Übrigen auch von Richard (2020) nicht beantwortet wird.

Mit dieser Relativierung soll keineswegs über die Mängel des AWH-Standards hinweggesehen werden. Zentraler Wertmaßstab im BewG ist jedoch der gemeine Wert, der sich im gewöhnlichen Geschäftsverkehr nach der Beschaffenheit des Wirtschaftsgutes bei einer Veräußerung ergibt (§ 9 Abs. 2 BewG). Für die legitime Anwendung der wirtschaftsbereichspezifischen Bewertungsmethode kommt es also auch darauf an, ob sie in der Bewertungspraxis eingesetzt wird und ein marktgerechtes Ergebnis ermittelt. Beides trifft nach (unveröffentlichten) Statistiken des ZDH für den AWH-Standard zu, nach denen der tatsächliche Transaktionspreis nur geringfügig vom ermittelten Unternehmenswert abweicht (vgl. Buchner et al., 2017, S. 1350). Zudem wurde empirisch gezeigt, dass eine Höherbewertung durch das vereinfachte Ertragswertverfahren im Vergleich zu der wirtschaftsbereichspezifischen Methode im Besteuerungsfall nicht größer ausfällt als im Verkaufsfall. Diese Feststellung kann darauf hindeuten, dass der AWH-Standard aus institutioneller Perspektive nicht dazu eingesetzt wird, systematisch geringere Steuerbemessungsgrundlagen durchzusetzen (vgl. Buchner & Friedl, 2019b. S. 321). Letztens kann es für eine unangreifbare Wertermittlung aus Sicht der Rechtsprechung bereits genügen, „wenn eine bestimmte, konkret vorgenommene Berechnung auf der Grundlage zutreffender Ausgangszahlen zu einem plausibel hergeleiteten Ergebnis führt […].“ (Kammergericht Berlin, 2012; ebenso Kammergericht Berlin, 2011) Die normativen Regelungswerke wirtschaftsbereichspezifischer Bewertungsstandards können daher einen wesentlichen Beitrag zur Kontinuität und Gleichmäßigkeit der Wertfindung leisten. Wir halten daher die Berechtigung des AWH-Standards als anerkanntes und legitimes Wertermittlungsverfahren für steuerliche Zwecke als gegeben (vgl. Buchner & Friedl, 2017b, S. 2628)).

9.3.3 Objektivierte vs. subjektive Bewertungsperspektive

Der AWH-Standard formuliert eine Prämisse der Bewertungsneutralität, nach der im Nachfolgeprozess beiden an der Transition beteiligten Parteien eine unparteiische Orientierungshilfe bei der Transaktionspreisfindung geboten werden soll (vgl. AWH, 2021, S. 5). In diesem Zusammenhang kann es mit den standardinternen Typisierungen und Vereinfachungen zu Unklarheiten kommen, weil es (bewusst) an einer Bezugnahme auf ein Bewertungssubjekt fehlt. Der Ermittlung von Entscheidungswerten (vgl. Matschke, 1972, 1975) ist eine solche Ausgestaltung freilich nicht zuträglich.

Die erfolgreiche Durchführung einer Unternehmungsnachfolge setzt voraus, dass zunächst jede Partei ihren jeweiligen Entscheidungswert als äußerste Grenze der Konzessionsbereitschaft ermittelt, d. h. den Preis, den eine jede Partei gerade noch bereit wäre zu akzeptieren, um keinen wirtschaftlichen Nachteil zu erleiden. Der Entscheidungswert wird daher zu einem kritischen Preis: er stellt die Preisuntergrenze (Grenzpreis) des präsumtiven Altinhabers, sowie die Preisobergrenze (Grenzpreis) des präsumtiven Nachfolgers dar. Nur wenn die Preisobergrenze des präsumtiven Nachfolgers die Preisuntergrenze des präsumtiven Altinhabers übersteigt, liegt ein Einigungsbereich vor, der eine für beide Seiten erfolgreiche Transition erst ermöglicht (vgl. (Matschke & Brösel, 2013, S. 131–477; Buchner et al., 2017, S. 1349).

Die Maßnahmen zur Komplexitätsreduktion im AWH-Standard werden hingegen parteienunabhängig formuliert. „Erkennbare Veränderungen“ (vgl. AWH, 2021, S. 29–30), die z. B. erst durch die Nachfolge in Form echter Synergien entstehen können, sind für den derzeitigen Inhaber irrelevant, während diese selbstverständlich von Bedeutung für die Ermittlung der Konzessionsgrenze des präsumtiven Nachfolgers sind. Analog verhält es sich auch mit der im Kapitalisierungszinssatz ausgedrückten Inhaberabhängigkeit, die lediglich für den Nachfolger im Hinblick auf die Übertragbarkeit der Ertragskraft von Belang ist, für den Altinhaber jedoch keinen Risikofaktor darstellen. Eine parteiübergreifende Kompromisslösung ist daher nur bedingt aussagefähig, wenngleich derartige Typisierungen der Unternehmensbewertung – man denke nur an den „objektivierten“ Unternehmenswert nach IDW S1 – nicht fremd sind. Eine Konkretisierung, mit welchem Abstraktionsgrad und aus welcher Perspektive diese Bereinigungen auszufüllen sind, wäre daher für die Bewertungspraxis hilfreich (vgl. bereits Buchner & Follert, 2021, S. 2154 zum Bewertungsstandard der Bundesärztekammer).

Die Berücksichtigung von Steuern erfolgt nach dem AWH-Standard zudem stets auf Basis unternehmerischer sowie persönlicher Ertragsteuern (vgl. AWH, 2021, S. 11–13). Während diese Vorgehensweise selbstverständlich korrekt ist, wenn die Verfügungsrechte an einem Handwerksbetrieb von einer natürlichen Person auf eine andere natürliche Person übergehen, so führt sie zu falschen Ergebnissen bei unternehmerischen Initiativen. Fraglich bleibt zwar, in welchem Ausmaß derartige Transaktionsstrukturen im deutschen Handwerk vorherrschen. Zumindest sollte sich der wirtschaftsbereichspezifische Bewertungsmaßstab jedoch die Flexibilität zugestehen, die Ertragsteuerbelastung lediglich auf Unternehmensebene zu berücksichtigen, wenn eine juristische Person den präsumtiven Käufer darstellt.

9.3.4 Konsequenzen aus dem Kalkül der ewigen Rente

In der Bewertungsdurchführung wird typischerweise in eine ca. drei bis fünf künftige Jahre umfassende Detailplanungsphase sowie eine sich daran anschließende ewige Rentenphase unterschieden. Während in der Detailplanungsphase unternehmerische Vorhaben und Entwicklungen explizit Eingang finden und zu periodischen und variablen Ausschüttungen führen, unterstellt die Phase der ewigen Rente einen unendlich lange anfallenden und konstanten Zahlungsstrom (vgl. Ballwieser & Hachmeister, 2021, S. 75). Weil der AWH-Standard hingegen ausschließlich eine einzige Phase der ewigen Rente unterstellt, dürfte in der Bewertungspraxis daher auch die Integration künftig konkret geplanter oder absehbarer Sachverhalte zu Problemen führen, die mehrjährige, aber nicht unendliche Konsequenzen haben.

So wird standardintern für Einmalaufwendungen die Verteilung über die betriebsgewöhnliche Nutzungsdauer zugehöriger Vermögensgegenstände vorgeschlagen (z. B. die Ausrüstung des Fuhrparks mit Partikelfiltern, deren Anschaffungs- und Herstellungskosten über die Restlaufzeit der Fahrzeuge verteilt werden), die dann dem konstant nachhaltigen Überschuss gegengerechnet werden (vgl. AWH, 2021, S. 29–30). Diese Vorgehensweise erscheint aus pragmatischer Sicht einfach in das Kalkül integrierbar, unterstellt jedoch die Wiederholung auch nach Ablauf der Restnutzungsdauer. Umgekehrt könnten Einmalaufwendungen auch in einer Nebenrechnung als weitere Barwertkomponente(n) bestimmt und dem Ertragswert nach dem AWH-Standard gegengerechnet werden. Je nach Art und Anzahl dieser Sachverhalte würde sich der Zeit- und Bewertungsaufwand jedoch erhöhen und damit der gewünschten Zielsetzung des wirtschaftsbereichspezifischen Standards zuwiderlaufen.

In der Bewertungspraxis sollte eine Detailplanungsphase so lange ausgedehnt werden, bis ein „eingeschwungener Zustand" des Unternehmens angenommen werden und ein Übergang in die ewige Rentenphase erfolgen kann (vgl. Ballwieser & Hachmeister, 2021, S. 58). In diesem Zustand kommt es folglich zu einer periodischen Ausschüttung des konstant nachhaltigen Überschusses. Regelmäßig wird in praxi davon ausgegangen, dass die Zahlungsströme in der Unendlichkeit mit einer konstanten Rate wachsen (vgl. Ruthardt &

Hachmeister, 2014, S. 193). Der AWH-Standard hingegen lässt den Ansatz einer solchen Wachstumsrate vollständig vermissen, sodass der prognostizierte Erfolg „bis in alle Ewigkeit“ als Nominalwert anfällt. Da auch Unternehmen von künftigen Preissteigerungen betroffen sind, ist zu diskutieren, ob und wie künftige Teuerungen auch für Handwerksbetriebe in der Unternehmensbewertung berücksichtigt werden sollten.

Die Wachstumsrate wurde historisch zumeist als bloßer Inflationsausgleich interpretiert. Die Höhe der anzusetzenden Rate hängt jedoch davon ab, wie das Unternehmen inflationsbedingte Kostensteigerungen auf seine Kunden überwälzen kann, wobei typischerweise nur von einer teilweisen Überwälzbarkeit ausgegangen wird. Es handelt sich somit um eine unternehmensindividuelle Größe, sodass die erwartete allgemeine Geldentwertungsrate nur einen ersten Anhaltspunkt für deren Bestimmung bietet (vgl. Ruthardt & Hachmeister, 2014, S. 200).

Neben dieser allgemeinen Teuerungsrate, die für die Gesamtwirtschaft von Bedeutung ist, werden ferner weitere Einflussfaktoren auf diese einzelfallspezifisch zu ermittelnde Wachstumsrate konkretisiert. So werden neben der langfristigen Markt- und Branchenentwicklung auch die zu erwartende Veränderung der Wettbewerbssituation sowie erwartete regulatorische Änderungen als bedeutende Kriterien angeführt (vgl. Ballwieser & Hachmeister, 2021, S. 294).

Während in einer Detailplanungsphase die unternehmensindividuelle Inflation explizit in den jährlichen Planungsperioden berücksichtigt werden kann, ist dies in der Phase einer ewigen Rente nur noch indirekt möglich. Diese indirekte Erfassung erfolgt technisch durch einen Abschlag im Kapitalisierungszinssatz („Wachstumsabschlag“). Hierbei handelt es sich folglich nicht um einen Bestandteil i. S. e. Alternativrendite, sondern um die finanzmathematische Übertragung des Wachstums der finanziellen Überschüsse vom „Zähler“ in den „Nenner“ des Bewertungskalküls (vgl. Zwirner & Zimny, 2022, S. 11).

In einer Gesamtbetrachtung dürfte das deutsche Handwerk, wenn auch unterschiedlich je nach betrachtetem Gewerk, nicht von Preissteigerungen verschont bleiben, die es in unterschiedlichem Ausmaß versuchen wird, an die Kunden weiterzugeben (vgl. Creditreform, 2021). Die Berücksichtigung künftigen Wachstums kann also durchaus eine zielführende Erweiterung des AWH-Standards darstellen. Technisch lässt sich eine solche Komponente einfach in das Kalkül integrieren. Da der wirtschaftsbereichspezifische Bewertungsmaßstab über keine Detailplanungsphase verfügt, wäre eine Erfassung als Wachstumsabschlag im Nenner angezeigt. Konzeptionell sind hiermit jedoch mehrere Implikationen verbunden. Zum einen läuft dies dem Ziel eines geringen Bewertungsaufwands zuwider, weil der Wachstumsabschlag freilich erst einmal geschätzt werden muss. Dessen Prognose ist jedoch zweifellos eines der komplexesten Probleme der Unternehmensbewertung (vgl. Ballwieser & Hachmeister, 2021, S. 296). Zum anderen lässt die Integration von Wachstum ceteris paribus typischerweise ein höheres Bewertungsergebnis erwarten. Die jetzige Ausgestaltung des AWH-Standards zeigt sich also in dieser Hinsicht als „käuferfreundlich“, während die Berücksichtigung eines Wachstumsabschlags zugunsten eines Verkäufers wirkt.

9.4 Zusammenfassung

Der Bewertung von KMU kommt in der Wirtschaftspraxis wesentliche Bedeutung zu. In der Bewertungsanwendung ist eine Wertermittlung für diese Unternehmen jedoch mit enormen Schwierigkeiten verbunden, weil bewertungsrelevante Informationen häufig nicht oder nur in eingeschränkter Weise zur Verfügung stehen und sich bestehende (berufsständische) Grundsätze zur Wertermittlung (wie z. B. der IDW S1) daher nicht immer zielführend anwenden lassen. Speziell für das deutsche Handwerk hat der ZDH daher einen eigenen Bewertungsmaßstab herausgegeben, der den Besonderheiten dieser Betriebe und dieses Wirtschaftsbereichs angemessen Rechnung tragen soll. Ziel dieses Beitrags ist es, den derzeitigen Informationsstand zu diesem Bewertungsmaßstab im Handwerk darzustellen und eine ökonomische Analyse seiner Bewertungskonzeption vorzunehmen.

Der AWH-Standard ist primärer Bewertungsstandard für über 1 Million Handwerksbetriebe in Deutschland, die sowohl in qualitativer als auch quantitativer Hinsicht einen typischen Vertreter der KMU darstellen. Um die wirtschaftlichen Möglichkeiten dieser Betriebe nicht zu stark zu beanspruchen, versucht der Bewertungsmaßstab den mit der Bewertung verbundenen Aufwand zu reduzieren. Dass hierfür mit Maßnahmen zur Komplexitätsreduktion verfahren werden muss, die einen Zielkonflikt mit der Genauigkeit der Wertermittlung entstehen lassen, ist unstrittig.

Es zeigt sich, dass der AWH-Standard aufgrund standardinterner Vorgaben nicht betriebsnotwendiges Vermögen möglicherweise zu pauschalierend ausschließt, was sich jedoch durch eine genauere Würdigung des Einzelfalls heilen ließe. Zudem lässt sich erkennen, dass die in der Bewertungslehre verankerten Zufluss-, Stichtags- und Laufzeitäquivalenzprinzipien mitunter deutlich strapaziert werden. Die Ableitung einzelner Komponenten des Kapitalisierungszinssatzes entziehen sich letztlich einer intersubjektiven Nachprüfbarkeit, wenngleich hier der AWH-Standard mit der Vorgabe von Anhaltspunkten, Fragebögen und Bandbreiten zu plausibilisieren versucht. Aus der formalen Darstellung der Bewertungsgleichung wird ersichtlich, dass aus dem finanzmathematischen Kalkül der ewigen Rente ein Spannungsfeld bei der Berücksichtigung mehrjähriger, jedoch nicht unendlich wirkender Sachverhalte erwächst. Auch künftiges Wachstum wurde bisher noch nicht in das Kalkül integriert, sodass hier weitere Entwicklungsfelder für den Standardsetzer identifiziert werden können.

Es wird deutlich, dass der AWH-Standard, wie auch andere berufsständische oder gesetzliche Bewertungsverfahren im Rahmen der vorherrschenden Pluralität, keineswegs frei von Kritik ist. Eine theoretisch korrekte Unternehmensbewertung wird unabhängig von der anzuwendenden Methodik stets nur schwerlich gelingen. Es bedarf daher einer Rechtfertigung standardinterner Vereinfachungen und Typisierungen, die vom konzeptionellen Ideal abweichen und folglich zweckgerecht zu begründen sind. Für die Wirtschaftspraxis halten wir diese komplexitätsreduzierenden Maßnahmen im AWH-Standard mit dem Ziel einer Verringerung des Bewertungsaufwands für vertretbar, handelt es sich doch überwiegend um Kleinstunternehmen mit durchschnittlich ca. 10 Beschäftigten und 1,1 Mio. EUR Umsatz. Der mittlerweile breite Einsatz im Handwerk unterlegt die Marktüblichkeit des Verfahrens, die konkurrierende Verfahren wie der IDW S1 und das vereinfachte Ertragswertverfahren, auch im Hinblick auf die Wirkungsrichtung, offenbar für diesen Unternehmenstypus nicht zu leisten vermögen. Die formulierten Bewertungsnormen des ZDH zeigen daher das Potenzial, zur Gleichmäßigkeit und Kontinuität der wirtschaftsbereichspezifischen Bewertungspraxis beizutragen.

Literatur

Arbeitsgemeinschaft der wertermittelnden Betriebsberater im Handwerk (AWH). (2021). *Handbuch – Unternehmensbewertung für Handwerk und Mittelstand, Version 5.1* (Stand: 12.03.2021).

Bachmann, C., Richter, K., & Wagner, T. (2018). Vergleich des AWH-Standards mit dem vereinfachten Ertragswertverfahren für erbschaftsteuerliche Zweck. *Der Steuerberater*, 2018, StB 2018, 183–191.

Ballwieser, W., & Hachmeister, D. (2021). *Unternehmensbewertung*. Schäffer-Poeschel.

Bayerisches Landesamt für Steuern. (2013). v. 28.02.2013 – S 3224.1.1 – 1/6 St 34.

Behringer, S. (2012). *Unternehmensbewertung der Mittel- und Kleinbetriebe* (5. Aufl.). Erich Schmidt.

Bruckmeier, G., Zwirner, C., & Vodermeier, M. (2017). Unternehmensbewertung im Erbschaftsteuerrecht: Handlungsempfehlungen und Modellrechnungen, §§ 199 ff. BewG und IDW S 1 nach der Erbschaftsteuerreform 2016 im Vergleich. *Deutsches Steuerrecht, 12*, 678–685.

Buchner, M., & Follert, F. (2021). Zwischen Praktikabilität und Zweckadäquanz – Eine kritische Analyse der Hinweise der Bundesärztekammer zur Bewertung von Arztpraxen. *Deutsches Steuerrecht, 36*, 2149–2156.

Buchner, M., & Friedl, G. (2017a). Die allgemeinen Grundsätze des AWH-Standards – Eine kritische Würdigung im Lichte der Bewertungslehre. *Deutsches Steuerrecht, 32*, 1775–1782.

Buchner, M., & Friedl, G. (2017b). Eine kritische Würdigung der Bewertungsvereinfachungen im Rahmen des AWH-Standards. *Der Betrieb, 45*, 2621–2628.

Buchner, M., & Friedl, G. (2019a). Valuation Note – Kennzeichnung und Erläuterung des AWH-Standards zur Unternehmensbewertung. *Der Betrieb, 17*, 921–924.

Buchner, M., & Friedl, G. (2019b). Die relative Schätzgüte des vereinfachten Ertragswertverfahrens– Eine empirische Analyse unter Berücksichtigung des AWH-Standards. *Betriebswirtschaftliche Forschung und Praxis, 3*, 295–328.

Buchner, M., Friedl, G., & Hinterdobler, T. (2017). Grundsätze zur Durchführung von Unternehmensbewertungen nach dem AWH-Standard. *Deutsches Steuerrecht, 24*, 1341–1350.

Bundessteuerberaterkammer. (2015). *Berufsrechtliches Handbuch der Bundessteuerberaterkammer*.

Creditreform. (2021). *Wirtschaftslage und Finanzierung im Handwerk 2020/2021*.

Drukarczyk, J., & Ernst, D. (2010). *Branchenorientierte Unternehmensbewertung*. Beck.

Eisele, D. (2022). Bewertungsgesetz – Kommentar. In M. Rössler & R. Troll (Hrsg.), *Bewertungsgesetz*. Vahlen.

Follert, F. (2020). *Zur Unternehmensbewertung im Spruchverfahren aus interessentheoretischer Sicht*. Springer Gabler.

Hering, T. (2014). *Unternehmensbewertung*. Oldenbourg.

Hinz. (2011). Unternehmensbewertung im Rahmen erbschaft- und schenkungsteuerlicher Zwecke – Ein Vergleich des vereinfachten Ertragswertverfahrens mit „üblichen" Bewertungskalkülen nach den Grundsätzen des IDW S 1 i. d. F. 2008. *Betriebswirtschaftliche Forschung und Praxis, 3*, 305–329.

Ihlau, S., & Duscha, H. (2019). *Besonderheiten bei der Bewertung von KMU*. Springer Gabler.

Institut der Wirtschaftsprüfer (IDW). (2014). Besonderheiten bei der Ermittlung eines objektivierten Unternehmenswerts kleiner und mittelgroßer Unternehmen. *IDW Praxishinweis* 1/2014, IDW-FN 2014.

Institut für Mittelstandsforschung (IfM) Bonn. (2019). *KMU in Deutschland*. https://www.ifm-bonn.org/fileadmin/data/redaktion/statistik/unternehmensbestand/dokumente/KMU-D_2014-2018_IfM-Def.pdf. Zugegriffen am 02.04.2022.

Kammergericht Berlin. (2011). KG Berlin vom 19.05.2011 – 2 W 154/08. *Neue Zeitschrift für Gesellschaftsrecht, 2011*, 1302–1303.

Kammergericht Berlin. (2012). KG Berlin vom 26.07.2012 – 2 W 44/12. *Neue Zeitschrift für Gesellschaftsrecht, 2012*, 1429.

Matschke, M. J. (1972). Der Gesamtwert der Unternehmung als Entscheidungswert. *Betriebswirtschaftliche Forschung und Praxis, 24*, 146–161.

Matschke, M. J. (1975). *Der Entscheidungswert der Unternehmung*. Gabler.

Matschke, M. J., & Brösel, G. (2013). *Unternehmensbewertung*. Springer Gabler.

Olbrich, M., Hares, C., & Pauly, A. (2010). Erbschaftsteuerreform und Unternehmensbewertung. *Deutsches Steuerrecht, 48*, 1250–1256.

Quill, T. (2016). *Interessengeleitete Unternehmensbewertung*. Springer Gabler.

Richard, M. (2020). Unternehmensbewertung für steuerrechtliche Zwecke in der Praxis – Aktuelle Entwicklungen und Handlungsempfehlungen. *Kölner Steuerdialog, 3*, 21652–21665.

Ruthardt, F., & Hachmeister, D. (2014). Unendlichkeit als Problem der Unternehmensbewertung aus theoretischer, praktischer und rechtlicher Sicht. *Der Betrieb, 67*, 193–202.

Schempp, A. (2012). *Unternehmensbewertung im Handwerk – Betriebswirtschaftliche Analyse des AWH-Standards zur Unternehmensbewertung*. Deutsches Handwerksinstitut.

Schütte-Biastoch, S. (2011). *Unternehmensbewertung von KMU*. Gabler.

Statistisches Bundesamt. (2019). *Fachserie 4*. Reihe 7.2.

Verband für die mittelständische Wirtschaftsprüfung. (2018). *Hinweise für die Bewertung von kleinen und mittleren Unternehmen* (Stand: 11/2018).

Zieger, M., & Schütte-Biastoch, S. (2008). Gelöste und ungelöste Fragen bei der Bewertung von kleinen und mittleren Unternehmen (KMU). *Finanz-Betrieb, 10*, 590–601.

Zwirner, C. (2013). Unternehmensbewertung von KMU – Kritische Bestandsaufnahme und Grenzen des IDW S 1 sowie Notwendigkeit einer Skalierung. *Der Betrieb, 33*, 1797–1802.

Zwirner, C., & Zimny, G. (2022). Implikationen der Inflationsrate im Rahmen von Unternehmensbewertungen. *Zeitschrift für Internationale Rechnungslegung, 1*, 9–12.

Teil III

Rechtsgeprägte Unternehmensbewertung

Squeeze Out und Eigentumsschutz: Wann beginnt das Problem? 10

Leonhard Knoll

10.1 Einleitung

Nachdem der Minderheitsausschluss über die Mehrheitsumwandlung nach §§ 9 ff., 15 UmwG a.F. 1994 abgeschafft worden war,[1] weil er laut der Begründung des Regierungsentwurfs „nicht den Grundsätzen des Minderheiten- und des Anlegerschutzes" entspreche,[2] kehrte er bereits zum 01.01.2002 über die §§ 327a ff. AktG mit deutlich verstärkter Wirkung in das Gesellschaftsrecht zurück. Wenige Jahre später folgten diesem aktienrechtlichen Squeeze Out der übernahmerechtliche nach §§ 39a ff. WpÜG und der umwandlungs- bzw. verschmelzungsrechtliche nach § 62 Abs. 5 UmwG.[3]

Nach Unmengen von gerichtlichen Auseinandersetzungen und mehreren Entscheidungen des Bundesverfassungsgerichts erscheinen heute Klagen mit dem Argument der Verfassungswidrigkeit des Instruments wenig erfolgversprechend. Hintergrund ist die im folgenden Abschn. 10.2 beschriebene Unterstellung einer „vollen Entschädigung" für den Eigentumsentzug, wie sie bereits in dem berühmten

[1] Vgl. Lochner 2020, Rn. 6, sowie für eine kurze Übersicht zu weiteren Eingriffen in die Eigentumsposition von Aktionären über Strukturmaßnahmen (Karami, 2014, S. 4 f.).

[2] Vgl. (BT-Drucks. 12/6699).

[3] Für den in der Diskussion anstatt „Minderheitsausschluss" gebräuchlichen anglophonen Term „squeezeout" (zuweilen auch „freezeout") hat sich bis heute im Deutschen keine einheitliche Rechtschreibung herausgebildet.

L. Knoll (✉)
Betriebswirtschaftliches Institut, Julius-Maximilians-Universität Würzburg,
Würzburg, Deutschland
E-Mail: Knoll@uni-wuerzburg.de

S. Behringer, F. Follert (Hrsg.), *Unternehmensbewertung und ökonomische Analyse*,
https://doi.org/10.1007/978-3-658-40235-8_10

Feldmühle-Urteil des Bundesverfassungsgerichts als Voraussetzung für einen grundgesetzkonformen Eingriff postuliert worden war.[4]

Abschn. 10.3 wird zeigen, dass diese Unterstellung mit Blick auf die Bemessung und Überprüfung der Entschädigung nur bedingt zutreffend ist, wenn man die Chronologie, der mit einem Squeeze Out verbundenen Sachverhalte mindestens bis zum Erreichen der erforderlichen Quote am Grundkapital zurückverfolgt. Grundsätzlich ist die dabei verfolgte Logik zwar auch für andere Formen dominierter Konfliktsituationen[5] relevant, doch wird die Argumentation vereinfacht, wenn man es bei dieser Strukturmaßnahme belässt, für die zudem literarische Vorläufer für die Behandlung eines Teils der Problematik existieren.

Aus der dabei gewonnenen Einsicht ergibt sich ein wichtiger Aspekt, der bei einem jüngst ergangenen Beschluss des OLG Köln in einem Freigabeverfahren zu einem Squeeze Out[6] nur unzureichend gewürdigt wurde und in Abschn. 10.4 weiter untersucht wird. Dieses Judikat ist dabei insofern besonders beachtlich, als der zugrundeliegende Sachverhalt bei einer Akzeptanz des Vorgehens der Beklagten im Hauptsacheverfahren eine ungeahnte Erweiterung der bisher zu dieser Einsicht veröffentlichten Überlegungen erfordern und die Verfassungsmäßigkeit des Squeeze Out an sich auf eine neue Probe stellen würde.

Der Beitrag endet in Abschn. 10.5 mit einem kurzen Resümee.

10.2 Das Spruchverfahren als Generalexkulpation in Sachen volle Entschädigung

Die in Abschn. 10.1 angesprochene Kompatibilität der §§ 327a ff. AktG wurde vom Bundesverfassungsgericht grundsätzlich in Anlehnung an sein bereits erwähntes Feldmühle-Urteil[7] gesehen.[8] Dort hatte es die reinen Mitgliedschaftsrechte angesichts der bei jeweils nur sehr geringfügigen Anteilsbesitz kaum vorhandenen Einflussmöglichkeiten als nachrangig eingestuft, solange das für den einzelnen Minderheitsaktionär ebenfalls aus der Aktie fließende Vermögensrecht durch eine volle Entschädigung kompensiert wird (Karami, 2014, S. 59). Diese volle Entschädigung wurde insbesondere durch die obligatorische Prüfung der angebotenen Abfindung nach § 327c AktG im Vorfeld des Hauptversammlungsbeschlusses sowie das Spruchverfahren gemäß § 327f AktG und dem Spruchverfahrensgesetz nach Vollzug des Squeeze Out als gewährleistet erachtet.[9]

---

[4] 1 BvL 16/60, in: NJW 1962, 1667 ff.

[5] Vgl. zum Begriff der dominierten Konfliktsituation (Matschke & Brösel, 2013, S. 93 ff.; Hering, 2021, S. 16 f.; Drukarczyk & Schüler, 2009, S. 82 ff.).

[6] OLG Köln, Beschl. V. 20.05.2021 – 18 AktG 1/21, https://openjur.de/u/2345597.html.

[7] Vgl. Fn. 89.

[8] Vgl. BVerfG, ZIP 2007, 1261; BVerfG, ZIP 2007, 2121.

[9] Vor Inkrafttreten der SpruchG am 01.09.2003 wurde von „Spruchstellenverfahren" gesprochen, vgl. zur Geschichte entsprechender Überprüfungsverfahren in Deutschland seit der Zwischenkriegszeit im letzten Jahrhundert Simon (2007), Rn. 17 ff.

Der Glaube an die Bedeutung und Verlässlichkeit des Spruchverfahrens ging sogar soweit, dass mit dem Inkrafttreten des UMAG nicht nur für der Squeeze Out, sondern auch andere insoweit betroffene Strukturmaßnahmen gemäß dem damals neuen § 243 Abs. 4 Satz 2 AktG nicht mehr mit Bewertungsrügen anzufechten waren.[10] Es kann an dieser Stelle dahingestellt bleiben, ob die hohe Inanspruchnahme dieses Überprüfungsinstruments bzw. die Quote sowie die relative Höhe der dort erzielten Nachbesserungen[11] einen Beleg für die Zuversicht boten, die der Reliabilität von Spruchverfahren damit entgegengebracht wurde. Jedenfalls gingen der Gesetzgeber und das Bundesverfassungsgericht davon aus, dass solche gerichtlichen Überprüfungen die Verhinderung von Vermögensschäden der ausgeschlossenen Minderheitsaktionäre gewährleisten und somit die Verfassungsmäßigkeit des Squeeze Out unter dem Aspekt des Eigentumsschutzes gewahrt ist.

Betrachtet man die Bewertungsprozeduren in Spruchverfahren (Knoll, 2023) sowie in der Praxis immer wieder aufscheinende fundamentale Fehler (Knoll, 2022) genauer, können hier indessen durchaus Zweifel aufkommen.

10.3 Zeitaspekte von Squeeze Out-Wirkungen

Ein wesentlicher Problembereich erscheint dabei die Zeitdimension.[12] Relevant ist der Wert der Beteiligung am Tag der beschlussfassenden Hauptversammlung, an dem (mindestens) eine Äquivalenz zwischen ihm und der erhaltenen Abfindung bestehen soll.[13] Indessen ist diese zeitpunktbezogene Forderung vor dem Hintergrund eines durchaus längeren Zeitraums zu beurteilen.

10.3.1 Der Squeeze Out und seine originäre Überprüfung

Bleibt man zunächst bei der Ausschlussprozedur selbst, ergibt sich der in Abb. 10.1 dargestellte Zeitstrahl.

[10] Vgl. hierzu Seibert und Schütz (2004), 256, und Schütz 2004, S. 420 f., sowie die Kritik in Knoll et al. (2004), S. 270 f.

[11] Vgl. Knoll (2023), S. 599, m. w. N.

[12] Bspw. lautet der Untertitel der in Fn. 86 genannten Dissertation von Karami (2014) „Der Zeitaspekt in Gesetz, Rechtsprechung und Gutachterpraxis aus funktionaler Sicht".

[13] § 327b Abs. 1 S. 1 AktG lautet: „Der Hauptaktionär legt die Höhe der Barabfindung fest; sie muss die Verhältnisse der Gesellschaft im Zeitpunkt der Beschlussfassung ihrer Hauptversammlung berücksichtigen."

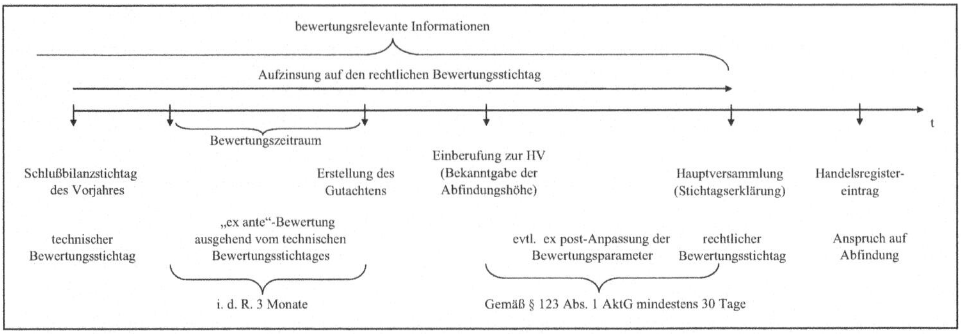

Abb. 10.1 Zeitstrahl der Squeeze Out-Prozedur entnommen aus Karami (2014, S. 149)

Bereits in diesem Bereich ergeben sich Probleme, die teilweise in Abb. 10.1 unmittelbar indiziert sind. Hinzu kommen weitere Fragen wie bspw. die Kursentwicklung zwischen der Ankündigung des Squeeze Out und dem Hauptversammlungstermin.[14]

10.3.2 Die Überprüfung im Spruchverfahren

Wird die Abfindung in einem Spruchverfahren überprüft, kann man mit langen Verfahrensdauern rechnen (Lorenz, 2012, S. 286). Eine potenzielle Nachzahlung steht am Ende des Verfahrens, so dass die Kompensation für die verspätete Zahlung vorgenommen werden muss. Lange Zeit sahen die auch analog auf den Squeeze Out anzuwendenden Regelungen des § 15 Abs. 2 UmwG und § 305 Abs. 3 S. 3 AktG eine Verzinsung von 2 % über dem Basiszins i.S.d. § 247 BGB vor – mithin 3 Prozentpunkte weniger als die üblichen gesetzlichen Verzugszinsen nach § 288 Abs. 1 BGB. Der harten Kritik Knoll (2004, S. 1727 ff.) wurde seitens des Gesetzgebers erst im Rahmen des UMAG gefolgt und durch § 20 Abs. 5 EGAktG ab dem 01.09.2009 zumindest eine Anpassung an die Vorgabe des § 288 Abs. 1 BGB vorgenommen.

Diese wie auch weitere Aspekte, die sich aus der Diskrepanz der Zeitspanne zwischen Bewertungsstichtag und Beendigung des Spruchverfahrens ergeben, sind durchaus interessant, werden aber angesichts des vorliegend interesseleitenden Problems an dieser Stelle nicht weiterverfolgt.[15]

---

[14] Hier ist insbesondere die Stollwerk-Entscheidung des Bundesgerichtshofs zu nennen, vgl. BGH, ZIP 2010, 1487; sowie Knoll (2021), S. 821 f.

[15] Vgl. als umfassende Aufarbeitung nochmals Karami (2014), S. 145 ff.

10.3.3 Unbefristete Kaufoption der Hauptaktionärin

Entscheidend ist dabei nämlich nicht die Verfolgung des Zeitstrahls in Richtung Ende des Spruchverfahrens, sondern rückwärts gerichtet auf die Stelle, deren Erreichen die Möglichkeit zu einer Strukturmaßnahme eröffnet. Beim aktienrechtlichen Squeeze Out ist dies bspw. das Erreichen einer Quote von 95 % am Grundkapital, denn ab diesem Zeitpunkt kann die Hauptaktionärin grundsätzlich die Ausschlussprozedur einleiten. Ökonomisch erhält sie damit eine unbefristete Kaufoption, ohne gleichzeitig ein Angebot an die Minderheit abgeben zu müssen (Fleischer, 2002, S. 769; Drukarczyk, 2004, S. 635).

Merkwürdigerweise ist dieser Aspekt zwar schon früh, aber ohne Bezug auf die voranstehend beschriebenen Zeiteffekte beschrieben worden. Seit einer Studie von Bebchuk und Kahan (2000)[16], die im Schrifttum vielfach aufgegriffen wurde (Wenger et al., 2001, S. 323; Helmis & Kemper, 2002, S. 524 ff.; Goshen & Wiener, 2003; Subramanian, 2005, S. 35 f.; Winner, 2008, S. 468; Ruthardt, 2014, S. 65), ging es vielmehr um die Frage, welche Wirkung diese Option auf den Börsenkurs hat. In Adaption des nobelpreisgekürten „Lemon"-Ansatzes von (Akerlof, 1970) hatten Bebchuk/Kahan erstmals modelltheoretisch nachgewiesen, dass die jederzeitige Möglichkeit der Hauptaktionärin, den Squeeze Out einzuleiten, c.p. kurssenkend wirkt – ein wesentliches Argument gegen die Verwendung des Börsenkurses als Referenzwert für die Abfindung bei Strukturmaßnahmen Knoll (2021, S. 830 ff.).

Indessen geht die Bedeutung der Kaufoption der Hauptaktionärin noch weiter, denn kein Minderheitsaktionär würde bei klarem Verstand freiwillig die unbefristete Stillhalterposition übernehmen (Fleischer, 2002, S. 769), ohne eine Kompensation dafür zu erhalten. Der Wert dieser Option ist offensichtlich davon abhängig, zu welcher Abfindung die Hauptaktionärin den Squeeze Out vollziehen darf. Damit er näherungsweise null wird, um die fehlende Kompensation akzeptabel zu machen, darf die Aneignung der Aktien über den Squeeze Out nicht günstiger als in einer fiktiven Erwerbssituation unter freien Dritten sein. Diese Ratio liegt den gesetzlichen Bestimmungen aller Eingriffe in das Eigentumsrecht von Minderheitsaktionären zugrunde. Entsprechend sind auch alle Aspekte solcher Eingriffe hinsichtlich Grund und Höhe der Abfindung auf dieser Basis zu beurteilen.

Die Idee des Gesetzgebers ist nun wie eingangs dieses Kapitels beschrieben, dass der Minderheitenausschluss immer zum Wert der Beteiligung am Tag der beschlussfassenden Hautversammlung erfolgt. Idealtypisch könnte die Option damit nie einen inneren Wert aufbauen. Technisch formuliert wird die Payoff-Funktion des Calls[17] nicht nur nichtnegativ, sondern stets null.

Das Funktionieren dieser Idee setzt allerdings einige Annahmen voraus, die in der Realität durchaus nicht selbstverständlich erfüllt sind. Wenn man sie durchleuchtet, wird schnell klar, dass wegen der klassischen Bewertung von Optionen über einen Arbitrage-

[16] Ein gleichnamiges Working Paper erschien bereits 1999 im SSRN.

[17] Vgl. als Beispiel für eine Lehrbuchdarstellung von Payoff-Funktionen und Wertgrenzen von Funktionen Kruschwitz und Husmann (2012), S. 285 ff.

kalkül auf der Basis des jeweiligen Aktienkurses[18] immer die in den letzten Jahren vor allem bei Abfindungen stark diskutierte Problematik „Wert vs. Preis“ mitschwingt.[19]

10.3.3.1 Unverzerrte Kurse?

Der genannte Arbitragekalkül setzt nämlich voraus, dass der Aktienkurs, auf den das Derivat Kaufoption bezogen ist, den tatsächlichen Wert des Unternehmens anteilig korrekt abbildet.

Allerdings zeigt der Bebchuk/Kahan-Ansatz wie soeben skizziert, dass der optionsbedingte Druck auf den Kurs durchaus zu einem – gegebenenfalls erheblichen – Abschlag gegenüber dem tatsächlichen Wert führen kann. Ein gedrückter Börsenkurs ist indessen für das Entstehen eines damit einhergehenden positiven Optionspreises so lange weniger relevant, wie dieser Börsenkurs nur als Untergrenze in Form einer Desinvestitionsalternative[20] und nicht als Bewertungsverfahren herangezogen wird. Neben dem gleich in Abschn. 10.3.3.2 zu erörterndem Aspekt ist hier lediglich belastend, dass der realisierbare Ausstieg in der Zeit zwischen Erreichen der 95 %-Schwelle und dem Einleiten des Squeeze Out durch den Druck auf den Kurs nur zu schlechteren Konditionen möglich ist.

10.3.3.2 Einheitlicher Wert?

Da die Abfindung zu einem für alle Minderheitsaktionäre einheitlichen Wert erfolgt, und die Option der Hauptaktionärin als Derivat an diesen Wert gebunden ist, stellt sich schließlich die Frage, ob ein einheitlicher Wert unterstellt werden darf oder alternativ sichergestellt ist, dass die Abfindung für keinen Minderheitsaktionär unter seinem individuellen Grenzpreis liegt. Bei der Vielzahl Betroffener ist eine Betrachtung über subjektive Bewertungen zwar theoretisch denkbar, aber praktisch kaum umzusetzen. Volle Entschädigung heißt dann, dass sich eine einheitliche Abfindung des gesamten Streubesitzes am Minderheitsaktionär mit dem höchsten Grenzpreis orientieren muss, was seit Moxter (1976) und Matschke (1979) immer wieder in der Literatur gefordert wurde. Dagegen erscheint es plausibel, dass sich beim gegenwärtigen modus operandi eine mehr oder minder große Menge von Minderheitsaktionären finden wird, deren Grenzpreis über der Abfindung liegt und die damit durch den erzwungenen Verkauf einen ökonomischen Schaden hinnehmen müssen, der bereits beim Überschreiten der 95 %-Schwelle durch die Hauptaktionärin angelegt ist, weil mit ihr die Stillhalterposition aller Minderheitsaktionäre einhergeht.[21]

Bedenkt man die konkrete Anlehnung der Optionspreisermittlung an Kurse, keimt die Hoffnung auf, dass eine Bewertung durch den Kapitalmarkt hier belastbarere Ergebnisse

[18] Vgl. nochmals ebd.

[19] Vgl. dazu und als Bezugsquelle für das Folgende umfassend Knoll (2021), S. 827 ff., m. w. N.

[20] Vgl. die klassische DAT/Altana-Entscheidung, BVerfG, AG 1999, 566, 568.

[21] Vgl. zu weiteren Überlegungen der Grenzpreisbetrachtung einschließlich dem aktienrechtlichen Gleichbehandlungsgrundsatz und der Abfindung zum höchsten Grenzpreis aller Minderheitsaktionäre Knoll (2021), S. 835 ff., m. w. N.

liefert. Selbst wenn der Aktienkurs nicht durch asymmetrische Information im Sinne der Bebchuk/Kahan-Modellierung oder ähnlichen Ansätzen verzerrt ist, bleibt aber fraglich, ob der ausgewiesene Kurs für alle abzufindenden Minderheitsaktionäre dem Ideal eines fiktiven Verkaufspreises unter freien Dritten entspricht. Dies würde nämlich voraussetzen, dass ein Gleichgewicht bei völlig elastischem Angebot vorliegt. Vergleichbare Homogenitätsanforderungen bzw. -implikationen sind zwar in der Kapitalmarkttheorie nicht außergewöhnlich und werden im Zeitverlauf teilweise über Verallgemeinerungsmodifikationen abgebaut,[22] doch bleibt der Blick auf die Realität eher ernüchternd. Nicht nur die unterschiedlichen Kurse verschiedener Handelsplätze mit ihren eher geringfügigen Kursunterschieden sind hier als gegenläufige Befunde zu den Vollkommenheitspostulaten zu nennen. Vielmehr zeigt die Existenz der Orderbücher dieser Handelsplätze bzw. ein Blick in die heute unentgeltlich bis relativ preisgünstig zu erhaltenden Einblicke in sie,[23] dass ein völlig elastisches Angebot in Form einheitlicher Briefkurse („Ask") regelmäßig reine Fiktion ist – ganz zu schweigen von den in empirischen Untersuchungen oft als problematisch empfundenen Geld-Brief-Spannen bzw. Bid-Ask-Spreads.[24] Man beachte zusätzlich, dass dabei nur die an der jeweiligen Börse erfassten Nachfrage- bzw. Angebotspositionen erfasst sind, was konkret für die nicht erfassten Streubesitzpositionen eines Squeeze Out-Titels erheblich höhere „latente" Briefkurse erwarten lässt als alle Verkaufslimits, die in den Orderbüchern erfasst sind.

Ohne den Squeeze Out müsste sich die Hauptaktionärin zur Erlangung des gesamten Grundkapitals folglich durch alle Briefseiten hindurch nach oben kaufen, was regelmäßig auch zu einem wesentlich höheren Durchschnittskurs führen würde (Olbrich, 2000, S. 455; Olbrich & Frey, 2023, S. 507, m. w. N.). Für den Arbitragekalkül der Optionsbewertung heißt das: Am Squeeze Out-Tag existiert kein einheitlicher Börsenkurs oder Quotient zwischen Börsen- und Bezugskurs, der für alle Minderheitsaktionäre die unkompensierte Stillhalterverpflichtung zum Zeitpunkt der Schwellenüberschreitung durch die Hauptaktionärin rechtfertigen würde.

10.3.3.3 Schlussfolgerung

Die vorstehende Analyse zeigt, dass die Squeeze Out-Option der Hauptaktionärin gegenüber allen oder zumindest einem Teil der Minderheitsaktionäre einen Wert hat und das Problem des Eigentumsschutzes damit bereits am Tag der Schwellenüberschreitung beginnt. Dies ist angesichts des derivativen Charakters einer Option gegenüber dem Basistitel eigentlich selbstverständlich, bedeutet aber, dass bereits zum Zeitpunkt der Schwellenüberschreitung eine entsprechende Kompensation des Streubesitzes durch die Hauptaktionärin erfolgen müsste.

---

[22] Man denke nur an die Homogenitätsannahmen des CAPM, vgl. bspw. Kruschwitz und Husmann (2012), S. 193 f., und Kruschwitz und Lorenz (2019), S. 339, für die schon früh eine modelltheoretische Abdingbarkeit gefunden wurde, vgl. Lintner (1969).

[23] Vgl. hierzu exemplarisch https://www.boerse-frankfurt.de/handeln/offenes-orderbuch.

[24] Vgl. zur umfangreichen empirischen Forschung auf diesem Gebiet bspw. Narayan et al. (2015).

Dies ist gerade wegen der fehlenden Möglichkeit, bei der Optionsbewertung auf die aktuellen Börsenkurse abzustellen, de facto bewertungstechnisch kaum umzusetzen. Immerhin kann man dem Gesetzgeber zugestehen, dass die beschriebene Leitidee des § 327b AktG den mit der Squeeze Out-Option entstandenen Kompensationsmangel mittelbar berücksichtigt, solange allseits bekannte Probleme nicht ignoriert werden und insbesondere die Höhe des Börsenkurses als Maßstab der Abfindung im Sinne eines Bewertungsverfahrens nicht anerkannt wird. Anders formuliert: Gerade, weil die Kompensation der mit dem Erreichen der 95 %-Schwelle aufgezwungenen Stillhalterverpflichtung auf der Möglichkeit einer späteren Abfindungslücke beruht, ist auch insofern sicherzustellen, dass der Squeeze Out nicht auf der Basis einer unterwertigen Abfindung durchgeführt werden kann.

10.4 Die Entscheidung des OLG Köln

Damit kommt man zum Beschluss des OLG Köln in dem Freigabeverfahren 18 AktG 1/21 vom 20.05.2021 (https://openjur.de/u/2345597.html). Das Gericht hatte darin entschieden, dass eine Reihe von Anfechtungsklagen durch Minderheitsaktionäre der Eintragung eines durch den angefochtenen Hauptversammlungsbeschluss bestätigten Squeeze Out in das Handelsregister nicht entgegenstehen und damit unabhängig vom Ausgang der Hauptsache die Basis für die Bestandskraft des mittlerweile vollzogenen Minderheitsausschlusses geschaffen.

Die Fallkonstellation einer nicht börsennotierten, als Untergesellschaft in einen Unternehmensvertrag fungierenden Gesellschaft, deren ehemals angefochtener Minderheitenausschluss nunmehr in einem Beschluss nach § 244 Abs. 1 AktG bestätigt und sodann erneut angefochten wurde, ist sicher schon per se interessant, muss aber mangels sonstiger Relevanz für das hier erörterte Thema nur in einer Perspektive näher betrachtet werden: Zwischen dem originären Squeeze Out-Beschluss vom 21.09.2006 und dem Bestätigungsbeschluss vom 18.11.2020 liegen mehr als 14 Jahre!

Da der Minderheitsausschluss auf die Verhältnisse zur Zeit der beschlussfassenden Hauptversammlung zugeschnitten ist, heißt dies, dass sich bei Rechtmäßigkeit dieses Vorgehens ein prekärer Zwiespalt auftut:

A. Entweder erfolgt der Squeeze Out beschlusswidrig mit einer Abfindung, die an den Verhältnissen der Gesellschaft am Tag des Bestätigungsbeschlusses ausgerichtet ist, obwohl dafür weder ein entsprechendes Angebot der Hauptaktionärin nach § 327a AktG noch die dazugehörende Garantie eines Kreditinstituts nach § 327b AktG, geschweige denn die Angemessenheitsbestätigung eines unabhängigen Prüfers nach § 327c AktG vorliegt, oder
B. er erfolgt zu einer vor mehr als 14 Jahren quasi festgeschriebenen Abfindungshöhe, die allenfalls mit minimaler Wahrscheinlichkeit den gesetzlich vorgegebenen Wert am 18.11.2020 nahekommt. In diesem Fall ist genau das Problem höchst virulent, das in Abschn. 10.3.3 beschrieben wurde.

Alternative A scheidet schon aufgrund der klaren gesetzlichen Formulierungen aus. Auch ein Spruchverfahren kann dies nicht heilen, denn dort werden qua constructione die Verhältnisse zum Bewertungsstichtag überprüft und der liegt mehr als 14 Jahre in der Vergangenheit.

Also bleibt nur Alternative B. Wäre sie rechtmäßig, könnte eine Hauptaktionärin zu einem tendenziell frühen und/oder ihr aus welchen Gründen auch immer genehmen Zeitpunkt einen Minderheitsausschluss quasi „auf Vorrat" durchsetzen und darauf hoffen, dass es wie vorliegend zu einer Anfechtungsklage kommt. Für alles Weitere würde die vorliegende Causa den Masterplan bieten. Der Vollzug wird nur halbherzig gerichtlich verfolgt[25] und erst dann die Bestätigung eingeholt, wenn der Hauptaktionärin das Alleineigentum hinreichend attraktiv erscheint. Bis dahin ist die Abfindung auf der Basis der Verhältnisse des Bewertungsstichtags festgeschrieben. Anders formuliert: Die ursprüngliche Kaufoption mit variablem Basispreis wird durch eine neue mit festem ersetzt.[26] Eine dabei instinktiv zu vermutende Gefahr der Verwirkung hat das OLG Köln in seiner Beschlussbegründung ausdrücklich geprüft und unter Bezug auf Grüneberg[27] zumindest für den vorliegenden Fall verneint. Damit liegt das Auslaufen der Option durch Verwirkung vielleicht nicht in der Unendlichkeit, aber – halbwegs geschicktes Verhalten vorausgesetzt – in noch deutlich längeren Zeiträumen als 14 Jahren. Sollte die Attraktivität des Alleineigentums an der Gesellschaft für die Hauptaktionärin im Zeitverlauf abnehmen, kann sie die Angelegenheit also einfach auf der Zeitachse „weiterrollen".

Für den üblichen Fall eines im Zeitverlauf steigenden Unternehmenswerts ergeben sich jedenfalls enorme Verbilligungen für die Hauptaktionärin, die mit einer vollen Entschädigung im Sinne des Feldmühle-Urteils nichts zu tun haben und durch entsprechene Einflussnahmen im Zeitverlauf weiter vergrößert werden können. Die Akzeptanz einer über 14 Jahre nach dem eigentlichen Squeeze Out-Beschluss erfolgten Bestätigung würde damit unversehens wieder die Frage nach der Verfassungsmäßigkeit des Minderheitsausschluss in den Fokus stellen – mehr noch: Angesichts einer analogen Problemlage wären von diesem Zwiespalt entsprechend auch andere Strukturmaßnahmen betroffen.

Gleichwohl hat das OLG Köln die Problematik der veränderten wirtschaftlichen Verhältnisse nicht als hinreichend für eine Abweisung des Freigabeantrags beurteilt. Ihr Vorliegen als solches und der damit verbundene Vorwurf des Rechtmissbrauchs betreffen aus seiner Sicht nur den Bestätigungsbeschluss, nicht aber das Freigabeverfahren. Wäre der

[25] Natürlich ist die Anfechtungsbeklagte die Gesellschaft, aber dort wird realistischerweise niemand gegen die Interessen der Hauptaktionärin agieren.

[26] Die in diesem Zusammenhang potenziellen Effekte von Verzinsungen und zwischenzeitlich erhaltenen Dividenden- oder Ausgleichszahlungen seien an dieser Stelle nur ergänzend erwähnt, weil sie das grundsätzliche Problem nur am Rande betreffen. Eine Analogie zur nach Abschluss eines Spruchverfahrens möglichen Andienung bei Unternehmensverträgen gemäß § 305 Abs. 4 AktG scheidet dabei aus, weil dort die Eigentumsaufgabe im Gegensatz zum Squeeze Out freiwillig erfolgt.

[27] In der Beschlussbegründung erfolgte dabei ein konkreter Bezug auf Grüneberg (2021), § 252, Rn. 93 ff. m. w. N., vgl. (https://openjur.de/u/2345597.html, Rn. 39).

Bestätigungsbeschluss rechtsmissbräuchlich und damit unwirksam, würde das allenfalls die Begründetheit, nicht aber die Zulässigkeit des Freigabeantrags nach sich ziehen (https://openjur.de/u/2345597.html, Rn. 40, 50). Letztlich gab das Gericht dem Antrag wegen des fehlenden Quorums der Antragsgegner und Anfechtungskläger von mindestens 1000 € am Grundkapital statt (https://openjur.de/u/2345597.html, Rn. 52 ff.).

10.5 Resümee

Die Diskussion um den verfassungsmäßigen Eigentumsschutz beim Squeeze Out ist vielschichtiger als auf den ersten Blick zu vermuten. Der Zeitaspekt spielt dabei nicht nur im unmittelbaren Umfeld der beschlussfassenden Hauptversammlung eine wichtige Rolle, sondern beginnt bereits mit der Erlangung des für die Strukturmaßnahme vorgeschriebenen Anteils am Grundkapital der Gesellschaft.

Die Fixierung der §§ 327a ff. AktG auf den Tag der Beschlussfassung ist einerseits nachvollziehbar, birgt aber Gefahren, wenn der damit korrespondierende Rahmen verlassen wird, sei es durch das Abstellen auf eine Bewertungsbasis, die durch das Squeeze Out-Recht selbst tendenziell nach unten verzerrt ist, sei es durch die Akzeptanz einer Festschreibung von Verhältnissen, die deutlich vor dem faktischen Vollzug des Minderheitsausschlusses galten.

Der erste Aspekt folgt bereits aus dem Umstand, dass eine Option als Derivat von der Relation zwischen dem zu zahlenden Basispreis und dem Wert der Basis, also hier dem Unternehmensanteil, abhängt. Am deutlichsten sieht man dies bei einem Abstellen auf den Börsenkurs als Abfindungsgrundlage: Da akzeptierte Kurse gegenüber einer Situation ohne Ausschlussrecht durch die Hauptaktionärin tendenziell unterwertig und über die Gesamtheit der Minderheitsaktionäre als tatsächliche oder virtuelle Briefseite des Marktes uneinheitlich sind, folgen für die Zwangsoption unterschiedlich positive Werte anstatt der vom Gesetzgeber angestrebten Wertlosigkeit. Umso mehr ist der Börsenkurs als Wertermittlungsverfahren bei der Bestimmung von Abfindungen (nicht: Desinvestitionsalternative, die sehr wohl als Wertuntergrenze relevant ist!)[28] abzulehnen.

Ein aktueller Beschluss des OLG Köln in einem Freigabeverfahren bezüglich der Bestätigung eines Squeeze Out wurde als Fallbeispiel für den zweiten Aspekt vorgestellt. Für das Gericht war dieser Aspekt letztlich nicht entscheidungsrelevant, doch wird eine entsprechende Beurteilung im Hauptsacheverfahren nicht zu umgehen sein. Würde die Akzeptanz über 14 Jahre alter Verhältnisse für die Bemessung der Minderheitenabfindung dort bestätigt, wäre der erneute Gang nach Karlsruhe vorgezeichnet, nachdem die Frage der Verfassungsmäßigkeit des Squeeze Out seit mehreren Jahren geklärt erschien.

[28] Vgl. hierzu nochmals Fn. 20, und ausführlich Knoll (2021), S. 819 ff., m. w. N.

Literatur

Akerlof, G. A. (1970). The market for „Lemons": Quality uncertainty and the market mechanism. *Quarterly Journal of Economics, 84*, 488–500.

Bebchuk, L. A., & Kahan, M. (2000). Adverse selection and gains to controllers in corporate freezeouts. In R. K. Morck (Hrsg.), *Concentrated corporate ownership* (S. 247–259).

Drukarczyk, J. (2004). Squeeze out gemäß §§ 327a ff. AktG – Konzeption und das Problem der Abfindung. In S. Göbel & B. Heni (Hrsg.), *Festschrift zum 68. Geburtstag von Gerhard Scherrer* (S. 625–648).

Drukarczyk, J., & Schüler, A. (2009). *Unternehmensbewertung* (6. Aufl.).

Fleischer, H. (2002). Das neue Recht des Squeeze out. *Zeitschrift für Unternehmens- und Gesellschaftsrecht, 31*, 757–789.

Goshen, Z., & Wiener, Z. (2003). *The value of the freezeout option* (Working Paper No. 260). Columbia Law School, The Center for Law and Economic Studies.

Grüneberg, C. (2021). Verpflichtung zur Leistung (§§ 241–292). In *Palandt, Bürgerliches Gesetzbuch* (80. Aufl.).

Helmis, S., & Kemper, O. (2002). Squeeze-out in Deutschland. *Die Betriebswirtschaft, 62*, 512–532.

Hering, T. (2021). *Unternehmensbewertung* (4. Aufl.).

Karami, B. (2014). *Unternehmensbewertung im Spruchverfahren beim „Squeeze out"*.

Knoll, L. (2004). Gesetzliche Verzinsung von Spruchverfahrensansprüchen: Legislativer Wille und verfassungswidrige Wirklichkeit. *Betriebs-Berater, 59*, 1727–1731.

Knoll, L. (2021). Price is what you pay, value is what you get – auch bei der Entschädigung von Minderheitsaktionären? In B. Gehle, H. Hirte, & D. Lochner (Hrsg.), *Festschrift für Thomas Heidel* (S. 813–848).

Knoll, L. (2022). *De exemplis deterrentibus* (3. Aufl.). Würzburg und http://hbfm.link/9194

Knoll, L. (2023). Unternehmensbewertung in Spruchverfahren. In K. Petersen & C. Zwirner (Hrsg.), *Handbuch Unternehmensbewertung* (3. Aufl., S. 597–614).

Knoll, L., Knoesel, J., & Steeg, C. (2004). Modernisierung des Anfechtungsrechts durch Vorrang zweifelsfrei rechtswidriger Interessen? *Zeitschrift für Steuern und Recht, 1*, 267–271.

Kruschwitz, L., & Husmann, S. (2012). *Finanzierung und Investition* (7. Aufl.).

Kruschwitz, L., & Lorenz, D. (2019). *Investitionsrechnung* (15. Aufl.).

Lintner, J. (1969). The aggregation of investor's diverse judgments and preferences in purely competitive security markets. *Journal of Financial and Quantitative Analysis, 4*, 347–400.

Lochner, D. (2020). AktG vor §§ 327 a ff. In T. Heidel (Hrsg.), *Aktienrecht und Kapitalmarktrecht* (5. Aufl.).

Lorenz, D. (2012). Das Spruchverfahren – dickes Ende oder nur viel Lärm um nichts? *Die Aktiengesellschaft, 8*, 284–288.

Matschke, M. J. (1979). *Funktionale Unternehmensbewertung, Band II, Der Arbitriumwert der Unternehmung*.

Matschke, M. J., & Brösel, G. (2013). *Unternehmensbewertung* (4. Aufl.).

Moxter, A. (1976). *Grundsätze Ordnungsgemäßer Unternehmensbewertung* (1. Aufl.).

Narayan, P. K., Mishra, S., & Narayan, S. (2015). New empirical evidence on the bid-ask spread. *Applied Economics, 47*, 4484–4500.

Olbrich, M. (2000). Zur Bedeutung des Börsenkurses für die Bewertung von Unternehmungen und Unternehmungsanteilen. *Betriebswirtschaftliche Forschung und Praxis, 52*, 454–465.

Olbrich, M., & Frey, N. (2023). Relevanz von Marktpreisen (Aktienkursen). In K. Petersen & C. Zwirner (Hrsg.), *Handbuch Unternehmensbewertung* (3. Aufl., S. 505–516).

Ruthardt, F. (2014). *Normzweckkonforme Unternehmensbewertung und Abfindungsbemessung beim aktienrechtlichen Squeeze Out*.

Schütz, C. (2004). Neuerungen im Anfechtungsrecht durch den Referentenentwurf des Gesetzes zur Unternehmensintegrität des Anfechtungsrechts (UMAG). *Der Betrieb, 57*, 419–426.

Seibert, U., & Schütz, C. (2004). Der Referentenentwurf eines Gesetzes zur Unternehmensintegrität und Modernisierung des Anfechtungsrechts – UMAG. *ZIP – Zeitschrift für Wirtschaftsrecht, 25*, 252–258.

Simon, S. (2007). Einführung. In S. Simon (Hrsg.), *SpruchG.*

Subramanian, G. (2005). Fixing freezeouts. *Yale Law Journal, 115*, 2–70.

Wenger, E., Kaserer, C., & Hecker, R. (2001). Konzernbildung und Ausschluss von Minderheiten im neuen Übernahmerecht: Eine verpasste Chance für einen marktorientierten Minderheitenschutz. *Zeitschrift für Bankrecht und Bankwirtschaft, 13*, 317–334.

Winner, M. (2008). *Wert und Preis im Zivilrecht.*

11 Unternehmensbewertung bei Compliance-Verstößen im Zivil- und Strafrecht

Behzad Karami und Pedram Karami

11.1 Prolog

Die Parteien eines Unternehmenskaufvertrags treffen oft keine ausreichende Regelung zur Berechnung eines möglicherweise auch strafrechtlich relevanten Schadensersatzanspruchs in Geld bei Compliance-Verstößen. Vielmehr ist dieser nach den allgemeinen Grundsätzen des Schadensrechts zu ermitteln. Gleichwohl existieren keine rechtsverbindlichen Bewertungsvorgaben zur Schadensbemessung, die auf der sog. Differenzhypothese fußt. Der Vermögensschaden berechnet sich anhand eines Vergleichs des tatsächlichen Vermögens des Geschädigten mit jener hypothetischen Vermögensposition, die sich bei Hinwegdenken des schädigenden Ereignisses ergeben hätte. Der Differenzbetrag ist dann der Schaden. Übertragen auf eine Garantieverletzung bedeutet dies, dass der Schaden des Käufers bei unrichtiger bzw. unterlassener Offenlegung einer für die strategische Kaufentscheidung (ggf. straf- und ordnungswidrigkeitenrechtlich) relevanten Information in dem Minderwert des erworbenen Unternehmens begründet ist. Es ist damit eine Unternehmensbewertung vorzunehmen, die sowohl den tatsächlichen als auch den hypothetischen Wert unter Berücksichtigung des Eintritts des garantierten Erfolgs ermittelt. Nach einem rechtlichen Abriss dieser Thematik, wird aus wirtschaftlicher Sicht unter Beachtung des in der rechtsgeprägten Be-

B. Karami (✉)
IU Internationale Hochschule, Frankfurt, Deutschland

Clifford Chance, Frankfurt, Deutschland
E-Mail: behzad.karami@iu.org

P. Karami
Clifford Chance, Frankfurt, Deutschland
E-Mail: pedram.karami@cliffordchance.com

S. Behringer, F. Follert (Hrsg.), *Unternehmensbewertung und ökonomische Analyse*,
https://doi.org/10.1007/978-3-658-40235-8_11

wertungslehre einschlägigen Normzweckadäquanzprinzips erläutert, warum es im Rahmen der Unternehmensbewertung gerade nicht auf einem im rechtlichen Schrifttum bevorzugten (fiktiven) Verkehrswert des Unternehmens im Regelfall ankommt. Die im vorliegenden Beitrag als normgerecht betrachtete Vorgehensweise dürfte einzelne Protagonisten sowohl in der juristischen Literatur als auch in der Bewertungspraxis überraschen.

11.2 Ausgangslage und disziplinübergreifende Analyse

Kommt es zum Streit über mutmaßliche sanktionsbewehrte Compliance-Verstöße, werden eine Reihe schadensrechtlicher und betriebswirtschaftlicher Fragen aufgeworfen. In der Literatur werden diese Themen auf Tatbestands- wie auf Rechtsfolgenseite kontrovers diskutiert. Dementsprechend ist die juristische Spezialliteratur zu zivil- und strafrechtlich relevanten Compliance-Fragen zwar in jüngerer Zeit stark gewachsen, insbesondere im Kontext von Unternehmenstransaktionen. Jedoch wird im Schrifttum vergleichsweise selten die Unternehmensbewertung speziell in Wirtschaftsstrafverfahren oder bei Schadensersatzansprüchen im Falle einer culpa in contrahendo durch Täuschung oder Garantieverletzung adressiert, obgleich die Unternehmensbewertung mehr und mehr in das Blickfeld rechtlicher Betrachtung tritt und bewertungsrechtlich relevante Unterschiede zwischen dem strafrechtlichen Institut des Vermögenschadens und der zivilrechtlichen Schadensbemessung (§§ 249 ff. BGB) existieren, welche die Rechtspraxis zunehmend beschäftigen dürften. In der finanziellen Belastung einer Gesellschaft liegt in Folge der Wertminderung des Unternehmens und der Anteile ebenso ein Schaden der Anteilseigner („Doppelschaden").

Auch im ökonomischen Schrifttum zur Unternehmensbewertung finden sich kaum Hinweise zu diesem Themenkreis. Das ist verwunderlich, gibt es doch gelegentlich nach Vollzug des Eigentümerwechsels und Zahlung des Kaufpreises für den Käufer ein böses Erwachen.[1] Irgendwann stellt sich beispielsweise heraus, dass im Zielunternehmen systematisch Schmiergeldzahlungen zur Auftragserlangung geleistet worden sind oder Schmiergeldzahlungen zwar nur vereinzelt vorkamen, aber die so erlangten Aufträge wirtschaftlich oder strategisch ins Gewicht fallen. Zu denken ist an das Reputationsrisiko des Käufers, die Kosten einer Aufarbeitung der Altfälle, drohende Geldbußen, Eintragungen in das Gewerbezentralregister, den möglichen Ausschluss von öffentlichen Ausschreibungen, die gegebenenfalls notwendige Trennung von wichtigen, aber belasteten Mitarbeitern und natürlich auch die erwarteten künftigen Umsatz- oder Gewinneinbrüche, wenn die Schmiergeldpraxis nicht fortgesetzt wird.

All das hat erhebliche Auswirkungen auf den Wert des Zielunternehmens und damit ebenso auf einen vom Unternehmenswert abhängigen Schadensersatzanspruch. Für den Käufer des Unternehmens stellt sich dann die Frage, ob und wie er sich beim Verkäufer, der diese Vertriebspraxis trotz verankerter Garantien zur Richtigkeit und Vollständigkeit erteilter Informationen im Unternehmenskaufvertrag nicht offengelegt hat, schadlos halten kann. Informationsgarantien sollen den Käufer vor dem Risiko schützen, dass er seiner

[1] In Anlehnung an von Bernuth 2018, S. 155.

Unternehmenswert- und Kaufpreisberechnung Informationen des Verkäufers zugrunde legt, die sich im Nachhinein als unrichtig oder unvollständig erweisen, bzw. davor, dass der Verkäufer für diese Berechnung wesentliche Informationen überhaupt nicht offenlegt.

Bereits dieser kurze Umriss verdeutlicht, dass rechtsgeprägte Fragen zur Unternehmensbewertung bei Post M&A-Streitigkeiten dogmatisch schwierig, spannend und von größter wirtschaftlicher Relevanz sind. Einige rechtliche und ökonomische, mithin interdisziplinäre Aspekte, die in diesem Zusammenhang von Interesse sind, werden nachfolgend beleuchtet.

Mit dem Siegeszug der wirtschaftlichen Lehre auf der Ebene der Vermögensbewertung untrennbar verbunden ist der Übergang zur juristischen *Schadenslehre bzw. Schadensfeststellung.* Die Verfasser diskutieren am Beispiel der Relevanz von Unternehmensbewertungen bei – insbesondere straf- und ordnungswidrigkeitenrechtlich relevanten – Compliance-Verstößen praxisrelevante Aspekte, vor allem welche Bedeutung die Unternehmensbewertung und die zugrunde zu legende Wertkonzeption für zivilrechtliche Schadensersatzansprüche oder im Strafverfahren haben. Zunächst gehen die Verfasser auf die rechtlichen Grundlagen bei Compliance-Verstößen und die betriebswirtschaftliche Bewertungslehre ein. Es werden Unterschiede zwischen dem Zivil- und dem Strafrecht dargestellt, um sodann die Bedeutung der bewertungstheoretisch subjektiven Wertkonzeption auch für das Strafverfahren aufzuzeigen sowie praxisrelevante Hinweise zur Beweisgewinnung zu geben. Im Kern lässt sich die Komplexität dieser Thematik zurückführen auf die Auseinandersetzung zwischen einer wirtschaftlichen und einer juristischen Betrachtung und deren Synthese.

11.3 Rechtliche Betrachtungsweise bei der Schadensbemessung im Fall von Rechtsverstößen

11.3.1 Corporate Compliance als unternehmerische Selbstregulierung de lege lata

Corporate Compliance („Compliance") erfasst die Einhaltung und Befolgung sämtlicher für ein Unternehmen maßgeblichen Rechtsvorschriften.[2] Nach einer Reihe relevanter Wirtschaftsskandale ist die Compliance-Diskussion als wichtiger Bestandteil des deutschen Rechtssystems kaum noch hinwegzudenken.

[2]Vgl. (Vogt, 2009, S. 3755; Kort, 2008, S. 81; Campos Nave, Rechtsstaatliche Regeltreue? 2012, S. 91), die nachfolgenden Ausführungen beziehen sich insbesondere auf unternehmerische Rechtsverstöße gegen Vorschriften des Straf- und Ordnungswidrigkeitenrechts. In diesem Zusammenhang wird auch der Begriff „Criminal Compliance" verwendet, vgl. Rotsch, in (Achenbach et al, Handbuch Wirtschaftsstrafrecht, 5. Auflage, 2019, S. 4. Kapitel Rn. 7): „Geht es bei Compliance in einem ganz grundsätzlichen Sinne also um Regelkonformität […], so hat ‚Criminal Compliance' als ‚kriminalitätsbezogene Compliance' in grundlegender Hinsicht zunächst einmal die Einhaltung strafrechtlich relevanter Regeln zum Gegenstand." Ebenso (Alexander und Winkelbauer in: (Müller-Gugenberger, Wirtschaftsstrafrecht § 31 Rn. 6.)).

Unternehmerische Compliance-Management-Systeme („CMS“) umfassen zu diesem Zweck – je nach Unternehmensgröße, Komplexität der Arbeitsabläufe und Gefahrenpotenzialen – verschiedene Maßnahmen und Instrumentarien.[3]

Da es sich bei Compliance um unternehmerische Selbstregulierungsmechanismen handelt, ist die Verpflichtung zur Errichtung einer Compliance-Organisation nur teilweise gesetzlich vorgeschrieben. Neben den Vorgaben innerhalb des Deutschen Corporate Governance Kodex, der diesbezüglich allgemeine Vorgaben für Vorstand und Aufsichtsrat enthält,[4] gibt es vereinzelt gesetzliche Verpflichtungen, aus denen sich eine Pflicht zur Errichtung von Compliance-Mechanismen ableiten lässt. Entsprechende Vorgaben finden sich beispielsweise in § 25a Abs. 1 KWG, § 29 Abs. 1 VAG, § 80 Abs. 1 WpHG und den konkretisierenden Vorgaben der MaRisk und MaComp – um nur ein paar wenige zu nennen.

Ungeachtet gesetzlicher Vorgaben gibt es auch branchenspezifische Verhaltenskodizes, die von privaten Akteuren aufgestellt werden. Für die Pharmaindustrie sind hierbei exemplarisch die Verhaltenskodizes der „Freiwillige Selbstkontrolle für die Arzneimittelindustrie e.V.“ (FSA) zu nennen.[5]

11.4 Compliance-Verstöße und mögliche Konsequenzen

Da es sich bei Compliance-Maßnahmen um interne Vorgaben der Unternehmensleitung handelt, die auf eine Vielzahl unternehmerischer Zwecke abzielen können, kann ein Verstoß gegen solche Vorgaben nicht *per se* zu sanktionsbewehrten Konsequenzen führen.

Es ist vielmehr die gesetzgeberische Entscheidung, ob und in welchem Umfang Gesetzesverstöße innerhalb von Unternehmen sanktionsfähig sein sollen. Gleichwohl kann ein Verstoß gegen ethische Grundsätze, durch die sich das Unternehmen definiert, weitreichende Konsequenzen haben – man denke nur an einen Betrieb, der seine Mitarbeiter diskriminiert und dadurch in den Fokus der Öffentlichkeit gerät.

Für die gegenständliche Untersuchung sollen vordergründig hingegen nur solche Compliance-Verstöße maßgeblich sein, die zugleich den Tatbestand einer Straftat oder

[3] Vgl. Hauschka 2004, S. 259. Exemplarisch sind hierbei zu nennen: die Formulierung bindender Verhaltenskodizes für Mitarbeiter und Leitungsorgane, die Kommunikation und Vermittlung von Unternehmensrichtlinien und Unternehmensethik, Mitarbeiterschulungen, kontinuierliche Beratungstätigkeiten durch die Verantwortlichen, regelmäßige Kontrollen zwecks Einhaltung der kommunizierten Verhaltensweisen, Durchführung interner Untersuchungen zum Zwecke der Erforschung straf- und ordnungswidrigkeitenrechtlicher bzw. Compliance-relevanter Sachverhalte, Errichtung von Hinweisgebersystemen in Form einer Beratungsstelle oder eines Informationskanals (Whistleblowing), Einstellung eines Compliance-Beauftragten.

[4] Vgl. Deutscher Corporate Governance Kodex, Fassung vom 16.12.2019, unter Ziffer A.I. Rn. A.1, Ziffer D.II.2. Rn. D.3, Ziffer D.II.3; Ziffer D.II.3. Rn. D.6.

[5] Der FSA hat unterdessen eine Vielzahl von Verhaltenskodizes aufgestellt, um auf mögliche Missstände in der Pharmabranche zu reagieren, abrufbar unter: https://www.fsa-pharma.de, Stand: 30.06.2022.

Ordnungswidrigkeit erfüllen, infolgedessen eine mögliche Sanktion für das Unternehmen auslösen können (sog. *Criminal Compliance*)[6] und zugleich zu möglichen Schadenersatzforderungen gegen dasselbe führen.

11.4.1 Sanktionierung nach dem Ordnungswidrigkeitenrecht

De lege lata erfolgt die Sanktionierung von Unternehmen für das Fehlverhalten der Mitarbeiter über die Festsetzung einer Unternehmensgeldbuße nach § 30 OWiG. Danach kann gegen das Unternehmen eine Unternehmensgeldbuße festgesetzt werden, wenn eine Leitungsperson eine Straftat oder Ordnungswidrigkeit (sog. Bezugstat) begangen hat, durch die die (verbandsbezogenen) Pflichten, die die juristische Person oder Personenvereinigung treffen, verletzt worden sind oder die juristische Person bereichert worden ist oder bereichert werden sollte. Als relevante Bezugstat kommt zudem eine nach § 130 OWiG sanktionierbare Aufsichtspflichtverletzung des Inhabers eines Betriebs oder Unternehmens oder einer an seiner Stelle handelnden Personen i.S. v. § 9 OWiG in Betracht, wenn Unternehmensmitarbeiter ihrerseits eine Straftat oder Ordnungswidrigkeit begehen und diese durch gehörige Aufsicht des Inhabers eines Betriebs oder Unternehmens oder einer an seiner Stelle handelnden Person verhindert oder wesentlich erschwert worden wäre.[7]

Der Bußgeldrahmen des § 30 OWiG richtet sich nach der subjektiven Vorwerfbarkeit der Bezugstat und kann im Falle einer vorsätzlichen Straftat mit bis zu EUR 10 Millionen und im Falle ihrer fahrlässigen Begehung mit bis zu EUR 5 Millionen sanktioniert werden. Handelt es sich bei der Bezugstat um eine Ordnungswidrigkeit, richtet sich das Höchstmaß der (Unternehmens-) Geldbuße nach dem für die Ordnungswidrigkeit angedrohten Höchstmaß. Ungeachtet einer möglichen Geldbuße (sog. Ahndungsteil) können zudem die aus der Tat generierten Gewinne vom Unternehmen eingezogen werden (sog. Abschöpfungsteil) (§ 30 Abs. 3 i. V. mit § 17 Abs. 4 OWiG). Dadurch soll gewährleistet sein, dass sich Straftaten und Ordnungswidrigkeiten, die Gewinne über dem Höchstmaß einer Unternehmensgeldbuße hinaus generieren, nicht lohnen.[8] Auch kann die Abschöpfung aus der Bezugstat generierter Vorteile ohne die Festsetzung einer Unternehmensgeldbuße erfolgen, namentlich über das Institut der Einziehung, die sich im Falle von Ordnungswidrigkeiten nach § 29a OWiG und bei Straftaten nach §§ 73 ff. StGB richtet.

---

[6] Vgl. ausführlich Rotsch, in: Momsen und Grützner, Wirtschafts- und Steuerstrafrecht, 2. Auflage, 2020, § 2 Rn. S. 88 ff. und Dannecker und Bülte, in: Wabnitz et al. Handbuch Wirtschafts- und Steuerstrafrecht, 5. Auflage, 2020, 1. Kap Rn. 133 ff.

[7] Zusammenfassend auch Grützner (2015), S. 56 und Schröder und Bergmann, in: Matt und Renzikowski, StGB, 2. Auflage, 2020, § 14 Rn. 97.

[8] Sackreuther, in: BeckOK-OWiG, 33. Edition, § 17 Rn. 113, Stand: 01.01.2022.

11.4.1.1 Zur Bemessungsgrundlage von Sanktionen

Ungeachtet der Sanktionsmöglichkeiten nach dem (allgemeinen) Ordnungswidrigkeitengesetz, kann sich die Höhe der Geldbuße, entsprechend verschiedener Sanktionsgrundlagen anders bemessen.[9] Trotz der unterschiedlichen Bußgeldobergrenzen bestehen keine mathematischen Kriterien für ihre Bemessung. Stattdessen handelt es sich bei der zu verhängenden Geldbuße um eine Ermessensentscheidung der Staatsanwaltschaft oder zuständigen Verfolgungsbehörde bzw. des Gerichts.[10] Behörden und Gerichte werden allenfalls bestimmte Wertmaßstäbe bei der Bemessung der zu bestimmenden Geldbuße heranziehen.[11] Etwaige Bußgeldkataloge existieren für den Bereich des Vermögens- und Wirtschaftsstrafrechts nicht, so dass auch eine Orientierung an diesen Kriterien ausscheidet.

Abgesehen von der Frage, welche Kriterien bei der Bemessung einer Unternehmensgeldbuße herangezogen werden, ist von besonderer Bedeutung, mit welcher Methode ein mögliches Bußgeld bemessen wird.

Zunächst ist festzuhalten, dass nicht jeder bußgeldbewehrte Verstoß einen (strafrechtlichen) Vermögensnachteil voraussetzt. In Betracht kommen Fälle von aktiven Schmiergeldzahlungen (Kick-Back-Zahlungen), die zwar nach § 299 StGB zu ahnden wären, ohne dass sich ein Vermögensschaden im engeren Sinne realisiert hat. Gleichwohl können solche Handlungen eine Unternehmensgeldbuße zum Nachteil der Gesellschaft zur Folge haben.

---

[9] Exemplarisch sind hierbei nachstehende Beispiele zu nennen: Datenschutzrecht: Verstöße von Unternehmen gegen bestimmte Vorschriften der DSGVO können mit einer Geldbuße von bis zu EUR 20 Millionen oder mit einer Geldbuße von bis zu 4 % des (Konzern-)Jahresumsatzes sanktioniert werden, Art. 83 Abs. 4, 5, 6 DSGVO; Kapitalmarktstrafrecht: Verstöße von juristischen Personen oder Personenvereinigungen, insbesondere im Zusammenhang mit verbotenem Insiderhandel, können mit einer Unternehmensgeldbuße von bis zu EUR 15 Millionen oder einer Geldbuße von bis zu 15 % des (Konzern-)Jahresumsatzes geahndet werden, § 120 Abs. 18 WpHG; Geldwäscherecht: Verstoßen juristische Personen oder Personenvereinigungen gegen Vorgaben des Geldwäschegesetzes, können solche Verstöße mit einer Geldbuße von bis zu EUR 15 Millionen oder mit einer Geldbuße von bis zu 10 % des (Konzern-)Jahresumsatzes geahndet werden, § 56 Abs. 3 S. 4 GwG; Lebensmittelrecht: Verstöße gegen Vorgaben des LFGB können mit einer Geldbuße von bis zu EUR 100.000 geahndet werden, § 60 Abs. 5 LFGB.

[10] Vgl. hierfür etwa OLG Düsseldorf, NStZ 1989, S. 437.

[11] In Betracht kommen hierbei insbesondere: die individuelle Vorwerfbarkeit des Verstoßes, Schwere der Rechtsverletzung, Anzahl der Geschädigten, Wiederholungsgefahr, Motivation des Täters. Vgl. hierzu: BayObLG, NJW 1981, 2135; OLG Celle, NStZ 1986, 464; OLG Rostock, Beschluss vom 17.12.2002 – Owi 172/02; OLG Jena, Beschluss vom 20.03.2006 – 1 Ss 7/06; OLG Koblenz, NZV 2009, 537; OLG Koblenz, Beschluss vom 02.11.2012 – 1 SsBs 105/12; BGH, Urteil vom 09.05.2017 – 1 StR 265/16; OLG Karlsruhe, Beschluss vom 11.06.2021 – 2 Rb 35 Ss 94/21; ausführlich: Sackreuther, in: BeckOK-OWiG, 33. Edition, Stand: 01.01.2022, § 17, Rn. 59 ff., 41–56, 77, 81 f.; Mitsch, in: Karlsruher Kommentar, OWiG, 5. Auflage, 2018, § 17, Rn. 38–50. Besonders relevant für Unternehmen ist zudem, ob sie ein (funktionierendes) Compliance Management System installiert haben, weil auch ein solches sich bei der Bemessung der Unternehmensgeldbuße bußgeldmindernd auswirken soll, vgl. BGH, Urteil vom 09.05.2017 – 1 StR 265/16.

Dabei kann zwar ein tatsächlich eingetretener Vermögensschaden bei der Bemessung des Ahndungsteils der (Unternehmens-)Geldbuße berücksichtigt werden. Maßgeblich ist jedoch, wie ein solcher Vermögensschaden im Rahmen des Strafrechts zu bestimmen ist. Ein monetärer Schaden wird in Fällen *vermögensstrafrechtlicher* Verstöße (beispielsweise Betrug nach § 263 StGB oder Untreue nach § 266 StGB) nach dem Prinzip der Gesamtsaldierung bemessen. Danach liegt ein Schaden im strafrechtlichen Sinne vor, wenn bei einem Vergleich der Vermögenslagen vor und nach dem das Vermögen schädigenden Ereignis der Abfluss an Vermögen den Zufluss überwiegt.[12] Demnach wird der Schaden im Rahmen des Strafrechts ausschließlich nach objektiven Kriterien bemessen. Eine Ausnahme kommt allenfalls nach den wertenden Kriterien des „persönlichen Schadenseinschlags" in Betracht.[13] Jedoch wenden Behörden und Gerichte dieses Institut restriktiv an, so dass subjektive Maßstäbe bei der Feststellung eines strafrechtlich relevanten Schadens in der Praxis kaum eine Rolle spielen sollten – und vor verfassungsrechtlichen Hintergründen auch keine Rolle spielen dürfen.[14]

Als Konsequenz folgt hieraus unter anderem, dass subjektive Gesichtspunkte, wie beispielsweise Reputationsschäden, die zu einem fallenden Aktienkurs führen können, bei der Frage eines „Vermögensschadens" nicht berücksichtigt werden und im Einzelfall keine bußgeldrelevanten Konsequenzen für das Unternehmen oder den Erwerber desgleichen haben. Eine Berücksichtigung durch Kursverluste würde zugleich von der anerkannten Einschränkung des Saldierungsprinzips abweichen, ausschließlich Schäden in die Saldierung mit einzubeziehen, die unmittelbar auf der Tathandlung beruhen.[15] Die Kursverluste stellen lediglich einen mittelbaren Schaden dar, da diese eine Reaktion der Aktionäre auf eine bestimmte Tathandlung sind.

11.4.1.2 Zivilrechtliche Schadensersatzansprüche

Losgelöst von straf- und ordnungswidrigkeitenrechtlichen Sanktionen können Verstöße gegen Compliance-Regularien Schadensersatzansprüche der Geschädigten auslösen. Dies gilt auch, wenn es sich hierbei primär um straf- und ordnungswidrigkeitenrechtlich-relevantes Verhalten handelt. Als aktuelles Beispiel sind hierbei Schadenersatzforderungen gegen Automobilhersteller aufgrund von Abgasmanipulationen zu nennen, die der Bundesgerichtshof

[12] Vgl. ausführlich Saliger und Rüsse 2021, 513 m. w. N.

[13] Ein persönlicher Schadeneinschlag liegt nach Rechtsprechung insbesondere vor, wenn (1.) dem Opfer Mittel entzogen werden, die für die ordnungsgemäße Erfüllung seiner sonstigen Verbindlichkeiten sowie für eine angemessene Wirtschafts- und Lebensführung unerlässlich sind, oder (2.) das Opfer zu weiteren vermögensschädigenden Maßnahmen genötigt wird, oder (3.) das Opfer die (wirtschaftlich gleichwertige) Gegenleistung nicht oder nicht in vollem Umfang zu dem vertraglich vorausgesetzten Zweck verwenden kann. Vgl. hierzu etwa BGH, NJW 1962, 309; BGH, NJW 1983, 1917; BGH, NStZ-RR 2001, 41; BGH, NStZ 2014, 517 und (Fischer, StGB, 69. Auflage, 2022, § 263, Rn. 146 ff.)

[14] Vgl. hierzu ebenfalls Saliger und Rüsse (2021), S. 517.

[15] Vgl. Fischer, StGB, 69. Auflage, 2022, § 266, Rn. 115 ff. m. w. N., Kindhäuser, in: Kindhäuser/Neumann/Paeffgen, StGB, 5. Auflage, 2017, § 266, Rn. 107.

(„BGH“) jüngst als vorsätzliche sittenwidrige Schädigung i.S. v. § 826 Abs. 1 BGB abgeurteilt hat.[16] Dabei hat der BGH in diesem Urteil die Grundsätze der zivilrechtlichen Schadensbestimmung erneut bestätigt, indem er zunächst mittels der sog. Differenzhypothese überprüft, ob infolge des haftungsbegründenden Ereignisses eine (objektiv) nachteilige Vermögenslage des Geschädigten eingetreten ist. Nachdem er dies abgelehnt hat, wendet der BGH im nächsten Schritt den im Zivilrecht geltenden subjektbezogenen Schadenbegriff an. Danach ist ein Schaden auch dann anzunehmen, wenn trotz eines mangelnden messbaren Vermögensnachteils der Geschädigte durch ein haftungsbegründendes Verhalten zum Abschluss eines Vertrags veranlasst wurde, etwa weil die Leistung für seine Zwecke unbrauchbar ist und der geschlossene Vertrag auch nach der allgemeinen Verkehrsanschauung bei Berücksichtigung der obwaltenden Umstände als unvernünftig anzusehen ist.

In der Konsequenz berücksichtigt das Zivilrecht neben objektiven Gesichtspunkten folgerichtig auch die subjektiven Bewegründe des „Geschädigten“, selbst wenn die erbrachten Leistungen zu keiner messbaren Vermögensminderung führen.

Dabei kann ein strafrechtlich relevanter Verstoß, der nicht zu einem (strafrechtlichen) Vermögensnachteil führt, zivilrechtliche Schadensersatzforderungen auslösen.[17] Beispielsweise ist hierbei der Fall zu nennen, in dem der Vorstand einer börsennotierten Aktiengesellschaft Bestechungszahlungen duldet, um attraktive Aufträge für das Unternehmen zu erlangen. Leitet nun die Staatsanwaltschaft Ermittlungen gegen den Vorstand wegen Bestechung im geschäftlichen Verkehr ein und führt dies zu Reputationsschäden, die sich (möglichicherweise) kurs- oder ertragsmindernd auswirken können, ist der den Anteilseignern entstandene Schaden über den Zivilrechtsweg kompensationsfähig – und das, obwohl (noch) kein Schaden i. S. des Strafrechts vorliegt. Etwas anderes gilt freilich, wenn das Unternehmen eine Verbandsgeldbuße festgesetzt wird.

Die Schadensersatzansprüche können sich, je nach Sachverhalt, sowohl gegen das Unternehmen selbst richten als auch gegenüber dem Inhaber, Vorstand oder der Geschäftsführung bestehen. Das Zivilrecht kennt diesbezüglich eine Vielzahl an unterschiedlichen Anspruchsgrundlagen, aus denen sich sowohl eine Haftung des Unternehmensverkäufers als auch des Vorstands oder der Geschäftsführung des Unternehmens ergeben kann. So können sich Ansprüche aus den Regeln des allgemeinen Vertrags- und/oder Deliktsrecht aber auch aus speziellen Normen wie § 93 Abs. 2 S. 1 AktG, § 43 Abs. 2 GmbHG oder §§ 9, 10 WpPG ergeben.[18]

[16] BGH, NJW 2020, 1962.

[17] von Bernuth 2018, S. 155 ff.

[18] Gemäß § 93 Abs. 2 S. 1 AktG haften die Vorstände einer AG gegenüber der Aktiengesellschaft für welche sie tätig sind, für die Verletzung ihrer Pflichten für den entstandenen Schaden. Ein entsprechender Anspruch besteht gegenüber dem Geschäftsführer einer GmbH nach § 43 Abs. 2 GmbHG auf Seiten der GmbH bei Verletzung der Sorgfalt eines ordentlichen Geschäftsmannes durch den Geschäftsführer. Des Weiteren besteht nach §§ 9, 10 WpPG ein möglicher Anspruch der Aktionäre aufgrund der Fehlerhaftigkeit des Wertpapierprospekts. Von einer Fehlerhaftigkeit des Prospekts wird im Fall von Bestechungszahlungen stets auszugehen sein, da das Prospekt auf die entsprechenden Kursrisiken nicht hinweist. Als Anspruchsgegner können die Prospektverantwortlichen, § 9 Abs. 1 S. 1 Nr. 1 WpPG, und diejenigen von denen der Erlass des Prospekts ausgeht, § 9 Abs. 1 S. 1 Nr. 2 WpPG gegeben sein.

Gemein ist den zivilrechtlichen Anspruchsgrundlagen die Schadensbestimmung nach der Differenzhypothese. Nach der Differenzhypothese ist der Schaden durch den Vergleich zwischen der Vermögensposition nach Eintritt des schädigenden Ereignisses und der Vermögensposition ohne Eintritt des schädigenden Ereignisses zu ermitteln.[19]

Liegt ein Schaden vor, so ist wiederum im Rahmen des Schadensausgleichs zwischen dem *positiven und dem negativen Interesse* zu unterscheiden. Dieses unterscheidet sich je nach der verletzten Schadensersatznorm.

Besteht ein Anspruch auf Ersatz des positiven Interesses (etwa, wenn der Anspruch aus allgemeinen vertragsrechtlichen Normen resultiert), wird der Gläubiger so gestellt, wie er ohne Eintritt des schädigenden Ereignisses stünde. Ein entgangener Gewinn kann im Rahmen des positiven Interesses berücksichtigt werden, wenn dieser ohne die schädigende Handlung erzielt worden wäre. [20]

Durch den Ausgleich des negativen Interesses (etwa im Fall einer deliktischen Haftung) soll der Gläubiger hingegen so gestellt werden, wie er stünde, wenn das fragliche Rechtsgeschäft gar nicht zustande gekommen wäre. Ausgeglichen werden soll, dass der Gläubiger auf die Gültigkeit der Erklärung vertraut hat.[21] Bei Ausgleich des negativen Interesses besteht ein Anspruch auf Ausgleich des entgangenen Gewinns hingegen nur, wenn dieser erzielt worden wäre, wenn der Gläubiger von der Unwirksamkeit des Rechtsgeschäfts gewusst hätte. Der Gewinn, der im Rahmen der Durchführung des Geschäfts für den Gläubiger entstanden wäre, ist hingegen nicht ersatzfähig.[22]

Aufgrund der unterschiedlichen Anknüpfungspunkte und Bemessungskriterien kann aus einem zivilrechtlich festgestellten Schaden nicht ohne weiteres auch ein strafrechtlicher Schaden geschlussfolgert werden. Gleiches gilt jedoch für die umgekehrte Betrachtung regelmäßig nicht.

Für den eingangs beschriebenen Fall, dass eine durch das Zielunternehmen gelebte Schmiergeldpraxis erst nach dem Kauf des Zielunternehmens zum Vorschein kommt, gibt es unterschiedliche Anknüpfungspunkte für die Bemessung des Schadens einerseits und der Schadensregulierung andererseits. Unweigerlich tritt neben der juristischen ebenfalls eine wirtschaftliche Betrachtungsweise.

[19] Brand, in: Gsell et al. BGB, Stand: 01.03.2022, § 249, Rn. 12.

[20] Oetker, in: MüKo, BGB, 9. Auflage, 2021, § 249, Rn. 127 ff.

[21] Brand, in: Gsell et al. BGB, Stand: 01.03.2022, § 249, Rn. 32 und Oetker, in: MüKo, BGB, 9. Auflage, 2021, § 249, Rn. 129 f.

[22] Oetker, in: MüKo, BGB, 9. Auflage, 2021, § 249, Rn. 129.

11.5 Ökonomische Betrachtungsweise zur Schadensbemessung

11.5.1 Schnittstelle zwischen ökonomischen Bewertungsfragen und Rechtsgebundenheit der Bewertung

Gemäß den einschlägigen Entscheidungen des Bundesverfassungsgerichts („BVerfG") sind die Instanzgerichte angehalten, einen Vermögensschaden zu beziffern und diesen in wirtschaftlich nachvollziehbarer Weise in den Urteilsgründen darzulegen. [23] Normative Gesichtspunkte können dabei berücksichtigt werden; diese dürfen jedoch *wirtschaftliche Überlegungen* nicht verdrängen. Somit wird als methodische Grundlage den Instanzgerichten der wirtschaftliche Vermögensbegriff an die Hand gegeben. Anliegen dieser durch das BVerfG vorgenommenen Konkretisierung ist im Rahmen des Untreuetatbestandes, der den Ausgangspunkt dieser Rechtsprechung bildet, zum einen eine Verschleifung der Tatbestandsmerkmale der Treuepflichtverletzung und des Vermögensnachteils zu verhindern, zum anderen angesichts der fehlenden Versuchsstrafbarkeit den Eintritt der Vollendung zu konturieren. Es geht vor allem darum, die Schadensfeststellung auf eine ökonomisch fundierte und damit rechtlich gesicherte Grundlage zu stellen, sie mithin rational nachvollziehbar zu machen und sich zu vergewissern, ob im Einzelfall eine hinreichend belastbare Grundlage für die Feststellung eines Vermögensschadens überhaupt existiert oder ob man sich (noch) in einem Bereich bewegt, in dem von einem zahlenmäßig fassbaren Schaden nicht die Rede sein kann.

Das für die Schadensberechnung im Ausgangspunkt maßgebliche Saldierungsprinzip fordert für die Feststellung eines strafrechtlich zu billigenden Vermögensschadens i. S. des § 263 StGB eine durch Täuschung verursachte Vermögensminderung des Getäuschten bzw. Opfers, die nicht durch den wirtschaftlichen Wert des unmittelbar Erlangten ausgeglichen wird. Mit anderen Worten wird nach rechtlicher Anschauung ein objektiver Schaden nur bejaht, wenn ein *Wertgefälle von Leistung und Gegenleistung* nachgewiesen wird.[24] Mit dieser Maxime ist aus bewertungstheoretischer Sicht indes noch keine konkrete Aussage über die Methode zur Bemessung des Vermögensschadens selbst gemacht. Schließlich erweist sich die juristisch geforderte Feststellung eines *objektiven Schadens gemessen an Verkehrswerten* als nicht trivial, denn die objektive Bestimmung der Gegenleistung (für jedermann) erfordert eine Veräußerungsmöglichkeit, die wiederum einen funktionierenden Markt, auf dem die Gegenleistung zu Geld gemacht werden kann, voraussetzt. Funktionierende oder aktive Märkte wie die Börse zeichnen sich durch einen Preisbildungsprozess auf der Grundlage einer Vielzahl von Angeboten und Nachfragen aus. *Es gibt für ganze Unternehmen nicht in gleicher Weise einen Markt.* So betrachtet, scheint der Untersuchungsgegenstand einer ganz anderen Konstellation anzugehören: derjenigen, in der ein Marktpreis nicht feststellbar ist, weil es keinen aktiven Markt gibt.

[23] Siehe BVerfG, Beschluss vom 23.06.2010 – 2 BvR 2559/08 u. a.; BVerfG, Beschluss vom 01.11.2012 – 2 BvR 1235/11.

[24] Vgl. BGH, Urteil vom 07.03.2006 – 1 StR 379/05 und Schmidt, NJW 2015, S. 284.

Daher muss für die Bewertung von Unternehmen ein betriebswirtschaftlich fundiertes und von der Judikatur anerkanntes Bewertungskalkül herangezogen werden. Gesetzliche Vorgaben zur Unternehmenswert- und damit Schadenswertermittlung existieren nicht. Zentrale bewertungsrechtliche Grundfragen sind bis heute ungeklärt, wenn auch im Schrifttum und in der Rechtsprechung eine Diskussion darüber entbrannt ist, nach welchen einschlägigen Bewertungsmethoden Unternehmen oder Anteile im Zivil- und Strafrecht zu bewerten sind.[25] Wenn rechtsübergreifend bei Täuschung, Betrug oder Untreue Vermögensschaden und Nachteil zu bemessen sind, ist es gewöhnlich unvermeidlich, ökonomischen Sachverstand heranzuziehen. Auf welche Weise sind die juristisch geforderten, mithin normativ geprägten Werte im Zivil- respektive im Strafrecht zu bestimmen? Es wird nur eine Antwort möglich sein: durch Sachverständige. In einem solchen diffusen bzw. nicht scharf konturierten Umfeld dürften dann idealerweise fachkundige Wirtschaftsprüfer oder Unternehmensberater mit der Bewertung beauftragt werden. Damit ist aber noch nichts gewonnen, wenn nicht geklärt wird, welche Wertkonzeption die Sachverständigen bei ihren Bewertungskalkülen zu Grunde zu legen haben, welche Anweisungen ihnen also das Gericht in dieser Beziehung zu erteilen hat.[26] Insofern darf der geflügelte Ausspruch „Iudex non calculat“ nicht darüber hinwegtäuschen, dass auch Richter sich mit der grundlegenden Systematik der Bewertungslehre zu beschäftigen haben, um in ihren Entscheidungen den *„rechtsrichtigen“ Vermögensschaden als Rechtsfrage* beziffern zu können.

Aber welches Verständnis von Vermögens- und Schadensbewertung hat hier zu gelten? Der monetäre Schaden am Unternehmen oder einer Beteiligung lässt sich anhand der Minderung des (quotalen) Unternehmenswertes quantifizieren. Die Diskussion darüber, ob diese Unternehmenswertbeeinträchtigung aus der Sicht des einzelnen Opfers (*subjektiv*) oder aus der Sicht eines unbeteiligten Dritten bzw. eines „markttypischen“ Erwerbers (*objektiviert*) zu bestimmen ist, füllt gleichermaßen Bände in der juristischen und ökonomischen Literatur. Im juristischen Schrifttum wird unter Verweis auf die Subsidiarität der subjektiven gegenüber der objektiven Schadensbestimmung als Maßstab für die Feststellung eines Vermögensschadens grundsätzlich die Sicht eines *sachlichen, objektiven Beurteilers* befürwortet.[27] Danach soll sich die Schadensbemessung nicht an individuellen Verhältnissen des Getäuschten/des Geschädigten/des Opfers ausrichten, sondern an den Marktverhältnissen.[28] Dies gleicht – unabhängig von den Umständen des konkreten Einzelfalls – einer allgemeinen „Verobjektivierung“ des Subjektiven. Dass dies im Widerspruch zur BGH-Rechtsprechung stehen kann, wenn das Erlangte *nicht* einen für jedermann realisierbaren Geldwert aufweist und damit die Grundsätze des persönlichen Schadenseinschlags unter engen Voraussetzungen zugelassen werden, sollte nicht verkannt werden.[29] Zudem werden die mit dieser Rechtsansicht einhergehenden Informati-

[25] Vgl. Florstedt (2007), S. 441 ff.; Wollny (2013) S. 2132; Heckendorf et al. (2021), S. 9.

[26] Vgl. Wächter und Wollny (2019), S. 801.

[27] Vgl. BGH, Beschluss vom 16.07.1970 – 4 StR 505/69.

[28] Vgl. Schilling (2018), S. 320.

[29] Vgl. BGH, Beschluss vom 19.02.2014 – 5 StR 510/13.

onsbeschaffungs- und Nachprüfbarkeitsprobleme sowie bewertungstheoretischen Bedenken nicht adressiert. Dies dürfte wohl dem Umstand geschuldet sein, dass die Aufgabe der Herausbildung der Annahmen über den „objektiven Beurteiler bzw. Erwerber" vorrangig eine Aufgabe der betriebswirtschaftlichen Praxis ist. Insofern erscheint es erforderlich, diesen Aspekt an späterer Stelle wieder aufzugreifen.

11.5.2 Unternehmenswertkonzeption und Stichtagsprinzip im Lichte des Grundsatzes der Normzweckadäquanz

Die vorangegangenen Ausführungen verdeutlichen, dass es in der Ökonomie so etwas wie den unter allen Umständen maßgeblichen Wert eines Vermögensgegenstands nicht gibt. Vielmehr beruht eine Bewertung stets auf einer *Subjekt-Objekt-Relation*, bei der die vom Subjekt gesetzten Annahmen Auswirkungen auf den Wert des Objekts haben. Es gibt also keinen per se objektiven Unternehmenswert – auch nicht im rechtlichen Kontext.[30] Unternehmenswerte werden vielmehr in Abhängigkeit vom Bewertungsanlass bzw. -zweck ermittelt.[31] Das ist der Kern des Zweckadäquanzprinzips. Die Bewertung von Unternehmen erfolgt nie zweckfrei, sondern stets im Kontext zum rechtlichen Bezugsrahmen.[32] Sei es für einen Unternehmenskauf, eine gesellschaftsrechtliche Strukturmaßnahme oder etwa im Zusammenhang mit Schadensersatzansprüchen. Unternehmenswerte sind im rechtlichen Rahmen nicht nur zweckadäquat, sondern zwangsläufig immer auch normzweckadäquat zu ermitteln. Der Unternehmenswert ist dann ein wirtschaftlicher Begriff mit normativer Anpassung, so dass vereinzelt auch vom *Normwert* gesprochen wird.[33]

Für die rechtsgeprägte Unternehmensbewertung ist eine Begriffsklärung insofern von Bedeutung, als in der Bewertungspraxis sowohl parteiische (subjektive) Unternehmenswerte (z. B. für einen Kauf) als auch objektivierte Unternehmenswerte, insbesondere für Vermittlungs- und Kommunikationszwecke (z. B. bei der Abfindungsbemessung), ermittelt werden. Für eine normzweckadäquate Bewertung im Zivil- und Strafrecht ist daher zunächst die rechtsrelevante Wertkonzeption – objektiviert oder subjektiv – zu klären. Schließlich liegt eine im bewertungstheoretischen Sinne *dominierte Konflikt- oder Bewertungssituation* vor, weil das Gericht die Schadenshöhe *einseitig* festsetzen muss. Im Gegensatz zu einer (außergerichtlich) nicht-dominierten Konfliktsituation, in der die Eigentumsverhältnisse nicht gegen den erklärten Willen einer Konfliktpartei geändert werden und diese jederzeit die Verhandlungen bis zum Tag der Vertragsunterzeichnung abbrechen kann, ist Privatautonomie in diesem Stadium ganz offensichtlich keine Option mehr.[34]

[30] So schon der BGH, Beschluss vom 18.07.1961 – 1 StR 606/60.

[31] Vgl. Moxter (1983), S. 6.

[32] Vgl. Follert (2021), S. 48.

[33] Vgl. Burger (2012), S. 281.

[34] Siehe ausführlich Matschke und Brösel 2013, 4. Auflage; Hering 2014, 3. Auflage.

Beide Wertkonzeptionen werden *in praxi* gewöhnlich auf der Grundlage des in der deutschen Wirtschaftsprüferpraxis dominierenden und in der Jurisprudenz anerkannten Ertragswertverfahrens nach IDW S 1 ermittelt.[35] Ausschlaggebend für die Herleitung des *normzweckadäquaten Ertrags- oder Unternehmenswertes* sind die Definition des Bewertungssubjektes – i. S. der *Subjektbezogenheit* jeder Unternehmensbewertung – und die aus dessen Sicht bewertungstechnisch relevanten künftig erwarteten Ertragsüberschüsse – entsprechend der *Zukunftsbezogenheit* jeder Unternehmensbewertung.

Die Ertragsüberschüsse werden (in einer Bandbreite) ermittelt, indem zunächst die bisherige Ertragslage unter Einbeziehung der Daten aus dem Rechnungswesen analysiert und um mutmaßlich nicht nachhaltige Entwicklungen bereinigt wird. Auf diesem Zahlengerüst aufbauend werden sodann die künftigen Ertragsaussichten prognostiziert, und zwar im Regelfall zunächst für einen näheren Detailplanungszeitraum von drei bis fünf Jahren und für die Zeitspanne danach durch Ansatz einer – auch als Restwert oder Terminal Value bezeichneten – sog. Ewigen Rente. Die künftigen Ertragsüberschuss müssen schließlich auf einen vereinbarten oder rechtlich fixierten Bewertungsstichtag kapitalisiert werden, wobei deren Barwertsumme den Ertrags- oder Unternehmenswert entspricht.

Je nach *Bewertungsaufgabe und Sichtweise* des Wirtschaftsprüfers führ die Anwendung des Ertragswertverfahrens zu einem *objektivierten* oder zu einem – auch als Entscheidungswert oder Grenzpreis bezeichneten – *subjektiven* Unternehmenswert. Während der *subjektive Unternehmenswert* ein parteiischer Wert und folglich eine von den *individuellen Vorstellungen der konkret betroffenen* Parteien (Bewertungssubjekte) über die Geschäftsentwicklung geformte Größe ist,[36] basiert der objektivierte Unternehmenswert auf einer *Reihe von Typisierungen*. Mit anderen Worten bleibt die *Subjektbezogenheit* weiterhin maßgeblich, jedoch wird von den individuellen (geschäftspolitischen) Einflussfaktoren der konkret betroffenen Bewertungssubjekte zu Gunsten eines *typisierten Bewertungssubjektes* abstrahiert.[37] Letzteres wird durch einen in Deutschland ansässigen, unbeschränkt steuerpflichtigen Investor in Form eines Kleinaktionärs als natürliche Person ohne Einflussmöglichkeiten repräsentiert. Diese Typisierung ist Ausfluss des *aktienrechtlichen Gleichbehandlungsgrundsatzes (§ 53a AktG)* und dem Gedanken entsprungen, dass von gesellschaftsrechtlichen Strukturmaßnahmen gewöhnlich nicht ein überschaubarer Kreis von Gesellschaftern, sondern eine Vielzahl von Kleinaktionären betroffen sind, bei denen ein unmittelbare Einflussnahme auf die Unternehmensführung ohnehin nicht gegeben ist, weswegen auch individuelle Vorstellungen zur Ertragsplanung ohne Belang sind. Durch die konkrete Ausgestaltung der Typisierung wird der objektivierte Unternehmenswert regelmäßig im rechtlichen Sprachgebrauch dem vermeintlich objektiven (Verkehrs-)Wert eines Unternehmens gleichgesetzt.

---

[35] Vgl. IDW Standard: Grundsätze zur Durchführung von Unternehmensbewertungen IDW S 1 i. d. F. 2008; WPg Supplement 3/2008, S. 68 ff. = FN-IDW 2008.

[36] Siehe Matschke und Brösel 2013, 4. Aufl. S. 622.

[37] Auf in der Literatur geäußerte Kritik an diesem Wertkonzept wird hier nicht eingegangen. Siehe etwa Schildbach (1995), S. 620; Hommel et al. (2001), S. 341; Hering und Brösel (2004), S. 936).

Typisierungen sind nicht nur für die Bestimmung bewertungsrelevanter Parameter, sondern ebenfalls für die Fixierung des Bewertungsstichtages bei Anwendung des Ertragswertverfahren relevant. *Konzeptionell* grenzt der *Bewertungsstichtag* auf der Zeitachse den Beginn der Unternehmensplanung und damit die im Rahmen der Ertragsprognose berücksichtigungsfähigen belastbaren Informationen von rein auf Hörensagen basierenden Spekulationen ab, wodurch Bewertungs- und Informationsstichtag zusammenfallen.[38] Die wichtigste Konsequenz des Stichtagsprinzips ist, dass Entwicklungen nach dem Stichtag bei der Unternehmensbewertung grundsätzlich ausgeblendet werden müssen, wenn ihre *Wurzeln* nicht bereits zum Bewertungsstichtag angelegt waren (sog. Wurzeltheorie).[39] Eine Korrektur der Ertragsprognose anhand der tatsächlichen späteren Ertragsentwicklung ist nach dem *strengen* Stichtagsprinzip, selbst wenn sich rückblickend die Ertragsprognose als unzutreffend erweist, grundsätzlich ausgeschlossen. Die objektivierte Wertermittlung geht einher mit einer strenge Stichtagsbetrachtung, weil vom Bewertungsergebnis Rechtsfolgen in einer *dominierten Situation* abhängen. Entsprechend ist bei einem Auseinanderfallen von Bewertungsstichtag und Zeitpunkt der Unternehmensbewertung lediglich der Informationsstand berücksichtigungsfähig, „der bei angemessener Sorgfalt am Bewertungsstichtag hätte erlangt werden können".[40] Die Bewertung des Unternehmens erfolgt damit auf Basis der am Bewertungsstichtag erwarteten Ertragskraft.

Für *subjektive* Unternehmenswerte in einer nicht-dominierten Verhandlungsphase ist dieser Schutzgedanke nicht nötig, weil die gegenüberstehenden Parteien bei Unternehmenstransaktionen auf Augenhöhe agieren und jederzeit die Verhandlungen abbrechen können.[41] Anders gewendet, berücksichtigen Unternehmenskäufer und -verkäufer während der *nicht-dominierten* Verhandlungsphase jede neue wertrelevante Tatsache bis zum Tag der letzten Bewertungsmöglichkeit – und das unabhängig vom Stichtagsprinzip oder einem vereinbarten wirtschaftlicher Übergangsstichtag, der regelmäßig dem Tag der Vertragsunterzeichnung („Signing") entspricht. Ergo können Bewertungs- und Informationsstichtag auseinanderfallen.

Ein weiterer *gravierender Unterschied zwischen den in Rede stehenden Wertkonzepten* stellt die unterschiedliche Berücksichtigung von sog. *echten und unechten Synergien* sowie deren Differenzierung in der Bewertungspraxis dar. Synergieeffekte und Expansions- oder Wachstumsinvestitionen unterliegen hinsichtlich ihrer Einbeziehung bei der individuellen Ertragsplanung und damit im *Entscheidungswert* keinen Restriktionen.[42] Demgegenüber sind im objektivierten Unternehmenswert lediglich „unechte" Synergien aus zum Bewertungsstichtag bereits eingeleiteten Maßnahmen berücksichtigungsfähig. Weitere markante Unterschiede betreffen Finanzierungs- und Ausschüttungsannahmen

---

[38] Vgl. Wächter und Wollny (2019), S. 801.

[39] Vgl. BGH, Beschluss vom 04.03.1998 – II ZB 5/97.

[40] IDW S 1 i. d. F. 2008, Tz. 23.

[41] Vgl. Wollny, DStR (2013), S. 2136.

[42] Siehe IDW S1 i. d. F. 2008, Tz. 32 bis 34.

Tab. 11.1 Ermittlung der finanziellen Überschüsse aus objektivierter und subjektiver Sichtweise

Kriterium	Objektivierter Unternehmenswert	Subjektiver Unternehmenswert
Berücksichtigung von Maßnahmen zum Bewertungsstichtag	Bereits eingeleitete oder dokumentierte Maßnahmen	Alle geplanten Maßnahmen
Berücksichtigung von Synergieeffekten	Unechte Synergieeffekte	Unechte und echte Synergieeffekte
Finanzierungs- und Ausschüttungsannahmen	Phase 1: individuelles Unternehmenskonzept, Phase 2: typisierende Annahme	Individuelles Unternehmenskonzept
Berücksichtigung von Managementfaktoren	Annahme, dass das Management im Unternehmen verbleibt	Berücksichtigung des Managements gemäß individuellen Planungen
Berücksichtigung der Ertragsteuern der Unternehmenseigner	Unternehmerische Bewertungsanlässe: Mittelbare Typisierung, Gesetzliche Bewertungsanlässe: Unmittelbare Typisierung	Tatsächliche Steuerbelastung

sowie die Ertragsteuerbelastung. Bereits diese beispielhaft dargestellten Unterscheidungsmerkmale führen im jeweiligen Bewertungsfall zu erheblichen Wertunterschieden zwischen dem objektivierten und dem subjektiven Wert ein und desselben Unternehmens.

Abschließend lassen sich die eben erörterten Unterschiede bei der Prognose der Ertragsüberschüsse nach IDW S 1 *im Kern* – ohne Anspruch auf Vollständigkeit – wie folgt synoptisch zusammenfassen (Tab. 11.1):[43]

11.6 Ermittlung der Schadenshöhe bzw. des Vermögensnachteils

11.6.1 Wertkonzeption im zivilrechtlichen Schadensrecht

In Anteilskaufverträgen wird häufig geregelt, dass bei gravierenden Compliance-Verstößen, etwa Garantieverletzungen, primär ein Anspruch auf Naturalrestitution besteht. Der Verkäufer ist (soll) dann verpflichtet (werden), den Zustand herzustellen, der bestehen würde, wenn die betreffende Garantie zutreffend wäre. Ist dies nicht möglich oder kommt der Verkäufer dem nicht nach, besteht ein Schadensersatzanspruch in Geld i. S. der §§ 251, 252 BGB.

Der Anspruch aus Verschulden bei Vertragsschluss ist von vorneherein auf Schadensersatz gerichtet. Für die Schadensberechnung sind somit die Besonderheiten des Unternehmenskaufs hinsichtlich der Wertermittlung und der Kaufpreisgestaltung zu berücksichti-

[43] In Anlehnung an Zwirner und Mugler, in: Hettler et al. 2013, Beck'sches Mandatshandbuch Unternehmenskauf, 2. Auflage, Rn. 38–42.

gen. Dreh- und Angelpunkt sind folglich Bewertungsüberlegungen. Soweit sich die Mangelhaftigkeit des Unternehmens oder einzelner Teile davon in der Verletzung von Substanzwerten erschöpft, ohne dass sich die Mangelhaftigkeit auf die Ertragskraft des Unternehmens dauerhaft auswirkt, dürfte die Naturalrestitution oder Erstattung des Wertes des Gegenstandes (ggf. einschließlich eines entgangenen Gewinns gemäß § 252 BGB) ausreichend und zutreffend sein.

Schlägt allerdings der Mangel oder Schaden auf den Ertrag des Unternehmens dauerhaft durch – was regelmäßig der Fall sein dürfte –, ist der Schaden i. S. des § 249 BGB richtigerweise nur dann restituiert, wenn der dauerhafte Ertragsausfall – entsprechend dem der Unternehmensbewertung zugrunde liegenden Ertragswertmethode – diskontiert wird. Wird also für die Schadensersatzpflicht auf die Anwendung der §§ 249 ff. BGB verwiesen, müsste der Verkäufer dem Käufer nach den *Grundsätzen der Differenzhypothese* dessen individuellen Schaden ersetzen, so dass die Unternehmenswertermittlung grundsätzlich auf Basis einer subjektiven (und nicht objektivierten) Unternehmensbewertung zu erfolgen hätte,[44] und zwar unter Einbeziehung der vom Käufer erwarteten Synergien und dessen besonderen Fähigkeiten.[45] Das ist die logische Konsequenz der Schadensdefinition durch den BGH: „Der Schadensersatzanspruch dient dazu, den konkreten Nachteil des Geschädigten auszugleichen; der Schadensbegriff ist mithin im Ansatz subjektbezogen".[46]

Das Schadensrecht ist somit subjektiv geprägt. Entsprechend ist die Bewertungskonzeption auszurichten, was prima facie auf die Relevanz von *subjektiven Unternehmenswerten* schließen lässt. Gleichwohl legt der BGH in einer Grundsatzentscheidung eine „von der Person des Klägers losgelöste Bewertung" zugrunde und berücksichtigt das subjektive Erfüllungsinteresse nur, soweit es im „objektiven Unternehmenswert" nicht berücksichtigt ist.[47] In einer weiteren Entscheidung spricht der BGH dem Kläger unter Verweis auf seine vorstehend zitierte Entscheidung aus dem Jahr 1984 den Wiederbeschaffungswert zu, den er mit dem objektiven (Verkehrs-)Wert gleichsetzt. Bei der Bemessung eines Schadens an *börsennotierten Anteilen betroffener Kleinaktionäre* auf der Grundlage des Börsenkurses mag diese Rechtsansicht noch vertretbar sein.[48] Der Schaden bemisst sich dann unter Rückgriff auf finanzwissenschaftliche Analyseverfahren als Unterschiedsbetrag zwischen dem tatsächlich gezahlten Transaktionspreis und dem *hypothetischen Börsenkurs*, der sich bei pflichtgemäßem (täuschungsfreien) Publizitätsverhalten gebildet hätte.

In ein vermeintliches Dilemma gerät die wirtschaftliche Betrachtung, wenn im Schadensrecht eine *fundierte Bewertung für nicht-börsennotierten Unternehmen* zu erfolgen

---

[44] Siehe statt vieler *Deutsch und Ahrens* 2009, Deliktsrecht, 5. Auflage, S. 191 Tz. 621; *Fuchs et al.* 2012, Delikts- und Schadensersatzrecht, 8. Auflage, S. 342; *Halfpap* 1999, Der entgangene Gewinn, S. 61.

[45] Vgl. Wollny, DStR (2013), S. 2132.

[46] BGH, Urteil vom 26.09.1997 – V ZR 29/96, BGH, Urteil vom 21.12. 2004 – VI ZR 306/03.

[47] Vgl. BGH, Urteil vom 29.02.1984 – IVa ZR 188/82.

[48] Vgl. BGH, Urteil vom 20.03.1995 – II ZR 205/94.

hat. Nach obigen Rechtsansichten müsste die Schadensbemessung eine – bewertungstheoretisch zweifelhafte –unversöhnliche Synthese der subjektiven und objektiv(ierten) Wertkonzeption schaffen. Schließlich führt der BGH auf der einen Seite aus, das Schadensrecht sei subjektiv, weil nur der Schaden, den „Jemand" – i. S. eines klar bezeichneten Individuums – erlitten habe, ausgeglichen werden kann.[49] Auf der anderen Seite jedoch soll sich die für die Ermittlung des Schadensersatzanspruches maßgebende Wertkonzeption eher am objektivierten Unternehmenswert orientieren. Dies entspricht bei ökonomischer Betrachtungsweise einem *Konsistenzbruch*, auf den *Wollny*[50] bereits hingewiesen hat. Es bleibt abzuwarten, ob die höchstrichterliche Rechtsprechung ihren Ansatz einer (offensichtlich nicht tragfähigen) objektivierten zu Gunsten einer *normzweckadäquaten* subjektiven Unternehmensbewertung korrigiert, denn die subjektive Wertkonzeption deckt sich mit den Zielen des Schadensrechts, den individuellen Schaden zu kompensieren.

Die *bewertungstechnische Umsetzung* erfordert unter Beachtung der Grundsätze der Differenzhypothese eine *zweistufige Schadensersatzbestimmung*. Danach sind zunächst den tatsächlichen Wertverhältnissen des Geschädigten „heute" die fiktiven Wertverhältnisse gegenüberzustellen, die „heute" bestehen würden, wenn das schadensverursachende Ereignis nicht eigetreten wäre.[51] Anschließend ist die wirtschaftliche Kaufpreisminderung zu bestimmen.

Das vornehmlich bei gesellschaftsrechtlich motivierten Bewertungsanlässen zum Tragen kommende Stichtagsprinzip i. V. mit der Wurzeltheorie muss für schadensrechtliche Bewertungszwecke angesichts des gesetzlichen Ziels der Totalreparation entweichen. Maßgebend im Schadensrecht ist nämlich nicht der seinerzeitige Kenntnisstand zum Zeitpunkt der Täuschung bzw. des Vertragsabschlusses, sondern der tatsächliche Informationsstand im Zeitpunkt der Restitution bzw. Schadensbemessung über die damaligen Stichtagsverhältnisse. Nach der Differenzhypothese ist ein Gesamtvermögensvergleich anzustellen: Der tatsächlichen Vermögensentwicklung ist die hypothetische Vermögenssituation, die bei ordnungsgemäßer Erfüllung bestünde, gegenüberzustellen und die Differenz zu ersetzen. Für den rechnerischen Vergleich sind die Unternehmenswerte der beiden „Umweltzustände" zu ermitteln. Die seit dem schädigenden Ereignis zu erwartende „natürliche Entwicklung" drückt sich im entgangenen Gewinn nach § 252 BGB aus.

Da der Käufer so gestellt werden soll, als ob er nicht getäuscht und als ob demnach gewissermaßen nicht in sein Verhandlungsverhalten eingegriffen worden wäre, muss als (Informations-)Stichtag der letzte Moment gewählt werden, an dem er ohne die Täuschung seine Bewertungsparameter und damit sein Verhandlungsverhalten hätte korrigieren können. Verfahrensrechtlich ist diese Anforderung erforderlich, um sicherzustellen, dass wirtschaftlich nur ein etwaiger „Täuschungsmehrwert" des Verkäufers beim Käufer-Entscheidungswert herausgerechnet wird, um auf diese Weise zur Höhe der Unternehmenswertbeeinträchtigung und damit in der Konsequenz zur Höhe des Schadensersatzanspru-

[49] Vgl. BGH, Urteil vom 18.04.2002 – IX ZR 72/99.

[50] Vgl. Wollny, DStR 2013, 2132.

[51] Vgl. Wollny (2017), S. 952.

ches zu gelangen.[52] Der BGH formuliert dazu: „Die Bewertung des Ertragswerts ist […] zeitnah bis zur letzten mündlichen Verhandlung vorzunehmen".[53] Damit verschiebt sich der Informationsstichtag mit dem Verfahrensgang, weg vom Tag der Schadensentstehung, hin zum Zeitpunkt der abschließenden Entscheidung über die Kompensation des Schadensersatzanspruchs. Folge dieser zur Wurzeltheorie diametralen Stichtagsinterpretation ist, dass der Unternehmenswert „heute" und damit der zu kompensierende Schaden – angesichts des steten Entwicklungs- und Veränderungsprozesses – eine Funktion der Verfahrensdauer ist, weil jede neu zutage tretende Erkenntnis über die damaligen Stichtagsverhältnisse geeignet ist, den Unternehmenswert zu verändern. Schließlich wird mit dem schädigenden Ereignis regelmäßig eine Entwicklung ausgelöst, die den Schaden über die Zeit anwachsen lässt und Dispositionen im Zweifel unmöglich macht, die der Geschädigte sonst getroffen hätte.[54]

Gemäß der Differenzhypothese ist der Unternehmenswert in zwei Fallkonstellationen zu ermitteln, um zum Täuschungsmehrwert zu gelangen. Zum einen auf Basis der Ist-Verhältnisse unter Berücksichtigung der Schädigung. Zum anderen auf Basis einer hypothetischen Entwicklung ohne Schädigung. Die Differenz aus der Gegenüberstellung stellt den Schaden dar. Das bedeutet, dass Käufer im Prozess eine maßgebliche Unternehmenswertbeeinträchtigung auf der Basis detaillierter Ertragsplanungen darlegen sollten. Denn das *Prinzip der Subjektbezogenheit der Bewertung* entbindet den Geschädigten nicht von der Pflicht, substanziiert und nachvollziehbar vorzutragen und unter Beweis zu stellen, warum er ohne die Täuschung weniger (eventuell nichts) gezahlt hätte.

Praktisch kann sich dabei folgende Vorgehensweise anbieten:[55] Um den Schaden anhand des Zustands „heute" zu bestimmen, ist zunächst zu ermitteln, wie der Käufer den Entscheidungswert des Zielunternehmens ermittelt hätte (hypothetischer Unternehmenswert), wenn das schädigende Ereignis nicht eingetreten wäre. Auf der Grundlage der tatsächlichen Entwicklung ist sodann zu fragen, wie sich der Unternehmenswert des Käufers nach Aufdeckung des vom Verkäufer begangenen Delikts der Täuschung oder Bestechung, etwa Schmiergeldzahlungen, geformt hat (Ist-Unternehmenswert). Je nach Sachverhaltsgestaltung im Einzelfall werden die Umsätze, die das Zielunternehmen in der Vergangenheit erzielt hatte, um schmiergeldbehaftete Umsätze in der modifizierten Planungsrechnung bereinigt, weil diese nicht nachhaltig sind – und zwar vermutlich zuzüglich eines deutlichen Dunkelzifferzuschlags. Hat das Zielunternehmen also etwa in den letzten Jahren durchschnittlich 10 % seines Umsatzes mit Aufträgen gemacht, bei denen nachgewiesen ist, dass für diese Aufträge Schmiergeld gezahlt wurde (einschließlich eines angemessenen Dunkelzifferaufschlags), so sind die Umsatzzahlen für Zwecke der Anpassungen der Ertragsüberschüsse entsprechend zu kürzen und die Fortschreibung der Umsätze in der Zukunft (Beispiel: Erwartung eines jährlichen Umsatzwachstums von 3 % im Detailpla-

[52] Vgl. Wächter und Wollny (2019), S. 802.

[53] BGH, Urteil vom 18.04.2002 – IX ZR 72/99.

[54] So Wollny (2017), S. 953.

[55] Beispiel in Anlehnung an von Bernuth (2018), S. 158.

nungszeitraum und von 1 % in der Ewigen Rente) erfolgt wie im bisherigen Bewertungskalkül, nur auf neuer, angepasster Grundlage. Weiter ist zu fragen, ob auch andere Zahlen des Rechenmodells modifiziert werden müssen, damit die Prognose der Ertragsüberschüsse konsistent bzw. plausibel bleibt. So entfallen mit den herausgerechneten Umsätzen gewöhnlich auch umsatzabhängige Kosten (in Prozent vom Umsatz) – in welcher Größenordnung, dazu geben die Vergangenheitszahlen Aufschluss.

Das angepasste Zahlengerüst führt bei Einspeisung in das ursprüngliche Bewertungsmodell zu veränderten Ertragsüberschüssen und damit auch zu veränderten Unternehmenswerten am Stichtag der letzten mündlichen Verhandlung. Anschließend sind Soll- und Ist-Unternehmenswerte mit Verweis auf § 441 Abs. 3 BGB auf den Tag der ursprünglichen Vertragsunterzeichnung und damit den Tag der Schädigung zu diskontieren. Die Kaufpreisanpassung wird aus dem Verhältnis der Unternehmenswerte abgeleitet. Die Differenz zwischen dem Ergebnis dieser Rechenoperationen stellt dann den Schaden des Käufers dar. Dies gilt unabhängig davon, zu welchem Preis der Käufer das Unternehmen tatsächlich gekauft hat. Beträgt der hypothetische Entscheidungswert des Käufers EUR 100 Millionen und hat er das Unternehmen für EUR 90 Millionen gekauft, so beträgt der Schadensersatzanspruch des Käufers – wenn bei der wie oben durchgeführten Neuberechnung anhand des Ertragswertverfahrens nur noch ein täuschungsbereinigter Unternehmenswert von EUR 95 Millionen herauskommt – absolut EUR 5 Millionen.

Als *Rechtsfrage* zu entscheiden ist dann, ob sich für den Käufer der tatsächliche Kaufpreis von EUR 90 Millionen auf EUR 85 Millionen reduziert, wodurch der ursprünglich erzielte Verhandlungserfolg in Höhe von EUR 10 Millionen dem Käufer vollständig erhalten bleibt. Der Schaden ist in dieser Konstellation das Unternehmenswertdelta, der im Kaufpreisdelta ebenfalls zum Ausdruck kommt. Alternativ ist eine proportionale Kaufpreisanpassung aus dem Verhältnis der Unternehmenswerte abzuleiten. Zur Anwendung kommt hier die sog. *Proportionalmethode*, die auf Erhaltung des im ursprünglichen Vertrag verwirklichten Äquivalenzverhältnisses zielt.[56] Maßgeblich ist also nicht, was das Unternehmen ohne die Beeinträchtigung, die sich aus der Täuschung, etwa durch Schmiergeldzahlungen, ergibt, weniger wert war, sondern maßgeblich ist, was der Käufer mutmaßlich weniger gezahlt hätte:[57]

$$\text{gemindeter Kaufpreis} = \frac{\text{Unternehmenswert mit Täuschung}}{\text{fiktiver Unternehmenswert ohne Täuschung}} \times \text{vereinbarter Kaufpreis} \rightarrow$$

$$\text{EUR 85,5 Millionen} = \frac{\text{EUR 95 Millionen}}{\text{EUR 100 Millionen}} \times \text{EUR 90 Millionen}$$

[56] Es geht im Grundsatz stets darum, dass im ursprünglichen Vertrag verwirklichte subjektive Äquivalenzverhältnis zwischen Kaufsache und -preis aufrechtzuerhalten, indem der Wert der mangelhaften zu dem – gedachten – Wert der mangelfreien Sache in Beziehung gesetzt und nach dieser Proportion der Kaufpreis herabgesetzt wird. Durch diese proportionale („relative") Berechnungsmethode wird das Äquivalenzverhältnis von Leistung und Gegenleistung, so wie die Parteien es sich bei Vertragsabschluss vorgestellt haben, der veränderten Sachlage angepasst.

[57] Zur Verwendung des „subjektiven" Unternehmenswerts Wächter 2017, M&A Litigation, 3. Auflage, Rn. 12.258 ff.

Nach der Rechtsprechung des BGH muss der Käufer so behandelt werden, als wäre es ihm bei Kenntnis der wahren Umstände gelungen, den Vertrag zu einem günstigeren Preis abzuschließen.[58] Mit anderen Worten ist der Betrag ersatzfähig, um den der Käufer die vertraglich vereinbarte Gegenleistung zu teuer bezahlt hatte. Beide Varianten sind ökonomisch vertretbar und stehen im Ausgangspunkt im Einklang mit der Rechtsprechung.

Schließlich gilt bei alledem, dass der Verkäufer nicht einwenden kann, er hätte sich auf den niedrigeren Kaufpreis nicht eingelassen.[59] Denn es geht nicht um einen erneuten Abschluss des Kaufvertrages zu einem vermeintlich niedrigeren Preis, sondern um einen Schadensersatzanspruch. Dies folgt aus dem Grundsatz *pacta sunt servanda*. Damit kommt die *dominierte Konfliktsituation* im Schadensrecht zum Ausdruck.

11.6.2 Wertkonzeption in Wirtschaftsstrafverfahren

Die Unternehmensbewertung in Wirtschaftsstrafverfahren ist von Bedeutung, wenn die Voraussetzungen von Betrug im Allgemeinen und diejenigen einer Täuschung bei der Abgabe von Gewinn- oder Ertragsprognosen im Besonderen dargelegt werden können. Gemäß der Position des BGH ist eine Täuschungshandlung i. S. des § 263 StGB jede Einwirkung des Täters auf die Vorstellung des Getäuschten, welche objektiv geeignet und subjektiv bestimmt ist, beim Adressaten eine Fehlvorstellung über tatsächliche Umstände hervorzurufen. Sie besteht in der Vorspiegelung falscher oder in der Entstellung oder Unterdrückung wahrer Tatsachen.[60] Auch in einer (Gewinn-)Prognose kann trotz ihres Zukunftsbezuges bzw. des mit ihr verbundenen Werturteils eine Täuschung über Tatsachen liegen.[61] Das dürfte gegeben sein, wenn der Täter über wirtschaftlich bedeutsame Tatsachen täuscht, die für die Ertragsprognose und damit für die Kaufentscheidung des Erwerbers wesentlich waren. Gleiches gilt, wenn die Prognose eine hinreichend bestimmte Behauptung über gegenwärtige tatsächliche Bedingungen ihres Eintritts enthält. Täuscht der Täter also über Prognosegrundlagen, so täuscht er ebenfalls über Tatsachen. Gerade mit Blick auf die Unternehmensbewertung, deren Kern die Ertragsprognose bildet, erfüllen täuschungsbeschönigte Tatsachen, die der Verkäufer eines Unternehmens dem Käufer zur Verfügung stellt, den Täuschungsgegenstand i. S. des § 263 StGB. Sie besitzen unweigerlich Wertrelevanz und werden aktiv zur Wertbestimmung und daraus folgend bei der Preisverhandlung eingesetzt.

Infolge der Täuschung wird dem Käufer oder Getäuschten ein Vermögensschaden strafrechtlich zugesprochen, wenn sich bei wirtschaftlicher Betrachtungsweise aus dem bereits in Abschn. 11.4.1.1 „Zur Bemessungsgrundlage von Sanktionen" beschriebenen

[58] Vgl. BGH, Urteil vom 19.05.2006 – V ZR 264/05.

[59] Vgl. BGH, Urteil vom 19.05.2006 – V ZR 264/05.

[60] Vgl. BGH, Urteil vom 05.03.2014 – 2 StR 616/12.

[61] Vgl. BGH, Urteil vom 17.10.1972 – 5 StR 281/72.

Prinzip der Gesamtsaldierung ein Negativsaldo zu seinem Nachteil ergibt. Die Bewertung des Vermögens und des Vermögensschadens von Rechts wegen hat nach *objektiven wirtschaftlichen* Gesichtspunkten zu erfolgen. Dementsprechend sind bei Betrug und Untreue zur Bestimmung der Schadenshöhe der Verkehrswert anzusetzen, der anhand des Marktpreises zu bestimmen ist.[62] Bei dieser Vorgabe setzt der BGH offenkundig einen *funktionierenden Markt* für das geschädigte Gut – etwa handelsübliche Waren – voraus, „bei dem für die Wertbestimmung des Markt- oder Verkehrswertes u. a. Bewertungslisten zugänglich und Preisvergleiche unschwer etwa über Internetportale möglich sind".[63] Diesem Verständnis folgend soll gerade nicht der Wert der geschädigten Vermögenposition, sondern deren Preis entscheidend sein.[64] Während für die Schadensermittlung „täuschungsbeeinflusster" und damit „beschädigter Aktienkurse" börsennotierter Unternehmen – abgesehen von einer möglicherweise vorliegenden Marktenge – diese Voraussetzung mit Verweis auf das ökonomische Konzept der Marktwirtschaft rechtlich begründet erscheint, existieren funktionierende Märkte und damit der „normale" Marktmechanismus zur Bestimmung von Marktpreisen bzw. Verkehrswerten weder für ganze Unternehmen noch für nichtbörsennotierte Anteile. Somit lässt sich die täuschungsbedingte Wertminderung einer durch ein Unternehmen repräsentierten Vermögensposition auch im Strafrecht regelmäßig nur durch eine fundamentale Unternehmensbewertung i. S. der einschlägigen Bewertungslehre herleiten. Gleichwohl existieren keine Grundsätze, nach denen Unternehmen oder Anteile im Strafrecht zu bewerten sind. Systematisch-konzeptionell angelegte Literaturbeiträge sind überschaubar.[65]

Im Ausgangspunkt können daher die Erkenntnisse aus dem Schadensrechts auch für die Beweisführung in Strafverfahren fruchtbar gemacht werden. Es stellt sich somit die Frage, ob und inwieweit der konzeptionell subjektive Schadensbegriff des Zivilrechts in das Betrugs- oder Vermögensstrafrecht unter dem Gesichtspunkt des *individuellen Schadenseinschlages* übertragen werden kann. Im Strafrecht markiert ein betrugsrelevanter Vermögensschaden nach herrschender Ansicht ein reines Vermögensdelikt in Gestalt eines Verletzungsdelikts. Geschütztes Rechtsgut ist nach herrschender Auffassung allein das (Individual-)Vermögen.[66] Damit will das Betrugsstrafrecht sicherstellen, dass es nur Vermögensschutz als Bestandsschutz betreibt (Schutz vor dem „Ärmer werden").[67] Das am wirtschaftlichen Vermögensschutz orientierte Strafrecht und die korrespondierende Strafrechtsprechung verwirklichen diese Maßgabe, indem sie einen objektiven Maßstab anlegen und die für den strafrechtlichen Schaden entscheidende Frage prüfen, ob die täu-

[62] Vgl. BGH, Beschluss vom 25.01.2012 – 1 StR 45/11.

[63] BGH, Urteil von 02.02.2016 – 1 StR 435/15.

[64] Vgl. Schilling (2018), S. 319.

[65] Vgl. Florstedt (2007), wistra, S. 441.

[66] Vgl. Becker und Rönnau 2017, S. 975.

[67] Saliger und Rüsse (2021), S. 515.

schungsbedingte Vermögensverfügung zu einem substanziellen Nachteil im Vermögen des Opfers geführt hat.

Wird unter diesem Aspekt aus *bewertungstheoretischer Sicht* der subjektive Schadensbegriff des Zivilrechts mit der strafrechtlichen Lehre vom persönlichen Schadenseinschlag verglichen, so zeigt sich *a prima vista* eine unverkennbare Gemeinsamkeit im Kontext der Wertermittlung. Schließlich ist evident, dass sich die strafrechtliche Lehre vom persönlichen Schadenseinschlag an den subjektiven zivilrechtlichen Schadensbegriff orientiert und das Opfer bzw. den Getäuschten ins Zentrum der Betrachtung rückt. Trotz dieser Gemeinsamkeit ergeben sich bei näherer ökonomischer Analyse markante Unterschiede zwischen zivilrechtlicher und strafrechtlicher Wertkonzeption. Der Unterschied betrifft die *Rechtsfigur des Bewertungssubjektes*. Bezugspunkt der strafrechtlichen Schadensbestimmung ist ein objektiver Wert, insbesondere der hypothetische Marktwert und der (ohne Werteinbuße mögliche) Wiederverkaufswert (*objektive Komponente*). Da jedoch auch im Strafrecht anerkannt ist, dass nicht jeder Vermögensgegenstand den gleichen Vermögenswert für jedermann hat, wird zudem die Individualität des konkreten Falles einschließlich der Vermögensverhältnisse des konkret Getäuschten berücksichtigt (*individuelle Komponente*). Gleichwohl soll sich die individuelle Komponente nicht an den subjektiven bzw. subjektbezogenen Werteinflussfaktoren des Getäuschten, sondern am vernünftigen Urteil eines unbeteiligten (objektiven) Dritten orientieren: „Hierdurch wird – begrifflich bemerkenswert – versucht, die subjektive Ausnahme zur objektiven Schadensbegründung wiederum objektiv einzuschränken".[68]

Soweit ersichtlich, fehlen bis heute klare Kriterien, wie die *Rechtsfigur des objektiven Dritten* zu klassifizieren ist. Aus bewertungstheoretischer Sicht ist diese Rechtsvorgabe unabdingbar, denn nur dann lassen sich ausgehend vom *Grundsatz der Normzweckadäquanz* zentrale Fragen zur Typisierung und Nachprüfbarkeit der Bewertungsprämissen auf einer fundierten Grundlage klären. Soll es für Bewertungszwecke in Wirtschaftsstrafverfahren auf einen Kleinaktionär i. S. der objektivierten Wertkonzeption oder doch eher auf einen sog. „markttypischen" Erwerber gemäß den „DVFA-Best-Practice-Empfehlungen zur Unternehmensbewertung", [69] welche 2012 publiziert wurden, ankommen?

Erstere Typisierung dürfte ausscheiden, wenn die Bemessung des strafrechtlich relevanten Vermögensschadens nicht eine Vielzahl von (Klein-)Aktionären ohne unmittelbare Einflussnahme auf die Geschäftspolitik und damit auf die Unternehmensplanung betrifft. Darüber hinaus würde ein typisiertes Bewertungssubjekt an die Stelle des „anderen", tatsächlichen Bewertungssubjektes in § 263 StGB gerückt. Das widerstrebt sowohl dem Verbot spekulativer Wertfindung als auch dem Grundgedanken der Objektivierung. Beim „objektivierten" Unternehmenswert würde eine Modellwelt erschaffen werden, in der ein inländischer Investor ein erworbenes Unternehmen unverändert im sog. Stand-alone-Zustand fortführt und keine „echten" Synergieeffekte erzielt etc. Wer bedenkt, dass es im

[68] Becker und Rönnau (2017), S. 975 f.

[69] DVFA = Deutsche Vereinigung für Finanzanalyse und Asset Management.

Zuge von M&A-Transaktionen im Regelfall um den Erwerb größerer oder aller Anteile geht, wird schon die Annahme eines rein passiven inländischen Investors bzw. Kleinaktionärs in solchen Fällen als lebensfremde Fiktion abtun. Das Bewerten solcher Fiktivsachverhalte wäre eine im Strafrecht untersagte Spekulation.[70]

Beim „markttypischen" Erwerber stellt sich wiederum die Frage, ob dieser durch eine (Investment-) Gesellschaft oder eine natürliche Person bzw. einen inländischen oder internationalen Investor repräsentiert werden soll. Das Bewertungsproblem wird durch die notwendige Suche nach einem „markttypischen" Erwerber, den es angesichts der hohen Individualität jeder Unternehmenstransaktion ohnehin kaum geben kann, unnötigerweise von dem eigentlich rechtlich relevanten Bewertungssubjekt wegverlagert und die Bewertung damit verkompliziert.[71] Auf dieser Konzeption lastet im Prinzip der gleiche Vorwurf wie auf dem objektivierten Wertkonzept. Der Verweis auf einen Verkehrswert (des Unternehmens) lässt weitreichende Spielräume und damit Platz für Spekulationen, die nur mit sehr erheblichem Aufwand zu reduzieren sind. Je nachdem, wie diese ausgefüllt werden, ergeben sich unterschiedlich hohe Verkehrswerte. Entscheidend ist insbesondere, welche Annahmen bezüglich des idealisierten, potenziellen Unternehmenskäufers bzw. des „typisierten Dritten" zu treffen sind.[72] Annahmen einer Verkehrswerttypisierung eines fiktiven (Unternehmens-)Erwerbers stellen zudem keine notwendigen Typisierungen i. S. der betriebswirtschaftlichen Bewertungslehre dar. Durch die nicht notwendige „Übertypisierung" eines fiktiven dritten Erwerbers wird ein an der Vermögensposition von irgendwelchen nicht beteiligten Gruppen orientierter Wert ermittelt. Dies bildet nur Scheingenauigkeiten ab. Schließlich liegt der *Ursprung der dominierten Konfliktsituation im Strafrecht im Verhältnis zwischen dem Täter und dem Opfer*. Ein Verkehrswert des Unternehmens liefert prinzipiell weder eine Indikation dafür, welchen Vermögensschaden der Käufer als Opfer erlitten hat, noch eine Indikation für die Vorteilhaftigkeit der Transaktion aus Verkäufersicht. Insofern handelt es sich bei dem Verkehrswert des Unternehmens in Bezug auf die konkrete Konstellation doch wiederum lediglich um einen Wert für einen nicht beteiligten „Jedermann". Durch Abstraktion von den konkret betroffenen Parteien lässt sich ökonomisch nicht beurteilen, ob der Normzweck erreicht wird.

Offen bleibt, ob für Zwecke der rechtsgeprägten Unternehmensbewertung die juristische Schadenslehre im Strafrecht nicht in Richtung der subjektiven Wertkonzeption weiterentwickelt werden darf, die strafrechtlich motivierte *Schadensbewertung* also künftig an dem Maßstab des Zivilrechts auszurichten ist. Die Betrachtungsweise verstößt nicht gegen das *ultima-ratio-Prinzip des Strafrechts*, wonach das Strafrecht nicht als Vermögensschutz bzw. Dispositions- und Freiheitsschutz ausgerichtet ist. Es steht zudem im Einklang mit der *Rechtsfigur des persönlichen Schadenseinschlags* sowie den verfassungsrechtlichen Leitentscheidungen des BVerfG, denn bekanntlich sei die Bestimmung

[70] Vgl. Florstedt (2007), S. 449.

[71] Hier und im Weiteren in enger Anlehnung an Ruthardt und Hachmeister (2014), S. 885.

[72] Siehe Ruthardt und Hachmeister (2014), S. 889 f.

des Vermögensschadens (§ 263 StGB) bzw. des Nachteils (§ 266 StGB) „in wirtschaftlich nachvollziehbarer Weise vorzunehmen und dürfe nicht von normativen Erwägungen überlagert"[73] werden. Unberechtigterweise fristet diese Überlegung bisher ein Schattendasein. Rückendeckung erhält sie bislang insbesondere von einer Stimme im strafrechtlichen Schrifttum.[74] Ihre Bedeutung wird wohl (noch) unterschätzt.

Als Fazit kann mit *Florstedt* konstatiert werden, dass das Strafrecht mit dem Kompromiss gerungen hat, objektive und subjektive Bewertungsmomente zusammenzuführen: „Auf eine Formel gebracht können wir heute sagen: Die Bewertung hat vom Vermögen des Einzelnen auszugehen, dessen Wünsche und Affekte dabei zu ignorieren und durch eine Marktbezugnahme die Willkür des Bewerters einzuengen".[75] Im Lichte dessen ist bei strafrechtlichen Bewertungsanlässen der Rückgriff auf einen „markttypischen" Erwerber des Unternehmens oder das objektivierte Wertkonzept unnötig und wenig zielführend. Insbesondere treten Informationsbeschaffungs- und Nachprüfbarkeitsprobleme bei der Herleitung eines Verkehrswertes des Unternehmens noch ausgeprägter zutage als es bei der Ermittlung eines *intersubjektiv nachvollziehbaren* Entscheidungswertes aus Sicht des Opfers. Schließlich muss es vor Gericht seine (marktorientierten) Bewertungsprämissen *persönlich* unter Beweis stellen und darlegen, weshalb die geplanten Zukunftsergebnisse des Unternehmens und die insoweit bereits abgebildeten Ertrags- oder Gewinnprognosen nicht lediglich spekulativer Natur sind. Es geht somit um die objektive Feststellung eines subjektiven Unternehmenswertes.[76] Nur dieser Vorschlag, den wohl nicht jeder *a priori* erwartet haben dürfte, ist *normzweckadäquat*, weil es bewertungstheoretischen und rechtlichen Grundsätzen gleichermaßen Rechnung trägt.

11.7 Zusammenfassung

Für den Käufer eines Unternehmens kommt die Frage, ob das Zielunternehmen vor dem Erwerb die geltenden Rechtsvorschriften eingehalten hat, immer größere Bedeutung zu. Dies liegt nicht zuletzt an den empfindlichen – teilweise existenzgefährdenden – Geldbußen im Falle von Compliance-Verstößen und den damit einhergehenden erheblichen Folgeschäden wie etwa private Schadensersatzklagen, den Abbruch von Kundenbeziehungen, den Ausschluss von Ausschreibungen und den erheblichen Reputationsschäden. Eine wie auch immer geartete Zusicherung des Verkäufers, wonach das Zielunternehmen (zumindest im Wesentlichen) im Gleichklang mit den anwendbaren Gesetzen und Rechtsvorschriften geführt wurde, wird daher heutzutage standardmäßig in Unternehmenskaufverträgen als selbstständige Garantie vereinbart. Problematisch wird es jedoch in der Praxis

[73] BVerfG, Beschluss vom 23.06.2010 – 2 BvR 2559/08; BVerfG, Beschluss vom 07.12.2011 – 2 BvR 2500/09.

[74] Vgl. Florstedt (2007), S. 442.

[75] Florstedt (2007), S. 449.

[76] Wächter und Wollny (2019), S. 803 f.

auf der Rechtsfolgenseite, vor allem bei der Frage, was im Falle der Verletzung dieser Compliance-Garantie als Schaden gilt und wie dieser zu bemessen ist.

Aufgrund der Auswirkungen relevanter Compliance-Verstöße auf den Unternehmenswert sollte die Berechnung der Schadenshöhe nach der sog. Differenzhypothese bestimmt werden. Der Käufer ist so zu stellen, als wäre es ihm bei Kenntnis des Compliance-Verstoßes gelungen, das Zielunternehmen zu einem günstigeren Kaufpreis zu erwerben. Für die Schadensbemessung sind folglich zwei Zustände relevant. Verglichen wird der tatsächliche Zustand nach Eintritt der schadhaften bzw. nachteiligen Veränderung mit dem hypothetischen Zustand, der ohne die nachteilige Veränderung zu Lasten des Geschädigten bzw. des Opfers bestehen würde. Um zur Höhe des Schadens zu gelangen sind jetzt die beiden „Zustandspreise" der geschädigten Vermögensposition zu ermitteln. Wird diese durch ein (nicht-börsennotiertes) Unternehmen repräsentiert, für das kein aktiver Markt und damit kein (Börsen-)Preisbildungsprozess auf der Grundlage einer Vielzahl von Angeboten und Nachfragen existiert, scheidet eine rechtlich bevorzugte objektive, auf den Markt bezogene Bewertung durch aussagekräftige Marktpreise aus. In dieser Konstellation erscheint ein Rückgriff auf Schätz- oder Fundamentalwerte auf der Grundlage fundierter Bewertungsansätze und damit einhergehend eine Anknüpfung an die Feststellungen der fruchtbaren betriebswirtschaftlichen Bewertungslehre auch mit Verweis auf die höchstrichterliche Rechtsprechung geboten. Schließlich kommt im sog. *Normzweckadäquanzprinzip der Bewertungslehre* zum Ausdruck, dass die rechtsgeprägte Unternehmensbewertung sowohl rechtlichen Anforderungen als auch gesicherten bewertungstheoretischen Erkenntnissen zu genügen hat.

Im Lichte dessen darf eine objektiv nachvollziehbare Bewertung einerseits *rechtlich* nicht auf spekulativen Hypothesen aufbauen, mithin das Postulat der „Objektivität" durch Erschaffen von nicht oder nur schwer nachvollziehbaren Modellwelten nicht konterkarieren. Anderseits hat bewertungstheoretisch die Schadensbewertung und damit einhergehend die vorgelagerte Unternehmensbewertung aus der Sicht konkret betroffener Subjekte zu erfolgen. Diesen *rechtsökonomischen Grundsätzen* folgend darf es im Zivil- und im Strafrecht nur auf eine objektive, mithin intersubjektive nachvollziehbare *subjektive Unternehmensbewertung* aus der Perspektive des Getäuschten oder des Opfers ankommen. *Ziel der Verfasser war es daher,* dieses womöglich zu Beginn des vorliegenden Beitrages nicht erwartete Ergebnis unter Beachtung der einschlägigen Rechtsprechung systematisch herauszuarbeiten.

Literatur

Aschenbach, H., Ransiek, A., & Rönnau, T. (Hrsg.). (2019). *Handbuch Wirtschaftsstrafrecht* (5. Aufl.) (zit.: Bearbeiter, in: Achenbach, Ransiek, & Rönnau. *Handbuch Wirtschaftsstrafrecht*, 5. Aufl., 2019).

Becker, C., & Rönnau, T. (2017). Grundwissen – Strafrecht: Der objektiv-individuelle Schadensbegriff beim Betrug (§ 263 StGB). *Juristische Schulung (JuS)*, 975–979.

Burger, A. (2012). Keine angemessene Abfindung durch Börsenkurse bei Squeeze-out. *Neue Zeitschrift für Gesellschaftsrecht (NZG)*, 281–289.

Deutsch, E., & Ahrens, H. J. (2009). *Deliktsrecht* (5. Aufl.).

Fischer, T. (2022). *Strafgesetzbuch mit Nebengesetzen* (69. Aufl.).

Florstedt, T. (2007). Strafverfahren/Unternehmensbewertung – Grundsätze der Unternehmensbewertung für das Strafrecht. *Zeitschrift für Wirtschafts- und Steuerstrafrecht (wistra)*, 441–450.

Follert, F. (2021). Ein politisch-ökonomisches Modell der Unternehmensbewertung im Spruchverfahren. *Betriebswirtschaftliche Forschung und Praxis (BFuP)*, 48–70.

FSA. *Verhaltenskodizes*. https://www.fsa-pharma.de, Stand: 30.06.2022.

Fuchs, M., Pauker, W., & Baumgärtner, A. (2012). *Delikts- und Schadensersatzrecht* (8. Aufl.).

Graf, J. P. (Hrsg.). (2022). *Beck'scher Online-Kommentar OWiG* (33. Aufl.) (zit.: Bearbeiter, in: *BeckOK-OWiG*, 33. Aufl., Stand).

Grützner, T. (2015). Unternehmensstrafrecht vs. Ordnungswidrigkeitenrecht. *Corporate Compliance Zeitschrift (CCZ)*, 56–62.

Gsell, B., Krüger, W., Lorenz, S., Reymann, C. (Hrsg.). (2022). *Beck-Online Großkommentar zum BGB*, Stand: 01.03.2022 (zit.: Bearbeiter, in: Gsell, Krüger, Lorenz, & Reymann. *BGB*, Stand: 01.03.2022).

Halfpap, F. (1999). *Der entgangene Gewinn: Dogmatik und Anwendung des § 252 BGB*.

Hauschka, C. E. (2004). Compliance, Compliance-Manager, Compliance-Programme: Eine geeignete Reaktion auf gestiegene Haftungsrisiken für Unternehmen und Management? *Neue Juristische Wochenschrift (NJW)*, 257–261.

Heckendorf, S., Krafft, T., & Weisser, N.-F. (2021). Zur Bedeutung der internen Rechnungslegung für das Wirtschaftsstrafverfahren am Beispiel der Unternehmensbewertung. *Zeitschrift für Wirtschafts- und Steuerstrafrecht (wistra)*, 9–13.

Hering, T. (2014). *Unternehmensbewertung* (3. Aufl.). De Gruyter.

Hering, T., & Brösel, G. (2004). Der Argumentationswert als „blinder Passagier" im IDW S 1 – Kritik und Abhilfe. *Die Wirtschaftsprüfung (WPg)*, 936–942.

Hettler, S., Stratz, R.-C., & Hörtnagl, R. (Hrsg.). (2013). *Beck'sches Mandatshandbuch: Unternehmenskauf* (2. Aufl.) (zit.: Bearbeiter, in: Hettler, Stratz, & Hörtnagl. *Beck'sches Mandatshandbuch Unternehmenskauf*, 2. Aufl., 2013).

Hommel, M., Braun, I., & Schmotz, T. (2001). Kritische Würdigung des neuen IDW-Standards (IDW S 1) zur Unternehmensbewertung. *DER BETRIEB (DB)*, 341–347.

Institut der Wirtschaftsprüfer in Deutschland e. V. (2008). IDW Standard: Grundsätze zur Durchführung von Unternehmensbewertungen (IDW S1) in der Fassung 2008. *Die Wirtschaftsprüfung (WPg)*. Supplement 3/2008 S. 68 ff. = FN-IDW 2008.

Kindhäuser, U., Neumann, U., & Paeffgen, H.-U. (Hrsg.). (2017). *Nomos Kommentar zum Strafgesetzbuch* (5. Aufl.) (zit.: Bearbeiter, in: Kindhäuser, Neumann, & Paeffgen. *StGB*, 5. Aufl., 2017).

Kort, M. (2008). Verhaltensstandardisierung durch Corporate Compliance. *Neue Zeitschrift für Gesellschaftsrecht (NZG)*, 81–86.

Matschke, M. J., & Brösel, G. (2013). *Unternehmensbewertung: Funktionen – Methoden – Grundsätze* (4. Aufl.).

Matt, H., & Renzikowski, J. (Hrsg.). (2020). *Kommentar zum Strafgesetzbuch* (2. Aufl.) (zit.: Bearbeiter, in: Matt, & Renzikowski. *StGB*, 2. Aufl., 2020).

Mitsch, W. (Hrsg.). (2018). *Karlsruher Kommentar zum Gesetz über Ordnungswidrigkeiten: OWiG* (5. Aufl.) (zit.: Bearbeiter, in: *Karlsruher Kommentar*, OWiG, 5. Aufl., 2018).

Momsen, C., & Grützner, T. (Hrsg.). (2020). *Wirtschafts- und Steuerstrafrecht* (2. Aufl.) (zit.: Bearbeiter, in: Momsen, & Grützner. *Wirtschafts- und Steuerstrafrecht*, 2. Aufl., 2020).

Moxter, A. (1983). *Grundsätze ordnungsmäßiger Unternehmensbewertung* (2. Aufl.).

Müller-Gugenberger, C., Gruhl, J., & Hadamitzky, A. (Hrsg.). (2020). *Handbuch des Wirtschaftsstraf- und Ordnungswidrigkeitenrechts* (7. Aufl.) (zit.: Bearbeiter, in: Müller-Gugenberger. *Wirtschafsstrafrecht*).

Nave, C. (2012). *Susana: Rechtsstaatliche Regeltreue?* (1. Aufl.).

Ruthardt, F., & Hachmeister, D. (2014). Der Verkehrswert des Unternehmens als rechtliche Wertkategorie – Typsierungskonsequenzen und grundsätzliche Kritik. *Neue Zeitschrift für Gesellschaftsrecht (NZG)*, 885–892.

Saliger, F., & Rüsse, T. (2021). Wider einen subjektiven Schadensbegriff im Strafrecht – Zur Abgrenzung des Vermögensschadens im Zivil- und Strafrecht. *Neue Zeitschrift für Strafrecht (NStZ)*, 513–517.

Schildbach, T. (1995). Der Verkäufer und das Unternehmen „wie es steht und liegt". *Zeitschrift für betriebswirtschaftliche Forschung (ZfbF)*, 620–632.

Schilling, H. (2018). Diskrepanzen beim Vermögensschaden – Eine Analyse der aktuellen Rechtsprechung des Bundesgerichtshofs. *Neue Zeitschrift für Strafrecht (NStZ)*, 316–321.

Schmidt, H. C. (2015). Persönlicher Schadenseinschlag bei Betrug und Untreue. *Neue Juristische Wochenschrift (NJW)*, 284–287.

Vogt, V. (2009). Compliance und Investigations – Zehn Fragen aus Sicht der arbeitsrechtlichen Praxis. *Neue Juristische Wochenschrift (NJW)*, 3755–3756.

Von Bernuth, W. H. (2018). Unternehmenskauf: Die Haftung des Verkäufers für verschwiegene Korruptionssachverhalte. *Corporate Compliance Zeitschrift (CCZ)*, 155–159.

Wabnitz, H.-B., Janovsky, T., & Schmitt, L. (Hrsg.). (2020). *Handbuch Wirtschafts- und Steuerstrafrecht* (5. Aufl.) (zit.: Bearbeiter, in: Wabnitz, Janovsky, & Schmitt. *Handbuch Wirtschafts- und Steuerstrafrecht*, 5. Aufl., 2020).

Wächter, G. H. (2017). *M&A Litigation – M&A-Recht im Streit* (3. Aufl.).

Wächter, G. H., & Wollny, C. (2019). Schadensersatz post M&A bei c.i.c. oder Delikt und Garantieverletzungen. *Neue Zeitschrift für Gesellschaftsrecht (NZG)*, 801–807.

Wollny, C. (2013). Wer den Schaden hat, muss für die Bewertung sorgen – Unternehmensbewertung zur Ermittlung von Schadensersatzansprüchen. *Deutsches Steuerrecht (DStR)*, 2132–2213.

Wollny, C. (2017). Der Bewertungsstichtag für Unternehmenswerte bei aktienrechtlichen Abfindungen, M&A Transaktionen und Schadenersatz. *Deutsches Steuerrecht (DStR)*, 949–955.